近现代国际关系史研究

第十六辑

徐　蓝　主编

世界知识出版社

图书在版编目（CIP）数据

近现代国际关系史研究．第16辑/徐蓝主编．--北京：世界知识出版社，2019.3

ISBN 978-7-5012-5973-1

Ⅰ.①近… Ⅱ.①徐… Ⅲ.①国际关系史—研究—近现代 Ⅳ.①D819

中国版本图书馆 CIP 数据核字（2019）第 042951 号

责任编辑 汪　琴
特邀编辑 狄安略
责任出版 赵　玥
责任校对 陈可望

书　　名 近现代国际关系史研究（第十六辑）
Jinxiandai Guoji Guanxishi Yanjiu
主　　编 徐　蓝

出版发行 世界知识出版社
地址邮编 北京市东城区干面胡同 51 号（100010）
网　　址 www.ishizhi.cn
电　　话 010-65265923（发行）
010-85119023（邮购）
经　　销 新华书店
印　　刷 北京虎彩文化传播有限公司
开本印张 787 毫米×1092 毫米　1/16　27 印张
字　　数 394 千字
版次印次 2019 年 5 月第一版　2019 年 5 月第一次印刷
标准书号 ISBN 978-7-5012-5973-1
定　　价 48.00 元

《近现代国际关系史》学术委员会

目　录

美国外交研究

专题研究

研究生论坛

法国与冷战

Contents

美国冷战外交史研究中的“种族取向”*

于 展**

摘 要 美国冷战外交史研究中的“种族取向”包括以种族为核心的公共外交和文化外交研究、以种族为纽带的对第三世界的外交和反殖民主义国际斗争研究以及隔离主义者的保守主义外交研究等。这些研究常与美国外交史研究的国际化潮流和文化转向紧密相连，反映了美国学界多元文化主义的兴盛。

关键词 冷战外交史 种族 公共外交 反殖民主义 多元文化主义

---

* 本文系国家社科基金一般项目“冷战对美国民权改革的影响研究”（15BSS025）的阶段性成果，并得到首都师范大学青年科研创新团队资助。

** 于展，首都师范大学历史学院、文明区划研究中心副教授。

二战结束后不久，世界马上陷入冷战的旋涡。美苏两大国不仅在政治、军事和经济等“硬实力”领域展开全面的对抗，也在意识形态和文化等“软实力”领域展开激烈的竞争。尤其是亚非拉非殖民化运动兴起后，双方在第三世界的争夺更加激烈。宣传战、心理战成为双方重要的斗争方式，冷战因此从某种程度上也是一种人心之争。但此时美国国内的种族问题日益凸显，并马上成为苏联等社会主义国家抨击的靶子，也成为后来第三世界国家批评美国的主要内容，令美国政府十分尴尬。“种族”[①] 问题于是成为美国冷战外交的重要考量。近 20 年来，随着冷战史新研究和美国外交史文化转向的兴起，美国学者（尤其是很多黑人和女性学者）围绕着种族因素与美国冷战外交的关系展开了大量的研究，取得了丰硕的成果，形成了一种“种族取向”的研究潮流。本文拟对此进行评述。

一、以种族为核心的公共外交和文化外交

二战结束以来，美国国内的种族危机事件接连不断，令世界震惊，让美国蒙羞。杜鲁门政府时期，针对黑人老兵的私刑事件时有发生；艾森豪威尔政府时期，由于“布朗判决”引发的学校种族融合危机，爆发了举世瞩目的小石城事件；肯尼迪政府时期，此类危机更为频繁，自由乘车事件、密西西比大学和阿拉巴马大学融合事件、伯明翰运动等此起彼伏。更为棘手的危机是对非洲外交官的歧视事件不断发生，激起了非洲国家政府和人民的愤怒。各种对美国的批评铺天盖地，充斥于其国内外各大媒体。面对种族危机，美国政府被迫发起了缓和危机的公共外交运动，很多学者对此进行了具体研究。

关于二战后杜鲁门政府时期的私刑危机和政府反应，托马斯·博斯特曼（Thomas Borstelmann）的《吉姆·克劳体制的公开：杜鲁门时期的种族关系和美国外交政策》做了深入考察。博斯特曼认为杜鲁门最初并不希望种族问题上升为国家议程中的首要问题。但二战后因私刑所带来的种族危

① 这里的种族主要指的是美国黑人。

机不断发生，国际批评迫使杜鲁门不得不关心国内的种族歧视对美国国际声誉的损害，他最初的反应是在1946年年底建立了总统民权委员会以回应批评。委员会1947年的最终报告重点强调了结束种族隔离制的国际原因，它得出结论说“我们国内的民权缺陷是美国领导世界的严重障碍”。[①] 海伦·拉维尔（Helen Laville）与斯科特·卢卡斯（Scott Lucas）的文章《美国方式》论述了这一时期美国政府应对国际批评的一次公关活动。国务院支持美国黑人女律师桑普森开展了全球旅行、开会和演讲活动，她作为反共自由派的代表极力反对苏联和国内黑人左派对美国种族主义的批评，捍卫美国的民主制度和生活方式。[②]

关于民权运动的标志性事件布朗判决，玛丽·杜兹科（Mary L. Dudziak）的《作为冷战案例的布朗判决》从冷战的视角进行了新的阐释。它分析了为什么在反共主义喧嚣的麦卡锡主义时期，会有支持黑人民权的布朗判决的出现。作者认为联邦政府之所以支持布朗判决，是因为隔离伤害了美国的外交关系。而布朗判决又产生了良好的影响，它成为重要的国际故事，被世界媒体广泛报道，赢得好评。美国政府和民权组织借此积极向国外宣传，宣扬美国的种族进步，提高了美国的国际声誉，捍卫了美国民主的形象。[③]

关于小石城危机和政府应对，有很多论著。阿兹·莱顿（Azza Salama Layton）的《国际压力与美国政府对小石城危机的反应》认为艾森豪威尔总统最初不愿意废除隔离，因为他尊重州权，拒绝实施布朗判决。但是对小石城危机的国际批评令艾森豪威尔总统最终很不情愿地命令联邦军队到小

---

① Thomas Borstelmann, “Jim Crow’s Coming Out: Race Relations and American Foreign Policy in the Truman Years,” *Presidential Studies Quarterly*, Vol. 29, No. 3 (Sep., 1999), pp. 549-569.

② Helen Laville, Scott Lucas, “The American Way: Edith Sampson, the NAACP, and African American Identity in the Cold War,” *Diplomatic History*, Fall 1996, Vol. 20, Issue 4. 美国政府一方面扶植自由派黑人四处出国访问公关，另一方面对杜波伊斯、保罗·罗伯逊等激进的左派黑人进行了压制甚至迫害，包括没收护照、判刑入狱等，不允许他们在国际上发声。美国学者具体的研究情况参见拙文《国际视野下的美国民权运动史研究新进展》，《世界历史》2014年第1期，第129页。

③ Mary L. Dudziak, “Brown as a Cold War Case,” *The Journal of American History*, Vol. 91, No. 1 (Jun., 2004), pp. 32-42.

石城保护9个在中心高中的黑人学生，他通过强调危机的国际影响来向美国人解释自己的行动。作者最终得出结论：艾森豪威尔干涉小石城危机的决定虽然有点晚，但确实改善了美国的海外形象。然而，联邦行动不能阻止这一事件对美国声誉、国际舆论和美国地缘政治目标的长期消极影响。① 卡里·弗雷泽（Cary Fraser）的《穿越小石城种族的界限：艾森豪威尔政府与美国外交政策中种族的困境》也论述了小石城危机的国际影响。例如，作者指出，国务卿杜勒斯担心小石城正在毁坏美国的外交政策，并预言这一事件在亚非的影响比苏联入侵匈牙利更为恶劣。艾森豪威尔十分警惕赫鲁晓夫和纳赛尔对小石城事件的利用。国际上对危机的反应成为政府处理危机考虑的重要因素。总统还利用国际舆论来化解危机，他承认国际反应作用的讲话被翻译成43种语言，通过美国之音向国外广泛广播。他竭力使外国观众放心，他的政府正努力行使联邦政府的权威，包括使用军队来保护美国黑人的权利。② 迈克尔·克伦（Michael L. Krenn）的《未竟的事业：隔离与1958年世博会上的美国外交》通过1958年布鲁塞尔世博会展示黑人的进步和成就，回应外界对美国种族问题尤其是小石城危机的批评。展览不避讳黑人过去的屈辱，强调黑人现在取得的进步和成就，承认黑人将来仍有很长的路要走，但乐观地认为民主最终会解决这一问题，强调民主的方法虽然缓慢，但有效。③

关于伯明翰事件和向华盛顿进军所产生的危机以及肯尼迪政府的反应，杜兹克研究得最为深入。她的《伯明翰、亚的斯亚贝巴与美国的形象：国际环境对肯尼迪民权政治的影响》论述了在亚的斯亚贝巴开会的非洲领导人对伯明翰运动中美国黑人遭受的种族暴力的严厉谴责，认为这种国际舆论是肯尼迪政府进行民权改革的重要原因。因为肯尼迪总统担心种族歧视

① Azza Salama Layton, "International Pressure and the U. S. Government's Response to Little Rock," *The Arkansas Historical Quarterly*, Vol. 66, No. 2 (Summer, 2007), pp. 243-257.

② Cary Fraser, "Crossing the Color Line in Little Rock: The Eisenhower Administration and the Dilemma of Race," *Diplomatic History*, Spring 2000, Vol. 24, Issue 2.

③ Michael L. Krenn, "'Unfinished Business': Segregation and U. S. Diplomacy at the 1958 World's Fair," *Diplomatic History*, Fall 1996, Vol. 20, Issue 4.

对美国与非洲关系产生不良影响，损害其冷战战略，因此才提出了新的民权法案。[①] 她的《1963 年国内外的向华盛顿进军运动》论述了 1963 年美国民权积极分子组织向华盛顿进军的同时，巴黎和世界其他地区的人民也组织起来，通过向本国的美国外交场所进军来支持美国的民权运动。文章考察了这些事件的连锁反应和肯尼迪政府对此的应对，认为美国政府不仅控制运动，也控制对运动的宣传。因为美国政府对进军的描述不是一种对民主制度的批评而是作为民主自身的表达。[②]

关于非洲外交官受歧视事件，很多美国学者进行了研究。在 20 世纪 50 年代和 60 年代早期，美国是非洲外交官的苦地。新独立的非洲国家的成百上千的外交官开始来到华盛顿和纽约，他们面对着与美国黑人同样的种族歧视。种族歧视不仅使非洲外交官难以在两个城市旅行或找到合适的住房，他们还常常感到来自美国政府官员及其配偶根深蒂固的种族偏见。艾森豪威尔政府很少关注这些事件，认为它们被言过其实了。非洲外交官因此汇报说美国国务院对他们的种族歧视事件既不调查，也不做出反应，根本不关心。实际上，肯尼迪决心竭力解决非洲外交官面对的种族隔离和种族歧视的困境。肯尼迪做参议员时就花很多时间来为非洲外交官在首都华盛顿寻找住房。他当上总统后，很快就设法解决这一问题。他在国务院礼宾司创建了一个新的部门——特殊礼仪服务处，其任务就是最大限度地减少对非洲外交官的种族歧视事件。肯尼迪的努力取得一定的成效。首都华盛顿通过了一个开放住宅法案，马里兰州通过了一个废除 40 号公路上的种族隔离的公共设施法案，而 40 号公路是非洲外交官穿梭于纽约和华盛顿之间的必经之路。

学者们从不同方面研究了这一问题。加尔文 · 霍尔德（Calvin B.

---

① Mary L. Dudziak, "Birmingham, Addis Ababa and the Image of America: Internatioanal Influence on U. S. Civil Rights Politics in the Kennedy Administration," in Brenda Gayle Plummer, eds., *Window on Freedom: Race, Civil Rights, and Foreign Affairs, 1945–1988*, Chapel Hill: University of North Carolina Press, 2003, pp. 181–200.

② Mary L. Dudziak, "The 1963 March on Washington: At Home and Abroad," *Revue française d'études américaines*, No. 107, (MARS 2006), pp. 61–76.

Holder）的文章考察了这一政策如何导致对非洲外交官的优待，而对美国黑人不公。[①] 雷内·罗曼妮（Renee Romano）的论文主要集中于特殊礼仪服务处主任圣·胡安河的个人努力，认为冷战暴露并聚焦了美国的种族主义，冷战的外交政策目标激发了政府内部关于民权的更大的激进主义，并导致联邦政府主动进行国内种族改革。[②] 迈克尔·克伦的文章强调美国黑人媒体在努力促使肯尼迪政府减少对非洲外交官的种族歧视事件中的作用。[③] 菲利普·米伦贝克（Philip Emil Muehlenbeck）的著作主要关注肯尼迪对非洲外交官受歧视事件的处理如何影响他和非洲民族主义领导人之间的关系。[④]

历史学家对于这些努力背后的动机以及它们是否成功等问题并未达成一致。大部分历史学家认为，肯尼迪努力减少对非洲外交官的种族歧视事件主要是冷战外交政策的考虑。但罗曼妮主张政府利用非洲外交官问题来推动更多重要的民权改革，这表明肯尼迪的主要动机是国内考虑，外交政策只是作为一个理由让南方的议员更易于接受。克伦认为政策大部分是象征性的，基本都失败了。艾森豪威尔总统以来，非洲外交官和美国黑人的境况都没有多少改善，特殊礼仪服务处的努力也没什么结果。相反，其他三个学者认为肯尼迪政府努力减少对非洲外交官的歧视显著不同于艾森豪威尔政府的努力，非洲很多国家的政府对此产生了积极的善意，同时美国黑人的民权也得以扩展。[⑤]

应对危机的短时外交毕竟不是长久之计，美国政府从长远考虑，开展

① Calvin B. Holder, "Racism Toward Black African Diplomats During the Kennedy Administration," *Journal of Black Studies*, Vol. 14, No. 1 (Sep., 1983), pp. 31-48.

② Renee Romano, "No Diplomatic Immunity: African Diplomats, the State Department, and Civil Rights, 1961-1964," *The Journal of American History*, Vol. 87, No. 2 (Sep., 2000), pp. 546-579.

③ Michael L. Krenn, "The Unwelcome Mat: African Diplomats in Washington, D. C. during the Kennedy Years," in Brenda Gayle Plummer, eds., *Window on Freedom: Race, Civil Rights, and Foreign Affairs, 1945-1988*, Chapel Hill: University of North Carolina Press, 2003, pp. 163-180.

④ Philip Emil Muehlenbeck, *Betting on the Africans: John F. Kennedy's Courting of African Nationalist Leaders*, Oxford, New York: Oxford University Press, 2012.

⑤ Philip Emil Muehlenbeck, "Africa," in Marc Selverstone Hoboken, *A Companion to John F. Kennedy*, John Wiley & Sons Inc., 2014, p. 360.

了计划周密、旷日持久的公共外交和文化外交。一些学者从这个角度进行了研究。

一些论著主要论述了美国新闻署对外宣传和公共外交的形式和内容。

尼古拉斯·卡尔（Nicholas Cull）的《发明真相的人》论述了肯尼迪政府时期，在署长爱德华·R·默罗的领导下，美国新闻署的公共外交活动，重点论述了新闻署应对伯明翰危机和向华盛顿进军运动时的宣传活动。卡尔认为新闻署不过多关注暴力，而是强调联邦政府保护黑人市民民权的行动。新闻署的宣传画面给人以这样的印象：民权时期的英雄是美国制度和联邦政府，它们对无助的黑人市民提供了最大的帮助。他的《意识形态的主宰者》论述了美国新闻署在肯尼迪政府时期制作"小石城九英雄"和"向华盛顿进军"两部纪录片的过程，肯定了它们发行海外所起到的良好宣传作用。①

乔治·汤姆林（Gregory Michael Tomlin）的硕士论文《艰难的贩卖：民权与爱德华·R·默罗领导的美国新闻署（1961—1963）》考察了美国新闻署及其领导人爱德华·R·默罗在肯尼迪政府期间如何一直努力为联邦政府对民权运动的反应辩护，赞扬了默罗对美国公共外交的贡献，认为其特点是更多描述典型的普通美国黑人的生活、如实报道民权运动，努力在真相和意识形态间达成平衡。②

哈劳斯·斯特科鲍劳斯（Harilaos Stecopoulos）的博士论文《别处的世界：美国宣传与种族、民族的文化政治（1945—1968年）》集中分析了战后时期的种族主义、民权运动和美国文化宣传。它首先分析了杜波伊斯和詹姆斯的著作，证明种族界限问题是这一时期美国一个重要的公共关系负

① Nicholas Cull, "The Man Who Invented Truth: The Tenure of Edward R. Murrow As Director of Unite States Information Agency During the Kennedy Years," *Cold War History*, Volume 4, Number 1, October 2003, pp. 23-48; "Auteurs of Ideology: USIA Documentary Film Propaganda in the Kennedy Era as Seen in Bruce Herschensohn's 'The Five Cities of June' (1963) and James Blue's 'The March' (1964)," *Film History*, Vol. 10, No. 3, (1998), pp. 295-310.

② Gregory Michael Tomlin, *Hard Sell: Civil Rights and Edward R. Murrow's U. S. Information Agency, 1961-1963*, The George Washington University, 2010.

担，因为苏联和中国、印度等国都在不断地批评美国这个自我宣扬的自由世界领导人的失败。美国政府努力通过资助向海外宣扬资本主义民主好处的改革者来控制美国种族主义的全球丑闻。这些宣传事业在塑造美国种族关系的积极形象方面多少是成功的，但是它们也导致了一种新的黑人反对和反宣传活动。它给美国带来了更多的国际批评，对政府施加了实行社会变革的压力。①

梅林达·施文克-波雷尔（Melinda M. Schwenk-Borrell）的博士论文《兜售民主：美国新闻署对美国种族关系的描述（1953—1976年）》考察了美国新闻署如何应对种族主义和民权运动，反映了艾森豪威尔、肯尼迪、约翰逊和尼克松等几位美国总统不断改变的国外和国内政策需要。研究具体阐述了美国新闻署对小石城融合危机超过15年的反应；解释了在肯尼迪政府时期，美国新闻署为何以及怎样极大地改变了其描述民权的政策，也开始把和平抗议的形象纳入民主的一项中心权利；论述了约翰逊总统和尼克松总统强调美国黑人在政治和就业方面的成就等。她的论文《黑人明星和美国新闻署对美国民主的描述》论述了从1952年到1961年美国新闻署通过制作“黑人明星”的纪录片来处理国家的种族问题的过程。新闻署精心选择了五位国际著名的美国黑人制成视频证据，以证明美国的民主培育了个人自由，强调美国黑人只有在一个民主社会才能取得这么高的个人成就。②

一些论著主要以爵士乐外交为中心，论述了美国政府冷战时期的文化外交。

彭尼·埃申（Penny Von Eschen）的《书包嘴吹起世界》是这方面研究的经典著作。它论述了从1956年到20世纪70年代末，美国派遣其最好的爵士音乐家到从伊拉克到印度、从刚果到苏联的世界各地进行表演，以赢

① Harilaos Stecopoulos, *The World Elsewhere: United States Propaganda and the Cultural Politics of Race and Nation, 1945-1968*, University of Virginia, 1999.

② Melinda M. Schwenk-Borrell, *Selling democracy: The United States Information Agency's Portrayal of American Race Relations, 1953-1976*, University of Pennsylvania, 2004; " 'Negro Stars' and the USIA's Portrait of Democracy," *Race, Gender & Class*, Vol. 8, No. 4, (2001), pp. 116-139.

得第三世界人民的心灵，由此反对对美国种族主义的固有认识的过程。作者认为路易斯·阿姆斯特朗、艾灵顿公爵等黑人爵士音乐家传播了他们的音乐和思想，超出了国务院所预想的那样。这些音乐家除了舞台演出外，还通过演说等其他方式，越过了政府的官方陈述，给了听众一种前所未有的美国黑人经验的视角。在这一过程中，美国与亚洲、非洲和中东的前殖民地的人民之间发展了新的合作，培育了更大的种族骄傲和团结。虽然其目的在于推动“色盲”民主，但这一独特的冷战战略无意间证明美国黑人在美国民族文化中的重要作用。作者通过论述这些旅行，考察了国务院和这些进步的艺术家之间的复杂关系，证明他们一起努力重新界定了一个在世界舞台上的更包容和融合的美国。①

莉萨·达文波特（Lisa E. Davenport）的著作《爵士乐外交》考察了冷战背景下美国与非洲、苏联和世界其他地区的文化外交，探讨了国际种族关系、国内民权和美国爵士音乐家的文化交流之间的相互交织关系，通过把种族定义为美国文化的一部分，拓宽了文化关系的概念。它也把文化的思想整合到美国外交关系研究中，探讨了美国爵士乐在非洲和苏联的交流如何影响到美国对种族关系的理解，在何种程度上影响到美国对外国的理解，又如何改变了美国对自身的理解。②

大卫·卡洛塔（David M. Carletta）的论文《那些白人为我工作》论述了艾森豪威尔政府发起的由美国主要的爵士音乐家开展的海外“善意访问之旅”活动。作者认为这些旅行有助于美国政府开展其反对苏联及其共产主义盟友的全球宣传运动。因为苏联为首的共产主义阵营广泛报道并成功利用了由美国民权运动带来的种族紧张和暴力。共产主义宣传者还把追求物质主义的资本主义者看作“文化野蛮人”，认为他们生产的只是商品而不是高级文化。这些爵士“大使”有助于美国政府对此进行反击，最终有助

① Penny M. Von Eschen, *Satchmo Blows up the World: Jazz Ambassadors Play the Cold War*, Cambridge, Mass.: Harvard University Press, 2004.

② Lisa E. Davenport, *Jazz Diplomacy: Promoting America in the Cold War Era*, Jackson: University Press of Mississippi, 2009.

于艾森豪威尔政府在冷战早期对抗共产主义。①

安德里亚·弗朗西斯（Andrea Georgia Marina Franzius）的博士论文《灵魂的召唤：音乐、种族与美国文化政策的塑造》考察了音乐尤其是爵士乐如何被塑造成了美国的一种政治工具。作者认为冷战时期美国政府把文化变成了外交政策的工具，体现了人道的和民主的多元主义。美国黑人爵士音乐家的世界巡演则体现了美国冷战的文化外交战略。②

本来美国冷战时期的公共外交以主动进攻的“扬美”和“反共”为主要内容和特点，之前美国学者们关于冷战公共外交的研究也以此为重点。但正是因为有了种族这个特殊因素，美国才不得不正视自己的缺陷，把改善民权，回应国际批评，赢得第三世界人民的心灵，维护国家声誉和利益作为公共外交的另一个主要内容。以上美国学者的大量相关研究有力证明了种族因素在美国公共外交和文化外交中的重要作用。③

---

① David M. Carletta, “Those White Guys Are Working For Me: Dizzy Gillespie, Jazz, and The Cultural Politics of the Cold War During the Eisenhower Administration,” *International Social Science Review*, Vol. 82, No. 3/4 (2007), pp. 115-134.

② Andrea Georgia Marina Franzius, *Soul Call: Music, Race and the Creation of American Cultural Policy*. Duke University, Ph. D. 2006.

③ 除了具体的研究，美国学界还有很多相关的综合论著，如 Mary L. Dudziak, *Cold War Civil Rights: Race and the Image of American Democracy*, Princeton, N. J.: Princeton University Press, 2000; Laura A. Belmonte, *Selling the American Way: U. S. Propaganda and the Cold War*, University of Pennsylvania Press, 2010; Thomas Borstelmann, *The Cold War and the Cold Line: American Race Relations in the Global Arena*. Cambridge: Harvard University Press, 2002 等。杜兹克的论著《冷战民权》是这方面研究的经典之作。它考察了冷战早期外交事务对民权政策的影响。二战以来，美国走上了世界领袖的地位，然而同时它也遭到不断增加的国际批评。美国的种族主义被看作是其致命缺陷。美国的盟友和批评者都质疑美国是否压制民权而破坏了国家的国际形象，动摇了它自由世界的领导地位。当美国国内的有色人种正在遭受私刑、在学校和公共设施被迫隔离并被剥夺了公民权利的时候，美国的民主怎能成为他国尤其是亚非新独立的国家追随的榜样？苏联在 20 世纪 40 年代末期把美国的种族主义变为主要的反美宣传的主题，美国的民权由此成为冷战意识形态斗争的重要考量。本书建立在大量的档案研究的基础上，认为关注种族歧视对美国外交关系的影响，导致从杜鲁门到约翰逊的历任美国总统都把民权改革看作是更广泛的冷战战略的一部分。作者最有力的观点是，美国政府通过构建一个国家过去争取民权的故事，努力守卫美国的形象和反对苏联的宣传，它承认种族歧视，但把美国民主本身当作是唯一可行的进步之路。

二、以种族为纽带的对第三世界的外交和反殖民主义国际斗争

美国黑人与非洲等第三世界有着天然的联系。非洲等第三世界国家也非常关注美国国内的民权斗争，常常谴责美国的种族主义和隔离主义。这些批评与苏联等社会主义国家的严厉指责一起严重影响了美国的国家形象和国际声誉，破坏了美国争取人心及其盟友的冷战外交战略的实施。美国政府对非洲等第三世界国家的外交因此成为美国冷战外交中的重要内容。

大部分学者认为，杜鲁门和艾森豪威尔总统为了冷战反共的需要，仍然支持英法等老牌殖民强国，视他们为反苏反共的坚强盟友，对非洲等第三世界的反殖民主义斗争并不热心。这种情况直到肯尼迪总统时期才发生改变。

如马查里亚·穆尼尼（G. Macharia Munene）的博士论文《杜鲁门政府和撒哈拉以南非洲的非殖民化》认为，冷战迫使杜鲁门政府集中于反对苏联对美国安全的威胁。殖民列强寻求利用冷战来达到自己的目标，为了反苏，美国不得不致力于捍卫西欧盟友的利益，反殖民主义因此相对于遏制苏联在欧洲和其他地区的扩张变成次要的目标。同时，杜鲁门政府对美国种族主义的国际影响很敏感，正如国际上指控美国与殖民主义者相勾结，也令美国政府难堪一样。批评者要求美国政府在向东欧宣扬民主之前，在美国和非洲都真正实行民主。作为回应，杜鲁门政府努力来处理被苏联宣传所利用的种族问题和殖民地问题。政府宣扬一个强有力的民权计划，还竭力在殖民地问题上持中间的立场，这几乎让杜鲁门在1948年的选举中遭遇失败。民权计划产生了良好的效果，但政府竭力控制的殖民地问题却并未如愿。杜鲁门政府不能远离殖民列强使得非洲人及其美国的支持者认为美国反对非洲独立。①

---

① G. Macharia Munene, *The Truman Administration and the Decolonization of Sub-Saharan Africa, 1945-1952*, Ohio University, Ph. D. Dissertation, 1985.

肯尼斯·艾伦·克雷斯（Kenneth Alan Kresse）的博士论文《在黑色大洲遏制民族主义和共产主义：艾森豪威尔对非洲的政策》认为，艾森豪威尔政府对北非和撒哈拉以南非洲的政策基本上是失败的。它破坏了美国在非洲大陆的短期和长期的目标，在冷战期间并未建立一种双方受益的美非关系。美国竭力阻止共产主义渗入非洲，遏制民族主义的传播，力图使非洲大陆仍处于“自由世界”的范围。这样反而导致很多非洲国家脱离西方阵营，进入共产主义的怀抱。到1961年，原本在1953年并不存在的共产主义的威胁已经在非洲大陆显而易见，并蔓延到美国及其盟友欧洲殖民列强控制的大部分地区。同样，艾森豪威尔努力想与新非洲创建一种强有力的友好关系也因他支持殖民现状而不可得。①

莫妮卡·洛林·贝尔蒙特（Monica Lorine Belmonte）的博士论文《控制革命：民权时期美国对英属尼日利亚非殖民化的反应》认为，整个20世纪50年代，国际反殖民主义运动风起云涌，美国政府却支持它的殖民盟友，尤其是英国。美国这样做，会冒险失去新独立国家人民对美国发动冷战的同情，因为后者的目标是终止殖民帝国。英国的官员认为美国之所以实行这样的政策，是因为美国国内的体制像殖民帝国一样，也是建立在白人对有色人种统治的基础上的。事实上，美国、英国和尼日利亚的档案表明，冷战和种族主义决定了美国的政策。一方面，美国感到共产主义对非洲威胁很大；另一方面，美国也断言非洲不适合自治。它认为新产生的非洲国家太弱小，非洲在欧洲的统治下会更安全。种族主义导致美国对尼日利亚非殖民化的反应很消极，它欢迎英国设计的强加给尼日利亚的不民主的体制，这一体制下的保守政府将是英国亲密的盟友。美国反对非洲殖民地国家独立，证明美国的自决信念并不真实。②

① Kenneth Alan Kresse, *Containing Nationalism and Communism on the "Dark Continent": Eisenhower's Policy toward Africa, 1953–1961*, State University of New York at Albany, Ph. D. Dissertation, 2003.

② Monica Lorine Belmonte, *Reining in Revolution: The United States Response to British Decolonization in Nigeria in an Era of Civil Rights, 1953–1960*, Georgetown University, Ph. D. Dissertation, 2003.

米伦贝克的著作《把宝押在非洲》深入考察了肯尼迪总统交好非洲民族主义领导人的努力，为肯尼迪总统冷战策略的论述增加了新的篇章。它认为，肯尼迪一上台就发起了一项交好非洲民族主义领导人的个人政策，这一政策期望改善美非关系，大幅度改变了美国外交关系的方向。肯尼迪政府相信冷战的输赢依赖于华盛顿或莫斯科能否赢得第三世界的心灵。非洲是尤其重要的，因为 1960—1961 年，19 个新独立的非洲国家进入联合国。到 1962 年，联合国 110 个成员有 31 个是来自非洲大陆，华盛顿和莫斯科都想把它们拉入自己的投票阵营。肯尼迪担心美国忽视新独立的非殖民化国家将导致反美主义的增长，因此在美非关系上花费了比前任美国总统更多的时间和精力。他通过个人外交，重新改变了美国对非洲的政策，在很大程度上赢得非洲人民的理解，但同时却疏远了传统的盟友。①

克伦的著作《黑人外交：美国黑人与国务院（1945—1969 年）》则综合论述了 1945 年后美国国务院的种族融合政策以及随后很多美国黑人大使被任命到第三世界和非洲国家去的过程。作者认为艾森豪威尔政府有意拖延这一过程，但到肯尼迪和约翰逊时期，政府取得了很多成果，增加了很多美国黑人外交官，显著促进了美国对非洲等第三世界的外交成效。②

但有个别左派学者坚持认为美国一直对第三世界的反殖民主义斗争持反对和抵制态度。如杰拉尔德·霍恩（Gerald Horne）的《来自枪杆子：美国与反对津巴布韦的战争（1965—1980 年）》指出，1965 年南罗德西亚的史密斯少数白人政权单方面宣布脱离英国独立后，实施种族隔离统治，由少数白人统治人数众多的黑人，黑人组织起来奋起反抗种族隔离政权，从而引发了死伤无数的游击战的爆发。约翰逊总统对罗德西亚的局势很关注，担心国外的种族冲突会激化国内的种族矛盾。美国虽然官方声称对罗德西亚政府违反人权的情况表示关注，但实际上对其持容忍的态度，并未严格实施制裁，甚至出现成百上千的美国雇佣兵过来支持罗德西亚白人政权却

① Philip Emil Muehlenbeck, *Betting on the Africans: John F. Kennedy's Courting of African Nationalist Leaders*, Oxford; New York: Oxford University Press, 2012.

② Michael L. Krenn, *Black Diplomacy: African Americans and the State Department, 1945-1969*, Armonk, N. Y.: M. E. Sharpe, 1999.

几乎不用担心违反美国的法律的情况。作者极力证明美国在拖延津巴布韦非殖民化斗争中的核心作用。他的《热带地区的冷战》把加勒比海人放在了全球冷战讨论的中心，考察了20世纪40—50年代的反共主义和美国的外交政策如何粉碎了英属西印度群岛人们的劳工左翼运动和独立运动的双重使命，认为这个地区现在的贫穷、落后是冷战政治的直接遗产。①

外交并不仅仅是政府的事情，很多民权组织和积极分子也积极开展反殖民主义活动和国际自由斗争。

部分学者论述了一些自由派的民权组织和民权积极分子在冷战早期（主要是在1954年民权运动发生前）开展反殖民主义和国际自由斗争以及由此遭受压制的情况。如卡罗尔·安德森（Carol Anderson）的很多论著主要论述了美国全国有色人种协进会在冷战早期的国际斗争。她的《国际觉醒、冷战与种族隔离》考察了二战后南非和西南非合并的问题，指出全国有色人种协进会与民权积极分子迈克尔·斯克特强烈反对南非兼并西南非，竭力阻止35万非洲人被并入白人至上主义的国家。作者认为，在5年的斗争过程中，全国有色人种协进会与斯克特塑造了一个政治空间，确立了非政府组织的权利，唤醒了国际观众，并重塑了联合国。她的《重新思考激进主义》讨论了全国有色人种协进会、美国非洲事务委员会和保罗·罗宾逊等美国黑人积极分子在1945—1949年间推动索马里、利比亚和厄立特里亚等非洲国家进行民族自决的斗争。作者认为，原有的批评美国黑人运动领袖杜波依斯的研究低估了全国有色人种协进会在推动非洲殖民地国家自决过程中的作用。文章考察了左派和保守的美国黑人之间的紧张关系，也讨论了全国有色人种协进会向索马里青年联盟这样的非洲组织提供经济援

① Gerald Horne, *From the Barrel of a Gun: The United States and the War against Zimbabwe, 1965-1980*, University of North Carolina Press, 2000; *Cold War in a Hot Zone: The United States Confronts Labor and Independence Struggles in the British West Indies*, Philadelphia: Temple University Press, 2007.

助的事例。[①] 她的《远离奖杯：联合国与美国黑人为人权而斗争》等论著[②]和查尔斯·马丁（Charles H. Martin）的《国际化美国的困境》[③] 论述了从1946年到1951年，全国黑人大会、全国有色人种协进会和民权大会等黑人民权和左翼组织先后三次发起向联合国请愿的活动，以引起国际关注，迫使美国政府采取措施改变美国黑人的困境的过程。他们指出，虽然在当时冷战反共的气氛下，美国政府采取了各种方式进行压制，使这些活动无一例外都遭到失败，但请愿运动通过把美国的种族困境延伸到国际环境中，引发了全球对美国种族问题日益增加的关注，从而清楚地证明国内的种族歧视成了美国外交政策的致命要害。

埃申在《反对帝国的种族：美国黑人与反殖民主义（1937—1957年）》[④] 中指出，二战后美国黑人不仅关注国际问题，而且对美国外交提出尖锐批评。美国黑人认为他们不仅与殖民地人民遭受着同样的压迫，而且他们在美国的命运是与殖民地人民的斗争联系在一起的。这导致他们对国际关系的激进分析，要求殖民地国家在全球政治和经济中独立。由于担心美国帝国主义将取代欧洲帝国，美国黑人宣扬不仅要结束殖民主义，而且也要限制美国的权力以及要求世界财富更加平等的分配。但作者后来在书

① Carol Anderson, "International Conscience, the Cold War, and Apartheid: The NAACP's Alliance with the Reverend Michael Scott for South West Africa's Liberation, 1946-1951," *Journal of World History*, Vol. 19, No. 3 (Sep., 2008); "Rethinking Radicalism: African Americans and the Liberation Struggles in Somalia, Libya, and Eritrea, 1945-1949," *Journal of the Historical Society*, Dec 2011, Vol. 11, Issue 4. 另参见 Carol Anderson, *Bourgeois Radicals: The NAACP and the Struggle for Colonial Liberation, 1941-1960*. New York: Cambridge University Press, 2015。

② Carol Anderson, *Eyes Off the Prize: The United Nations and the African American Struggle for Human Rights, 1944-1955*, New York: Cambridge University Press, 2003; "From Hope to Disillusion: African American, the United Nations and the Struggle for Human Rights, 1944-1947," *Diplomatic History*, Vol. 20, No. 4 (Fall 1996), pp. 546-547.

③ Charles H. Martin, "Internationalizing 'The American Dilemma': The Civil Rights Congress and the 1951 Genocide Petition to the United Nations," *Journal of American Ethnic History*, Vol. 16, No. 4 (Summer, 1997).

④ Penny Von Eschen, *Race against Empire: Black Americans and Anticolonialism*, Ithaca, N. Y.: Cornell University Press, 1997.

中又论述了冷战的消极影响，认为这种激进的观点是短暂的。到 1947 年，大部分黑人领导人接受了冷战反共主义，切断了与非洲、亚洲现存的联系，集中于国内种族关系。他们虽呼吁仍认可第三世界的政治独立，但大部分人不再呼吁全球资源的重新分配，并接受了冷战对世界的两极看法。这种新的反共产主义的反殖民主义出于这样的考虑：支持美国国外的政策将促使政府反对国内的种族歧视。美国黑人领导内的这种变化伴随着国内的红色恐慌，涉及很多激进的美国黑人与组织。作者认为，由于美国黑人接受了自由反共主义和政府对激进主义的镇压，国内的民权斗争与反殖民主义和国外民族主义的关系被有效地切断了。到 20 世纪 50 年代早期，早期反殖民主义联盟的大众政治被中产阶级的象征主义政治和联邦的保护所取代。

詹姆斯·罗克（James L. Roark）的《美国的黑人领导人：对殖民主义和冷战的反应（1943—1953 年）》中的观点与埃申基本相似，其认为 1943—1947 年美国黑人发起了生机勃勃的反对欧洲殖民主义和支持殖民主义的美国外交政策的抗议活动，然而由于冷战，他们强烈的种族国际主义很快就衰落了。①肯尼斯·詹肯德（Kenneth R. Jankend）的《从殖民解放到冷战自由主义》也认为冷战的压力迫使全国有色人种协进会和其领导人怀特不得不从支持殖民地国家的自由斗争向反共的冷战自由主义转变。② 霍恩的《帝国的终结：美国黑人与印度》介绍了一段 1947 年印度独立时期美国黑人与印度之间关系的鲜为人知的历史。美国黑人和印度人意识到他们都有受剥削和压迫的共同的历史，因此常常互动联系，但冷战结束了这种联系。面对国内反共主义的压制，在全国有色人种协进会和其他黑人政治组织中的自由派黑人领导人不得不从激进的反殖民主义中后退。因为美国的冷战斗士们对新独立的印度的反帝国主义政治和不结盟立场感到不安，许多民权积极分子对印度采取了日益谨慎的态度。③ 需要注意的是，霍恩等人

---

① James L. Roark, "American Black Leaders: The Response to Colonialism and the Cold War, 1943-1953," *African Historical Studies*, Vol. 4, No. 2 (1971), pp. 253-270.

② Kenneth R. Jankend, "From colonial liberation to Cold War liberalism: Walter White, the NAACP, and Foreign Affairs, 1941-1955," *Ethnic & Racial Studies*, Nov., 1998, Vol. 21, Issue 6.

③ Gerald Horne, *The End of Empires: African Americans and India*, Temple University Press, 2009.

的观点与上述安德森的论点稍有不同。霍恩等人强调冷战迫使全国有色人种协进会为代表的自由派民权组织不得不放弃了反殖民主义的立场，但安德森坚持认为全国有色人种协进会虽然遭受了压制，但仍然在支持非洲等第三世界的反殖民主义斗争中发挥了重要作用。

部分学者论述了一些民权组织和积极分子在20世纪50—60年代民权运动高潮期的国际斗争。如大卫·霍斯特尔（David Hostetter）的《全世界人民反对种族主义的国际联盟》论述了马丁·路德·金与美国非洲委员会合作反对南非的种族隔离制的历史。虽然南非的反隔离斗争经历了从非暴力到暴力斗争的变化，但金仍以美国国内的民权运动的经验为指导，呼吁全世界各国人民对南非实施经济制裁，采取非暴力的方式，反对种族主义。① 凯文·盖恩斯（Kevin K. Gaines）的《加纳的美国黑人》解释了独立后的加纳吸引马丁·路德·金、马尔科姆·X等众多美国黑人来此参加黑人运动的原因，也分析了加纳这个新独立的国家及其社会如何被冷战、美国民权运动和非洲非殖民化运动所塑造。加纳总统恩克鲁玛对美国的霸权发出了直接的挑战，提出了非洲解放、大陆统一等观点。虽然在加纳的美国黑人的数量很少，但这些积极分子与他们美国国内的民权运动盟友一起，与加纳等非洲人民紧密团结起来，努力争取自己的自由和权利，成为美国黑人和非洲黑人团结斗争的典范。② 杜兹克的《传播美国梦》等论著讲述了著名美国黑人民权律师马歇尔访问非洲时不为人知的故事。1960年肯尼亚独立领导人请求马歇尔帮助撰写他们的宪法，马歇尔于是成为一名帮助肯尼亚建国的美国黑人。他变成了肯尼亚领导人的朋友，作为顾问服务于肯尼亚人。肯尼亚需要向英国和世界证明，一旦非洲人掌权，他们将公平地对待白人等少数族裔。马歇尔为此起草了权利法案，把谈判机制注入宪法当中，

① David Hostetter, "'An International Alliance of People of All Nations Against Racism': Nonviolence and Solidarity in the Antiapartheid Activism of the American Committee on Africa, 1952-1965," *Peace & Change*, Apr. 2007, Vol. 32, Issue 2.

② Kevin K. Gaines, *American Africans in Ghana: Black Expatriates and the Civil Rights Era*, Chapel Hill: University of North Carolina Press, 2006.

保护了少数白人地主，帮助政权和平改变而非陷入暴力抵抗的泥沼中。①

部分学者论述了一些激进的民权组织和积极分子开展的国际自由斗争。霍恩的相关研究最具有代表性。他的《共产主义前沿？民权大会，1946—1956年》在学术界率先对民权大会开展了研究，解释了积极分子们如何利用跨越民族国家边界的对话来对当局施加压力，迫使政府解决种族暴力问题。例如在一次为被控强奸的黑人辩护的时候，来自乌干达、法国、以色列、波兰和罗马尼亚等世界很多地方的同情者变成抗议者，来自全世界成千上万的电报、电话也对当地政府施加了很大压力，这些国际上的力量都成为民权大会在纽约组织的游行的同盟军。霍恩的《种族妇女：雪莉·格雷厄姆·杜波依斯的生活》论述了冷战对杜波依斯夫人雪莉的影响。雪莉是一名杰出的泛非主义思想家和积极分子，支持美国的民权运动、非洲的解放斗争和中国的社会主义革命，处于战后美国和国际左派的中心，却常常被遗忘。由于冷战的政治气氛，杜波依斯夫妇在1961年移居加纳。1963年杜波依斯去世后，雪莉仍留在加纳，成为当地美国黑人侨民社会的关键人物。1966年由于美国支持的军事政变推翻了恩克鲁玛的统治，她不得不离开加纳。此书是第一部关于杜波依斯夫人的传记，霍恩论述了这一矛盾人物的波澜壮阔的一生，挖掘了美国黑人妇女的激进主义传统，扩展了黑人女权主义和黑人激进主义的界限，把资本主义和帝国主义看作争取黑人自由和维护美国黑人妇女尊严的障碍。他的《黑人革命者：威廉·帕特森与美国黑人自由斗争的全球化》论述了律师和黑人共产党员帕特森争取国际支持来促进美国黑人获得平等的事迹，集中论述了帕特森全球激进主义的一些重要时刻：在苏联的早期教育、从20世纪30—50年代卷入斯考兹博罗案等一些广受瞩目的民权案件、1951年"我们指控种族灭绝"的向联合国请愿活动以及他晚年与黑豹党的联系等。通过帕特森的故事，霍恩考察了冷战如何影响黑人自由运动，其最重要的影响是一些民权领导人通过排

① Mary L. Dudziak, *Exporting American Dreams: Thurgood Marshall's African Journey*, New York: Oxford University Press, 2008; "Working toward Democracy: Thurgood Marshall and the Constitution of Kenya," *Duke Law Journal*, Vol. 56, No. 3 (Dec., 2006).

斥黑人左派来向美国政府妥协。他也阐释了共产党与美国黑人社会之间复杂而矛盾的关系，包括联邦调查局对共产党渗透的影响。利用政府和联邦调查局的文件、报纸、期刊、档案、手稿和个人文集等材料，霍恩论述了帕特森如何有效地把黑人自由斗争带入全球领域，为20世纪的争取种族正义的斗争提供了一个新的视角。他的《红色的海洋：费迪南德·史密斯与美国和牙买加的激进黑人水手》论述了牙买加出生的全国海运工会领导人史密斯的一生。史密斯是美国共产党的积极分子，加之他大胆的劳工激进主义和不可靠的移民地位，都使得他一直处于美国政府严厉的监管之下，尤其在50年代的红色恐慌期间。史密斯最终被遣返回其母国牙买加，在那里他继续开展激进的劳工和政治组织活动，直到1961年逝世。霍恩通过史密斯的经历，阐释了劳工激进主义和民权运动之间的紧密联系，证明民权运动的成果是被劳工运动所推动和被反共主义所破坏的。作者以此揭示了鲜为人知的黑人水手的经历以及他们对劳工和民权运动的贡献，论述了共产党及其黑人成员的历史，展现了牙买加劳工和政治激进主义的重要维度。①

一些学者论述了激进的黑人领袖罗伯特·威廉等人的国际斗争。② 蒂莫西·泰森（Timothy B. Tyson）的《自由南方电台：罗伯特·威廉斯与黑人权力的根源》等论著论述了威廉到古巴、越南和中国的国际经历和斗争，认为他激进的国际自由斗争是美国黑人权力的根源。③ 罗伯逊·费雷泽（Robeson Taj P. Frazier）的《东方是黑的》等论著论述了冷战时期，好几位杰出的美国黑人激进分子和知识分子，包括杜波依斯夫妇、记者威廉·

① Gerald Horne, *Communist Front? The Civil Rights Congress, 1946–1956*, Fairleigh Dickinson University Press, 1988; *Race Woman: The Lives of Shirley Graham Du Bois*, NYU Press, 2002; *Black Revolutionary: William Patterson & the Globalization of the African American Freedom Struggle*, University of Illinois Press, 2013; *Red Seas: Ferdinand Smith and Radical Black Sailors in the United States and Jamaica*, NYU Press, 2009.

② 关于马尔科姆和黑豹党等激进黑人领袖和组织的国际斗争的研究参见拙文《国际视野下的美国民权运动史研究新进展》，第132—133页。

③ Timothy B. Tyson, *Radio Free Dixie: Robert F. Williams and the Roots of Black Power*, Chapel Hill: University of North Carolina Press, 1999; "Robert F. Williams, Black Power, and the Roots of the African American Freedom Struggle," *The Journal of American History*, Vol. 85, No. 2 (September 1998).

沃斯、信奉马克思主义的女性主义者加尔文和自由战士威廉夫妇等先后访问并住在中国的经历。他们通过各种媒介表达了对中国共产主义的支持，重新定义了亚洲反对帝国主义的斗争与美国黑人反对社会、种族与经济不正义的运动之间的关系。作者考察了这些人物如何与中国政府共同支持反对美国国内外政策的思想，分析了他们多元的文化作品，论证了他们如何在一个反种族主义和帝国主义的世界范围的反资本主义联盟的广阔视野中想象共产主义中国的作用。①

一些学者还论述了学生非暴力协调委员会转向激进的黑人国际主义的过程。如范尼·威尔金斯（Fanon Che Wilkins）的《黑人国际主义者的塑造：黑人权力兴起前的学生非暴力协调委员会与非洲（1960—1965）》论述了学生非暴力协调委员会与非洲的反殖民化运动紧密联系，并亲自去非洲新独立的国家考察访问，从而日益激进并最终转向了国际斗争和黑人权力运动的过程。朱莉娅·艾琳·伍德（Julia Erin Wood）的博士论文《自由是不可分割的》考察了学生非暴力协调委员会的黑人国际主义，阐述了它与非洲独立运动以及亚非拉革命运动之间的关系，把美国黑人民权运动与国际自由斗争紧密联系在一起。②

除了具体的研究，还有一些学者进行了综合论述。如乔纳森·罗森贝格（Jonathan Rosenberg）的《希望的土地有多远？从一战到越战期间的世界事务与美国民权运动》考察了自由派民权积极分子对国际事务的看法，阐释了他们如何把世界事务与国内运动结合起来。詹姆斯·梅里韦瑟（James Hunter Meriwether）在《我们以成为非洲人而自豪：美国黑人与非洲（1935—1961 年）》考察了美国黑人对非洲自由斗争的态度和反应。该著紧

① Robeson Taj Frazier, *The East is Black: Cold War China in the Black Radical Imagination*, Durham: Duke University Press, 2015; "Thunder in the East: China, Exiled Crusaders, and the Unevenness of Black Internationalism," *American Quarterly*, Volume 63, Number 4, December 2011.

② Fanon Che Wilkins, "The Making of Black Internationalists: SNCC and Africa Before the Launching of Black Power, 1960-1965," *Journal of African American History*, Fall 2007, Vol. 92, Issue 4; Julia Erin Wood, *Freedom is Indivisible: The Student Nonviolent Coordinating Committee (SNCC), Cold War Politics, and International Liberation Movements*, Yale University, 2011.

密联系现代非洲史，内容包括在南非的反对种族隔离制的非暴力抗议、肯尼亚的“茅茅运动”、恩克鲁玛领导下的加纳独立运动和刚果的卢蒙巴遇害事件等。布伦达·普拉默（Brenda Gayle Plummer）在《升腾的风》中通过阐述美国黑人组织、媒体、领导人和大众对国际问题的持续兴趣推翻了美国黑人主要关心国内问题而非世界事务，对美国的外交几乎没有影响这样的论断。作者认为这种积极主义产生了效果，最终迫使美国承认了种族作为全球问题的重要性，并接受了国内种族主义和外交政策之间的联系。她的《寻找权力》是一部民权、非殖民化和黑人权力时期的历史。从1956年到1974年，世界范围内新独立国家的出现与美国的民权运动暴露了种族融合和政治自由的局限。作者探讨了在美国黑人卷入国际事务与他们如何塑造美国的外交政策之间的具体联系，把美国黑人史、非洲人离散史和美国外交关系史整合起来。①

总之，政府外交与民间外交并不是各自孤立，而是紧密联系、彼此关联的。冷战早期，由于麦卡锡主义等反共主义的红色恐慌，民权积极分子的反殖民主义斗争受到压制，激进的左派被彻底镇压，温和的自由派从原有的反殖民主义立场后退，完全接受了政府主导的反共主义。美国政府对非洲等第三世界的外交也较为保守，表现为支持西方盟友的殖民主义政策，以共同对抗苏联。随着冷战的发展、麦卡锡主义的覆灭以及美国民权运动的蓬勃开展，民权组织和积极分子对非洲等地的非殖民化运动的支持增强，美国政府尤其是肯尼迪政府开始改变对非洲等第三世界国家的政策，抛弃了原来支持英法等西方盟友维持殖民统治的传统政策，开始支持非洲的民族解放运动，以争取第三世界的盟友。而很多民权组织和积极分子由于理想幻灭却走上了激进的国际斗争之路。上述美国学者的研究有力证明了政

---

① Jonathan Rosenberg, *How Far the Promised Land?: World Affairs and the American Civil Rights Movement from the First World War to Vietnam*, Princeton: Princeton University Press, 2006; James Hunter Meriwether, *Proudly We Can be Africans: Black Americans and Africa, 1935–1961*, Chapel Hill: University of North Carolina Press, 2002; Brenda Gayle Plummer, *Rising Wind: Black Americans and U. S. Foreign Affairs, 1935–1960*, Chapel Hill: University of North Carolina Press, 1996; *In Search of Power: African Americans in the Era of Decolonization, 1956–1974*, New York: Cambridge University Press, 2013.

府外交和民间外交相互交织的关系和复杂转变的过程。

此外，种族主义者和隔离主义者为抵制国内的民权运动和国际上的反殖民主义自由斗争，也有针对地开展了保守主义外交。如安·凯瑟琳·齐克（Ann Katherine Ziker）的博士论文《后殖民主义世界中的种族、保守主义政治和美国外交政策》分析了从 1948 年到 1968 年美国保守主义政治的兴起，尤其注意了民权运动和种族对战后政治的影响。不像以前的研究主要集中于国内政策问题，本文侧重于对美国外交政策的争论。它考察了诸如国际人权意识形态的发展、革命民族主义力量的增长、非殖民化的进步等主题。文章认为，民权反对者容易把他们关于种族差别的观念置于全球领域，宣称亚洲、阿拉伯和非洲新独立国家的人民不配享有和欧洲和北美人同样的权利。文章因此提供了关于种族在现代保守主义中作用的新解释。齐克的另一篇论文《面对美国帝国的隔离主义者》则是以具体的个案研究考察分析了南方底层白人对夏威夷建州的反对，从新的视角解释了二战后美国的种族保守主义。[①] 托马斯·诺尔（Thomas Noer）的《隔离主义者与世界》以种族主义者华莱士两次总统选举活动为例，论述了白人隔离主义者的外交政策，包括批评新独立的非洲国家，认为黑人低人一等，反对美国的对外援助，不支持联合国，甚至直接把国际共产主义与民权运动联系起来，与一些右翼组织建立联盟等，其最终目的就是维护南方的隔离制度，抵制种族融合。[②] 阿曼达·伊莲·施伦伯格（Amanda Elaine Schlumpberger）的博士论文《隔离主义者反对对外援助与南方国际主义的塑造》考察了二战后美国南方国际主义的发展，认为南方国际主义是一种维持白人至上主义的全球种族等级制的观念，它支持国内的种族隔离和国际上的新殖民主

① Ann Katherine Ziker, *Race, Conservative Politics, and U.S. Foreign Policy in the Postcolonial World, 1948–1968*, Ph. D. Dissertation, Rice University, 2008; "Segregationists Confront American Empire: The Conservative White South and the Question of Hawaiian Statehood, 1947–1959," *Pacific Historical Review*, Vol. 76, No. 3 (August 2007).

② Thomas Noer, "Segregationists and the World: the Foreign Policy of the White Resistance," in Brenda Gayle Plummer, eds., *Window on Freedom: Race, Civil Rights, and Foreign Affairs, 1945–1988*, Chapel Hill: University of North Carolina Press, 2003.

义关系，是为应对反种族主义的自由国际主义的外交政策而兴起的。文章把对外援助作为切入点，阐释了冷战的自由国际主义项目如何遭到来自美国南方隔离主义者的反对。[①]

三、结语

综上所述，“种族”业已成为美国冷战外交史研究中的一个重要因素，种族话语也逐渐成为相关研究中的主流话语。[②] 这些研究有这样几个特点：

一是常与美国外交史的国际化潮流（国际史、跨国史）联系在一起。这种国际化潮流“不仅是指熟悉其他国家语言和使用多国档案，更重要的是要有多国的视野，打破美国对外关系史研究中的美国中心论和文化中心主义，摒弃单纯从美国视角和立场看问题的做法，把美国与其他国家等量齐观，将美国置于全球环境中来考察，并把其他国家和非国家行为体置于重要的位置，将美国外交史发展成为全面研究美国国家和人民与其他国家和人民之间直接或间接互动的国际史”。[③] 上述“种族取向”的研究在这方面的一个突出表现就是特别重视第三世界，强调反殖民主义的立场。[④] 传统的冷战史研究强调美苏竞争和大国关系，但近些年来，第三世界越来越受重视。美国黑人因为与非洲天然的联系以及他们对美国外交关系的影响使得美国与非洲等第三世界的关系变得越来越重要。第三世界不再作为美苏

① Amanda Elaine Schlumpberger, “*Respecting the Separateness of Others*:” *Segregationist Opposition to American Foreign Aid and the Formation of a Southern Internationalism, 1946-1973*, Ph. D. Dissertation, University of Kansas, 2015.

② 参见 Michael J. Hogan, “SHAFR Presidential Address: The ‘Next Big Thing’: The Future of Diplomatic History in a Global Age,” *Diplomatic History*, Vol. 28, No. 1 (January, 2004), p. 2; Brenda Gayle Plummer, “The Changing Face of Diplomatic History: A Literature Review,” *The History Teacher*, Vol. 38, No. 3 (May, 2005), pp. 391-394 等。

③ 王立新：《全球化背景下美国外交史的国际化与文化转向》，《美国研究》2008 年第 1 期，第 33 页。

④ 参见 Penny M. Von Eschen, “Challenging Cold War Habits: African Americans, Race, and Foreign Policy,” *Diplomatic History*, Fall 1996, Vol. 20, Issue 4。

冷战的一个附庸而存在，而是有了独立的地位，反殖民主义和非殖民化运动也不再被边缘化，而是可与美苏两极对抗分庭抗礼。另一个重要表现是强调民间交往和人民之间的关系。美国的民权组织和积极分子常常越过美国政府直接和非洲人民开展各种形式的交往活动，他们在国内发起的黑人民权运动和非洲的非殖民化运动相辅相成、相得益彰。它们之间因而是互相促进而非单方面的关系。安德森等人关于全国有色人种协进会在非洲斗争的研究和霍恩等人关于激进的黑人左派的国际斗争的研究就鲜明体现了上述特点。

二是常与美国外交史研究中的文化转向紧密相关，并特别强调意识形态因素。“文化转向的突出表现就是越来越多的史学家更愿意从文化的视角阐释美国对外关系”。它引进包括种族观念在内的大量新的分析范畴，更多地从性别研究、文化研究和族群研究中汲取理论资源，关注跨越国界的文化、宗教、教育和其他方面的活动以及美国的产品、思想和生活方式在国外的传播与影响等。[①] 与此相关的冷战史新研究的最重要的特点，在于人们对意识形态的重新界定，以及对意识形态因素在冷战时期国际关系中所起作用的重新认识。[②] 上述以爵士乐外交为中心的美国政府冷战时期的文化外交研究就是文化转向的代表性成果，而对美国公共外交的研究则是突出意识形态因素的典型论著。

为何美国冷战外交史研究会出现“种族取向”的潮流？这与民权运动之后美国学界多元文化主义潮流的兴盛有关。很多黑人和妇女经历了民权运动和女权运动的洗礼，之后又接受了高等教育，成为职业的历史学家。他们的研究旨趣与传统研究完全不同，大多以新社会史和新文化史等新的史学理论为指导，更加关注黑人、妇女等少数族裔和弱势群体。美国外交史作为坚持传统研究的最为顽固的一个领域最终也不能例外。[③] 例如著名左

① 王立新：《全球化背景下美国外交史的国际化与文化转向》，第35—39页。

② 陈兼、余伟民：《“冷战史新研究”的源起、学术特征及批判》，《历史研究》2003年第3期，第16页。

③ 参见Brenda Gayle Plummer, “The Changing Face of Diplomatic History: A Literature Review,” p. 386。

派黑人学者霍恩1949年出生于当时还处于种族隔离时期的密苏里州的圣路易斯市，从小在隔离的学校上学。后来因为冷战和民权运动的影响，他抓住机会，凭着自己努力，考取了普林斯顿大学读本科，后分别在加州大学伯克利分校、哥伦比亚大学获得硕士和博士学位。在上学期间，他还积极参加反对南非隔离制等社会运动。1982年他获得美国史博士学位后，同年到全国律师公会工作。1988年他在加州大学圣巴巴拉分校获得正式的教职，才集中精力从事教学和研究工作，现为休斯敦大学历史学教授。另一位任职于埃默里大学的黑人女性历史学家安德森有着相似的经历。她曾是美国对外关系史学会唯一的非裔女性会员，在2017年参加学会年会时，受邀参加学会50周年圆桌论坛，表明了她在学界的重要地位。她认为美国外交史研究引入种族视角的最重要契机是人们逐渐意识到60年代之后冷战、去殖民化与美国非裔民权运动不仅是同时展开的历史进程，而且是相互交织的。另一位以撰写《冷战民权》闻名的白人女性历史学家杜兹克（也任职于埃默里大学）在这届年会上当选为学会主席。[①] 这也从一个侧面证明了美国冷战外交史研究“种族取向”的潮流正发展得非常迅猛，前景也极为光明。

① 参见殷晴飞：《一个“直男癌”学术组织的危机与重生——记美国对外关系史学会成立50周年年会》，梁茂信主编：《美国史研究通信》2017年第2期，第74—77页。其他著名学者，如曾鲁默是黑人女性历史学家，埃申、罗曼妮是白人女性历史学家，盖恩斯、费雷泽和米伦贝克是黑人男性学者等。

奠定基础：美国政府的越南政策（1940—1954）*

刘东明**

摘　要　本文叙述了美国罗斯福、杜鲁门、艾森豪威尔三届政府的越南政策。太平洋战争爆发后，罗斯福提出印度支那国际托管政策，但罗斯福去世前改变了这一战略设计。杜鲁门执政以后，正式承认法国对印度支那的主权，为法国在印度支那重建殖民统治提供了间接的军事、财政和外交支持，法国因而得以在印度支那重建殖民统治，导致第一次印度支那战争①爆发。随着"冷战"的加剧，尤其是在中华人民共和国成立以及朝鲜战争爆发后，杜鲁门政府公开支持法国在越南的活动。艾森豪威尔政府不断加大军事介入印度支那战争的力度，支持法国策划"纳瓦尔计划"，在奠边府战役中策划包括使用核武器在内的军事行动。艾森豪威尔政府提出"多米诺骨牌理论"，这一理论成为日后美国越南政策指导方针。这一时期美国的越南政策为美国势力最终涉足越南奠定了基础。

关键词　国际托管　第一次印度支那战争　保大方案　纳瓦尔计划　多米诺骨牌理论

---

* 本文系国家社科基金重大项目"20世纪国际格局的演变与大国关系互动研究"（11&ZD133）成果。

** 刘东明，北京师范大学出版社编审。

① 第一次印度支那战争，又称第一次越南战争。本文未对印度支那和越南做具体区分。

一、罗斯福的印度支那国际托管设想

太平洋战争爆发后，美国国务院就着手制订战后世界安排计划。富兰克林·罗斯福总统主张对殖民地实行国际托管[①]。罗斯福认为1941年的《大西洋宪章》支持民族自决与独立的原则不仅适用于欧洲，也适用于全世界其他各地，包括殖民地在内。《大西洋宪章》包括“机会均等”“贸易自由”以及“航行自由”等对美国有利的原则，因而成为罗斯福推行非殖民化政策的旗帜。在德黑兰会议和雅尔塔会议上，托管问题曾引起广泛讨论。

1942年6月1日，罗斯福在华盛顿与莫洛托夫会谈时，提出了由国际组织托管各国殖民地的主张，并以印度支那、马来属邦和荷属东印度为例。[②] 1943年3月，罗斯福在会见英国外交大臣艾登时表示，在击败日本之后，并非远东的所有殖民地都将归还给原有的殖民国家。他向艾登提出了一个通过若干阶段使殖民地成为独立国家的“国际托管”计划，他认为一些还不能立即独立的殖民地应置于联合国的国际托管之下。

以罗斯福为首的美国政府的非殖民化政策是在其对手德日意垮台、其盟友英法衰弱的情况下做出的有利于美国国家利益的安排。第一，对殖民地实行托管是罗斯福战后世界安排的一部分。美国战后新格局的设想就是：剥夺德日意的殖民地，瓦解英法的殖民体系；通过大国合作来维护世界的和平与安全，通过与苏联合作以便控制苏联；在亚洲，提高中国的地位，把中国作为牵制日本、防范苏联的工具。具体方针可以归纳为两点：1. 建立一个有效的国际安全组织——联合国来替代国际联盟。通过这个组织，既可以为苏联提供一个同西方广泛合作的联系工具，也可以保证美国在战

① 委任（mandate）与托管（trusteeship）分别是第一次世界大战后和第二次世界大战后战胜国对殖民地的处理方式。

② Edward R. Drachman, *United States Policy toward Vietnam, 1940-1945*, Rutherford: Fair Leigh Dickinson University Press, 1970, p. 36.

后持久地参与战后对外事务。[①] 2. 建立国际托管组织。通过该组织，使美国得以参与战后对殖民地事务的管理，使殖民地的门户向其开放。实际上，罗斯福的非殖民化政策是新形势下的“门户开放”政策。他在与莫洛托夫会谈时就表示，托管国在托管地应当实行“门户开放”“机会均等”的商业原则。罗斯福认为，殖民地只不过是商业保留地，殖民国家在殖民地实行垄断经营，在获取廉价物资和原材料及食品供应方面具有强烈的排他性，对美国的商贸活动不利。美国商界对欧洲国家垄断殖民地原材料的行为已经表示出了强烈不满。[②] 罗斯福的托管制度的根本目的就是通过托管打破英法殖民特权，凭借经济实力，排挤英法势力，扩大势力范围，以利于有绝对优势的美国资本的扩张。历史学家比尔斯一针见血地指出：“罗斯福的殖民地自治设想是建立在由美国的巨大生产能力和实用主义愿望所决定的门户开放政策之上的。”[③] 第二，罗斯福的另一个目的就是通过国际托管控制全球，主要是南大西洋和太平洋的战略要地，包括印度支那、新喀里多尼亚以及达喀尔等。[④] 罗斯福还希望“托管制将让美国在太平洋和其他地方的战略据点设立长期的海空军基地”，在战后，控制日本委任统治的岛屿，[⑤] 从而“确立一个能维持20年的有效的太平洋安全体系”。[⑥]

罗斯福还认为，对殖民地实行托管，可以缓和殖民者与殖民地人民的矛盾，避免为独立而爆发的战争，还可以减少列强之间的争夺，在国内以“集体统治”的巧妙形式回避“强权政治”之嫌，免遭国内舆论的反对，使美国民众支持美国在战后的世界事务中发挥更重要的作用。

为了贯彻非殖民化计划，罗斯福在多个场合反复强调使印度支那在战

① ［美］罗伯特·达莱克：《罗斯福与美国的对外政策（1932—1945）》（下册），伊伟等译，北京：商务印书馆，1984年，第722页。

② Thomas D. Boettcher, *Vietnam: The Valor and the Sorrow*, Boston: Little, Brown and Co., 1985, pp. 31-32.

③ Scott L. Bills, *Empire and Cold War: The Roots of US-Third World and Antagonism, 1945-1947*, New York: St. Martin's Press, 1990, p. 204.

④ ［美］威廉·李海：《我在现场》，马登阁等译，北京：华夏出版社，1988年，第337页。

⑤ 指密克罗尼西亚。

⑥ ［美］罗伯特·达莱克：《罗斯福与美国的对外政策》（下册），第611—612页。

后脱离法国，将其置于国际托管之下。1942 年 11 月，盟军实施“火炬计划”在北非登陆后，美国驻北非的代表罗伯特·墨菲在阿尔及尔同吉罗将军签署了向法国保证法兰西殖民帝国完整性的军事和经济协定，罗斯福对此予以强烈谴责。他对墨菲说，“你绝不应做这样的事”，“我根本不想把印度支那还给法国”。[①] 1943 年 1 月 7 日，罗斯福在参谋长联席会议上指出墨菲的决定已经超越了墨菲的权限，他还指出他打算把法国的一些殖民地交还给法国，但他还未做最后决定是否将印度支那交还给法国。[②]

1943 年 3 月，在与英国外交大臣艾登会谈时，罗斯福第一次提出在战后对印度支那实行托管的计划。他说美国要与中国（国民党政府）及其他一两个国家参与托管印度支那和朝鲜。他还指出为了和平的目的，太平洋上日本的委任统治地也将处于国际共管之下。[③]

在开罗会议上，对日本的殖民地和占领地的处置问题被提上了日程。1943 年 11 月 23 日，罗斯福与蒋介石讨论了对印度支那实行托管的可能性，蒋介石赞同罗斯福的建议，两人一致认为“印度支那应该独立”。史迪威记录了罗斯福战后解决印度支那问题的计划：“三个专员，英国人、中国人、美国人；‘绝不再归法国’。”[④] 罗斯福还提出为印度支那和朝鲜制订一个 25 年左右的托管计划，“直到我们能使他们自立为止，就像菲律宾那样”。[⑤] 罗斯福建议印度支那由中国托管，蒋介石没有接受这一建议。

罗斯福之所以邀请中国参加太平洋托管体系，由中国参与托管印度支那，是出于美国战时和战后世界安排的需要，目的是维护美国在太平洋和全世界的战时和战后利益，同时也显示了美国与中国之间的特殊关系。罗

---

① ［法］尼林·E·冈：《美国秘密档案》，余德全译，北京：群众出版社，1986 年，第 307 页。

② President Roosevelt: Remarks on French Possessions, January 7, 1943, United States, Department of State, *Foreign Relations of the United States* (hereafter *FRUS*), The Conferrence at Washington, 1941-1942, and Casablanca, 1943, Washington D. C.: U. S. Government Printing Office, p. 514.

③ Sectary of State Hull: Memorandum of Conversation, March 27, 1943, United States, Department of State, *FRUS*, 1943, vol. Ⅲ, Washington, D. C.: U. S. Government Printing Office, p. 37.

④ ［美］巴巴拉·塔奇曼：《史迪威与美国在华经验（1911—1945）》（下册），陆增平译，北京：商务印书馆，1984 年，第 584 页。

⑤ ［美］巴巴拉·塔奇曼：《史迪威与美国在华经验（1911—1945）》（下册），第 591 页。

斯福对华政策在战时是竭力支持蒋介石政权，尽力与其合作，以避免其垮台并退出战争；支持中国成为战后世界组织中的“四大警察”之一，作为美国在远东的盟友，在太平洋地区遏制英国、日本，对抗苏联，“使美国在政治上压倒俄国而得到更大的优势”。[①] 罗斯福在开罗会议上，不顾英国和苏联的反对，始终坚持中国的四大国之一的地位。另外，罗斯福还想通过中国控制印度支那，利用中国这张牌迫使英国和法国在殖民地问题上做出让步。

1943 年 11 月，在德黑兰会议上，罗斯福还努力谋求斯大林对印度支那实行托管的支持，[②] 并不断催促在东南亚殖民的国家英国、荷兰，要求它们以美国对菲律宾的政策为样板，采取“进步”措施。[③] 但罗斯福最为关注的还是印度支那的托管问题。其原因如下：1. 印度支那是粮食、原料的重要产地，扼守东南亚交通水道。印度支那和东南亚其他地区“作为原材料产地对美国战时和和平时期的经济发展至关重要，并且是美国出口产品的潜在市场。这一地区横亘于太平洋的西南入口处，对美国及菲律宾的安全具有重要的意义。这一地区的经济和政治稳定是亚洲和平的重要因素”。[④] 美国政府认为一旦法国重新占领印度支那，会阻碍美国获取东南亚的原料和海运便利的机会。另外，美国的一些政府官员针对这一地区“民族主义”的兴起，担心法国对这一殖民地的重新占领会引发漫长的流血战争，从而使这一地区陷入动荡之中。[⑤] 2. 战时法国的国力和国际地位下降，所以罗斯福首先借机处理法国的殖民地问题。罗斯福对桀骜不驯的戴高乐表现出了极大的个人偏见和敌意，一直拒绝承认戴高乐领导的“自由法国运动”及法国全国委员会。罗斯福认为戴高乐可能在法国建立独裁体制，妨碍美国

---

① ［美］罗伯特·达莱克：《罗斯福与美国的对外政策（1932—1945）》（下册），第 555—558 页。

② The Tehran Conferrence: President Roosevelt and Marshal Stalin Exchange Views on France and Indochina, November 28, 1943, *FRUS*, The Conferrences at Cairo and Tehran, 1943, p. 485.

③ 1934 年，美国制定了《泰丁斯—麦克杜菲法》，规定菲律宾实行自治，成立自治政府，10 年后独立。

④ *FRUS*, 1944, The Conference at Quebec, 1944, pp. 261-263.

⑤ George C. Herring, *America's Longest War*, New York: McGraw-Hill, 1986, p. 7.

战时和战后的目标，妨碍美国在达喀尔和印度支那的托管计划，以及在整个非洲和亚洲实行非殖民化的计划。另外，尽管战时美国与维希政权保持关系，但罗斯福痛恨维希政权在印度支那与日本人的合作行为，认为维希政权对菲律宾、新加坡的陷落以及太平洋战争的失利负有一定的责任。

为迫使法国就范，罗斯福不断抨击法国对印度支那的剥削和压榨。1944年1月24日，罗斯福在给国务卿赫尔的备忘录中指出："不应将印度支那归还给法国，而应对印度支那实行国际托管。法国主宰这个拥有3000万人口的地区近百年，而人民目前的处境比法国占领初期还要糟糕。"他指出"印度支那人民有权得到比这更好的命运"。[①]

但到二战后期，罗斯福的印度支那政策开始走向后退，反对殖民主义的态度逐渐软化，开始采取"不介入"政策。这首先表现在他对印度支那问题采取静观时变、不置可否的回避态度，他指示五角大楼"不制定关于印度支那计划的命令"。[②]

1944年1月初，罗斯福在同副国务卿小爱德华·斯退丁纽斯和哈里·霍普金斯讨论托管问题的时候，霍普金斯指出，与"前由日本托管的岛屿有明显区别的属地诸如朝鲜等，是同完全属于同盟国家如法国所有的一些岛屿有明显的区别的"。霍普金斯认为："把托管原则使用于一个友好盟国拥有主权的领土，那是困难的。"罗斯福对此表示同意。[③]

在1944年9月召开的第二次魁北克会议上，罗斯福与丘吉尔就印度支那问题进行商议未果，罗斯福的印度支那政策逐渐右转，反法立场开始减弱。

罗斯福的托管政策改变以后，他对印度支那方案的具体措辞也发生了改变。虽然他还是拒绝支持法国，但态度有了极大缓和。1944年10月，美国战略情报局驻越官员威廉·多诺万向国务院请示是否给予法国在印度支

---

① Memorandum from President Roosevelt to Secretary of State Hull, January 24, 1944, *FRUS*, 1944, vol. Ⅲ, p. 773.

② ［美］威·艾·哈里曼：《哈里曼回忆录》，复旦大学资本主义国家经济研究所编译组译，上海：上海人民出版社，1975年，第110页。

③ ［美］罗伯特·达莱克：《罗斯福与美国的对外政策（1932—1945）》（下册），第727页。

那的抵抗组织以援助，并与驻昆明的法国军事使团进行合作。罗斯福于10月16日做出答复说："对有关抵抗组织及与印度支那有关的其他方面，我们不应采取任何行动，等事情明朗后再告诉我。"① 1944年11月，当罗斯福获悉英国人允许法国官员进入东南亚司令部时，他指示美国不要给予法国军事代表团以任何支持，同时指出"关于印度支那的将来，我们没有做出最后的决定"。② 11月下旬，驻中国大使帕特里克·J·赫尔利向罗斯福报告说，英、法、荷三国日益加紧努力，要求恢复他们在远东的经济地位，并询问美国关于印度支那的指导方针。罗斯福回答说："在即将举行的联合参谋会议上同盟国磋商之前，美国不可能制定有关对印度支那的政策。"③ 这些话同他以前的关于这个地区的谈话形成鲜明的对比。

二战后期，英法两国不断要求美国对印度支那的未来政治地位做出表态，然而罗斯福总统拒绝对他的立场做出进一步的解释。1945年1月1日，他告诉国务卿斯退丁纽斯："我还不想对印度支那问题做出任何决定，那是战后的事情。我不想参与考虑将印度支那从日本人手中解放出来的任何军事行动——你告诉哈里法克斯，我已经向丘吉尔说明了这一点。从军事和民政角度来看，现在的行动还不成熟。"④ 与此同时，美国参谋长联席会议还计划将美国军队从东南亚撤出。对法国和荷兰官员要求援助将日本人赶出它们原来殖民地的要求，美国做出如此答复："我们所有的武装力量都布置在太平洋的其他地方对日作战，因此，印度支那和东印度不在美国参谋长联席会议考虑的范围之内。"⑤

---

① Memorandum from President Roosevelt to Secretary of State Hull, October 16, 1944, *FRUS*, 1944, vol. Ⅲ, p. 777.

② Memorandum from President Roosevelt to Under Secretary of State Stettinius, November 3, 1944, *FRUS*, 1944, vol. Ⅲ, p. 780.

③ Telegram from President Roosevelt to Ambassador Patrick J. Hurley, Chungking, November 16, 1944, *FRUS*, 1945, vol. Ⅰ, p. 916.

④ Memorandum by President Roosevelt for the Secretary of State, January 1, 1945, *FRUS*, 1945, vol. Ⅵ, p. 293.

⑤ Mike Gravel, *The Pentagon Papers: The Defense Department History of U. S. Decisionmaking in Vietnam*, vol. 1, Boston: Beacon, 1971, p. 11.

在 1944 年召开的拟定战后国际体制蓝图的敦巴顿橡树园会议上，出席会议的美国代表由于受到主要来自美国军方的压力，在会上巧妙地搁置了殖民地问题及托管制度问题，会议没有对国际托管问题进行讨论。

在 1945 年 2 月的雅尔塔会议上就有关联合国宪章所包括的有关托管和属地的条款进行讨论时，美国代表团团长斯退丁纽斯建议在新的国际组织的宪章中规定建立一个国际托管机构，但遭到丘吉尔的强烈反对。1945 年 4 月 3 日，在罗斯福总统的授意下，国务卿斯退丁纽斯发表声明，宣布经过雅尔塔会议对托管问题的国际讨论，战后托管体制“适用于上一次大战后的委任统治下之领土，此次战争中自敌国割离并在后来获得一致同意对之实行国际托管之领土，以及自愿置于托管制度之下的其他领土”。[①] 对第一类和第二类领土实行托管只是对原国联委任统治地进行管理的顺延，各国不会存有异议。但是各国不会按照第三条规定把自己的殖民地“自愿”交出实行托管。英法各国由此可以自行处理其殖民地。印度支那属于第三类型。这样，美国就将印度支那的处置权留给了法国，美国对印度支那的托管计划至此终结。在 1945 年 4—6 月的旧金山会议上，上述规定作为托管问题的一部分被载入《联合国宪章》。

罗斯福政府最终给予印度支那与缅甸、马来亚、新加坡以及印度尼西亚一样地位的安排——由宗主国占领并归还给宗主国。1945 年 3 月 15 日，罗斯福与加勒比地区事务顾问查尔斯·W·陶西格对托管概念和印度支那的未来地位问题进行了磋商。罗斯福指出：“如果我们得到法国方面行使托管国责任的积极保证，那么我将同意法国占有这些殖民地，但以使其最终独立为附加条件。”[②] 这是罗斯福关于印度支那问题的最后叙述——同意法国重返印度支那。1945 年 3 月 18 日，驻中国的美国第十四航空队装载救济物资，以援助印度支那的地下组织成员，等待华盛顿的指示。参谋长联席会议主席李海（William Leathy）转达了罗斯福的意见：“美国对印度支那的抵

① Mike Gravel, *The Pentagon Papers: The Defense Department History of U.S. Decisionmaking in Vietnam*, vol. 1, Boston: Beacon, 1971, p. 14.

② Memorandum of Conversation, by the Adviser on Caribbean Affairs, March 15, 1945, *FRUS*, 1945, vol. Ⅵ, p. 293.

抗组织的援助只能在不影响对日作战的情况下进行。”迫于形势，美国开始对在越南的法国、越盟等抵抗力量进行有限的援助。

罗斯福最终放弃战后印度支那非殖民化设想的原因包括：1. 英国和法国拥有广大的殖民地，同病相怜，强烈反对托管制度。2. 美国在战时迫切需要在北非等战场上取得法国和英国支持，因此不得不迁就法国并认可英国在东南亚的优势地位，从而为在印度支那恢复法国的殖民统治埋下伏笔。3. 美国国务院和军方的欧洲派官员认为，美国战后需要与法国合作参与西欧的经济重建及共同抗衡苏联，主张对法妥协。赫尔就主张按菲律宾模式解决印度支那问题。此时，美国军方势力激增，并已经成为影响美国外交决策的主要因素之一。美国军方为了控制前太平洋地区的日本委任统治岛屿——加罗林群岛、马绍尔群岛和马里亚纳群岛，强烈反对托管制度。4. 国际局势的发展对托管计划构成了冲击，中国国内国共双方正在走向分裂。罗斯福的通过国际“四警察”来维护全球和平，依靠蒋介石集团的力量在太平洋地区牵制日本、俄国和英国的设想落空，四大国合作的愿望化为乌有，托管制的前提已不复存在，罗斯福不得不在东南亚地区更多地与英法妥协合作。5. 驻越南的法国军队发动起义，遭日军残酷镇压，1700 名法士兵被处死。为避免在政治上处于尴尬境地，美国不能再阻拦将法国军队运往越南。[①] 6. “霸王”计划的出台提高了法国的国际地位，也为戴高乐重建法兰西帝国提供了可能。罗斯福最终承认戴高乐政府是法国的“主要政治力量”。7. 罗斯福还意识到对法政策过于强硬会把法国推向苏联阵营。

罗斯福总统是美国越南政策的始作俑者。罗斯福最终同意法国可以托管印度支那，结果加剧了印度支那的复杂局势。西方许多史学家认为，富兰克林·罗斯福提出了托管制原则，但又不坚决贯彻执行，因而先后导致了法国和美国在越南的两出流血悲剧。

① Thomas D. Boettcher, *Vietnam: The Valor and the Sorrow*, Boston: Little, Brown and Co., 1985, p. 38.

二、杜鲁门政府越南政策的酝酿与正式介入

1945年4月，杜鲁门在美国上台执政。由于在联合国和在西欧建立抵抗苏联的西欧防御组织等问题上美国急需法国的合作，杜鲁门政府开始不断迎合法国的需要，承认法国对印度支那的主权。1945年5月，在旧金山会议上，美国国务卿爱德华·斯退丁纽斯向法国外长表示，美国从不怀疑“法国对印度支那的主权”。① 这是美国政府第一次在重大的公开场合承认法国在印度支那的主权。1945年夏，美国总统杜鲁门在与法国临时政府总理戴高乐会谈时表示，美国不反对法国重返印度支那，并保证以后不会给法国在印度支那的事务制造障碍。8月30日，代理国务卿迪安·艾奇逊重申了美国承认法国对印度支那享有主权的立场，并告诫美国外交官员：“美国无意反对法国人在印度支那重建统治。”② 这样，在日本投降前，美国政府实现了由反对法国战后在印度支那再建殖民统治到彻底承认法国对印度支那享有主权的转变。

波茨坦会议规定北纬16°以北留在中国战区内，北纬16°以南归英军管辖。但是，美国以各种方式帮助法国在印度支那重新立足。日本投降两个月后，法军乘坐大批美国舰只尾随英军而来。美国贷款给法国购买75艘运输舰只，并默许法国人无代价地使用按《租借法案》租借给法军的武器装备和英军移交给法军的美国武器装备；美国还直接提供给法国大量的现代化武器，这些武器名义上是用来增强法国和西欧防御的，但其中相当一部分被法国用于在印度支那的军事行动。尽管美国政府曾规定“在与印度支那相关的情况下，美国军火不得卖与法国”，以避支持殖民主义之嫌，但实际上美国采取了姑息法国的态度。美国国务院在1947年9月27日的一项非公开的政策声明中公开承认了这一点：“美国出口到法国的军火被转运至印度支那”。马歇尔计划对法援助负责人、后任美国驻越使团负责人的罗伯特·

① Mike Gravel, *The Pentagon Papers: The Defense Department History of U.S. Decisionmaking in Vietnam*, vol. 1, p. 15.

② George McTurnan Kahin, *Intervention*, New York: Alfred A. Knopf, 1986, p. 6.

布拉姆后来说，二战以后，美国提供给法国的军事装备被“间接地通过巴黎用于（在印度支那）重建殖民统治”。[①]美国还给予法国大量财政援助，这些资金也被法国用于印度支那战争。

从 1945 年 9 月底开始，美国政府就不断要求中国政府支持法国恢复在印度支那的主权，并指示其在越南的美国顾问菲利普·加拉赫尽力敦促滇南边区总司令卢汉将军早日撤军，使法军得以顺利接管越北“防务”，占领整个越南。此后，法军违背与越南民主共和国签订的《法越初步协定》，不断发起挑衅。[②] 1946 年 12 月 19 日，第一次印度支那战争全面爆发。

冷战爆发后，美国视法国为欧洲的“支柱”，遂加强了对法国的支持，而对胡志明领导的越南民主共和国则充满敌意。尽管从 1945—1949 年，胡志明曾多次给美国总统和国务卿写信，要求美国支持越南独立、支持越南反对法国的殖民统治，甚至表示印度支那“对美国资本和企业来说是一片沃土”，并提出可以提供金兰湾作为美国的海军基地，[③] 但是这些信件均未得到答复。不仅如此，美国政府还强调胡志明在他的整个生涯中一直保持对莫斯科的忠诚。国务卿詹姆斯·F·伯恩斯认为：越南民主共和国政权已被“可能与苏联保持间接联系和与延安（中国共产党）保持直接联系的共产党所控制”。[④] 接替伯恩斯的乔治·C·马歇尔指出，美国不愿看到法国“殖民帝国及其政权被源于克里姆林宫的哲学及其政治组织所取代”，美国政府要尽力阻止“共产主义在印度支那取胜”。[⑤] 美国政府还认为民族主义者不应是共产主义者，所以它不能容忍共产主义者领导民族主义运动，并把胡志明视为克里姆林宫的代理人和美国的敌人。1949 年 6 月，为了孤立越盟，欺骗世界舆论，美国策动法国炮制“越南国”，曾在日军占领时期当

---

① George McTurnan Kahin, *Intervention*, p. 8.

② 1946 年 3 月 6 日，法国和越南民主共和国于河内签订协议，承认越南民主共和国“为一个自由的国家，有它的政府、国会、军队和财政，并为印度支那联邦和法兰西联邦的一分子”，并规定双方“立刻停止敌对行动”。

③ George C. Herring, *America's Longest War*, p. 10.

④ Scott L. Bills, *Empire and Cold War: The Roots of US-Third World Antagonism, 1945-1945*, New York, 1990, p. 170.

⑤ *FRUS*, 1947, vol. 6, pp. 67-68.

过傀儡皇帝、当时流亡香港的前阮朝皇帝保大成为“国家元首”。越南南北双方正式分裂。

1949年中华人民共和国的成立和1950年朝鲜战争的爆发，成为影响美国此后20年对越政策的分水岭。

1949年12月23日美国国家安全委员会第48/1号文件和1950年3月27日该委员会有关印度支那问题的第64号文件，都得出了东南亚对美国的国家安全至关重要的结论：“如果共产主义势力席卷东南亚，美国将遭受更大的政治上的失败，并殃及世界其他地区，特别是中东，以及那时暴露无遗的澳大利亚。”[①] 美国政府认为，如果东南亚落入共产党之手，就会使两极世界的战略力量对比发生变化，苏联集团的力量就会得到极大加强；中国共产党的胜利已引起了欧洲的不安，美国担心如果共产党在东南亚再度取得胜利，西欧各国或许被迫与苏联议和。美国政府还认为，东南亚的丧失，会给美国在远东的战略地位造成无可弥补的损失，美国从日本到菲律宾的太平洋近海岛屿防护链就会受到威胁，澳大利亚、中东、美国和印度之间的海空航线就会被切断，从而严重阻碍战时的军事行动。[②] “东南亚的关键地区印度支那，正面临着直接的威胁，一旦印度支那被共产党政权所控制，其相邻国家泰国和缅甸就会落入共产党之手，东南亚的其他国家将处于极大危险之中。”[③] 1950年4月，美国国家安全委员会第68号文件指出：“克里姆林宫统治区域的扩大，提高了美国不能以强有力的联盟、以更大的力量有效地抵抗克里姆林宫的可能性。”在两大阵营尖锐对立的情况下，杜鲁门政府认为美国面临全球战争的危险，便开始提高军事实力，增强欧洲防务，加强对远东的遏制。杜鲁门政府认为在印度支那问题上支持法国对维护西欧的安全至关重要，因为这样可以换取法国同意重新武装西德并为

① Mike Gravel, *The Pentagon Papers: The Defense Department History of U.S. Decisionmaking in Vietnam*, vol. 1, p. 82.

② George C. Herring, *America's Longest War*, p. 13.

③ Mike Gravel, *The Pentagon Papers: The Defense Department History of U.S. Decisionmaking in Vietnam*, vol. 1, p. 76.

“欧洲防务集团”提供军队。[①]

从1949年开始，中国开始向越南派遣顾问。1950年1月18日和30日，中国和苏联先后承认越南民主共和国为越南的唯一合法政府。美国政府由此加深了对胡志明的敌意。国务卿迪安·艾奇逊认为：“与其由共产党统治印度支那，不如承认保大政权。美国的帮助虽然不能保证保大的胜利，但缺少美国的支持却的确会使其失败。”[②] 1950年2月7日，美国伙同英国正式承认保大政权。5月1日，杜鲁门签署文件，给予保大政权1000万美元的军事援助。1951年9月7日，美国与保大政权达成一项协议，双方商定美国向“越南国”提供直接的援助。同时，美国还着手在西贡建筑使馆。1952年7月，杜鲁门把美国驻西贡使节升为“大使级”，俨然把越南南方作为主权国家。[③]

1950年6月25日朝鲜战争爆发后，美国开始把朝鲜战争和越南战争作为它的“双管战争”。杜鲁门政府认为，朝鲜“侵犯”韩国是苏联企图控制亚洲而不惜诉诸战争的实证。6月27日，杜鲁门在武装侵略朝鲜与封锁台湾海峡的声明中同时宣布：“加速军事援助以供给在印度支那的法国及其成员国部队，并派遣军事使团以便与这些部队建立密切的工作关系。”[④]

中国军队抗美援朝，增加了美国对中国可能卷入越南战争的担心。美国希望法国军队留在越南并承担最大的责任，认为必须增加对法国防务的支持。因此，美国对印度支那的军事援助，仅次于对朝鲜战争的物资配给，获得了第二位的最大优先权。[⑤] 1950年6月29日，美国在越南对反共事业进行了第一次直接的军事援助，8架美国军用运输机飞往越南向被围的法军一部空投武器。[⑥] 7月26日，杜鲁门总统签署文件，决定给予法国1500万

① George C. Herring, *America's Longest War*, p. 12.

② *FRUS*, 1950, Vol. Ⅵ, p. 692.

③ Sanford Wexler, *The Vietnam War*, New York: Facts on File, 1992, p. 30.

④ Ibid., pp. 35-36.

⑤ Mike Gravel, *The Pentagon Papers: The Defense Department History of U.S. Decisionmaking in Vietnam*, vol. 1, p. 83.

⑥ Maurice Isserman, *The Vietnam War*, p. 14.

美元的军事援助用于印度支那战争。12月23日，美国与法国签订《相互防卫协定》,[①] 这是美国对这场战争进行正式干涉的标志。1950年9月，美国正式向南越派驻35人的“军事援助顾问团”[②]，以帮助法军训练南越军队，充当战略顾问。[③] 1950年后期，美国政府决定提供给法国1.13亿美元用于印度支那事务，并决定向印度支那运送大量的武器、弹药、海军舰只和其他军事车辆。[④]

1952年6月，国家安全委员会通过了《美国在东南亚的目标和行动方针》(即NSC124/2号文件)，这是美国关于东南亚政策的重要声明。文件指出，共产党如果控制了东南亚，就会严重危及美国的安全利益，危及欧洲的稳定和安全，危及美国在远东的根本利益，就会对日本形成政治和经济压力。法国在这个地区的持续存在对防卫这个关键地区至为重要。在具体做法上，美国要促使法国和法兰西联邦成员国“奉行积极的政治、军事、经济和社会政策”，“增加对法兰西联邦部队的援助”。如果中国军队直接介入战争，美国将派海空军力量保卫印度支那并将考虑对中国的海空行动。文件指出了行动方式，即“在联合国主持下，或者协同法国和联合王国以及任何其他友好国家政府”，“万一英国和法国不同意对共产党中国采取扩大的军事行为，美国则考虑单方面采取行动”。文件认为“保卫东京地区，是把东南亚地区保持在非共产党手中的关键所在”。[⑤] 这个文件为后来的美国越南政策的制定奠定了全面的基础，它所阐述的东南亚对美国的安全和越南对东南亚尤为重要的观点影响了法国战败后的美国越南政策的制定，并在至少到20世纪60年代中期这一段时间里，促使美国不断加强在越南的义务。这个文件还指出按解决朝鲜问题的方式解决越南问题的可能性——

---

① Sanford Wexler, *The Vietnam War*, p. 30.

② 这个顾问团人数不断增多，职权不断扩大，在肯尼迪政府时期成为美国侵越的准战区司令部。

③ George C. Herring, *America's Longest War*, p. 20.

④ Ibid., p. 18.

⑤ Mike Gravel, *The Pentagon Papers: The Defense Department History of U.S. Decisionmaking in Vietnam*, vol. 1, pp. 385-390.

如果中国出兵越南，美国将进行军事干涉。这个文件所带来的最大后果就是：美国越来越深地卷入越南战争。

参谋长联席会议建议法国对美国军事援助做出采取更大行动包括承认印度支那独立的承诺,[①] 目的在于通过在法国监护下的以保大为首的亲西方的、名义上“独立”的傀儡政权，以独立口号吸引其他民族主义派别，进一步瓦解越盟。

1950 年，美国在制订了新的经济和技术援助计划，计划在以后两年中给予保大政权 5000 多万美元的援助，用于各种项目建设，包括提供化肥和种子，组建医疗队，控制疟疾，提供食品和衣物给难民等。为了使这项计划真正达到目的，美国政府力图把这些援助直接提供给“越南政府”，而不通过法国之手。美国在越官员在寺塔墙上张贴海报并向各个村庄空投传单，昭示这些计划是美国政府送予越南人的礼物，而非像共产党那样的空言许诺。[②]

1950 年，美国对法援助额只有 1000 万美元，1954 财政年度则猛增到 1.063 亿美元。1952 年，美国大约承担印度支那战争 1/3 的消耗;[③] 1953 年年初，这个数字达到了 50% 以上;[④] 1954 年，美国承担法国战争费用的 78%。[⑤]

在美国的支持下，1952 年 12 月 17 日，北大西洋公约组织全体通过了一项决议。决议认为法国抵抗由中国支持的越盟武装对保卫“自由”是必要的，由于这种抵抗与北大西洋公约组织的目的和理想相符，因此同意法兰西联邦军队在印度支那所进行的战争应该继续得到北大西洋公约组织各国的支持。第二天，共同安全署[⑥]经过杜鲁门总统的批准，宣布了一项对构

① George C. Herring, *America's Longest War*, p. 18.

② Ibid., p. 19.

③ Ibid., p. 20.

④ Ronald E. Irving, *The First Indochina War*, London: Croom Helm, 1975, p. 104.

⑤ Mike Gravel, *The Pentagon Papers: The Defense Department History of U.S. Decisionmaking in Vietnam*, vol. 1, p. 77.

⑥ 20 世纪 50 年代初期，美国实行对外军事、经济和技术“援助”计划的主要机构，其前身是“经济合作署”。

成印度支那联邦的3个成员——老挝、“越南国”和柬埔寨给予3050万美元防务援助计划，同时，又指定了一笔金额相仿的款项，作为对“越南国”经济援助和安置战争中的难民之用。于是，随着以美国为首的资本主义国家对法国和南部保大政权的支持以及以苏联和中国为首的社会主义国家对北部越南民主共和国的大力支援，越南战争真正成了东西两大阵营的对垒，真正具有了全球性质。

三、艾森豪威尔政府军事干预与越南战争的升级

1952年上台的共和党艾森豪威尔政府从本质上继承了杜鲁门的“冷战”政策，在全球范围内建立包围苏联和中国的军事基地，组建军事条约网，在其任内真正实现了两极对峙。艾森豪威尔政府确定了把东亚“作为一个整体”的方针：在整体战线的正面和中心遏制中国，同时在两个侧翼朝鲜半岛和印度支那进行牵制；[①] 在东亚防守西太平洋近海岛屿链，扶植日本，防止共产党在亚太地区的“颠覆”与“扩张”。艾森豪威尔政府的东亚政策超越了“遏制”的范围，试图在朝鲜、印度支那和台湾地区扩大战争或采取军事行动，朝鲜和东南亚的印度支那相继成为美国推行亚洲“冷战”的最前线。

1953年10月30日，美国国家安全委员会通过了第162/2号文件，确定了新的国家安全战略——“新面貌战略”。文件指出，美国要用最经济的手段来保卫国家安全，甚至要把核力量作为实现其外交目标的主要工具，强调要把军事行动建立在对敌人的“毁灭性报复”基础之上。1954年1月，国务卿杜勒斯提出“大规模报复战略”，作为“新面貌战略”的补充，声言在局部战争和全球战争中美国将使用核武器。“新面貌战略”还强调在更大程度上依靠军事同盟并使用在美国空军支持下的其他国家的地面部队，注重

① 蔡佳禾：《双重的遏制——艾森豪威尔政府的东亚政策》，南京：南京大学出版社，1999年，第21—36页。

“隐蔽行动”[①]。艾森豪威尔扬言执行比杜鲁门的“遏制”政策更为有力的“解放”政策，以一切手段主动地采取必要的行动把社会主义国家从共产党的领导下“解放”出来。

第162/2号文件指出，印度支那是“重要的战略地区”，对这样的战略地区的进攻“将迫使美国采取军事行动，或对被攻击地、或对军事侵略者发动大规模攻击”。[②] 艾森豪威尔认为，印度支那战争不是一场殖民战争，而是共产主义和“自由世界”的较量。[③] 艾森豪威尔和杜勒斯对多米诺骨牌原则深信不疑，认为东南亚的“陷落”会给美国带来严重的政治、经济后果和不利的战略影响。1953年3月24日，杜勒斯在与艾森豪威尔关于法美关系的谈话中指出，印度支那的地位“可能是外交政策中最应优先考虑的问题，在某些方面比朝鲜还要重要，因为这个地区的丧失不只是一个局部问题，还将波及整个亚洲和欧洲”。[④]

艾森豪威尔政府的印度支那政策也体现了其“新面貌战略”。1953—1954年是艾森豪威尔政府印度支那政策的第一阶段。在这一阶段，其主要策略是：1. 美国不断加强对法国殖民主义的支持，维持法国在印度支那的军事存在，以免法国把“包袱”丢给美国而影响“新面貌战略”。2. 借法国之手向印度支那渗透，以备法国一旦失败，美国就可以尽快填补印度支那的真空。

艾森豪威尔上台后，首先增加对法国和法兰西联邦三个成员的援助，尤其是扩大了对法国的军事援助。1953财政年度美国对法国的援助是5.68

① “隐蔽行动”是冷战期间美国针对社会主义国家制定的干涉政策，其主张采取隐蔽的行动，包括隐蔽的政治战、经济战、宣传战、心理战以及扶植和援助敌对国家反政府武装等准军事行动，通过对有关国家、组织或个人施加影响等行动，实现其对外政策目标。

② “Statement of Policy by the National Security Council on Basic National Security Policy,” Mike Gravel, *The Pentagon Papers: The Defense Department History of U. S. Decisionmaking in Vietnam*, vol. 1, pp. 412-429.

③ ［美］艾森豪威尔：《受命变革》（一），复旦大学资本主义国家经济研究所译，北京：读书·生活·新知三联书店，1978年，第199页。

④ *FRUS, 1952-1954*, vol. 13, p. 419.

亿美元，1954年则猛增到13.13亿美元。[①]

艾森豪威尔政府为使法国支持欧洲防务集团计划，也不得不对法国实行"甜果政策"，不断扩大对法国的经济援助，支持法国在印度支那的战争。为了给法国在印度支那的侵略活动披上"合理"的标签，进一步欺骗世界舆论，防止共产主义势力介入，艾森豪威尔政府不断要求法国给予印度支那三国以独立地位。1953年年底，法国为越南"真正"独立展开谈判，越南的许多非共产主义的"民族主义者"，其中包括保大的助手，不但要求越南彻底独立，而且要求断绝同法国的一切关系。美国此时处于尴尬境地。美国虽然坚持给予印度支那联邦以最后独立的立场，但却非常担心越南人的要求会迫使法国从越南撤退，致使保大政权孤立难支。就此，美国驻西贡大使唐纳德·希斯谴责保大政权"天真"和"不负责任"的行为，杜勒斯对保大政权则以扩大援助为诱惑。[②] 希斯设法让保大政权的代表降低他们的要求，但这些代表态度强硬，法国也不退让。有关越南"独立"的协议未能达成，美国的仲裁最终破产。

在军事上，艾森豪威尔政府责怪法国军方指挥不力，不断呼吁法国采取积极的进攻战略。美国军方指责法国的过于谨慎的防御战略和过于勉强地使用驻越法军和越南国民军。美国参谋长联席会议认为，如果法国能充分地利用这些军队并采取消灭敌方正规部队的进攻战略，那么它就会在一年之内取得战争的胜利。[③] 1953年3月，法国制订了增加部队人数"勒都诺—阿拉德计划"。但美国政府批评这个计划过于保守，认为法国应增派军队到印度支那战场，在越南北部发动进攻以切断中国对越南人民军的补给线；不应以小规模作战展开行动，而应以师或团的规模展开积极主动的进攻作战。艾森豪威尔要求法国更换驻印度支那军队总司令，杜勒斯还以不再提

---

① George Kahin, *Intervention: How American Became Involved in Vietnam*, New York: Knopf, 1986, p. 42.

② Heath to State Department, October 18, 1953, *FRUS*, 1952-1954, vol. 13, p. 836.

③ George C. Herring, *America's Longest War*, pp. 25-26.

供援助来要挟法国修改军事方案。[1] 1953 年 5 月，艾森豪威尔直接写信给美国驻法国大使道格拉斯·狄龙，要其在向法国政府的推荐信中指明几名法国军官到越南战场。

但是在越南人民军的打击下，法军不断遭到重创。越南人民军发动中游战役、和平战役、西北战役等局部战役，解放了大片国土。被寄予厚望的法国远征军总司令塔西尼因患癌症病死，乌尔·萨朗接替法国远征军总司令职务，但也无法挽回败局。1953 年 8 月，法国被迫放弃西北高原重镇那产，转攻为守。至此，塔西尼的全面战争计划宣告破产，战场局势向着有利于越南人民的方向发展。

艾森豪威尔政府认为法国对“东京”（越北地区）三角洲等地区的绥靖计划过于保守，不断敦促法国针对印度支那制订“切实可行”的进攻计划，并把法国在印度支那是否采取主动的军事行动作为对法援助的先决条件。1953 年 5 月初，法国任命亨利·纳瓦尔将军为法国远征军总司令，统率驻印度支那的法军。实际上，纳瓦尔并不是美国中意的人选。两个月后，约瑟夫·拉尼埃为首的新内阁宣布给予印度支那联邦国家以“真正”的独立，把由法国人承担的职责移交给联邦国家。

纳瓦尔采取集中兵力、积极进攻的战术。不久，在美国的压力下，法国制订了“纳瓦尔计划”。该计划企图在美国支持下，法军集中机动部队，摆脱被动，争取主动，在三年之内使侵略战争转败为胜。纳瓦尔曾向来访的美国军事援助顾问团团长约翰·W·奥丹尼尔中将递交了一份“印度支那战争行动原则”的文件，指出新的计划克服了“勒都诺—阿拉德计划”的缺陷，“军事设想”有了极大的改进。[2]“纳瓦尔计划”的要点是：1. 扶持伪政权，大力扩充伪军，驻守据点，将法军集中组成主力集团，执行机动作战任务。2. 实行先南后北的军事方针，企图于 1954 年春季以前全部占领南部、中南部解放区和游击区，以稳定印度支那法军的后方；1954 年冬至

① Mike Gravel, *The Pentagon Papers: The Defense Department History of U. S. Decisionmaking in Vietnam*, vol. 1, p. 200.

② Mike Gravel, *The Pentagon Papers: The Defense Department History of U. S. Decisionmaking in Vietnam*, vol. 1, p. 410.

1955年春，在组建好机动主力集团的基础上，集中全部兵力，与越南人民军主力在北部决战，夺取决定性的胜利。[①] 3. 将基本作战单位升为师级。根据“纳瓦尔计划”，法国增派9万人部队，法国远征军增加到25万人。根据美国参谋长联席会议的建议，法国计划扩编越南国民军至30万人。这样，到1955年年底，法兰西联邦的军队将达到55万人，取得对越南人民军（40万人）的优势。纳瓦尔把分散的部队从各自据点里撤出，集中统一指挥。在巴黎的一次秘密会议上纳瓦尔指出，从严格的军事意义上来讲，这次战役不会取得胜利，最好的结果可能是一个平局。尽管如此，拉尼埃政府还是做了最大的冒险，批准了这个计划。法国政府威胁美国如不提供4亿美元的援助，它将不能实施这个计划，从而考虑从印度支那撤出。

法军首先展开对红河三角洲的进攻，而越南人民军总司令武元甲却进军老挝中部和南部，同时在三角洲地区展开游击活动，并对老挝北部发动攻势。法军不得不多次分兵驰援，疲于奔命。11月20日，法军空降部队5000人攻占越南北部重镇奠边府，在被1000英尺高山环绕的开阔峡谷地带筑垒，企图把奠边府作为进攻解放区的据点和机动作战的基地。奠边府战略位置重要，位于越北西北高原，坐落于芒清盆地之中，是越南通往老挝的交通要道，法国和美国双方都把它视为重要的战略十字路口。法国人据守奠边府基于以下理由：1. “阻止游击队在这个地区组织和发动不断骚扰着红河三角洲的袭击”。2. “切断从越盟控制区的中心到老挝边界的通路”，将“越盟的主力吸引到法国人可以集结自认为是优势兵力的地方，进行一场阵地战”。3. 法国人深信中国不会向越南人民军提供大炮，即使中国向越南人民军提供了大炮，大炮也不可能运到可以有效发挥火力的奠边府周围的高地上来。[②] 4. 在后勤和通讯方面威胁越南人民军，为老挝提供保护。法军主要目的是终止越南人民军即将发动的进攻，并诱使越盟主力进入开阔地带决战并消灭之。法国人吹嘘奠边府是印度支那“空前坚固的据点”，是“东南亚的凡尔登”。

---

① 中国军事顾问团历史编写组：《中国军事顾问团援越抗法斗争史实》，北京：解放军出版社，1990年，第86—87页。

② ［美］艾森豪威尔：《受命变革》（二），第375页。

美国通过压制手段换来了法国的“纳瓦尔计划”，但美国参谋长联席会议对法国的意向和能力表示怀疑，艾森豪威尔本人也认为拉尼埃政府给予印度支那诸国独立的承诺是在兜圈子。但是，美国和法国在越南问题上已相互纠缠到了一起，除了接受这一计划之外已别无选择。美国军事援助顾问团团长约翰·W·奥丹尼尔中将经过实地考察得出了乐观的估计，美国军事专家对奠边府的军事部署也给出了具体的指导意见，甚至提出美国民间飞行员驾驶的C-119飞机还可以对法军提供战时援助。为了保证这个计划能够实现，美国政府于1953年9月30日决定，除了已经提供的援助之外，到年底之前再提供3.85亿美元的援助，用于装备新增加的法国部队和正处于创建阶段的南越地方部队。①

朝鲜战争结束以后，艾森豪威尔政府给予印度支那极大的关注。为了适应新的形势，1954年1月16日，国家安全委员会通过了《美国对东南亚的行动目标和方针》(即NSC5405号文件)，对美国的印度支那政策进行了重新定位。文件指出要加大对法国及其三个联邦成员的援助，尤其是军事援助；排除越盟的威胁，扼守具有战略地位的“东京”三角洲，阻止共产主义的扩张。此文件论及了东南亚的原材料资源的重要性。据统计，到1954年7月，美国大约向印度支那的法国殖民势力输送了1800辆作战车辆、30,887辆机动运输车、361,522支轻武器和机关枪、438艘舰艇、2艘航空母舰、500架飞机，总共为战争支付了26亿美元。② 到1954财政年度，美国对法国的援助已经占法国在印度支那军事消耗的78%。杜勒斯公开宣布，法国的新战略“在1955年战斗季节结束的时候，就将击溃共产主义势力有组织的侵略”。③ 为了安抚法国，美国驻西贡的外交官还要求保大政权的代表减缓要求法国立刻做出政治让步的要求。

但是出乎法国人意料的是，越南人民军解放了莱州，并以绝对优势的兵力包围了奠边府，把1.2万人的法国精锐部队分割开来。获得中国炮兵支

---

① ［美］艾森豪威尔：《受命变革》(二)，第374页。

② Mike Gravel, *The Pentagon Papers: The Defense Department History of U.S. Decisionmaking in Vietnam*, vol. 1, p. 200.

③ George C. Herring, *America's Longest War*, pp. 26-27.

持的越南人民军以人力将中国援助的大炮部属在奠边府，法国军队正处于大炮的有效射程之内。法军孤军据守，缺乏补给，处于坐以待毙的危险境地。1954 年 3 月 13 日，越军向奠边府守军发动攻击，经过 55 个昼夜的激战，于 5 月 7 日占领法军指挥部。法军司令戴加斯特莱准将率部投降。越军全歼法军 1.62 万人，缴获守敌的全部武器辎重，摧毁了法国殖民军在越南西北部和老挝北部整个战场上的重要据点。“纳瓦尔计划”最终破产。法国被迫同意在恢复印度支那和平的《日内瓦协议》上签字，承认越南、老挝和柬埔寨的主权、独立、统一和领土完整。这次战役的失败标志着法国在印度支那的殖民体系寿终正寝。

奠边府战斗正酣之际，1954 年 1—2 月，美、英、苏三国外长柏林会议决定召开解决朝鲜和印度支那问题的国际会议。美国政府担心法国的厌战情绪会招致它在日内瓦的妥协或失败。为了更好地利用美援影响并激励法国、研究支援“纳瓦尔计划”的可行步骤，艾森豪威尔指示组建了一个由国防部、中央情报局以及国家安全委员会成员组成的高级特别委员会，委员会包括副国务卿比德尔·史密斯、国防部副部长罗杰·基斯、中央情报局局长艾伦·杜勒斯及参谋长联席会议成员。这个委员会的任务是对 3 月中旬日内瓦会议之前法国的印度支那政策进行考察，提高法国的士气，并利用美国在日内瓦会议上的影响，使会议不能达成任何协议。一旦法国接受了不利的协议，美国就要与印度支那联邦和其他有关国家商定，撇开法国，继续作战。① 在整个奠边府战役期间，艾森豪威尔政府三次拟对奠边府进行军事干预：1. 艾森豪威尔指示参谋长联席会议主席阿瑟·雷德福采取某些措施，以减轻越南人民军对奠边府的压力。雷德福制订了“秃鹫计划”②，建议由美国对奠边府的敌军阵地进行大规模的空中袭击，即从美国海军在南中国海执行训练任务的两艘航空母舰上派出 60 架左右的 B-29 重型轰炸机，对围困奠边府的越南人民军发动夜间袭击，计划每次轰炸投弹 450 吨。雷德福估计，轰炸将摧毁大部分越南人民军炮兵，推迟越南人民军包围和

---

① Mike Gravel, *The Pentagon Papers: The Defense Department History of U.S. Decisionmaking in Vietnam*, vol. I, pp. 91-92.

② 这是法国人给此计划起的代号，但直到 4 月底，雷德福才得知这一名称。

占领奠边府的时间。如果轰炸达不到目的，雷德福还计划采取其他军事行动——动用美国空降部队、在海防布雷、封锁海防。但这些计划因在4月3日的国会领导人会议上只得到了参议员威廉·诺兰的赞同而作罢。2. 与英国筹划“联合行动”，在印度支那使用空军和海军在奠边府进行干涉。这个决议草案早已拟就，就等国会4月28日会议通过，但因英国的拒绝和法国的反对，“联合行动计划”最终流产。3. 5月7日奠边府“陷落”当天，艾森豪威尔政府抛开英国，开始策划新的“应急计划”，计划采取包括使用核武器在内的军事行动。由于战局的变化和法国国民议会的反对等原因，“应急计划”最终不了了之。4—7月，日内瓦会议召开。美国反对通过谈判解决印度支那问题，先是极力阻挠会议召开，会议召开后其又采取“不合作政策”，阻挠达成有关实现印度支那和平的协议，并拒绝在最后的《日内瓦协议》上签字。

艾森豪威尔在1954年4月7日的一次新闻发布会上，提出了“多米诺骨牌理论”。他以多米诺骨牌为例说明美国干涉印度支那的重要性，指出一旦东南亚处于共产主义势力统治之下，就会像推倒的多米诺骨牌一样产生一系列最深刻的反应。“多米诺骨牌理论”不但自始至终支配艾森豪威尔政府的印度支那政策，还为其后继者所继承，成为美国政府印度支那政策的指导方针，为肯尼迪和约翰逊政府发动和扩大侵略越南的战争提供了重要依据。1955年，美国在印度支那实施联盟战略，组建东南亚条约组织，并且违反《日内瓦协议》，把“越南共和国”、老挝和柬埔寨置于该组织的保护之下。1955年，艾森豪威尔政府向印度支那地区派驻以劳顿·柯林斯为首的军事顾问团。艾森豪威尔政府的印度支那政策进入第二个阶段（1955—1961年）——排挤法国势力，扶植南方吴庭艳政权。

1960—1962年美国中央情报局对老挝局势的评估和预测*

温荣刚**

摘　要　在1960—1962年的老挝危机期间，美国中央情报局针对老挝的局势发展情况提交了一系列评估报告。这些评估文件主要介绍老挝内部各派政治势力之间的力量对比情况，预测老挝未来的政局走向。事实证明，中情局所提交的这些情报评估文件的内容与老挝局势发展的事实存在一定偏差，与当时美国政府的政策方向也不一致。

关键词　中央情报局　老挝　美国外交

* 本文系国家社科基金重点项目“非殖民化进程与东南亚冷战格局形成问题研究”（17ASS007）的阶段性成果。

** 温荣刚，渤海大学历史文化学院副教授，历史学博士。

作为冷战产物的美国中央情报局（以下简称中情局）在冷战期间的主要任务是对外实施隐蔽行动，对内提供情报信息和评估。随着所处时代的不同和形势的发展，中情局的机构和职能也有所变化，具体表现在中情局在一些重大问题和事件中所起的作用也有所不同。对此，国内外学术界已经有了相当的研究。① 而作为肯尼迪就任伊始首个重大国际问题的老挝危机，在国内外学术界也有着广泛的关注。不过，学术界对于老挝危机中中情局所提供的情报评估对于美国政策的影响的重视程度明显不足。② 本文根据中情局与美国国务院公开的有关文件，分析影响当时美国政府对老挝政

---

① 对于美国中央情报局及其职能演变的研究状况可以参见梁志：《美国中央情报局的由来及其职能演变，1947—1991》，博士后研究工作报告，华东师范大学文学院历史系，2008 年，第 4—7 页；宋涛：《冷战初期美国的中央情报局研究（1947—1961 年）》，博士学位论文，东北师范大学历史文化学院，2009 年，第 12—36 页。另外，近来关于“情报评估与美国的相关政策”方面的内容也引起了国内学者的关注，如詹新：《美国情报部门对中国核武器计划的评估与预测（1955—1967）》，《华东师范大学学报（哲学社会科学版）》2007 年第 5 期；沈志华：《美国中央情报局眼中的中国：冷战时期美对华情报评估综合性文件概述》，《史学月刊》2009 年第 1 期；杨奎松：《中国内战时期美国在华情报评估工作研究（1945—1949）》，《史学月刊》2009 年第 3 期。这些成果在一定程度上研究了美国情报部门的情报评估与美国政策之间的互动。

② 20 世纪 50 年代中央情报局的机构和职能分配逐渐完善，其中国家评估办公室（Office of National Estimates，ONE）所提交的国家评估（National Intelligence Estimates，NIEs）和特别国家评估（Special National Intelligence Estimates，SNIEs）成为美国政府制定对外政策的重要参考依据。见 *FRUS*, 1955-1957, "National Intelligence Estimate," Vol. 21, p. 671, n. 1。关于国外学术界对于老挝危机的相关研究可以参见刘莲芬：《国外关于 1960—1962 年老挝危机的研究述评》，《南洋问题研究》2009 年第 3 期。此外，反映中情局在老挝危机中所从事活动的两本著作：罗杰·沃纳的《背后操纵：中情局在老挝的秘密战争及其与越南战争的联系》（Roger Warner, *Back Fire*: *The CIA's Secret War in Laos and Its Links to the Vietnam War*），纽约：西蒙和舒斯特尔出版公司 1995 年版，肯尼思·康伯伊和詹姆斯·莫里森于 1995 年共同完成的《阴暗的战争：中情局在老挝的秘密战争》（Kenneth J. Conboy, James Morrison, *Shadow War*: *The CIA's Secret War in Laos*），博尔德，科罗拉多州：帕拉丁出版公司 1995 年版，并没有提及情报评估的内容及其作用。国内学者对于老挝危机的相关研究主要有黄忠东：《冷战中的老挝——肯尼迪政府与 1961—1962 年老挝危机》，《史学集刊》2002 年第 3 期；赵世环、黄岭峻：《美国在 1961—1963 年老挝危机中的政策演变》，《哈尔滨工业大学学报（社会科学版）》2003 年第 2 期；刘莲芬：《1960—1962 年老挝危机与美泰关系》，《东南亚研究》2008 年第 1 期；王栋：《第二次日内瓦会议与中美关系》，《史学月刊》2009 年第 2 期。这些研究也没有探究对老挝局势的情报评估与美国决策的相关内容。

策目标的重要评估文件，以更好地认识这些情报评估及其在美国对老挝危机政策形成中的角色。

一

1954年日内瓦会议以后，美国开始逐渐取代法国在印度支那地区的地位，增加了对越南、老挝和柬埔寨的关注程度。艾森豪威尔政府将老挝看作是在远东与共产党争夺势力范围过程中一块关键的多米诺骨牌。从1955年老挝普选开始至1960年老挝危机发生，艾森豪威尔政府逐渐卷入了老挝的内部事务。[①] 在这期间，艾森豪威尔政府所采取的基本原则是避免在老挝承担直接的军事义务。

“艾森豪威尔政府时期（中情局）的情报文件已被制度性地纳入最高决策层的阅读范围。”[②] 正是有着这样的制度保障，中情局除了在老挝进行隐蔽行动以外，还向华盛顿提供老挝当时发展情况的各种信息。[③] 为此，中情局在老挝做了大量的具体工作。中情局在老挝的农村和城市周边地区投入了相当的人力与物力，使得中情局在老挝的社会底层工作开展得较好，进而中情局工作人员可以准确并详细地提供老挝的军事力量对比问题。[④] 至1961年肯尼迪就任总统的时候，中情局对于老挝事态的进展有着相当的认识。

老挝危机发生以后，中情局对于老挝的情报评估主要集中于12月份的两份“特别国家情报评估”之中。

---

① 温荣刚：《美国与老挝1958年的补充选举》，《南洋问题研究》2010年第3期。

② 转引自梁志：《美国中央情报局的由来及其职能的演变》，《历史教学》2009年第20期。

③ 老挝危机发生以后，中情局除了每天例行向国内发回关于老挝形势发展的情报信息以外，还不定期地向美国决策层提交国家情报评估（National Intelligence Estimates，NIEs）和特别国家情报评估（Special National Intelligence Estimates，SNIEs）。老挝危机期间中情局每天向美国政府发回的形势分析可以从DDRS数据库里全部看到。

④ Arthur J. Dommen，*Conflict in Lao*：*The Politics of Neutralization*，New York：Praeger，1971，p. 158.

1960年12月6日的情报评估题目为“老挝的形势与近期发展”，主要介绍的是老挝的国内政治与军事发展情况。这份评估首先指出老挝政治状况的混乱，随后分别介绍了当时存在的每一个重要的政治人物。文件认为梭发那·富马在老挝人的心目中有着较高的个人声望和号召力。他依赖于亲共分子的支持，曾经致力于在一个国家联合政府中接纳共产党的代表。文件认为富马是一个中立主义者和一个左倾的人，但并不是一个共产党人。[①] 反共派富米·诺萨万得到一部分老挝人的支持，但是在老挝南部以外缺少广泛的政治支持。该文件还认为诺萨万表现得“有时是一个不值得依赖的人，一个不谨慎的军事将领，一个充满野心又感情用事的人”。[②] 贡勒是老挝一个重要的政治因素，因为他可以集结大规模的部队为其所用，并且已经与巴特寮走到了一起，逐渐走上共产主义的发展轨道。[③] 在对老挝主要的政治和军事力量的评估方面，该报告认为，贡勒政变以来巴特寮的力量得到了极大的发展，人数应该在4000—8000人。这支巴特寮队伍有着极强的战斗力，“如果巴特寮全面开展游击战争，那么老挝的武装部队将不能阻止大部分农村和一些重要城镇的陷落”。[④] 巴特寮利用老挝当前的分裂形势，趁机不断地在非人口集中地区巩固其政治和军事地位。整个老挝的形势正朝向以文翁和富米·诺萨万以及其他的右翼势力为一方，以巴特寮与梭发那·富马的支持者以及贡勒为另一方的两极格局发展。[⑤] 考虑到巴特寮的这种军事力量，情报认为“此时任何一个当政的非共政府在这种危机局面下试图建立一个中立政府都会遇到非常严重的压力，其结果必然是或者接受巴特寮进入老挝的政治生活，或者是将面临形势再次恶化至内战的局面”。[⑥] 虽然这份情报评估没有提出具体的建议或是明确的政策，但是为艾

---

① Central Intelligence Agency, *The Situation and Short-Term Outlook in Laos*, *6 December 1960*, SNIE 68-60, DDRS, CK3100228342.

② Ibid., CK3100228343.

③ Ibid., CK3100228341.

④ Ibid., CK3100228343.

⑤ Ibid., CK3100228345.

⑥ Ibid., CK3100228344.

森豪威尔政府详细地提供了老挝的政治和军事力量的对比状况，如准确地预测了“富米必定会向万象发动进攻，这样老挝就会陷入全面内战的局面”，而且还指出在老挝内战发生以后，“梭发那·富马不会辞去首相的职务”，“老挝国王也不会承担起拯救国家的责任”。①

1960年12月16日富米·诺萨万的军队攻占了万象，中情局针对老挝局势于12月29日提交了一份题为“共产党在老挝的可能性目标”评估文件，重点分析了诺萨万攻占万象以后共产党国家对老挝形势的认识。文件指出，苏联、中国和越南民主共和国都积极地增强巴特寮的军事能力。根据这份情报评估，“共产党国家在老挝这种局面下的主要目标在于阻止一个美国支持下的老挝政权的巩固，使共产党在老挝站住脚，扩大共产党控制的范围”。② 该评估显示，莫斯科、北京与河内将积极地关注老挝形势的变化，不断地向美国施加外交压力。不过，文件也指出“不会发生共产党国家对老挝进行直接军事干涉的情况，除非他们的努力开始失效，尤其是有外国的非共产党国家进行军事干涉的时候”。从长远看，中情局与情报机构坚信苏联、中国和越南民主共和国会努力“在老挝保证并加强共产党的军队以及准军事力量的建设，在老挝保持一种内战状态，使美国深深地卷入不断地帮助反共军队这一困难局面之下，为共产党的发展创造机会”。③

1960年12月的这两份情报评估无疑为艾森豪威尔政府制定对老挝的政策提供了重要的参考。8月9日贡勒政变发生以来，美国政府内部对于采取何种措施解决老挝危机一直争论不断。甚至艾森豪威尔总统也指出，“我们不能袖手旁观，不能任由老挝落入共产党手中”，而且如果有必要“可以立即动用第七舰队的海军力量”。④ 不过，正是由于有着这些详细的评估分析，

---

① Central Intelligence Agency, *The Situation and Short-Term Outlook in Laos, 6 December 1960*, SNIE 68-60, DDRS, CK3100228343.

② Central Intelligence Agency, *Probable Communist Intentions in Laos, 29 December 1960*, SNIE 68-2-60, DDRS, CK3100228349.

③ Ibid., CK3100228350.

④ *FRUS*, 1958-1960, “Memorandum of a Conference With the President, White House, Washington, December 31, 1960, 11: 30 a.m.” Vol. 16, p. 1025.

尤其是在“确信”苏中两国不会公开出兵干涉老挝问题以后，艾森豪威尔在1960年12月31日的白宫会议上决定继续在老挝推行谨慎的政策：“1. 说服富马辞去首相职务并前往法国；2. 说服文翁允许其政府接受国民议会的投票；3. 巩固美国与英国和法国在老挝问题上的立场；4. 提醒东南亚条约组织（Southeast Asia Treaty Organization，SEATO）委员会老挝形势的危险，但不要在此刻采取贸然行动；5. 将我们的军队做好准备，在需要反对越南民主共和国干涉的时候发挥最大作用。”① 虽然从政策出发点的考虑上比较谨慎，但是艾森豪威尔政府并没有根据12月29日中情局的那份评估文件所揭示的老挝政治力量对比情况进行甄别考虑，而是仍然延续一贯对老挝保守势力扶植的倾向。12月31日，艾森豪威尔给英国首相麦克米伦去信，在谈论老挝形势的时候表达了美国对文翁的倾向，希望在这方面能够得到英国的支持，同时也希望英国同意梭发那·富马应该辞去老挝首相的职位。② 艾森豪威尔政府的这种这种政策取向在相当长一段时期内影响了肯尼迪政府的政策考虑。

二

1961年1月20日肯尼迪就任第35任美国总统，当时的老挝形势并不容乐观，老挝对立双方的斗争正愈演愈烈。虽然老挝危机是肯尼迪上任以来面临的“最为紧迫的问题”，但是肯尼迪并没有急于表明其在老挝问题上的立场，只是成立一个专门研究老挝问题的特别工作组（the Laos Task Force，LTF）进行相关情况的研究并提出建议。③ 1月23日，在老挝问题特

① *FRUS*, 1958-1960, “Memorandum of a Conference With the President, White House, Washington, December 31, 1960, 11: 30 a.m.” Vol. 16, p. 1029.

② DDRS, CK3100326610.

③ 老挝特别工作组（the Laos Task Force）主要负责研究老挝危机的有关问题并提出建议，其组长为帕森斯（J. Graham Parsons），成员包括白宫代表罗斯托（Walter Rostow）、国防部代表尼采（Paul Nitze）、中情局代表毕塞尔（Richard Bissell）、国务院远东行动办公室主任谢泼德（William J. Sheppard）。具体见 *FRUS*, 1961-1963, “Memorandum From the Assistant Secretary of Defense for International Security Affairs (Nitze) to Secretary of Defense McNamara,” Vol. 24, p. 26, n. 2。

别工作组提交的第一份报告中，详细分析了老挝的局势发展情况，最后得出的认识是美国可能必须支持一个包括共产党在内的政府。因为苏联“不可能同意”一个“真正亲西方的政府”在老挝出现，美国不得不“在确定老挝将不会落入共产党统治时，放弃原有的目标”。鉴于这种形势，老挝特别工作组认为，美国可以“在政府中的不重要职位上接受‘老挝’巴特寮”的代表。在这个前提下，美国将“愿意在老挝接受独立于任何大国之外的真正中立的政府”。[①] 刚上任的肯尼迪并没有马上完全接受老挝特别工作组的这个认识，但也没有对其进行反对。而1962年日内瓦会议对老挝问题的最后决议恰恰在一定程度上体现了这份报告的认识，使得期间中情局所提交的评估文件反映出来的“强硬色彩”无不相形见绌。

直至3月23日，肯尼迪通过新闻发布会宣布了他的老挝政策。宣布美国“强烈并坚定地”支持“老挝实现中立并且独立的目标，努力排除外部势力的干涉，不威胁任何国家，摆脱任何束缚”。因此，“依靠外部共产党支持发动武装进攻的”巴特寮必须停止进犯，否则美国和东南亚条约组织将“考虑他们的反应”。肯尼迪接着指出，美国支持开展“建设性的谈判”，支持英国召集一个关于老挝问题的国际会议。[②] 肯尼迪一方面致力于寻求通过和平手段解决老挝危机、建立亲西方的老挝中立政府。[③] 另一方面，为了保证这个目标的实现，肯尼迪还采取一些军事行动来加强老挝的外交地位，如将第七舰队派往南中国海，使驻夏威夷的部队处于战备状态，将500名配备直升飞机的海军派进泰国驻扎。[④]

随着肯尼迪对老挝政策目标逐渐清晰，3月28日中情局在一份名为“东南亚大陆分析”的国家情报评估中更新了其对老挝形势发展的评估。该

---

① *FRUS*, 1961－1963, “Memorandum From the Assistant Secretary of Defense for International Security Affairs (Nitze) to Secretary of Defense McNamara,” vol. 24, p. 32.

② *Public Papers of the Presidents of the United States*: *John F. Kennedy*, 1961, pp. 212-220.

③ Harold W. Chase and Allen H. Lerman, eds., *Kennedy and the Press*: *The News Conference*, New York: Thomas Y. Crowell, 1965, p. 53.

④ Arthur S. Schlesinger, *A Thousand Days*: *John F. Kennedy in The White House*, Boston: Houghton Mifflin, 1965, p. 280.

文件介绍了共产党的近期发展所引发的东南亚政治、军事危机，包括对吴庭艳在越南共和国地位的评估和反共部队在老挝的前景。对于老挝，该文件认为，在苏联稳步增加的援助帮助下，巴特寮已经表现出在老挝北部巩固其军事和政治地位的意图。[①] 另外，该文件从一个国际社会的视角对老挝的形势发展进行了分析，认为该地区的其他国家将老挝危机看作是西方国家与共产党集团之间意志与实力的检验，其结果在一定程度上会影响自己国家的命运。[②] 因此，对于美国而言，其老挝政策将有着重要的意义。正如这份文件所总结的那样："老挝如果落入共产党手中，或者即使是出现分裂的结果，也必定会使泰国屈服于共产党在东南亚的统治。一个共产党实际控制下的老挝将在事实上威胁南越的独立——将极大地扩大共产党与南越的边界……总之，老挝的失去将严重损害美国在泰国和南越的地位与影响。"[③] 这份评估文件所强调的"老挝不能落入共产党之手"是中情局在冷战战场上从事反共活动的根本原则，这样的立场也是美国涉足老挝以来的根本所在。在其渲染之下，美国"出兵保护老挝"似乎成为一种正确的选择。

随后不久，一件表面上与之不相关的事情——美国在猪湾入侵的失败打断了美国干预老挝危机的进程并深刻地影响了肯尼迪政府对老挝的认识。4 月 17 日凌晨，在猪湾登陆的古巴流亡军遭到卡斯特罗军队的重创，使得美国的猪湾登陆计划在短短的两天之内便遭到击溃。这次惨败在两个重要方面影响了肯尼迪对老挝危机的处理方式。首先，肯尼迪失去了对参谋长联席会议和中情局的信任，认为他们应该对在古巴的灾难负有主要责任。[④] 其次，肯尼迪开始认识到他不同意利用空中打击或派出美国军队帮助古巴流亡分子的决定限制了他在印度支那的行动自由：他想知道，如果他一直

---

① Central Intelligence Agency, *Outlook in Mainland Southeast Asia*, *28 March 1961*, SNIE 50-61, DDRS, CK3100365305.

② Ibid., CK3100365312.

③ Ibid., CK3100365314.

④ Arthur S. Schlesinger, *Robert F. Kennedy and His Times*, Boston: Houghton Mifflin, 1978, p.466.

不愿介入反对距离佛罗里达 90 英里的卡斯特罗，他将怎样进行在老挝的战争?[①] 用远东事务助理国务卿威廉·邦迪的话来说，猪湾入侵“在卷入老挝的过程中是一个极大的黄灯警告”。

1961 年 5 月 3 日老挝交战双方宣布停火以及 5 月 16 日关于老挝问题的日内瓦会议的召开更加肯定了肯尼迪政府通过谈判解决老挝危机的信念。6 月 3 日至 4 日，肯尼迪与赫鲁晓夫在维也纳的峰会上更是达成了双方通过谈判努力实现老挝中立与独立的共识，这成为此后肯尼迪政府考虑和制定有关老挝问题政策的一个重要指导原则，这也是中情局在之后的系列评估报告中没能把握的方向所在。

从 1961 年 6 月肯尼迪会见赫鲁晓夫到 1962 年 4 月肯尼迪被迫签订关于老挝问题的《日内瓦协议》，中情局主要提交了三份关于老挝局势的评估报告。1961 年 6 月 27 日的一份名为“主要共产党国家军队干涉东南亚大陆的可能性”的报告考察了共产党中国和越南民主共和国军队对于美国军队进入湄公河流域而进入老挝的可能性。该报告认为，共产党中国在老挝内战中扮演了重要的角色，即使共产党中国自己的外汇非常匮乏，但其仍然在 1 月的时候向“叛乱者”提供了 900 万美元的资助，而且巴特寮和贡勒部队所用的弹药全部产自中国。不过，该报告还是认为近期内共产党中国的军队不可能进入老挝，原因在于此时的中国“不会因为公开介入老挝问题而使其失去在东南亚国家中树立的良好形象”，“中国自身也有经济困难和食物短缺的问题”，所有这些都会影响中国的决定。[②] 对于越南民主共和国而言，虽然其对于老挝的内战投入了更多的士兵，但这都是在“秘密”情况下进行的。此时的越南民主共和国不会将其通过在老挝从事秘密颠覆和准军事活动的策略改变为一场大规模的军事入侵，这对他们也是不利的。[③] 相对而言，共产党更好的选择可能是采取措施巩固巴特寮的地位，并且利用日内瓦会议作为在政治上取得老挝问题有利地位的跳板。在中情局看来，

---

① Richard Nixon, *RN: The Memoris of Richard Nixon*, New York: Grosset & Dunlap, 1978, p. 235.

② Central Intelligence Agency, *Likelihood of Major Communist Military Intervention in Mainland Southeast Asia*, 27 June 1961, SNIE 10-2-61, DDRS, CK3100365317-CK3100365318.

③ Ibid., CK3100365318-CK3100365319.

“共产党认为从长远看，一个包括共产党参加的富马中立政府将有利于提高他们在老挝的地位。”① 该报告总结道，共产党国家很可能认为西方军队不会直接干涉共产党在老挝的入侵。然而，一旦美国的军队进入老挝，共产党集团将在政治上和世界范围内的舆论宣传上采取强硬的措施，指责美国的“入侵行为”，通过这些手段迫使美国撤出的同时加强其在老挝的军事活动。如果美国的行动严重危及了巴特寮的控制范围，那么越南民主共和国，很可能还包括中国，将公开派军队进入老挝以抵御美国的威胁。② 该文件延续了美国插手老挝问题的初衷，即将共产党势力在老挝的发展作为假想敌。因此其一再强调这种“敌强我弱”的局面，要求美国政府增加对老挝右翼势力的援助规模。当时的中国克服自身困难向老挝的进步力量提供援助，支持其将以美国为首的外来干涉势力击退所代表的正义性是不容置疑的，这更不应该成为美国扩大其在老挝干涉的借口。正是这种错误的认识，导致了美国无法迅速从老挝完全脱身的后果。

三个月以后，在 9 月 28 日一份名为“老挝的形势与分析”的报告中，中情局集中分析了未来两三个月里老挝的政治和军事前景。根据这份报告，西方与共产党集团之间以及老挝的主要政要之间的分歧仍然存在，所以通过政治途径在日内瓦会议上解决这个问题机会不大。③ 鉴于巴特寮强大的军事地位，共产党不会签订一个有碍于其控制老挝政府的协定。中情局声称，用不了多久巴特寮的压力将迫使富马无用，并且他也不能阻止共产党对老挝政府进行直接或间接的控制。④ 该报告总结道，如果不能在政治上解决老挝危机，那么停火就会遭到破坏。为了取得谈判的各自有利地位，诺萨万的军队与巴特寮和贡勒的部队一样都会重新燃起敌意，挑起争端。中情局相信，没有外部力量的帮助，诺萨万将不能取得任何反对共产党战斗的胜

① Central Intelligence Agency, *Likelihood of Major Communist Military Intervention in Mainland Southeast Asia*, 27 June 1961, SNIE 10-2-61, DDRS, CK3100365319.

② Ibid., CK3100365319.

③ Central Intelligence Agency, *The Situation and Outlook in Laos*, 28 September 1961, SNIE 58-3-61, DDRS, CK3100228353.

④ Ibid., CK3100228353.

利。巴特寮的部队处于一个能够扩大其军事领地的优势地位，并且在老挝北部的战略要地能够采取一些小规模的行动。[①] 不同以往的情报评估，中情局的这份评估文件对未来老挝的形势发展也进行了预判，认为“在未来的两三个月里，共产党的部队一定会发动常规战争，占领湄公河流域的战略要地，并采取措施进行巩固”。[②] 该文件的这种预测明显与后来的形势发展相去甚远，因为文件中还明确地认为“通过谈判解决老挝危机的机会不大”，形成这种错误认识的根源则在于“冷战思维指导下的防共原则”在作祟。随着日内瓦会议谈判的进行，以及美苏之间的多渠道联系和沟通日益显现效果。至1961年年末的时候，美国政府已经明确制定了可以“有条件地接受梭发那·富马担任老挝首相”的政策目标，而对于“不能令人满意”的富米·诺萨万则开始考虑放弃。然而，老挝内部各派政治力量与美国和苏联却在关于未来老挝政府内阁席位的分配方面仍然存在争斗。与之同时，老挝政府军与反政府军各自加强了其军事力量并提高了其作战能力。

在1962年1月日内瓦会议休会期间，美国政府集中讨论了共产党部队在老挝的威胁。因此，中情局更新了其对共产党在老挝的目标、作战能力和短期意图的判断。在2月21日提交的题为“共产党在东南亚的目标、能力与意图”的情报评估中，中情局认为，从长远看共产党国家在东南亚的目标是：“消除美国在整个东南亚地区的存在与影响，建立共产党政权。”[③]“我们仍然相信共产党国家不希望在老挝卷入过多的军事活动。共产党国家更倾向于由代理人完成这项任务，避免引起美国大规模的军事反应。”[④] 随着老挝政府军提高其作战规模，共产党一方也会对此进行反击。一旦双方进行决战，中情局认为“共产党一方将取得胜利，而且如果有必要会从越

---

① Central Intelligence Agency, *The Situation and Outlook in Laos*, 28 September 1961, SNIE 58-3-61, DDRS, CK3100228356.

② Ibid., CK3100228356.

③ Central Intelligence Agency, *Communist Objectives, Capabilities, and Intentions in Southeast Asia*, 21 February 1962, SNIE 10-62, DDRS, CK3100355864.

④ Ibid., CK3100355869.

南民主共和国引进额外的部队”。[①] 该报告总体上认为共产党会坚定不移地追求他们的既定目标，同时又会谨慎和耐心地进行。随着谈判的进行和诺萨万一方在实际行动中令人失望的表现，时间并不站在老挝政府方面，文件透露出老挝局势日益紧张的信息。

从 1961 年 6 月至 1962 年 2 月期间，中情局不断提交对老挝的报告。中情局坚信共产党的目标是实现对老挝的控制。共产党实现这一战略目标不是通过公开的军事手段，而是通过代理人加强巴特寮在老挝的地位。这样，他们就可以通过政治谈判取得胜利。在中情局看来这是极其危险之事，所以在其多份全面评估文件中无不透露应加强美国在老挝军事行动的信息。对于肯尼迪及其他政策决策者而言，中情局所提交的关于老挝形势发展的大部分情报“并不是好消息”。如果老挝局势按照 1962 年 2 月份情报评估的分析发展，肯尼迪通过谈判解决问题的目标将很难实现。不过，肯尼迪在事实上仍然坚定地寻求实现老挝中立和独立的机会。

三

为了促成老挝问题的和平解决，美国从 1961 年 11 月开始考虑对于梭发那·富马的“争取”，并要求富米·诺萨万在组建老挝联合政府的问题上能够积极地与富马进行合作。可是一直到 1962 年 3 月末的时候，由于诺萨万在老挝政府构成上表现出来的“不合作”态度，使得老挝的政局仍然僵持不下。诺萨万在实际行动中表现出来的政治野心将老挝危机推向了另一高潮。诺萨万不顾美国大使、美国军事援助与顾问委员会的建议以及富马的警告，不断地在老挝北部只距中国 20 英里处偏远的南塔地区调兵遣将。5 月 4 日诺萨万与巴特寮在南塔附近进行了一次大规模的会战，大约 4500 名的老挝王国部队遭到击退。南塔战役的发生使老挝的局势骤然紧张，肯尼迪政府再次面临问题抉择的边缘。

---

① Central Intelligence Agency, *Communist Objectives, Capabilities, and Intentions in Southeast Asia*, 21 February 1962, SNIE 10-62, DDRS, CK3100355869.

南塔陷落三天以后，中情局对此提交了一份题为“南塔陷落的影响”的评估报告。在中情局看来，梭发那·富马“不同意”巴特寮发动的这次战役，富马和贡勒的部队并没有参加实际的战斗，所以相对于巴特寮而言，这次战役也在实际上“降低了梭发那·富马的政治影响”。① 不过，这也更进一步印证了中情局对于“梭发那无法阻止共产党最终会控制老挝政府的判断”。② 该报告认为南塔的陷落“并不是共产党对老挝进行全面进攻的开始”，其认为：“由于既没有对南塔战役采取有效的军事应对，又没有在老挝联合政府问题上取得明显进展，那么共产党将很可能在老挝其他地方发动南塔战役这种规模的进攻。”③ 这次战役的结果使得老挝王国政府在老挝北部地区的影响全面丧失，更加反映了诺萨万军队战斗力的低下，也使诺萨万在老挝政府和军队中的声望大打折扣，也是多年来美国在老挝政策失败的一个反映。正如中情局所评论的那样：“过去一年中所发生的事情几乎已经证明美国的影响明显降低，共产党为实现他们短期目标——一个通过扩大其军事行动规模来实现谈判而产生的老挝‘中立’联合政府或者肢解老挝王国政府及其军队，这样他们可以迅速取得统治地位。”④

南塔陷落以后，5 月 10 日与 12 日美国召开的两次国家安全委员会会议上对于是否出兵干涉老挝局势的问题进行了激烈的争论。肯尼迪指出“因为我们对富米没有信心，我们不能也不愿意代表他对老挝进行干涉”。而且，似乎有必要“向苏联和中国”证明美国“不想干涉老挝内政”的决心。⑤ 不过，肯尼迪也担心情报评估中所预测的情况发生，于是他于 5 月 14 日最终决定“先向泰国派兵进行威慑”。在肯尼迪的命令之下，5 月 15 日美

① Central Intelligence Agency, *Implication of the Fall of Nam Tha*, 9 May 1962, SNIE 58-3-62, DDRS, CK3100443579.

② Ibid., CK3100443581.

③ Ibid., CK3100443582.

④ Ibid., CK3100443580.

⑤ *FRUS*, 1961-1963, “Memorandum of Conversation,” Vol. 24, p. 759.

国军队开始向泰老边境进行部署。[1] 同一天，一位白宫发言人宣布，肯尼迪是应泰国政府的要求而派出这些部队的。虽然这一行动透露出来的信息表明美国是对近来巴特寮在老挝北部进攻和“随后共产党军队向泰国边界调动”所带来危险的防御，但没有直接将军队派往老挝的举动也明确表明了肯尼迪仍然想通过外交途径解决这次冲突。该声明将这种部署看作是“一种防御行为”，强调“重新建立一个有效的停火”并且“为建立一个国民联合政府迅速进行谈判”，这些是美国政策的主要目标。[2]

5月23日中情局又提交了一份名为“如果美国对老挝采取一定行动，共产党的可能反应”的评估报告。文件认为，“共产党并不认为老挝独立于其在东南亚的其他目标”。“事实上，越南的越盟与老挝的巴特寮都是越共军政组织的一部分，都接受河内的指导。而河内又受莫斯科与北京的指导”。由于军事上的不断胜利，“共产党方面开始放弃早期成立联合政府的目标”。而巴特寮“在目前老挝境内北越部队的帮助下有能力迅速夺取老挝政府军控制的重要城镇”。[3] 在这种情况之下，中情局建议美国政府应该对老挝采取一定的军事行动，阻止巴特寮势力在老挝的进一步发展。因为在中情局看来，虽然“如果美国对老挝采取一定的军事行动，一定会引起共产党方面的相应行动”，但是共产党国家一定会将这种应对军事行动的范围

---

① *FRUS*, 1961－1963, “Memorandum From Michael V. Forrestal of the National Security Council Staff to President Kennedy,” vol. 24, p. 767.

② U. S. President, Public Papers of the Presidents of the United States: John F. Kennedy, 1962. Washington D. C.: Government Pringting Office, 1963, p. 191.

③ Central Intelligence Agency, *Probable Communist Reactions to Certain Possible U. S. Actions With Respect to Laos*, 23 May 1962, SNIE 58-5-62, DDRS, CK3100040764.

“控制在老挝境内”。①

面对中情局的这几份评估文件，肯尼迪政府表现得非常克制。5 月 26 日，中情局局长麦考恩与肯尼迪单独进行了一次关于这些情报评估的谈话。麦考恩向肯尼迪强调“在这些情报评估中所预测的北越对老挝事务干预的不断增多以及最终共产党中国的军队会对此采取公开军事行动的情况必然发生，相应地，美国也必须增加在老挝的军事投入”。② 而且后来的事实表明，老挝局势的发展并没有出现中情局这几份情报评估所预测的情况。在南塔战役以后，老挝再没发生大规模的冲突。6 月 12 日，富马、诺萨万和苏发努冯签署了关于建立联合政府的最终协议。6 月 23 日新内阁召开会议，

---

① 文件对此进行了几种假设。其一，美国对老挝政府及其军队提供的援助提升至对南越的援助水准。共产党会将美国的这种举动看作是其扶持老挝政府的真正开始，共产党会对此进行公开指责，甚至放弃成立联合政府的努力。同时，共产党也会增加对巴特寮的各种援助。不过，此时的共产党不会对老挝政府掌控下的湄公河沿岸重要城镇发动进攻。其二，在第一种假设的基础上，美国额外在泰国布置 2 万人的部队。虽然此举没有对共产党在老挝的利益马上产生威胁，不过仍然会使越南民主共和国加强其在老挝的部队，中国也会将部队调至临近老挝北部的边境。其三，美国、泰国与其他愿意共同行动的东南亚条约组织国家的部队进入老挝，保证停火的有效实现以及阻止巴特寮在老挝的进一步进攻。这些进入老挝的部队不对共产党方面发动进攻。虽然目标如此，但是此举必定会引起共产党方面对美国真正目的的怀疑，进而越南民主共和国必定会增派其军队进入老挝，中国也会利用这个机会将“志愿军”派进老挝的北部各省，苏联亦会表示同意。不过，共产党方面也不会向美军发动主动的攻击。其四，共产党方面向老挝政府军控制的领地发动进攻，美国、泰国与其他愿意共同行动的东南亚条约组织国家的部队进入老挝，在北纬 17 度线附近帮助老挝政府实现老挝的分裂。面对这种情况，共产党方面一定会调兵遣将，但会将冲突控制在老挝的范围之内。Central Intelligence Agency, *Probable Communist Reactions to Certain Possible U. S. Actions With Respect to Laos*, 23 May 1962, SNIE 58-5-62, DDRS, CK3100040762-CK3100040772.

中情局于 6 月 12 日对于“美国在老挝和北越采取行动过程中共产党的反应”提出了新的假设：美国对老挝的供给基地和从越南民主共和国向老挝运送物资的运输线进行轰炸，再配以 8000—10000 名美泰联军对湄公河流域主要据点进行占领。对此，共产党方面一定会认为美国将在老挝采取大规模的军事行动。共产党方面则会通过各种措施加强其军事力量，如越南民主共和国会增加其在老挝的军队人数，中国会加强其边防力量，苏联与中国会增加对越南民主共和国的物资援助。同时，共产党方面会将冲突控制在老挝范围之内，采取积极的政治活动，达到减少对立，重新进行谈判的目的。Central Intelligence Agency, *Communist Reactions to Additional U. S. Courses of Action in Laos and North Vietnam*, 12 June 1962, SNIE 58-51-62, http://www.foia.cia.gov/browse_docs_full.asp.

② *FRUS*, 1961-1963, “Memorandum of Discussion,” Vol. 24, p. 759.

宣布在老挝实现全面停火。7 月 6 日，老挝政府向日内瓦会议提交中立宣言。两周后，老挝驻日内瓦的外交代表同意并签署了关于老挝的中立宣言。老挝危机宣告结束。

四

综观老挝危机期间中情局提交的这些情报评估文件，前后内容有着明显的连续性。这些情报评估主要是根据当时的形势发展以及当时美国政府的政策考量而提出的，主要提供了对于老挝敌对势力间军事和政治实力的分析以及共产党在老挝的战略与目标的分析。虽然没有证据表明这些情报评估中的哪一项内容对于美国老挝政策的重大改变或行动的具体指导产生了影响，但毫无疑问的是，中情局所提供的这些情报评估是美国考虑老挝问题的一项重要参考。不过也可以看到，肯尼迪政府并没有因为在这些情报评估中透露出的“防共”信息而加强美国在老挝的军事介入，这反而实现了通过谈判解决老挝问题的结果。

中情局对老挝的情报评估之所以与美国政府的老挝政策之间存在较大偏差，究其原因主要有如下几点。首先，老挝危机期间美国的情报评估表现出来的一个重要特点是“充满冷战思维”。无论是专门针对老挝的情报评估还是针对东南亚整个地区的情报评估，无不以共产党和越南民主共和国、中国与苏联作为假想敌。这种以东西方对抗为出发点的认识难免会限制中央情报局情报收集和分析的范围，自然会造成其对老挝的情报评估存在一定的局限和误差。其次，对于老挝的形势发展认识不足。虽然这些情报评估对于老挝交战双方的军事力量进行了比较，但是并没有真正从何种发展前景更加符合老挝的国情考虑问题，只是站在以诺萨万为代表的老挝右翼势力的角度为其寻求“辩解”。最后，这些情报评估所表现出来的“国际战略视野”十分狭隘。在老挝危机的后期，柏林问题、古巴问题、刚果问题，以及日显重要的越南问题等无不困扰肯尼迪政府。相对于这些问题而言，老挝自身所反映出来的战略价值相对较低，所以通过谈判解决老挝危机就成为肯尼迪政府指导思想的不二选择，而这些情报评估中所表现出来的内容显然与这个原则是相背离的。所有这些，造成了在1960—1962年期间中情局所提交的一系列对老挝局势进行评估和预测的文件，与肯尼迪政府具体执行的政策方向上存在偏差也就在所难免了。

美国、印度与和平队（1961—1976）

蔡　佳*

摘　要　和平队建立于肯尼迪就任总统初期，它是美国对发展中国家进行援助的一种模式。印度是和平队竭力争取的目标，1961 年 12 月它成为最早接受和平队志愿者的国家之一。在全球冷战背景下，和平队作为美国外交政策的一种工具，始终把美国国家利益作为该组织的最高目标。对印度而言，和平队是获得美国援助来发展自身的一个途径，印度国家利益始终是其根本出发点。和平队是当时世界上最强大国家的政府志愿者组织，但它又是脆弱的，就像一个政治足球，在国家间的政治游戏中被踢来踢去。

关键词　美国　印度　和平队

* 蔡佳，首都师范大学历史学院教师。

第二次世界大战后，亚非拉地区民族解放运动蓬勃兴起，新独立的国家不断涌现。美国和苏联逐渐意识到：要在冷战中取得最后胜利，必须赢得发展中国家的好感与支持。为改善其国际形象，特别是在发展中国家的形象，美国组建了和平队（the Peace Corps）。和平队始终服务于美国全球战略特别是冷战战略。和平队建立于肯尼迪政府初期，它是一个国际性政府志愿者组织，以大学毕业生为志愿者主力，以发展中国家为援助对象，派遣大量志愿者深入这些国家的中下层，从事教学、社区开发、医疗保健、农业技术推广等工作；向当地民众提供面对面、手把手的技术援助服务，帮助他们提高生活水平、改善教育条件，同时拉近美国与这些国家的关系。

一、和平队的建立及其性质

（一）和平队的缘起与诞生

20世纪50年代，美国国内涌现大量倡议，希望政府组织青年去发展中国家开展志愿服务。1951年国会议员雅各布·贾维茨提议美国招募100万名青年男女组成一支“和平军”，去国外开展志愿工作以提高当地生活水平。1952年参议员布莱恩·麦克马洪建议年轻的美国志愿者深入发展中国家，作为全职的民主传播者，“志愿者不携带武器，而是带着锄头、药品以及对自由的信仰。”① 这些倡议中，民主党众议员亨利·罗兹和参议员赫伯特·汉弗莱的最具影响力，直接推动了和平队建立。

罗兹呼吁，“我们总在过多强调军事同盟的重要性，然而这种同盟却总处在腐败反动的领导之下；我们用军事装备武装自己，这些武器却总让普通人民深受伤害，而原本我们是想帮助他们；我们策划大型援助计划，而美国政府工作人员却只生活在被援助国家的首都，将底层人民的苦难置身度外。现在有一群美国青年志愿帮助发展中国家，帮助实施农业灌溉计划、在村庄打井解决饮用水或者是建立农村学校，如果我们更重视并关注这些

① Roy Hoopes, *The Complete Peace Corps Guide*, New York: The Dial Press, INC., 1966, p. 48.

青年，是不是会走得更远?”他认为美国对外援助计划应更人性化，提出建立“第四点和平队计划”，号召“踏实、适应能力强、拥有一技之长的美国人，为国家奉献几年时间，享受军人待遇，去海外开展当今时代最伟大的冒险”。1960年年初，罗兹向国会提交了议案，请求对“第四点和平队计划”开展可行性研究。[①] 最终国会授权拨款1万美元，责成让科罗拉多大学基础研究部来完成。1960年夏天，罗兹与时为参议员的约翰·菲茨杰拉德·肯尼迪进行了交流。当时肯尼迪正在忙于总统大选，罗兹与肯尼迪深入交流了和平队计划，并帮助肯尼迪起草规划在密歇根大学的演讲，这对肯尼迪之后在总统竞选期间提出建立和平队产生了积极影响。[②]

汉弗莱是当时民主党内最受尊重的人物之一，是颇具影响力的参议院外交关系委员会委员。20世纪50年代末，他提议招募优秀美国青年男女前往海外开展志愿活动，“我所设想的是一项类似于国民服役似的国际合作项目，当然，这并不是取代美国的义务兵役，而是美国向不发达国家提供的另一种形式的援助。这种援助并不是通过传统的大规模经济援助，而是通过志愿者与该国人民之间民众对民众的培训与教育。”[③] 汉弗莱非常赞赏罗兹的政治才能以及“第四点和平队计划”，但他认为“我的提议与他们并不一样，因为我并不是请求对和平队开展可行性研究，而是请求建立和平队。现在我们已经掌握了充分的理由证明直接建立和平队才是当下正确的事情，而不是等着对和平队可行性展开研究”。1960年7月，他向参议院提交了一份提案，倡议派遣“美国青年帮助不发达地区战胜贫困、饥饿、疾病和文盲”，这项提案中首次使用了“和平队”这个称号。他希望，“这项提案能够被发表出来并得到恰到的处理，这样一来，它就能够成为接下来几个月会议讨论和深入研究的主题。”他认为，“在美国有一大批怀揣理想、拥有

---

① 1961年3月1日，肯尼迪签署了10924号行政命令建立了和平队。直到1961年5月，科罗拉多大学才完成罗兹要求的“第四点和平队计划”可行性研究报告。但早在2月，科罗拉多大学已经向总统提交一份报告初稿，和平队采纳了初稿中的许多建议与具体措施。

② Roy Hoopes, *The Complete Peace Corps Guide*, pp. 47-49.

③ Hubert H. Humphrey, *The Education of a Public Man: My Life in Politics*, Doubleday, 1976, p. 229.

才能的青年，和平队能够充分发掘这一资源。让优秀的美国人去帮助新独立国家的人们自助，这是建立公众与公众之间、政府与政府之间对外援助关系的最好方式。”① 也正因为汉弗莱的提案，和平队开始得到了国会和美国人民的关注。

罗兹和汉弗莱对和平队的贡献功不可没，他们被称为“和平队建立之父”。② 然而，他们始终没能够给和平队设想以足够的政治动力使它变为现实。罗兹也承认，“如果让他来建立和平队，和平队的设想可能现在还挣扎于为寻求立法通过的阶段。”③ 直到1960年，肯尼迪在总统竞选中，使和平队成为全国关注的重大政治问题。

和平队是肯尼迪竞选总统过程中的一大亮点。1960年10月5日，肯尼迪在一次面向国家新选民的特别演说中提出了针对青年人的特殊计划，这是他在竞选期间第一次提及和平队设想。他提出：“我的民主党同僚参议员汉弗莱以及众议员罗兹提出了倡议，我们要恰当地利用美国青年男女的技术、才能、奉献精神以及与生俱来的理想主义情怀，让他们合理地经过培训后开展志愿服务，去建设发展中国家的新边疆，帮助当地修建水库、创办学校、建立医院、实施灌溉计划并逐渐帮助当地人民进行自助，这实际上也是人类的新边疆。如果我能够当选成为未来四年的国家总统，我将一丝不苟地探讨利用最优秀的青年进行国外志愿服务的可能性。通过建立和平队，志愿者将为世界和平事业奉献3—5年时间，前往真正需要他们的地方，去做真正需要他们去做的事情。”④ 演说结束之后，多家报纸给予了极大的关注，10月6日，《华盛顿星报》在头版头条上刊登了题为《肯尼迪提议为青年人成立和平队》的报道，《巴尔的摩太阳报》刊登了《青年和平队

① Roy Hoopes, *The Complete Peace Corps Guide*, pp. 50-52.

② Gerald T. Rice, *The Bold Experiment: JFK's Peace Corps*, Indiana: University of Notre Dame Press, 1985, p. 10.

③ Henry Reuss, Oral History Interview, conducted by John F. Kennedy Presidential Library and Museum（以下简称 JFKML）, p. 71, available at https://www.jfklibrary.org/Asset-Viewer/Archives/JFKOH-HSR-01.aspx.

④ Roy Hoopes, *The Complete Peace Corps Guide*, p. 53.

是肯尼迪的目标》。

10 月 14 日，肯尼迪再一次公开提出建立一支青年服务队。13 日，肯尼迪与尼克松进行了第三次电视公开辩论后，为了能在总统竞选中获取更多支持，他连夜乘飞机赶往芝加哥，前往密歇根州立大学安阿伯校区。到达学校时已是 14 日凌晨，出乎意料的是，仍有近 1 万名学生在带着寒意的夜色中等待他的到来。肯尼迪走到学生联合会楼前的台阶上，发表了即兴演说，他试探地提出建立和平队，“你们中有多少人愿意去海外开展志愿服务，在世界各地奔波中度过一生？这不仅是愿意花费一到两年的时间去从事服务，而是愿意奉献生命的一部分给国家。我相信你们能够，我认为美国人是乐于奉献的，但是这一次我们必须要比过去做出更大的努力。”肯尼迪坦承，“我今晚来这里是希望能在总统竞选中获得你们的支持，更是为了美国的下一个十年寻求你们的支持。”[①] 肯尼迪简短煽情的演说在密歇根州立大学里引起了热烈反响。艾伦·尤金斯是当时的学生会主席，他现场聆听了肯尼迪的演说，他后来谈道：“我们认识到，肯尼迪是在告诉我们，我们可以提供一些东西，世界正在发生变化，世界需要我们，我们能够做出贡献。”[②] 可以说，美国大学生特别是密歇根州立大学热烈响应肯尼迪去海外服务的倡议，是肯尼迪下定决心建立和平队的重要动力。

1961 年 1 月 20 日，肯尼迪就任美国总统。1 月底，他建立了一个工作小组[③]，主要负责研究和平队的可行性。3 月 1 日，肯尼迪签署了 10924 号行政命令，和平队正式诞生。该项命令主要包括：

> 第一部分：和平队的建立。在国务院建立和平队机构。和平

① “Campaign Statement by Democratic Presidential Candidate Senator John F. Kennedy at the University of Michigan University Urging Students to Consider Serving Their Country by Working in Developing Countries,” *Documentary History of the John F. Kennedy Presidency*, Vol. 8, p. 1.

② Karen Schwarz, *What You Can Do For Your Country: An Oral History of the Peace Corps*, New York: William Morrow and Company, 1991, p. 28.

③ 该工作小组由肯尼迪的妹夫萨金特·施莱弗领导，他不久后被肯尼迪任命为和平队的首任队长。在成为和平队队长之前，施莱弗是芝加哥教育委员会主席。他为和平队的发展做出了卓越贡献，在他 5 年的任期内，和平队的活动范围和志愿者人数都实现了重大突破。

队由一名和平队队长领导。

第二部分：和平队的职责。(1) 被派往世界各国、各地区开展新援助项目的美国男女的培训和海外服务，应由和平队负责；和平队应配合且支持美国、联合国或者其他国际组织已有的经济援助项目。(2) 国务院应根据修订的 1954 年《共同安全法》授权给和平队队长职权。

第三部分：和平队的资金来源。国会应为和平队提供资金，让其能在修订的 1954 年《共同安全法》下行使职权。①

肯尼迪签署行政命令后说，"和平队是将一大批受过训练的美国男女通过美国政府或是私人机构和组织派往海外，满足国外对技术人才的迫切需求。"这时建立和平队还只是"暂时试点的和平队"。3 月 1 日，肯尼迪给国会提交了特别咨文，请求批准建立永久的和平队。他在咨文中说，"这个暂时的和平队将成为一种信息和经验的资源，帮助我们为建立永久和平队制订更有效的计划。"目前，"和平队计划只是在起步阶段，实验阶段。这是美国海外计划的一个新维度，只有通过最仔细的规划和协商，才能确保它成功。"肯尼迪在咨文中特别强调，虽然派出和平队只是美国政府的一种单向行为，但是它的影响却是双向的，"和平队的益处并非局限在对受援国，我们的青年男女也会从海外生活和工作经历中得到拓展。他们将会获得新的技能和经历，这对他们未来的职业也会有所帮助，同时也能够增加我们自己国家的专门人才和教师供应。志愿者回国后能够更好地承担美国公民的责任，也能更好地理解我们的国际责任。"②

3 月 5 日，肯尼迪任命萨金特·施莱弗为和平队第一任队长，并公布了和平队核心成员。施莱弗后来回忆说，"我听说肯尼迪总统之所以挑选我来组织和平队，是因为没有人认为和平队能够成功，而且解除一个亲戚的职

① "Executive Order 10924," *Documentary History of the John F. Kennedy Presidency*, Vol. 8, p. 292.

② The Congressional Record, 87th Congress, 1st Session, Document No. 98, p. 1.

务要比解除一个政界朋友的职务来得容易。”① 当然主要是肯尼迪看重施莱弗可靠且经历充沛，他有能力把握好时机来鼓舞和平队志愿者和总部工作人员，能老练且极富说服力地处理好同国会的关系。为了避免外界对总统任用亲属的议论，肯尼迪还公开宣布“施莱弗先生作为和平队队长，是没有报酬的。”②

无论是在10924号行政命令中，还是在肯尼迪给国会的特别咨文中，都是使用的“暂时的”这个词，这也就是意味着和平队地位问题没有根本解决。在肯尼迪心中，和平队究竟应该作为一个什么样的机构尚未定论。当时多数白宫官员主张把和平队置于已有的对外援助机构国际合作署之下。但施莱弗希望和平队隶属于国务院，并保持相对独立的地位。在给肯尼迪的报告中，施莱弗强调，“和平队应该有一个半自治的身份，有着自己的公众形象。新酒不应被倒入到国际合作署的旧瓶子中！”③ 在施莱弗看来，无论是在国内还是在海外，和平队必须是一个特征明显的团体，是作为肯尼迪总统的和平队出现。

6月1日，肯尼迪向国会递交了批准建立国务院领导下的、半自治的和平队的立法草案，即S2000号文件，这项提案也被称为和平队法案。同一天，该法案被递交到参议院和众议院。和平队法案的目的是“国会宣布和平队是一项美国政策，而和平队的目的是通过和平队促进世界和平与友谊，促进美国人民更好地了解世界其他国家人民，同时也促进受援国人民更好地了解美国人民”。④

为了让和平队顺利成为一个独立机构，施莱弗一直致力于游说白宫重要官员，试图让他们接受和平队的独立地位，能为和平队投赞成票。当时

① 小阿瑟·M·施莱辛格：《一千天：约翰·菲·肯尼迪在白宫》，仲宜译，北京：生活·读书·新知三联书店，1981年，第486页。

② “Anouncement of President Kennedy's Appointment of Shriver as Peace Corps Director,” *Documentary History of the John F. Kennedy Presidency*, Vol. 8, p. 298.

③ “Summary of Next Steps from Sargent Shriver,” *Documentary History of the John F. Kennedy Presidency*, Vol. 8, p. 252.

④ Congressional Record, 87th Congress, First Session, Report No. 706, p. 2.

和平队代理队长沃伦·威金斯在给肯尼迪的一个备忘录中提到，“施莱弗队长私下已经拜访了超过350名参议员和众议员。”① 施莱弗给肯尼迪的一份备忘录中写道，“如果你想知道为了使和平队在众议院和参议院获得通过，我都付出了什么？你可以从我明天的活动安排表中可以找到答案。”他在备忘录里附上了他第二天详细的活动安排：

9：00　众议院艾弗瑞

9：45　参议员萨尔顿斯塔尔

10：45　众议员鲍布

11：30　众议员布劳恩

12：15　众议院加拉格尔

1：00　与参议员爱伦德及参议院拨款委员会共进午餐，这是一次私人午餐。

3：00　与马萨诸塞州参议员史密斯电视录像

3：40　众议员基钦

4：00　待定

5：00　在和平队办公室接见

（1）国际小母牛项目队长威廉·罗斯顿

（2）可能的海外和平队队长基蒂②

8月2日，离国会投票的日子越来越近，施莱弗这天在给总统的备忘录中，表达了他对和平队法案是否能够通过的担忧，同时希望白宫方面给予更多支持：“白宫必须提供有效的领导和施压，让国会清楚地知道总统认为和平队法案必须在本次会议上获得通过。”这期间施莱弗甚至已经住到国会大厦，他说，“我们已经为未来与在国会投票的议员们建立至少是最开始的

① “Memorandum from Warren W. Wiggins to President Kennedy,” *Documentary History of the John F. Kennedy Presidency*, Vol. 8, p. 459.

② “Memorandum to the President,” *Documentary History of the John F. Kennedy Presidency*, Vol. 8, p. 457.

良好工作关系打下了基础。并不是说我们打算松懈下来，但是我认为现阶段和平队已经为获得国会的通过做了所有能做的工作。”[1]

事实证明，施莱弗的努力是有效的。参议院外交委员会在国会投票之前，曾多次召开了会议讨论和平队法案，并对法案进行了修改。委员会认为，“和平队是有希望、有潜力的，强烈要求参议院予以全面支持。”[2] 8月18日，国务卿迪安·腊斯克在给参议院外交委员会主席托马斯·E·摩根的一封信中写道，“我全力支持和平队计划及和平队法案。对伟大的和平队计划，以及它给予的多样化的承诺，给予再高的评价都不为过。”[3] 9月5日，参议院通过了和平队法案修改案，即HR7500号文件，并将其提交众议院。9月14日，众议院经表决也通过了该法案。9月22日，国会通过了和平队法案，肯尼迪对此公开评价，“法案的通过，为美国人民服务世界和平及相互理解的大业铺平了道路，同时能帮助其他国家实现其获得自由与机会的合法目标。”肯尼迪高度肯定施莱弗等为和平队做出的贡献，他说：“我要对华盛顿最有效的政治说客，施莱弗先生表示尊敬!”[4] 根据国会提出的要求，和平队要达成三个目标：“第一，向感兴趣的国家提供所需要的技术；第二，加深世界其他地区人民对美国的理解；第三，加强美国对世界其他地区人民的理解。”[5]

（二）和平队与肯尼迪政府外交与冷战战略

第二次世界大战之后，美苏围绕着战后世界格局的重新安排，矛盾日益升级，冷战爆发，世界上几乎所有国家都不同程度地卷入其中。在全球冷战格局之下，外援成为冷战的附属物，是发达国家对外政策，特别是对

① “Memorandum from Robert Sargent to the President,” *Documentary History of the John F. Kennedy Presidency*, Vol. 8, p. 433.

② The Congressional Record, 87th Congress, 1st session, Report NO. 706, p. 18.

③ Ibid., p. 12.

④ “Remarks of the President on the Signing of the Peace Corps Bill,” JFKML, available at https://www.jfklibrary.org/Asset-Viewer/Archives/JFKPOF-035-045.aspx.

⑤ Gerald T. Rice, *The Bold Experiment*, p. 172.

发展中国家政策的重要工具。美苏两个超级大国为了各自国家利益与安全需要均建立了前沿阵地，并对各自的盟国承担义务。随着亚洲、非洲和拉丁美洲民族解放运动在蓬勃兴起，新独立的国家不断涌现。美苏开始意识到：要在冷战中取得最终胜利，必须要赢得发展中国家的好感与支持。

20 世纪 50 年代，美国在发展中国家的形象走着下坡路。《丑陋的美国人》一书形象地展现了美国在发展中国家人民心中的形象。这本书 1958 年出版问世之后，便如一颗重磅炸弹，成为畅销书，美国国务院将其列入了外交人员必读书单，书中指出“美国大使是一个摆设”。[①] 肯尼迪对《丑陋的美国人》非常着迷，他认为和平队能改变美国在发展中国家的不良形象，还能借机向这些国家传播美国的文化和价值观。

1961 年 6 月 14 日，肯尼迪在和平队会议上，谈到了和平队与美国外交政策之间的关系：

> 我认为，因为对自由世界的防御主要依赖于美国、依赖于军事防御，于是长久以来我们强调联盟、强调加强美国的军事力量并愿意付诸行动。总之，这些常常使美国成为反对者攻击的对象……认为美国必然是军国主义并强调美国曾使用了原子弹。于是在世界上的许多重要地区，都认为美国是非常严酷的，是狭隘的军国主义，是物质至上的社会。
>
> 这当然有很多不利影响，特别是在知识分子、学生以及拥有重要影响力的少数人中间。他们是世界上这些地区的关键群体，紧紧掌握着决策权力，同时也是共产主义或是马克思主义的重要目标。……和平队给了美国生活独特这一面一个表达的途径，同时也给了我们一个机会把它呈现给海外。我认为，和平队能生动形象地向世界展示美国生活，对美国外交政策和世界和平都有非

① W·莱德勒、E·伯迪克：《丑陋的美国人》，朱安等译，北京：光明日报出版社，1988 年，第 33 页。

常重要的意义。①

当然，在冷战大背景下，美国对外政策的任何重大举措也必然与冷战紧密联系在一起，和平队也不例外。肯尼迪认为，和平队还能够帮助美国在冷战中与共产主义抗衡。竞选总统过程中，他把和平队与冷战直接联系起来。1960年11月4日，他在芝加哥发表演说：

> ……共产主义国家派了大量受过良好训练、有技术的谋士到许多国家帮助它们解决问题。我相信美国和平队能够对义务兵役制进行补充。现在只需派一部分受过训练的年轻人，在农业、手工业、道路建设、政体以及其他技术方面对这些国家提供帮助，让其实现自由生活。这些年轻的美国人将代表世界自由事业。②

11月7日，就在总统选举前一天晚上，肯尼迪参加了一档电视节目，一名观众问他会如何阻止共产主义？肯尼迪给出了一些具体的提议，比如保持美国的军事实力、合理开发美国自然资源，加强科学教育等。接着他进一步补充：

> 我有建议建立和平队，将青年男女派到落后、刚开始发展的国家中去，这些年轻人愿意奉献2—3年的时间，在这些不同国家中担任教师、护士，传播自由。……我认为如果我们做了这些事情，共产主义就能够就能被阻挡，更重要的是在共产主义铁幕之下，自由能得以发展、传播。③

---

① "Remarks of the President at Peace Corps Meeting in Chamber of Commerce Auditorium Washington, D. C.," *Documentary History of the John F. Kennedy Presidency*, Vol. 8, pp. 605-607.

② Brent Ashabranner, *A Moment in History: The First Ten Years of the Peace Corps*, New York: Doublenday & Company, INC., 1971, p. 315.

③ Ashabranner, *A Moment in History*, p. 316.

还有一些重要的政治人物也把和平队看作是美国对抗共产主义的重要武器。和平队设想的奠基者汉弗莱也认为和平队，“是美国外交政策的一部分……用来对抗极权共产主义病毒”。国会的许多成员认为和平队是“输出美国价值观念”的重要载体。①

不过，为了避免发展中国家排斥和平队，避免美国国内志愿者因对冷战反感而失去对和平队的热情，和平队在后期的宣传中有意回避了其政治上的意图，更多的只是强调和平队的利他性，强调它对世界和平与发展的重要意义。肯尼迪后来大力宣称“和平队并不是美国外交的工具，不是政治宣传的工具，也不是意识形态冲突的工具。它是用来让美国人民更好更全面地承担起世界发展的伟大而共同的事业”。② 施莱弗在一份公开的和平队资料中呼吁，“和平队不会被进阶为冷战的武器，而只是对国际社会的贡献”，“和平队并不是一个外交策略，或是政治宣传，只是为加强国际合作所做的一次真诚的尝试”。③ 事实上，无论世界局势如何变化，和平队始终是美国对外政策的一部分，它始终为美国国家利益服务的这一点是不会改变的。

肯尼迪政府时期的外援政策推陈出新。肯尼迪认为，发展中国家是民主制度和共产主义制度之间关乎胜负的重要战场，斗争的重心不应该放在欧洲，而应该是在亚非拉地区。他承认民族主义和中立主义，支持亚非拉国家的非殖民化运动。他认为，“我认为那是不可避免的……在今后几年内，在非洲，或许也在拉丁美洲，这种趋势似乎还会不断加强。……随着要求独立和自由的愿望加强，也产生了不愿充当苏联的卫星国或不愿同美国拴得太紧的愿望。我们不能不与这种现象共处。如果说中立是集中注意国内问题的结果，如提高人民生活水平等——尤其是在不发达的国家——那么我愿意接受它。这也是我们自己一百多年来历史的一部分。”④ 新形势

① Ashabranner, *A Moment in History*, pp. 315-316.

② “Executive Order 1092410924,” *Documentary History of the John F. Kennedy Presidency*, Vol. 8, p. 292.

③ “Summary of Report to the President on the Peace Corps,” *Documentary History of the John F. Kennedy Presidency*, Vol. 8, p. 337.

④ 小阿瑟·M·施莱辛格:《一千天：约翰·菲·肯尼迪在白宫》，第387页。

下，肯尼迪调整了对发展中国家的政策，“在总统的那个盾形徽章上，美国之鹰的右爪抓着一根橄榄枝，左爪则抓着一束箭。我们打算给两者以同样的重视”，[①] 美国对外援助在肯尼迪政府时期达到新的高潮。肯尼迪承诺，“我想让亚洲、非洲和拉丁美洲人民开始注意美国，而不是注意赫鲁晓夫或者中国共产党人，让他们看看我们正在如何处理问题，让他们对美国总统正在做的事情感到惊讶。”[②] 肯尼迪想向全世界证明，不管是发展经济文化还是改善人民生活条件，资本主义制度会比社会主义制度更具有优越性。

和平队是肯尼迪政府时期一项重要的“橄榄枝”政策。肯尼迪总统特别助理小阿瑟·施莱辛格写道，“许多不了解美国情况的人只把这个伟大的国家认为是一个富裕的国家，强大的国家，拥有巨大的物质力量和强大的武器。但是有多少人知道美国的思想和理想也是强有力的?”和平队是向全世界展现美国思想、理想的一种手段，让世界其他国家特别是志愿者所在国家的人民看到完全不一样的美国人，转变他们对美国的看法。国务卿迪安·腊斯克高度肯定了和平队，认为和平队是“一个发光的设想，能有闪闪发光的结果”，它为世界各国提供了一个机会“了解美国的所有”，“如果和平队能让其他国家的人民了解美国的面貌，我们将惊讶地发现在世界上美国将有多少盟友。”[③]

肯尼迪把印度看作是亚洲的“关键地区”。印度成为和平队的一个重要目标，这不仅因为它是发展中国家中的一个大国，还因为肯尼迪“把一个强大和迅速发展的印度看作是遏制中华人民共和国影响的平衡物”。[④] 1958年，时为参议员的肯尼迪谈到，印度选择的是自由民主的发展道路，并获得成功，“如果印度崩溃了，整个亚洲都会失去”。他担心印度一旦加入共

---

① 约翰·肯尼迪：《扭转颓势》，约翰·加德纳编，沙地译，北京：生活·读者·新知三联书店，1976年，第15—23页。

② “Senator Jhon F. Kennedy and Vice President Richard M. Nixon First Joint Radio-Television Boradcast,” available at http：//www.jfklibrary.org/60-1st.htm.

③ “Rusk Praises Peace Corps as ‘a Sparkling Idea’,” *Peace Corps News*, vol. 1, No. 2, July, 1961, p. 4.

④ Elizabeth Cobbs Hoffman, *All You Need is Love: The Peace Corps and the Spirit of 1960s*, Cambridge, Massachusetts: Havard University Press, 1998, p. 156.

产主义世界阵营，会对整个自由世界造成毁灭性的打击。就任总统后，为了扩大美国在发展中国家中的影响力，遏制苏联进一步扩张，肯尼迪加大了对发展中国家的援助力度。肯尼迪认为亚洲冷战战略的关键是印度，他强调“我们不能允许那些自称中立主义的国家投入共产主义怀抱”。美国要使用一切可以使用的手段让印度及其他不结盟国家转向西方。他认为，中印两个亚洲大国正在争夺东方政治经济领导权，这场斗争将影响到亚洲的命运，进而影响整个自由世界与共产主义世界的力量对比情况。肯尼迪强调“我们希望印度在这场与共产党中国的竞赛中获胜，我们希望印度成为自由繁荣的亚洲的一个自由繁荣的领袖”。① 他还提出了自己的看法，“仅仅提供充足的金钱是不够的。我们的态度和谅解同样重要。”不能因为印度奉行中立主义就对它敬而远之，这是不可行的，“我们不要忘记，我们的国家在初创阶段，也曾采取过一种不介入十九世纪重大国家争端的政策。”②参议院罗伯特·汉弗莱也认为，“从各种因素来看——无论是政治的、经济的还是防务的目的——印度都是合乎逻辑的选择。”③

1947年印度脱离英国的殖民统治，宣告独立。新独立的印度面临着一系列复杂问题，其中普遍贫穷是印度核心经济问题。为了尽快恢复和发展经济、改变落后面貌，以尼赫鲁为首的国大党政府采取了一系列措施。在外交方面，尼赫鲁多次强调印度奉行不结盟的外交政策。他认为，“印度可以超然于共产党和非共产党这两个世界的分歧和紧张关系之外。”④ 事实上，印度的不结盟政策，并不是绝对意义上的中立，它有时倾向于美国一方，有时倾向于苏联一方，有时又同时与美苏保持友好。根据国际国内形势的变化，印度外交政策在不断调整，尼赫鲁希望在美国和苏联两大势力集团之间左右

① 沈志华、杨奎松主编：《美国对华情报解密档案（1948—1976）》，第8卷第14编《中国与南亚·导论》，上海：东方出版社中心，2009年，第7—8页。

② 施莱辛格：《一千天：约翰·菲·肯尼迪在白宫》，第402页。

③ Dennis Merrill, "Indo-American Relations, 1947-1950: A Missed Opportunity in Asia," *Diplomatic History*, Nov., 1987, p. 214.

④ 约翰·肯尼思·加尔布雷思：《我们时代的生活》，祁阿红译，南京：江苏人民出版社，1999年，第452页。

逢源，争取最大限度地获得美苏双方的援助，实现印度经济的快速发展。

于是，印度顺理成章成为和平队的重要目标。

二、美印双方围绕和平队的接触与沟通

（一）和平队受援国的选择标准

作为冷战的产物，和平队在受援国选择上也深深打上了冷战的烙印，其基本原则是和平队计划要促进受援国经济、社会和政治的发展而且必须符合美国的长远利益。施莱弗认为选择受援国要审时度势，要特别关注那些美国在其国内政治、经济和社会等方面还不能够发挥重要影响的国家。

1961 年 4 月 1 日，和平队总部印发的资料强调了受援国选择的前提，“这个国家必须支持和平队计划，和平队不会派志愿者到不被欢迎的国家。”① 受援国必须具备以下条件，第一，该国必须邀请和平队。第二，在有限预算的基础之上，和平队会考虑在哪些国家中能更有效并优先考虑每个国家的需求。第三，必须能保障和平队志愿者的安全。②

另外，和平队法案中也归纳了选择受援国的三条标准：

1. 可接受度。受援国对和平队援助的需求与要求。

2. 平衡。能在各地区和各国间均衡分配。

3. 自助。受援国政府能尽自己最大能力与努力，比如进行资源动员、自助以及开展受援国自身发展所需要的内部改革（包括土地改革、税改以及提高教育和社会公平）。③

这三条标准是为了确保和平队计划与美国外交政策的长远目标保持一致，有效地推动美国国家发展目标的实现。不过这些标准并不是绝对的，而是用来决定相对优先的受援国，实际运用过程中也非常灵活。

---

① “Peace Corps Fact Book,” *Documentary History of the John F. Kennedy Presidency*, Vol. 8, p. 322.

② “Peace Corps,” JFKML, available at http: //www. jfklibrary. org/JFK/JFK-in-History/Peace-Corps. aspx.

③ Congressional Record, 87th Congress, First Session, Report No. 706, pp. 15-16.

（二）施莱弗访问印度推销和平队

印度是和平队竭力争取的目标，正因为如此，施莱弗第一次出访的发展中国家就包括印度。1961 年 4 月 22 日至 5 月 21 日，以施莱弗为首的和平队核心成员访问了加纳、尼日利亚、印度、巴基斯坦、缅甸、马来亚、泰国、菲律宾八个发展中国家，向这些国家推销和平队。

4 月 29 日施莱弗等抵达新德里，他们在新德里美国大使馆与驻印度大使约翰·肯尼思·加尔布雷思就和平队进行了交流。交流过程中，出现了许多意见分歧。加尔布雷思不认同“和平队在一个国家开展工作将会有很大的政治影响力”，他认为这种观点简直是“胡说八道”。他说，“大多数（印度）人接触不到新的理念，而且他们抵制外部影响。”加尔布雷思还指出，印度教师资源已经过剩，待业的教师会认为和平队教师志愿者是他们的竞争者；工业也是一个困难的领域，因为私有企业也会认为和平队的援助会对它们构成竞争；印度经济待解决的主要问题是在农业领域。他建议，我们把“最优秀的人”，不管先前是如何培训的，用一年的时间对他们进行农业培训，而不是教他们学印地语。但经济参赞 R·B·史密斯提出，“已经对印度的农业开展了很多调查研究，结果都表明农业并不适合和平队。”他认为，“志愿者不可能在印度农村地区像当地人一样生活。”他建议，“农业合作社将是适合和平队开展工作的合适领域。”不过大家也有达成共识，所有人都认同“和平队不应派遣宗教队伍来印度，这会引起不好的情绪”。①

下午，他们又继续召开会议讨论和平队在印度可以开展的项目。经过长时间讨论，最终达成以下几点共识：

1. 不派宗教团体来印度开展工作；

2. 印度和平队应该集中力量在某一个领域而不是分散到各个领域；工作人员建议，“农业发展、工业发展和医疗卫生领域是最有希望的领域”。

3. “农业支援需要有示范项目。”驻印度工作人员指出，5 年前，日本

① “Report on Visits to Eight Countries by Robert Sargent Shriver, JR., Peace Corps Director,” p. 4, JFKML, available at https://www.jfklibrary.org/Asset-Viewer/Archives/RSSPP-028-010.aspx.

派了4名志愿者来教印度人如何种植水稻。他们花了3年的时间，却没有引起人们的任何兴趣。后来驻印度日本大使租了田地让志愿者种植水稻，现在他们的水稻一年三季，平均每天有38个人排着队来参观他们的工作。他们建议和平队建立家禽示范项目、玉米种植示范项目和奶牛养殖示范项目。

4. 志愿者应有固定的住所，骑自行车在乡村间活动，所以农业学校可能就是最好的住所。

5. 乡村家政机构、家属加工和工具使用也是可以考虑的项目。①

5月3日，施莱弗拜访了尼赫鲁，就是通过这次会谈，尼赫鲁同意了接收和平队来印度开展志愿服务。与尼赫鲁近距离接触之后，施莱弗发现印度领导人对肯尼迪总统怀有十分复杂的感情。一方面，印度方面十分欣赏肯尼迪的年轻有为与个人魅力。肯尼迪呼吁开展海外志愿服务、关心亚非拉的进步，认可印度和其他发展中国家在冷战中的中立立场，他们对此感到很满意，并欢迎"火炬传递到新一代人手里"。另一方面，印度人也关心肯尼迪将火炬如何传递，以及将火炬传递到哪里。这一天，尼赫鲁像往常一样在西服翻领上别了红玫瑰，他对和平队有一种难以掩饰的顾虑。与施莱弗会谈的整个过程，尼赫鲁几乎都在昏昏欲睡。他说：

> 几千年以来，外界一直想进入印度，他们中有些是入侵者，横扫了旁遮普到恒河的大平原。其中很多人留在了印度并最终被同化，剩下的人回到了故乡，留下了一个与他们来之前并无二样的印度。印度对这些陌生人是热情好客的，并相信，印度的文化会继续生存下去，并能有很多东西交给这些新来者。
>
> ……我们很高兴去接受他们中的一些人——约20到25人。但是我希望，当他们离开旁遮普时，如果那里基本上还是原来的面貌，请他们不要感到失望。②

① "Report on Visits to Eight Countries by Robert Sargent Shriver, JR., Peace Corps Director," pp. 4-5, JFKML, available at https://www.jfklibrary.org/Asset-Viewer/Archives/RSSPP-028-010.aspx.

② Harris Wofford, "The Mystique," in Milton Viorst, eds., *Making A Difference: The Peace Corps at Twenty-Five*, New York: Weidenfeild & Nicolson, 1986, p. 35.

话语中带有傲慢，但至少是对和平队被需要的认可。更为重要的一点是，尼赫鲁的同意，对不结盟的发展中国家来说是一种鼓励。

纵观和平队在印度停留的4天时间里，施莱弗所到之处，以其直率、热情和个人魅力给印度地方官员和当地人民留下了深刻印象。他们对和平队的到来基本持欢迎态度，希望和平队能够给印度人民生活带来改变。5月1日，和平队一行飞往印度北部城市昌迪加尔，准备访问旁遮普，印度社区发展与合作部的副部长阿比德·侯赛因是此行的联络员。他们在昌迪加尔首席部长的住处吃过早饭，首席部长希望和平队在农业方面能够给予农民帮助，他说："我希望农民能更合理安排时间，在这里他们要花费1到2个月的时间脱粒谷物，我们必须要找到一种更快的方法。我们与大自然艰难斗争，必须在土地上投入很多，我们这有洪涝、有干旱。我们有想法也有心去做一些努力，但这需要时间让人们改变。"和平队一行途经一个村庄时，村长表示村里农民收入非常低，"农民平均工资为1卢比一天，这要养活一个有着6个孩子的家庭。"在印度的很多农村地区，有很多信用合作社，给农民提供土地购买和土地改良贷款，当地村民认为"这是最重要的举措之一，当他们需要钱时不再需要去找高利贷借款人"。施莱弗等与村长、村民探讨了发展乡村工业的事项，这能够给农民提供额外的收入和工作。施莱弗还参观了印度乡村学校，探讨了和平队教师志愿者应如何开展工作的问题。①

5月8日，飞机在加尔各答停留期间，和平队一行与西孟加拉邦首席部长以及加尔各答议员们进行了会面。首席部长指出，加尔各答地区有5000个贫民区，难民工作非常需要帮助。他说，问题在于要"让人们的思想趋向和平"，在这一点上印度已经尽了最大努力，但是人们没有达到这种精神境界。他也指出了印度在很多领域急需支援：城市规划、公共卫生、干净水源供应以及海水淡化、水源污染、传染病预防与治疗等。②

① "Report on Visits to Eight Countries by Robert Sargent Shriver, Jr., Peace Corps Director," p. 5, JFKML, available at https://www.jfklibrary.org/Asset-Viewer/Archives/RSSPP-028-010.aspx.

② Ibid. p. 6.

印度政府和人民期待和平队能在上述领域提供帮助，带来改变，但值得注意的一点是，印度还是一个文明古国，“向这样一个有着悠久历史与文化的国家派遣和平队将会面对很多印度人的民族自豪感和精神优越感”。[①]上到印度政府领导人，下至普通印度人民都表现出了一种强烈的文化优越感。尼赫鲁曾说，“我确信，年轻的美国人在这个国家可以学到很多东西，这对他们是一个很重要的经历。”[②] 施莱弗一行从印度昌迪加尔乘车前往卢迪亚纳，途中在一个小乡村短暂停留。当地村长表示会十分欢迎和平队志愿者前来开展工作，并用一种略带优越的姿态表示，“如果和平队志愿者来这里的话，我们会欢迎他。不管我们的条件多么简陋，我们将与他们共同分享。”[③]

当然，印度方面对志愿者也心存疑虑。他们怀疑志愿者的动机，也担心志愿者是否有足够的能力。一位印度官员对施莱弗说，“我们非常高兴你们从美国远道而来帮助一个科技落后的国家。我们这里的乡村跟美国完全不一样，这里一个乡村人口能达到 1 万人，房屋杂乱地集中在一起。”他们担心年轻的美国人不能适应印度农村地区艰苦的生活。《印度时报》上一篇文章反映了印度人民对养尊处优的美国年轻人能否适应印度当地艰苦的生活持有的质疑：“美国的小伙和娇嫩的大姑娘，在有空调维持恒温的房子里长大，对残酷的大自然知之甚少，他们能够承受印度夏天的炎炎烈日吗？而且，如果他们进入印度的村庄，能够在繁星点点的天空笼罩下的床上或茅草屋里睡着吗？”[④] 印度的一位传奇女性，与圣雄甘地关系十分密切，施莱弗出访印度期间，她坐了三天三夜的火车赶到新德里见施莱弗。她问施莱弗：“你们的革命是第一次革命，你认为美国年轻人能够把这种革命精神

---

① 刘国柱：《美国文化的新边疆：冷战时期的和平队研究》，北京：中国社会科学出版社，2005 年，第 135 页。

② Harris Wofford, "The Mystique," in Milton Viorst, eds., *Making A Difference: The Peace Corps at Twenty-Five*, p. 35.

③ "Statement of Robert Sargent Shriver, Jr., Director of the Peace Corps, in Chicago, Illinois, May 17, 1961," *Document History of the John F. Kennedy Presidency*, Vol. 8, p. 399.

④ 转引自刘国柱：《美国文化的新边疆：冷战时期的和平队研究》，第 137 页。

价值观念带到我们的国家吗？有一种特别珍贵的东西正在全世界传播，也在印度传播。你们的和平队志愿者不能只仅仅传播科学和技术，还应有别的东西。他们必须具有美国理想主义气质，并且把它传播给我们。他们能够做到吗？”①

5月4日，施莱弗拜访了印度财政部长、社区发展与合作部长以及国防部长，进一步商讨和平队的具体事项。当天他在新德里召开了记者招待会：

> 在过去的四天，和平队代表和印度政府就和平队活动进行了探讨。这些谈话秉着合作的精神，进展非常和谐……
>
> 应尼赫鲁总理的邀请，我们来到了印度。周二，总理在他办公室接待了我。在一个小时的交流过程，他表达了对和平队理念的支持并鼓励我们探索一个特殊拥有适当官员的和平队项目。
>
> 我非常感谢尼赫鲁总理能够抽出时间进行交流。总理先生对和平队理念的回应也让我大受鼓舞。……经协商，一支和平队代表队将会留在印度，制订出一个具体的和平队试验项目计划。这一次印度之行，我们非常值得也很满意。我们要对印度政府的帮助和支持表示感谢……
>
> 我相信，这些会谈的结果会让美国和印度人民都受益。我希望和平队志愿者来到印度之后，能对印度技术发展做出重要贡献。我知道来到印度的志愿者们会从在印度这一伟大文化的经历和知识中收货很多。我相信随着美国和印度年轻人之间个人友谊的发展会推动世界和平事业前进。②

结束出访回到美国后，施莱弗非常乐观，他对这次八国之行进行了经验总结。17日，施莱弗在芝加哥发表了重要讲话。他说，“我们访问的每一

① Sargent Shriver, "The Vision," in Milton Viorst, *Making A Difference: The Peace Corps at Twenty-Five*, p. 18.

② "Statement of Sargent Shriver, Peace Corps Director at His Press conference," JFKML, available at https: //www. jfklibrary. org/Asset-Viewer/Archives/RSSPP-028-010. aspx.

个国家都需要并欢迎和平队。”上至印度总理尼赫鲁、加纳总统恩克鲁玛等各国领导人，下至各国的普通人民。“和平队为大量美国人提供了一个和平报效祖国的重要且有益的机会，能对其自身教育、职业和人的发展带来好处。”①

施莱弗也意识到，和平队在各国的工作与任务是艰巨的，同时还必须做好准备应对共产主义宣传者以及不了解情况的民族主义者的抨击。出访期间，有一国报纸大肆宣扬，“让施莱弗和他的和平游击队”滚出这个国家。也有官员当面质疑，“你真的相信美国和平队志愿者能够比得上中国共产党吗？中国共产党来到这里在技术工人问题上对我们进行了支援。你认为这些刚从大学毕业的年轻美国人有勇气和决心与小村镇居民一起生活吗？”施莱弗强调，“共产主义提出了极权主义的解决方法。我们必须向世界上发展中国家的人民示范，民主的方式才是最终解决他们问题的最成功的方法。为了和平队，我们必须要比20世纪两次世界大战期间还付出更大的努力。仅这种努力就会使和平队在世界眼中更具有意义。”②

（三）美印签订和平队协议

1961年冬天，26名和平队志愿者被派往了印度旁遮普省，这是第一批抵印的和平队志愿者。12月20日和平队志愿者乘坐的飞机降落在加尔各答。从机场到市中心的途中，志愿者看到了许多印度人民站在街道两侧，他们不敢相信这是在迎接他们，事实上确实不是。一位志愿者说，“后来我们得知，苏联元首在我们之后到达了加尔各答。不过至少，没有人大喊着‘美国佬滚回去！’”③ 20日当晚，志愿者乘坐火车，经历25个小时车程到达新德里。在加尔布雷思及其妻子的陪同下，志愿者动身前往他们即将开展志愿服务工作的旁遮普省卢迪亚纳市，并在这里得到了印度政府官员的

① “Statement of Robert Sargent Shriver, Jr., Director of the Peace Corps, in Chicago, Illinois, May 17, 1961,” *Document History of the John F. Kennedy Presidency*, vol. 8, p. 398.

② Ibid., pp. 398-400.

③ “India,” *The Volunteer*, April, 1962, p. 4.《志愿者》是由和平队华盛顿总部发行的公开宣传刊物，其文章来源主要是和平队志愿者投稿。

接见，包括旁遮普省省长等，他们听取了更进一步的当地情况介绍。

第一批印度和平队志愿者共 26 人，包括 24 个单身男士和一对夫妇。志愿者在卢迪亚纳市进行了三周培训与情况了解之后被分成了 6 组：4 个往北去了巴塔拉市，4 个去了昌迪加尔市（当时为省会城市），2 个去了康纳，2 个往南去了纳巴，3 个往南去了罗塔克，其余 9 个留在了卢迪亚纳。每个志愿者的工作也并不相同：一些是在教书，另外一些是在农村从事盖房、小工业、乳品业、家禽业、农业机械、扩建工作或农场管理。这些志愿者在为印度在不同领域的发展与进步做出了努力，其中有 2 名志愿者负责家禽养殖培训，学员人数曾一度达到了 200 名，而这些学员反过来每人又能前往 8—10 个村庄传授家禽养殖技术。有 7 名志愿者教授一些特殊的非正式课程，比如钣金加工、英语、焊接、车间管理等。有 5 名志愿者下班后播放教育和休闲影片，观众人数有 500—1000 人。1 名志愿者为提高当地花生的榨油率和安全性做出了贡献。①

正因为如此，印度人民对和平队志愿者的到来表示欢迎，志愿者说，“不管是大城市里的印度人民，还是小乡村里的农民，他们都非常热情好客、对我们充满兴趣，十分友好，这让我们感觉非常棒。能和旁遮普人民一起工作、一起生活，我们感到非常荣幸。我们也意识到：相比我们所做的，我们能从这里人民身上学到更多的东西。”② “和平队是美国援助印度的最近的方式，它构成了美国援助印度最小的一部分。但是我们相信和平队有望成为最有价值的对印援助。”③

1962 年 9 月，第二批和平队志愿者抵达印度，总共有 49 人。

1962 年 11 月 13 日美国驻印大使加尔布雷思给印度政府的信件中，探讨了美印双方达成一项和平队协议的事项，内容如下：

---

① 以上数据来源为 1st Annual Peace Corps Report 及 “India,” *The Volunteer*, April, 1962, p. 4。另，国会要求和平队每一个财政年度至少向国会提交一份年度情况报告，本文所有的年度报告均来源于和平队在线网站，网址为：http：//peacecorpslibrary. org/。

② “India,” *The Volunteer*, April, 1962, p. 4.

③ “India's Punjab Poultry Pundits Give a Boost to Production,” *The Volunteer*, Feburuary, 1963, pp. 10-11.

应贵国政府的请求，美国和平队青年男女志愿者派到印度生活，并在一些两国政府互相同意且能促进两国相互理解的技术项目以及当下其他项目中开展工作。最近两国政府代表就两国间适当的和平队协议进行了交流，我很荣幸能告知您交流的结果。

第一，印度政府应给和平队志愿者个人及其财产提供公正的待遇，同时在必要的时候提供足够的援助与保护。印度政府同意，美国通过直接或间接方式支付给志愿者的生活费用以及其他支出，免除印度所得税。和平队志愿者的其他收入比如缴纳给美国政府的所得税及社保税等也应免除印度所得税。总之，除了存储费、交通费以及个人行李、使用个人和家庭服务产生的相似费用以外，印度政府应同意和平队志愿者免除进口条例、关税、税收及相关费用。

第二，印度政府接受一名和平队代表、一名副代表以及其他美印双方政府认为必要的人员到印，使和平队计划和项目能履行职责。印度政府应给和平队代表、副代表以及其他人员提供同等级别大使的待遇，按大使的要求支付个人所得税、关税以及其他费用。

第三，美国政府提供或出资的、用于和平队计划和项目的经费、器材、原料、供给等应免除税收，投资或存款要求、货币管理、关税以及其他费用。器材、原料和进口供给的处理视印度政府制定的规则而定。

第四，美印政府双方代表会根据需要，不时制订印度和平队计划新的协议，对该协议进行补充。

最后，如果印度政府认为以上协议内容可以接受，我提议以上内容和阁下的答复构成两国政府之间的一项协议。该协议应被视为在1961年12月20日就生效，即第一批印度和平队志愿者到达的时间，任一方政府书面形式终止该协议后的90天仍继续保持有效。

1962年11月21日，印度方回复了加尔布雷思的信件，主要内容如下：

……印度政府同意您在第287号照会中的提议。而且，我同意您在照会中提出的将照会内容以及该回复构成两国政府的一项协议，并于1961年12月20日生效，任一方政府以书面形式终止协议后的90天仍继续保持有效。①

至此，美国和印度双方政府正式签订了和平队协议。

三、美国和平队在印度

（一）和平队的运转模式

和平队由华盛顿总部和各受援国和平队构成。

在总部，和平队分为5个职能部门和6个参谋部门，其中5个职能部门主要负责和平队的整体运作，每个职能部门均由一名和平队副队长领导。总部的核心部门是项目发展与运行部，主要负责受援国和平队项目的开发与运行。项目开发的重要原则是，受援国提出请求在前，项目开发在后。鉴于第三世界国家提出的请求数量很多，但和平队能派遣的志愿者数量有限，所以和平队必须对每个国家的每一请求都慎重考虑。为此，和平队制定了详细的标准，作为项目选择的指导方针，指导方针强调，“为了促进与受援国的友谊和相互了解，同时也为了让工作能顺利开展，每一条标准都应予以考虑。另外我们应该记住，通过和平队的项目，要让受援国既能获益也能提供支持。和平队项目也要对美国、美国人民以及美国制度的长远利益有价值。”②

---

① “Exchange of Notes Constituting An Agreement between the Government of India and the Government of the United States of America Relating to Peace Corps Programme,” available at http：//mea. gov. in/bilateral-documents. htm? dtl /7176/exchange+of+notes+regarding+peace+corps+programme.

② Roy Hoopes, *The Complete Peace Corps Guide*, p. 91.

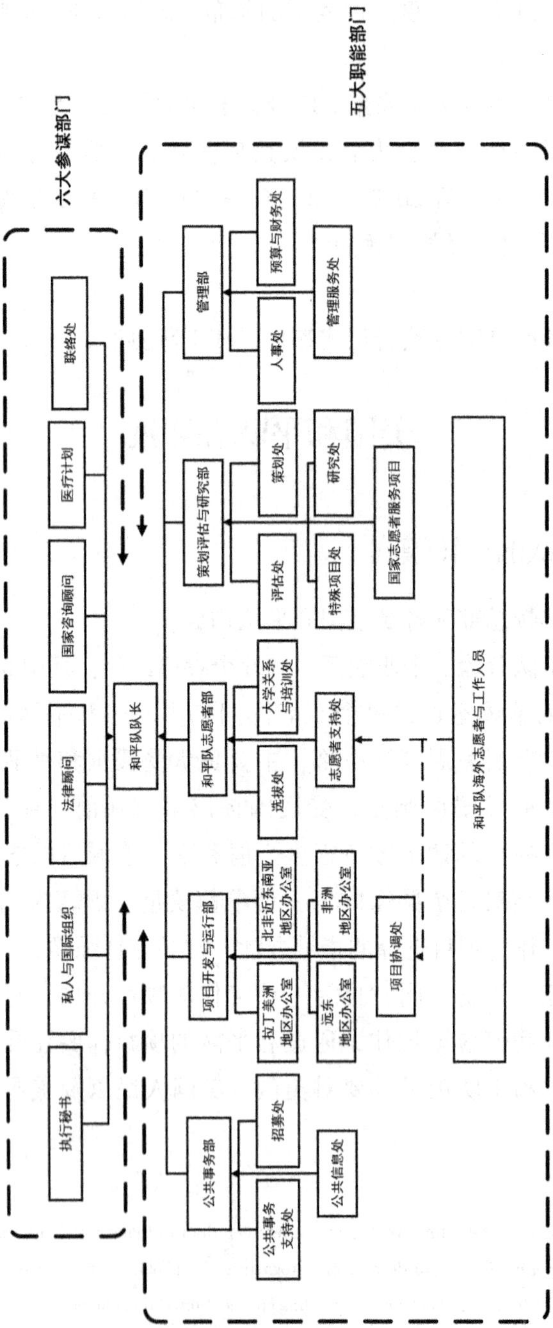
六大参谋部门
五大职能部门
联络处
医疗计划
国家咨询顾问
法律顾问
私人与国际组织
执行秘书
和平队队长
管理部
预算与财务处
人事处
管理服务处
策划评估与研究部
策划处
评估处
研究处
特殊项目处
国家志愿者服务项目
和平队志愿者部
大学关系与培训处
选拔处
志愿者支持处
项目开发与运行部
北非近东南亚地区办公室
拉丁美洲地区办公室
非洲地区办公室
远东地区办公室
项目协调处
和平队海外志愿者与工作人员
公共事务部
招募处
公共事务支持处
公共信息处

和平队组织结构图

在各受援国，和平队设有和平队代表，对受援国和平队的运行进行监督。和平队代表的主要工作是充当志愿者与受援国政府之间的联络员、关注志愿者的医疗卫生状况、与驻受援国美国大使馆经常保持联系以便时刻掌握受援国与美国之间的外交形势。

以下是指导和平队项目选择的标准：

1. 需求和利益。项目必须能够促进受援国经济、社会或政治的发展，而且受援国政府必须已经提出了对该项目的请求。

2. 与美国外交政策的关系。项目必须与美国的外交政策是一致的。但是为了能够对美国外交政策做出最大的贡献，项目需要始终保持着和平队的独特角色和独立身份。

3. 工作类型。项目主要需要“工人”和“实干家”，这不同于顾问，他们要具备受援国缺乏的技术。

4. 人事政策。必须根据和平队的志愿者人事政策，给志愿者提供生活费用、监督以及酬劳。

5. 健康与医疗。项目必须能够提供有助于保持身体健康的工作和生活条件。工作地点也必须能够保证志愿者全年都能获得医疗保健。

以上五点是项目的必备条件，除了这几条外，还有一些弹性标准。弹性标准可以用于项目发展的指南或是在多个竞争项目提议中决定优先次序。

6. 凝聚力。部分项目使用几个志愿者开展若干无关联的工作，和平队应该避免开展此类项目。一个项目至少需要包含 10 名志愿者，尽管对每个志愿者会提出不同的技术要求，但他们是共同致力于一个单一的、主要的、明确的目标。共同的目标或是共同的工作地点，能让志愿者团结，形成凝聚力。

7. 影响。和平队项目应对受援国或对志愿者从事行业的发展有明显的促进作用。这一条标准能让和平队产生明显的效果，同时提高受援国人民的主动性，进行自助以及对本国人民就志愿者所从事的工作进行培训。

8. 规模。为了能更经济有效地培训和管理，受援国的首个和平队项目应该至少包含 30—40 名志愿者。

9. 技术要求与灵活性。项目不应该特别要求高技术人才和专门人才。

应该鼓励使用能在每个一般领域里都能有用武之地的灵活人才。在规划和商议项目过程中，最低和最高的要求都需要尽可能满足。

10. 受援国的支持与参与。和平队开展的项目应该最大限度地与志愿者、与受援国人民、与受援国社会接触。因此鼓励受援国政府和机构为和平队项目出力，受援国应该参与到和平队工作，或者接受培训最终接管和平队志愿者的工作。

11. 自立。只有当政府请求的项目有当地领导层的支持，和平队才可以在该地区开展志愿服务。

12. 对地方就业的影响。和平队志愿者的到来不能导致受援国人民失业、就业机会减少。

13. 可行性研究。项目选择时需要考虑是否能够给受援国提供足够具备技术的志愿者，是否能够提供给志愿者提供适当的工作、生活和医疗卫生条件。

14. 资金投入。开展工作任务过程中需要的物品开支总和（比如工具、装备以及其他非后勤支持的物品）每名志愿者不能超过1000美元。

15. 管理模式。和平队政策优先考虑与私人志愿机构或大学合作来进行项目管理。在合作中，和平队能从民间机构那里学到很多。毕竟，早在和平队创建之前，这些机构中大多数都有向海外派遣志愿者的丰富经验。反过来，和平队同样能推动这些机构的发展。①

美国希望利用其在经济、技术和文化上的整体优势，以输出和平队志愿者的形式，对发展中国家提供中等人力资源进行援助。这样一来，美国能使发展中国家和地区都认识到，“能够帮助它们获得稳定和发展的，不是苏联和中国，而是美国。”②《丑陋的美国人》的作者，是长期泡在东南亚实地采访的两名美国记者，他们对美国的对外援助有着更切身的认识与分析。他们认为亚洲各国最急需的项目与和平队项目不谋而合，“这些项目不仅可以使我们少花钱、多交友，而且也是亚洲工业化和经济独立的前提条件。

① Roy Hoopes, *The Complete Peace Corps Guide*, pp. 91-93.

② John F. Kennedy, “The Economic Gap,” in *The Strategy of Peace*, p. 64.

我们必须让它们付诸实现，共产主义才会失去它的号召力。”① 综合以上标准不难发现，和平队项目始终围绕美国对外政策的需要。

独立之初的印度是一个农业国，工业比重非常小，而且主要都是轻工业。印度的国民经济基础相当薄弱，国内市场狭窄，人民的生活水平低。摆在印度面前的当务之急是发展工业和农业，提高人民健康、卫生和教育水平。

（二）和平队在印度的教学项目

1. 教学工作的重要性

在新独立的发展中国家，教育是经济和政治独立的关键，这些国家迫切需要教师。教学是一个“自然而然的项目”②。和平队策划与评估部主管哈里斯·沃福德认为，“教学是和平队最重要的职能”。肯尼迪早期的一名幕僚也建议，“和平队应全身心致力于教学工作”。③

对受援国来说，和平队教学项目能带来现代教学方式。大多数发展中国家因长期被殖民统治，学校教学存在严重问题：填鸭式教学普遍存在，旧的教育理念与模式残留；学生严格听从教科书的僵化教导，不允许做超出课本做任何事情。坦桑尼亚总统朱利叶斯·尼雷尔认为，“教师把国家现有问题的答案提供给学生，这样是没有用的。等到学生长大成人，这些问题都已经成为过去，问题早已变了。”④ 和尼雷尔一样，多数发展中国家希望和平队的教学项目能够教人民学会自己解决问题。

对和平队来说，教学是最理想的志愿者工作。这项计划为志愿者提供了一个有组织、责任明确的工作，非常适合刚毕业的大学生们。另外非常重要的一点是，“教学计划能让和平队有一个迅速而关键的开始”。⑤

对和平队志愿者来说，和平队教学项目能让大学生走出象牙塔，去实

① W·莱德勒、E·伯迪克：《丑陋的美国人》，第 272 页。

② Gerald T. Rice, *The Bold Experiment*, p. 179.

③ Roy Hoopes, *The Complete Peace Corps Guide*, pp. 103-104.

④ Gerald T. Rice, *The Bold Experiment*, p. 180.

⑤ Ashabranner, *A Moment in History*, p. 102.

践而不是只坐在教室里听课。“两年海外志愿服务能让他们获得更多经历、承担更多责任，面临更大的个人压力。”① 另外，教师志愿者在空闲时间，能积极参到学校的课外活动中。

和平队的第一年，约65%的志愿者是课堂教师，这为以后对教学项目的重视奠定了基调。随着其他项目计划的开展，教师所占比例在接下来的几年里有所下降。但到1963年，仍有近4000名志愿者在受援国从事教学工作，占到志愿者总数的约60%。截至1970年，教师仍然是单个工作类别中人数最多的。②

总的来说，和平队教学项目比较成功，正如发展经济学家巴巴拉·杰克逊所说，“和平队向发展中国家提供了现代化所必需的大量教师，这是非常有价值的。”③ 发展中国家需要的教师志愿者数量越来越多，不过教学项目的影响并不能立马见效。菲律宾的一名和平队志愿者老师卡罗尔·伯恩说：“我们在这里所做事情的重要性并不能用相机体现出来。其他项目的志愿者能够用相机把他们设计的桥梁，他们帮助修建的道路或者是他们建设的公共厕所拍摄成照片，但是谁能够把孩子们的思想用相机拍摄出来?”④

2. 和平队志愿者在印度的教学工作

教学工作一直是和平队在印度工作的重要部分。查理·休斯顿和布伦特·阿沙布兰纳是和平队在印度的第一任代表和副代表，他们到达印度后开展的第一项计划便是向当地提供中学英语教师、科学教师和数学教师。格特鲁德·贝克尔是印度勒克瑙地区的一名和平队教师志愿者，他曾写过这么一段话：“我常常自问，作为一名和平队志愿者，我做了什么有意义、有帮助的事情？我没有建过鸡舍，没有帮忙改良过牛的品种，没有做过任何贡献帮助人们摆脱饥饿，这些事情我都不会做，但我能教学。”⑤ 和平队

---

① Sargent Shriver, *Point of the Lance*, New York: Harper & Row, Publishers, 1964, p. 193.

② 以上数据来源分别为：Brent Ashabranner, *A Moment in History*, p. 101; Gerald T. Rice, *The Bold Experiment*, p. 180。

③ Barbara Ward Jackson, “Foreign Aid: Strategy or Stop-Gap,” *Foreign Affairs*, October 1962.

④ Roy Hoopes, *The Complete Peace Corps Guide*, p. 104.

⑤ “Teaching in India,” *The Volunteer*, Vol. 1, No. 10, August, 1963, p. 9.

教师志愿者与印度人民紧密接触，让人们“看到美国人的爱心，了解美国的价值观念和理想，让世界了解美国强大的秘密”。①

英语教学是和平队最大的教学项目，特别是在英国曾经的殖民地。在这些国家和地区，英语是教学用语、官方语言和发展语言。这些国家相信，“了解工业世界里最主要的语言，是使得本国完全融入世界经济的关键，同时也能翻译一些技术信息。”② 而母语为英语的和平队志愿者具备英语教学得天独厚的优势条件。印度在独立之前是英国的殖民地，英语是印度的官方语言。和平队到达印度之后，一些志愿者开始投身于英语教学工作，不过规模自始至终都比较小。印度独立之后，虽然英语仍是印度的“绑定语言”，但是印度政府在国内面临着严重的语言政治问题。国内划分为两大阵营，一是人数众多的印地语阵营，他们要求母语要有完全平等地位，另一阵营是使用人数相对少的语言阵营。在某种程度上，英语卷入到这场冲突当中。印度政府并不希望因为引入了数量过多的和平队英语教师而导致印度国内的政治问题恶化。

历史教学，特别是美国史与世界史，是和平队在印度教学项目的另一项重要内容。让发展中国家人民了解美国人民、了解美国，这也是和平队的三大目标之一。给学生讲述历史，是让他们正确认识美国的一个有效方式。例如，诺曼·德兰尼是和平队的一名教师，他在 1958 年获得美国杜克大学历史与社会学博士学位。加入和平队之前，他是一位大学历史讲师；加入和平队之后，他被派到印度奥斯马尼亚大学艺术与商业学院任教，为硕士研究生开设了美国史选修课，课程内容主要为以下专题：哥伦布发现新大陆、英法七年战争及其对美国和印度的影响、波士顿倾茶事件、梭罗与消极抵抗、林肯与《独立宣言》等。他通过这些课寻找历史事件之间的关联以及美印两国人民的个性，鼓励学生“思考、提问、评价”。③

志愿者在印度教授科学、数学等其他科目，也有部分志愿者在印度开展技术教学工作。罗伯特·石川，1959 年毕业于斯坦福大学，获得地理学

① Sargent Shriver, *Point of the Lance*, p. 221.

② Gerald T. Rice, *The Bold Experiment*, pp. 182–183.

③ Norman Delaney, “Learning is Luxury Ill-Afoorded,” *The Volunteer*, April, 1964, pp. 17–18.

理学学士学位。毕业后他在伯克利的加利福尼亚大学学了一年微古生物学，同时又在奥克兰的加利福尼亚工艺美术学院学习版画。在加入和平队之前，他是华盛顿大学的一名助教，做海洋地质研究。1962 年 10 月，他到达印度，在印度旁遮普地区帮助当地织工进行设计并提供技术指导，并在当地一所大学承担了一门大三年级古生物学课程的教学。为了深入了解印度的教育现状，他在正式给学生上课之前旁听了一段时间的课。他后来表示，“第一堂课我非常震惊。第一个十分钟，讲师概括总结了一组化石，接下来的半个小时用来给整个班逐字逐句地听写笔记……这是班上同学要求的，而且一些同学课后还会借他的笔记去复印。”印度大部分学生习惯了灌输式教育，加上印度教育经费有限，导致教科书严重缺乏，更是加剧了填鸭式教育。罗伯特拒绝给学生听写任何笔记，而是在每堂课开始的时候发给学生一套油印的笔记，鼓励学生走出课本。[①]

许多和平队志愿者除了完成中学教学任务，还帮助帮助建立地方图书馆、示范公园、手工艺合作社以及成年读写能力课程。这些额外项目往往是基于志愿者个人的兴趣爱好或者是特殊技能，能够帮助和平队在课堂之外建立一个社会关系网络。也有一些志愿者会受邀去学校演讲，在晚上为印度人民放映电影等，丰富印度人民的生活。志愿者的演讲主题通常是介绍美国的生活、教育以及民权等，以改变印度人民对美国人和美国社会的基本看法或印象。

3. 教学工作的成效

和平队教学项目在各受援国面临种种考验与挫折，其中的原因主要有以下几种情况：一些学校的校长对整个和平队计划原本就并不看好，或者是对派到他学校里的志愿者没有信心，以至于安排尽可能少的工作给志愿者。有时，可能只因为一些学校空出了一间房，于是志愿者便被派过去。然而这些学校的教师原本就已经供大于求，这就导致这部分志愿者未能够充分就业。还有的情况是，比如校长需要一名生物老师，而和平队可能这

① Robert Ishikawa, “Very Poor Americans,” *The Volunteer*, April, 1964, p. 10.

时只有英语老师。[1]

面对这些挫折，和平队内部关于是否应该开展教学项目进行了一次严肃的政策辩论。一些评估报告提出争议，认为“对第三世界国家的儿童来说，正规教育是没有意义的。大部分学生在毕业之前都会辍学，他们回到农村，努力靠土地生活”。简言之，批判者提出质疑，“教学项目是否有足够的发展影响力，以生产更多商品和服务来提高一个国家的国民生产总值”。施莱弗是和平队教学项目的有力拥护者，他认为，“识字率高的国家经济发展速度更快，教育有助于提高工农业产量，并与医疗与营养的改善紧密相关。”他坚信，“知识是最有力的生产动力。”而且，教学项目最适合用来帮助和平队实现其人对人的目标。[2]

总的来说，印度和平队教学项目是成功的。派去的印度志愿者教师通常是在当地教师不愿意去的乡村学校上课，因此能够让政府创办更多的新学校，提高了边远地区的入学率。由志愿者指导的科学教师补习班是和平队史上最出色的教育计划之一。借助美国援外合作署的力量，印度和平队开展了一项相对有效的教学工作。他们在教师培训学校讲授营养学、健康学等内容。志愿者为此要跑好多学校，差不多每个月，他们都要打包行李和教学设备，乘坐汽车或其他交通工具从所在的学校前往下一个学校，这些教师志愿者称自己为“和平队流浪者”。[3] 这项计划对印度许多教师产生了巨大影响，有利于印度教育资源最终自力更生。

（三）和平队在印度的家禽养殖项目

1. 无技能志愿者有了用武之地

到印度的前三批和平队志愿者中拥有技术背景的比例很高，他们掌握的技术与其在印度开展的工作是匹配的。随着和平队进入越来越多的发展中国家，有技术的志愿者变得越来越紧缺。印度和平队与其他受援国和平

① Ashabranner, *A Moment in History*, p. 111.

② Gerald T. Rice, *The Bold Experiment*, pp. 181-182.

③ Ashabranner, *A Moment in History*, p. 202.

队都面临一个问题：最开始到达当地的有技术、有经验的志愿者们已经疲软，然而新的有技术、有经验的志愿者本身数量有限，再加上要与越来越多的受援国共同分配，于是最终能被派过来的有技术的志愿者就更少了。

拥有畜牧学学位的志愿者约翰·瑞德在印度卡纳塔克地区开展志愿服务，在他的帮助下，“卡纳塔克村庄的命运由此发生了重大变化。”瑞德两年的志愿服务期将满，卡纳塔克学校以学校名义给查理·休斯顿寄了一封联名信，表达了对瑞德的感谢，同时希望和平队能够再派遣新的有技术的志愿者到当地继续进行支援：

> ……我们非常需要更多像约翰先生这样的人。我们也做好了准备尽可能地去帮助他。所以我们请求延长约翰先生的在卡纳塔克的服务期限，让他在这里多待一段时间，这样他就能给我们更好的帮助。如果不能延长，就请求您从和平队中找一位像瑞德先生这样优秀的人来代替他的工作。
>
> 卡纳塔克学校的英语水平仍有待提高，和平队的援助是非常必要的。此外，在高中、幼儿园、医院、交通设施以及农业系统中都需要援助。我们相信您和和平队能够解决这些问题。①

然而，这时印度和平队志愿者中像约翰这样有技术的志愿者已非常稀缺。派到印度的和平队志愿者大都是文科学士，他们几乎没有任何技术或技能。查理·休斯顿与布伦特·阿沙布兰纳及其他印度和平队同事在筹备委员会上多次探讨了这类志愿者在印度适合开展什么工作，最终将目光锁定在家禽饲养项目上。

1961 年 12 月，第一批印度和平队志愿者中就有人帮助旁遮普地区进行家禽养殖。1962 年 9 月，第二批和平队志愿者中也有人帮助特莱地区进行家禽养殖。旁遮普和特莱地区的家禽业因此都有很大发展，家禽养殖志愿者受到印度人民的热烈欢迎。更重要的是，家禽养殖并不需要太多的技术，

① 3rd Annual Peace Corps report, pp. 29-31.

非常适合文科学士志愿者，许多从未从事过家禽工作也能在这项事业上获得成功。于是，大批将要派往印度的和平队志愿者在加利福尼亚大学戴维斯农业俱乐部接受为期三个月的系统培训。除了语言、文化学习，他们主要集中学习在印度开办和运营小型鸡舍的基本知识。接受培训的志愿者大多是典型的文科学士毕业生，主修历史、政治科学、新闻学以及心理学等，甚至有一些具有艺术和音乐教育背景。

2. **志愿者主要工作**

到达印度之后，和平队志愿者给当地家禽饲养业带来了改变。

（1）用分开饲养公鸡、母鸡取代混合散养。在一个相对小的鸡舍喂养100到200只鸡，产蛋量会提高，疾病会减少，被其他动物掠食时损失也会减少。

（2）"厚褥草封闭饲养法"。修建小面积鸡舍，在地面上铺一层8到12英寸厚的稻草或稻壳，每4到6个月清扫更换一次。首先，稻草、稻壳里含有鸡需要的维生素，能有效促进鸡的生长发育。其次，稻壳很充足，这在印度容易获得而且几乎不需要花费。最后，清理掉的铺垫物最终可以作为土地最好的肥料。印度传统养鸡模式，鸡需要自己觅食，并且时刻受到疾病、鹰和猫鼬的威胁，厚褥草封闭饲养法"不仅能够有效地对家禽进行给料控制和卫生防疫控制，同时能够最有效地保护家禽免受捕食者的威胁"，[①]而且它成本低，不费力，还能有效提高母鸡产蛋率。

（3）严格的卫生管理。农户只有清洁完鞋子和手之后才能进入鸡舍。鸡接种了疾病疫苗，一旦鸡舍中有鸡出现了疾病迹象，整个鸡群都会进行药物治疗。

（4）饲料。志愿者大量采购饲料和药品原材料，并搭配鸡饲料，按成本价出售给养鸡的农户。1964—1965年，印度大部分地区季风降水量少，甚至在一些地区没有降水。这一时期，喂鸡的粮食少且贵，商人们趁机囤积居奇。在美国国际开发署畜牧专家的帮助下，和平队配置了新的饲料配方，大量减少了粮食投入。志愿者还从国际开发署获得了1500卢比的津贴

① Ashabranner, *A Moment in History*, p. 127.

投入到饲料企业。志愿者将饲料有偿卖给养鸡户，将所得的钱再投入饲料生产，为更多养鸡户提供饲料。志愿者出售饲料并非是出于盈利的目的，在旁遮普地区负责鸡饲料生产的志愿者肖恩·多尔蒂表示，“希望当地农民能够接手饲料业，并创办一个饲料合作社”。①

（5）家禽饲养业衍生出其他产业。一些志愿者帮助农民组织成立了饲料购买合作社、混合合作社以及青年俱乐部。在孟买和新德里，志愿者开办了鸡蛋销售商店，并提供送货上门和餐馆提送业务。

（6）编写家禽养殖指导手册。志愿者比尔·多诺万、肖恩·多尔蒂为了帮助更多印度农民创建自己的家禽项目，他们整合资源，用旁遮普当地语言写了一本鸡养殖手册，一共印刷了1000册，每册低于1分钱。这本手册获得了成功，于是启发他们为后来的志愿者编写了英文版，用于指导其他没有家禽养殖经验的志愿者在印度开展家禽养殖工作。

3. 志愿者在印度面临的问题

开展家禽养殖工作的和平队志愿者们也面临一系列困境与难题。在志愿者编写的英文版指导手册前言中，详细列出了他们在家禽养殖过程中出现过的问题：

> （1）没有合适的雏鸡。
> （2）无可避免的社会偏见，家禽业是低级的。
> （3）盗窃是一个很严重的问题。
> （4）优质的家禽饲料无法得到供应。
> （5）当地人们不买公鸡，即便买也没有好价钱。
> （6）没有鲜鸡蛋市场。
> （7）没有专门人才。
> （8）当地人没有钱。
> （9）负责人拒绝考虑家禽业，拒绝预定。
> （10）没有贮藏仓库。

① Ashabranner, *A Moment in History*, p. 128.

（11）疾病随时可能让一切功亏一篑。

（12）历史上禽类没有经济效益。①

为了克服这些困难，志愿者深入了解印度家禽养殖的现状，并进行了多种尝试。例如，印度并没有稳定的鲜鸡蛋市场，一方面是因为印度教禁止信徒杀害任何形式的生命，这使得成千上万的印度教信徒虽买得起鸡蛋却从来不吃鸡蛋；另一方面印度人民普遍认为，鸡蛋是一种热食物，会使体温升高，所以热天气里，非印度教的印度人民也不吃鸡蛋。志愿者深感担忧，在几乎终年高温的印度，鸡蛋消费量持续走低会导致养鸡户以及禽蛋产业破产。

为了解决印度鸡蛋市场问题，志愿者一方面在大城市建立"鸡蛋营销体系"，另一方面在民众间开展科学教育宣传未受精的鸡蛋是没有生命的。封闭饲养下，鸡蛋都是未受精的，于是志愿者还给这些鸡蛋创造了一个新的名称"素食蛋"。一些饭店和商店也开始用这个名称进行宣传"素食蛋"既大又干净，而且经过仔细装箱包装，逐渐为印度人民所接受。很快这种鸡蛋在印度一些地区又有了新的名称，即"和平队蛋"。这个名称是由印度人民创造的。②

志愿者还解决了人们对鸡蛋是热食物的误解。他们推断：热天气里不能食用鸡蛋的观点源自古代。古时候，热天气里鸡蛋变质很普遍，变质鸡蛋容易引发疾病。志愿者让养鸡户在阴凉处存放鸡蛋，并在商店搭建临时冷藏室，同时确保先卖陈蛋，以保证鸡蛋新鲜。

具体有多少印度人被"素食蛋"理念或"新鲜鸡蛋"的保证所说服无从考证，但在季风来临前的酷热时期，仍有鸡蛋销售出去，甚至在部分大城市还出现了鸡蛋供不应求的现象。

不过，和平队志愿者并没能顺利解决家禽饲养业面临的所有问题。布伦特·阿沙布兰纳到达印度后访问的第一批和平队志愿者是旁遮普省南部

① "India's Punjab Poultry Pundits Give a Boost to Production," *The Volunteer*, Vol. 1, No. 4, February, 1963, pp. 10-11.

② Ashabranner, *A Moment in History*, pp. 196-197.

的 4 名年轻人，他们中有 3 名为家禽养殖志愿者，分别是肖恩·多尔蒂，比尔·多诺万以及汤姆·基辛格。通过实地考察与了解，布伦特了解到志愿者遇到并已处理了很多棘手的问题。志愿者家禽养殖工作让部分农民受益，但仍暴露出了一些未解决的困扰。布伦特问志愿者："（农民）得有一些钱才能开展家禽养殖吧?"志愿者比尔给出了答复："对。我们没法帮到印度最底层的农民——'神的子民'。我们帮助有点积蓄的农民，让他们能有更多一点儿积蓄……"

要饲养家禽，至少得有几百卢比现钱可以投资进来或者具有固定资产向政府进行抵押贷款，但印度大部分农民为无地贫民，没钱没地，志愿者们难以帮助到这些最贫穷、最底层的印度人民创办鸡舍。在印度各处也有少数志愿者成功地从一些慈善机构获得了保证金用来帮助一些印度贫民开始饲养家禽，但这种情况毕竟少有。

布伦特指出，"志愿者没帮助到印度社会最底层的'贱民'共事，但他们帮助到的农民也是很贫穷，当然也非常需要通过养鸡获得一笔额外收入。更为重要的一点，这些贫民比'贱民'更能抬高家禽业的社会地位，让家禽养殖获得社会尊重。在印度如果家禽养殖业由社会最底层的人民开展，将更难获尊重。"①

4. 家禽饲养计划的成效

总的来说，家禽饲养计划是奏效的。印度大多数邦的畜牧工作人员对和平队志愿者都感兴趣，或者至少是愿意接受和平队志愿者开展家禽饲养工作。截至 1962 年 12 月，志愿者创办了 24 个鸡舍，平均每个鸡场养有 200 只鸡，其中两个的养鸡数量甚至达到了约 1000 只。1963—1966 年，印度 17 个邦中有 10 个邦请求并接受了志愿者开展家禽养殖工作，而且在接受第一批后，所有的邦都请求再派更多的志愿者。到达印度的第 5 批和平队志愿者全是家禽饲养志愿者，他们被派往拉贾斯坦邦和中央邦开展工作。1961—1976 年，和平队在印度的十多年中，据统计，家禽志愿者至少与 1 万名印度人共事过。这 1 万名印度人中后来有很大一部分人成了成功的家禽商人或

① Ashabranner, *A Moment in History*, p. 131.

者从事与家禽相关的其他副业；印度建立了两座大型商业化孵化场，推销优质的杂种鸡；家禽志愿者使得许多邦的家禽饲养计划大获支持，同时也补充了国际开发署在这个领域的工作；家禽志愿者使印度政府开始关注禽蛋产业，并考虑将禽蛋和禽类产品发展为灵活的农产品加工业。①

和平队的家禽养殖项目给印度带来了积极的影响。来自美国密尔沃基的鲍布·古尔德是特莱家禽项目的负责人，他说“家禽养殖是一件大事”，②能够增加农民收入。肖恩曾算过一笔账，“建一个这样的鸡舍大概需要花费300卢比，一天大的雏鸡是1卢比1只。一个农民饲养300只雏鸡平均约有25%的死亡率，等雏鸡长到3个月大时，农民卖掉其中的公鸡，这样就能回笼买鸡和买饲料的费用。此时农民还剩下约100只下蛋母鸡，这些下蛋鸡每年需要花费50卢比的饲养成本。假设1只下蛋鸡每年能产蛋250枚，每枚鸡蛋能卖25派士（0.25卢比）。那么每只鸡的每年纯利润为12.5卢比。这不是一大笔财富，但却是农民养鸡之前并没有的收入。”③ 旁遮普一位养鸡的农户说，“我把赚到的钱的一部分用于送我最大的女儿去上中学，她是我家族里第一位上完小学之后继续上学的女性。”④ 这个农民决心继续女儿的学业，并不仅仅只是因为钱有富余了，更深层次的原因在于，随着家禽饲养事业做得风生水起，他变得眼界更开阔，更自信了。

一位印度官员说，“他们（和平队志愿者）是催化剂。他们所做的所有事情我们都知道，也曾小规模地做过一些（却没有达到这个效果）。他们有魄力和活力去带动村民们行动起来。”旁遮普地区的志愿者们从不宣称自己是先驱或是专家。一位志愿者回应说，“我相信在我们之前就有人看到了这一点。”另一位志愿者说，“在我们到来之前，人们对家禽业就已经非常感兴趣，我们只是提供了帮助。”⑤

---

① 以上数据来源：“India's Punjab Poultry Pundits Give a Boost to Production,” *The Volunteer*, Vol. 1, No. 4, February, 1963, p. 11; Ashabranner, *A Moment in History*, pp. 194-195。

② “India's Punjab Poultry Pundits Give a Boost to Production,” *The Volunteer*, p. 11.

③ Ashabranner, *A Moment in History*, pp. 127-128.

④ Ibid., p. 199.

⑤ “India's Punjab Poultry Pundits Give a Boost to Production,” *The Volunteer*, p. 11.

家禽饲养计划是成功的，和平队希望通过让志愿者从事有用的工作，了解受援国以及受援国人民，同时也让跟他们接触的受援国人民更多地了解美国，绝大多数家禽计划志愿者们做到了。不过，几百个家禽饲养志愿者对于印度这个人口大国来说远远不够，并不能在本质上解决印度的发展问题。

（四）和平队在印度的医疗卫生项目

1. 医疗卫生项目的必要性

20 世纪 60 年代初，在非洲的大部分地区，平均每 8000 人配有 1 名医生。在亚洲一些国家，一个国家护士的总数比美国一家大医院护士的数量都要少。在南美洲的部分地区，每 1000 个孩子中就有 300 个在出生后的第一年死去。总之，世界上大量生命死于人类医疗技术已能够预防和控制的疾病，造成了“世界上许多地区进行改革发展的尝试，却因人民身体虚弱而频繁受阻”。[①] 为了发展，这些地区迫切需要开展公共卫生活动来抢救发展所需要的人力。

而在美国，这一时期的医生大都生活在大城市，大城市能够提供医疗培训和实践的最好设备。随着医生越来越专业，他们会越来越远离急需医生的乡村社区，而城市里的医疗专家却过剩。为了改变这种现状，和平队认为，医护人员“加入和平队有望回归到医疗实践的基层”。和平队相当于是给志愿者提供了一次为期两年的学校惯例的见习期，志愿者的足迹遍布世界上许多发展中国家，见习内容涉及外科、妇产科、儿科等领域。而且海外服务过程中，“他们能用的唯一设备就是双手，仅有的麻醉剂就是安抚的话语，唯一能做的就是同情”。[②] 这样的经历能够大大培养医护人员同情心、耐心、忍耐力以及谋略。

一部分和平队志愿者被派往发展中国家开展公共医疗卫生服务，包括志愿者医生、护士、护理教师、医药技术人员、卫生专家等。事实上，和

① Roy Hoopes, *The Complete Peace Corps Guide*, p. 109.

② Sargent Shriver, *The Point of Lance*, pp. 160-163.

平队认为，“几乎所有的海外志愿者迟早都需要参与到公共卫生工作中去，小到处理在服务过程中遇到的蛇咬伤，大到在课堂上向学生介绍饮用水被污染的危害。教师志愿者通常还需要为学生安排体检、接种疫苗、进行健康教育。”① 和平队志愿者培训，除了教如何保持个人卫生，还会统一进行公共卫生教育与培训。这样一来，不管志愿者在哪里开展志愿服务，都能够更好地进行卫生与健康教育。

2. 印度和平队医疗卫生项目实施情况

印度是当时世界上最大的发展中国家之一，这里有近 50 万个村庄和成百上千的拥挤的城市，医疗卫生现状存在很大问题：营养不良、对疾病起因的缺乏认知、村庄水井污染、城市水污染、缺乏医药用品和医疗服务等。

志愿者里拉·舍恩菲尔德加入和平队之前，有八年护理工作经历。加入和平队之后，她被派往印度昌迪加尔一所研究生教学医院开展工作，主要负责为该医院建立一个心内直视手术的手术室。昌迪加尔是印度旁遮普省的省会城市，是印度最现代、最发达的新城市之一。里拉工作的研究生教学医院代表了印度医疗卫生领域的最高水平：医院可以容纳 1000 张床位，医疗队伍里很多是印度医疗卫生领域的顶尖专家。但这座医院仍暴露出很多问题：首先，印度的医院通常是由政府或宗教机构运作，这两类医院都过分强调论资排辈，并不看重个人成就，这扼杀了医疗卫生工作者的积极性；其次，在印度，护士不是很受尊重，印度传统文化中认为处理身体和疾病的工作不干净，甚至医生对护士也缺乏尊重；最后，护士要对其科室的医疗器具负责，若有丢失，就要赔偿，于是护士容易滋生疑心，且害怕担责任。通常她们会把所有医疗用品用钥匙上锁，每天花大量工作时间清点和记录医疗用品。

里拉认为，“与所有志愿者感受到的一样，手术室工作是典型的既有挫折、难题，又有满足感的。”她发现手术室缺乏专业人士以及无菌操作意识，这必然会妨碍心内直视手术的顺利进行。另外，护士缺乏组织，对病人和工作缺乏责任感。到达医院之后，她的首要工作便是通过反复示范、

---

① Roy Hoopes, *The Complete Peace Corps Guide*, p. 109.

多次重复，引导医护人员建立对基本清洁、无菌的认识。第二项任务是制订手术室工作细则和小时工作制，让科室护士建立责任感，做到互相信任。里拉把所有医疗用品拿出来，不上锁，让每个人负责保管一些。如实报失、报损的护士不会被罚。这一活动非常有效。第三项工作是经常探讨社会对护士的态度问题。护士们意识到，“为了获得社会对护士职业的认可，她们必须要提高服务标准。”

里拉到达医院的6个月之后，这所研究生医院成功地进行一例心脏直视手术，这离不开和平队志愿者对印度医疗卫生系统做出的努力。里拉表示，“我和手术室的护士们都无比骄傲。要做的还有很多，但想到同事们之间的合作和相互理解，我充满了希望。”①

在印度，像里拉这样在城市大医院开展志愿工作的医疗卫生志愿者仅仅是少数，大部分医疗卫生志愿者在印度的边远农村，那里的公共卫生条件跟城市相比更糟糕、更复杂。印度农村人口大都相当贫穷，多数村民每天只吃一餐，因此营养不良。村民得病率特别高：麻风病、伤寒、肺结核、贫血、蛔虫病以及各种皮肤感染十分常见。

玛丽安娜·多姆考斯基在加入和平队之前曾在美国斯普林菲尔德医院工作了四年。加入和平队之后，她被派往印度南部一个偏远村庄，担任乡村护士。1964年4月她在《志愿者》上发表一篇文章，记录了她的工作日常：

> “护士，我的儿子两岁了但还不能走。”我看到面前有一位瘦骨嶙峋的小男孩，他双眼深陷，显然，这是一例严重的营养不良患者。
>
> “我早上喝了咖啡，晚上吃了一盘米饭。我们家没钱。”
>
> “护士，我们村所有的小孩都得疥疮了，请过来帮帮我们。”
>
> “我前7个孩子都是一出生就死了，请让我的这个孩子活

① Lila Schoenfeld, “Volunteer Nurse Finds Her Work in Chandigarh,” *The Volunteer*, April, 1964, p. 12.

下来！”

“我和哥哥独自生活。我们的父母死了，没有其他亲人。”这两个孩子，一个14岁，一个16岁，得了麻风病，因而备受歧视，村民们也不愿意接触他们。①

乡村医疗志愿者的主要工作是治疗病人、示范如何给婴儿洗澡、产前护理等，但印度人口太多，而志愿者人数少，志愿者往往需要在多个村庄间奔波。玛丽安娜每个月有两周时间，需要前往50英里外的村庄开展卫生教育。他们走路或是坐牛车，每天要完成约8英里的路程。他们在村里上课，教当地村民营养学、个人卫生、除蚊、预防肠虫、蛔虫、结核病和疟疾，同时也教他们如何挖和使用简易公共厕所。

志愿者的到来，对当地公共卫生条件的改善起到了一定作用。但对于这个人口大国来说，几个、几十个、甚至几百个志愿者的力量毕竟有限，无法从根本上改变印度的现状。再加上印度的传统积习已久，更是加大了阻力。比如，志愿者在印度很多乡村遇到村民拒绝给婴儿洗澡的情况，因为村民认为当天不宜洗澡。正如玛丽安娜所言，“在印度，在大多数发展中国家，这里有太多的事情需要做，但做得太少了。”②

（五）和平队在印度的农业技术推广项目

据统计，世界上将近一半的人口营养不良或营养失调，这些人口主要集中在发展中国家。和平队希望把美国农业技术知识和农业生产经验带到亚洲、非洲和拉丁美洲的农业实践中，帮助当地解决粮食问题。这些和平队志愿者为农业技术推广员，他们的主要工作是“鼓励发展中国家农民尝试新作物种植、新的农业生产方式、新的市场策略”。③

印度从独立之后开始，就非常重视农业技术推广工作。与其他发展中国家一样，印度急需把国内温饱型农业转型为一种新型农业。这样不仅能

① Maryanne Dombkowski, “Nursing in the Village,” *The Volunteer*, April, 1964, p. 13.

② Dombkowski, “Nursing in the Village,” p. 13.

③ Roy Hoopes, *The Complete Peace Corps Guide*, p. 108.

生产足够的粮食养活印度人口，而且还能带动工业化。正是在这种背景下，和平队的农业技术推广项目进入印度。但农业技术推广是一项长期工作，并不是志愿者在短短两年服务期内就能完成的。志愿者大部分时间都是骑着自行车在印度各个村落中奔走。这里旱季炎热干燥，尘土飞扬；雨季阴冷潮湿，泥泞不堪。志愿者跟不认识的农民交流或去拜访熟悉的农民，或给少有的愿意尝试新技术的农民提供帮助。印度国内的人口、气候、社会体制、风俗等因素限制了农业技术推广工作的开展。

首先，人口问题。印度是一个人口大国，且大部分为农业人口。印度4.5亿的人口居住在面积约为美国三分之一的土地上，平均每平方公里320人，而美国只有40人。印度的人口以每天3.5万人的速度增长，年增长率为2.3%，远高于当时1.8%的世界人口年增长率。据统计，当时一名志愿者要对应近400万名印度人民，因此志愿者的影响范围十分有限。①

其次，气候问题。印度大部分地区属于热带季风气候，季风气候并不稳定，容易给农作物生长和收获带来影响。第一批印度和平队志愿者中，有两名农业技术推广志愿者接管了旁遮普地区一处国营农场，他们通过示范种植，试图让农民引进新的小麦品种。在志愿者的精心培育下，小麦长势惊人。然而，就在收割前的一个星期，天空乌云密布，一场剧烈的冰雹将这些小麦打落一地。当地农民对小麦受灾记忆深刻，却对小麦的质量并没有多大关注。

再者，印度国内的体制限制创新。和平队农业技术推广志愿者必须在现有框架下开展工作，这些计划表面上相当完善，却并不切合当下具体实际。查理·休斯顿指出，“农民在贫瘠的土地上种植水稻，然而种植小麦会收成更好，也能卖个更好的价钱。而农民种植水稻，只不过是因为他的邻居种植的是水稻，在他之前，他的父亲和祖父都是种植水稻。”②

而且，在印度，老者备受尊重。对印度农民来说，和平队志愿者只是年轻人，而且还是陌生人。志愿者得不到当地农民的信任和支持，农业技

① 以上数据来源：Charles Houston, “The Winds of Change are Blowing,” *The Volunteer*, April, 1964, p. 8。

② Charles Houston, “The Winds of Change are Blowing,” *The Volunteer*, April, 1964, p. 8.

术指导工作严重受限，“少有的成功也只是发生在有条件进行尝试的富农身上，要想让最底层的贫农去尝试几乎是不可能的”。毕竟，贫农没有资本进行冒险。

最后，偷盗现象严重。阿沙布兰纳·布伦特曾拜访一名农业技术推广志愿者马丁·罗斯。马丁·罗斯独自在印度一个边远村庄推广农作物新品种，他是村里唯一的一个外人。布伦特拜访时，他正在向村民示范种植一个甘薯新品种，并已到了收获的时节，他邀请布伦特前往参观。布伦特后来回忆道：“他在地里挖下去，准备要给我展示一下样本。但是什么也没有。于是他又在另一处挖，仍然两手空空。他不停地挖不停地挖，依旧一无所获。原来有人在前一天晚上已经替他收获了，并且小心地将甘薯苗覆盖在地里，掩盖被盗的事实。”在返回途中，马丁勉强挤出了笑容，“不管怎么样，人们很快就会知道我的甘薯有多大，有多甜，这也是我为什么种的原因。”①

除了印度方面的阻碍，和平队方面也存在问题。“文科学士通才”并不懂农业，加剧了农业技术推广工作的难度。一名历史专业的毕业生因听过几堂有关印度农业的课程，最终来到印度在北方邦的农村成为了一名农业技术推广志愿者。工作的第一天，他随区域发展工作人员去查看农作物，途中他评价一块小麦地长势非常不错，区域发展工作人员非常礼貌地回应他：“是的，这是非常好的大麦！”两个星期后，他来到德里对印度和平队代表说：“我们一直都非常清楚我擅长的是什么，我无法做农业技术推广员，我适合的是做一名历史教师。”② 最终这名志愿者放弃了农业技术推广工作。

志愿者也明白，在印度停留的短暂时间并不足够让一切都发生改变。尽管如此，至少很多农民接触到了新理念，少量新技术得以在这里实施，而其他农民也会看到新技术的好处，农业技术推广工作上也取得了进展。比绍利是印度北方省中的一个小镇，一批志愿者在这里为当地农民制造了

---

① Ashabranner, *A Moment in History*, p. 132.

② Ashabranner, *A Moment in History*, p. 191.

一些轻型农业工具和一些新水车。格伦·埃尔金来自纽约北托纳旺达，是历史专业的文科学士，在加入和平队之前他曾是一位中学老师，他的妻子安妮是一名护士。乔·佩纳来自得克萨斯州，从中学时便在一家加油站工作。约翰·斯泰特尔来自威斯康星州。詹姆斯·林堡来自南达科他州，他获得了农学专业学位。这5名志愿者之前其实没有任何机械工作经验。除了生产农业小机械，他们还开展了一个培训项目，每6个星期教4名印度人修理农业工具、自行车以及其他的一些小机器。①

大部分印度和平队项目都归入到以上四种类型，但是和平队的工作却并不只局限于这些。有志愿者还在体育教育、地质学、工程设计、建筑、工商管理、法律、图书馆工作、家政等领域开展志愿服务工作，不过这些志愿者人数很少，发挥的作用有限。

四、和平队撤离印度

（一）和平队在印度存在的问题

在20世纪60年代，印度和平队面临的最大问题是由于志愿者规模的盲目扩大出现了“数字游戏”（the numbers game）以及由此引发的一系列问题，如大量文科学士志愿者在印度不能充分就业，甚至无事可做；志愿者的基本素质不能满足印度要求。这最终导致了印度和平队志愿者及印度政府的不满。

1. “数字游戏”

肯尼迪—约翰逊时代，为了让和平队在国会、国内和海外政府中能尽快产生重要影响，开展了“数字游戏”。和平队派遣了大批缺乏技能的和平队志愿者到发展中国家开展志愿服务。布伦特·阿布沙兰纳担忧地认为，这一时期的和平队志愿者“人数增长的承诺已经支配了其他所有的考虑”。②

① “A Workshop in Bisauli,” *The Volunteer*, April, 1964, p. 14.

② Ashabranner, *A Moment in History*, p. 135.

“数字游戏”主要源于和平队领导层的决策。沃伦·威金斯最早提出“大规模”的理念，他希望和平队能够以相对大的规模启动，并尽快向着更大的规模发展，“我们需要使它（和平队）变得重要，而除非它是大规模的，否则它不可能变得重要。”[①] 施莱弗也认为和平队应该是大规模的，1961 年年初，他对和平队工作人员说，“世界并不会等着我们用眼泪来填满大海”，并提醒和平队工作人员，“在并非必要的时刻预测和平队的极限，这将会是一个灾难性错误”。[②]一方面，领导层希望和平队能够很快在世界上留下良好的印象；另一方面，在 20 世纪 60 年代初的美国，大规模通常也是一件好事。而且，和平队也有考虑政治因素。施莱弗指出，一个规模小、发展慢、开支却很大的和平队并不太可能获得美国国会的支持。尽管和平队内部也有一些质疑的声音，比如和平队项目评估员大卫·戈尔曼曾建议，“我们对国会的基本策略是强调（和平队的）卓越与志愿服务，数字与这两者都没太大关系。”[③] 但施莱弗并不接受这种质疑，他坚持认为，一个规模小且小心翼翼的和平队难以发挥作用。

肯尼迪政府时期，和平队“数字游戏”已有迹象。1961 年和平队建立之初，志愿者总人数为 2940 人；1963 年，和平队志愿者人数增加到了 6646 人；到 1964 年，志愿者总人数达到了 10,078 人。短短四年间，和平队志愿者人数突破 1 万人。[④] 1963 年 11 月 12 日，肯尼迪被刺身亡，当时的副总统林登·贝恩斯·约翰逊随后继任总统。约翰逊在肯尼迪政府时期是和平队的顾问委员会主席，他对和平队同样有着深厚的情感。他认为，“和平队是最富有想象力的工具，把美国青年的理想主义用于促进世界和平和理解的大业”。[⑤] 约翰逊更积极地致力于扩大和平队的规模和影响力。1964 年 1 月 16 日，约翰逊向国会提交了 1965 年度财政预算报告。在报告中他提出要将

---

① Karen Schwarz, *What You Can Do For Your Country: An Oral History of the Peace Corps*, New York: William Morrow and Company, Inc., p. 35.

② Gerald T. Rice, *The Bold Experiment*, p. 190.

③ Ibid., p. 191.

④ Hoffman, *All You Need is Love*, p. 262.

⑤ *FRUS*, 1964-1968, volume 25, p. 527.

和平队的经费进一步提高，以便让和平队在 1965 年 9 月能够增加 3500 名新的志愿者，最终实现将志愿者总人数扩大至 14, 000 人的规模。① 到了 11 月，约翰逊写信给和平队，对和平队的工作给予了高度赞赏，认为和平队是在刷新与延续美国的拓荒历史传统，为美国在亚非拉国家中赢得了新的荣誉。同时他也提醒和平队，“现在不是躺在过去四年的成就上休息的时候，而应继续向前发展。在下一个四年里，我们必须将和平队的规模翻一番”。②

和平队财政年度预算汇总数据③　　单位：美元

财政年份	1962	1963	1964	1965	1966	1967	1968	1969	1970	1971	1972	1973	1974	1975	1976
财政预算	4000 万	6375 万	1.08 亿	1.15 亿	1.252 亿	1.105 亿	1.244 亿	1.128 亿	1.098 亿	9880 万	7120 万	8802.7 万	7700 万	8335.6 万	8082.6 万
实际拨款	4000 万	6375 万	1.02 亿	1.15 亿	1.15 亿	1.1 亿	1.157 亿	1.128 亿	9845 万	9450 万	7720 万	8802.7 万	7700 万	8225.6 万	—

数字游戏不仅体现在和平队志愿者数量的过快增加，同时也体现在和平队财政预算的过度扩张。1961 年，和平队建立的资本是获得了国会专项基金支持。从 1962 财政年开始，和平队与其他政府部门一样，每年都需要依靠国会的年度拨款。最开始，和平队的财政预算为 4000 万美元，到 1964 财政年，和平队的预算翻了两番，突破了 1 亿美元，而且自此开始，整个 60 年代和平队预算都保持在 1 亿美元以上。④

华盛顿总部和海外工作人员急切地希望和平队能够得到重视、能够有重要影响力，“数字游戏”的动机是好的。布伦特也认为，在某种程度上，和平队是正确的，“但是我们过快的速度让我们错过了路边的重要提醒和指

① Peace Corps FY 1965 Congressional Presentation, p. 44.

② American Foreign Policy: Current Document, 1964, p. 1294.

③ 财政预算与实际拨款数据来源于《和平队年度工作报告——1976 财政年》。

④ 和平队年度预算数据来源为 ACTION Fiscal Year 1976 Budget and Transition Estimate: International Programs (Peace Corps) 中附件 A。

路标志。"[①]"数字游戏"导致出现了大量模糊的和平队计划和劣质的受援国项目。在20世纪60年代早期，和平队项目制订者甚至可以说几乎所有的和平队工作人员，对志愿者能在海外做什么，不能做什么，并没有准确的概念。这最终导致在这一时期的和平队项目中志愿者几乎从事任何事情，从教学、公共卫生保健、农业技术推广以及体育教育等。和平队批判者认为这些劣质项目是"接近于小说的文学作品"。[②] 1963年查里斯·皮特斯是当时的和平队评估部主任，他向队长施莱弗提交了一份和平队评估报告，指出"由于试图以一个并不完美的计划去玩数字游戏"，和平队正逐渐被"玩坏了名誉"。他认为自己作为评估部的主要负责人，有责任和义务向和平队高层决策者指出和平队正面临的重大问题。"数字游戏正在使士气受挫"，[③]大量和平队志愿者未能在受援国得到合适的工作机会。

印度是第一批接受和平队志愿者的国家之一。到印度的第一批和平队志愿者为26人，第二批为49人，总人数一直呈递增趋势。1965年印巴战争爆发后，约翰逊政府马上推迟了对印度和巴基斯坦两国的军事和经济援助，而且原计划派到印巴的170名正在训练营中培训的志愿者也被分别派往菲律宾和关岛等地。即便如此，1965年年末在印度的志愿者总人数仍突破了500人。

和平队志愿者数量的激增，与印度和平队工作人员也有关系。布伦特承认，他应为印度和平队的"数字游戏"负有一定责任："当我是新德里的和平队代表时，我接到了地区主任的电话。他告诉我他有内部消息，一个前往非洲的30名受训者的项目将要被否决。他问我是否能够马上有项目提案。如果有，那么我将很有可能获得那30名培训完的志愿者。我的印度同事和我当时的确有一个刚起步的项目，仅从材料上看，这个项目听起来会很不错。本着获得更多志愿者的想法，我们打算提交该项目提案。项目获得批准，结果出现了许多问题，导致出现了大量不开心、没有价值的志愿

① Ashabranner, *A Moment in History*, p. 151.

② Payne Lucas and Kevin Lowther, *Keeping Kennedy's Promise, the Peace Corps: Unmet Hope of the New Frontier*, Colorado: Westview Press, 1983, p. 54.

③ Payne Lucas and Kevin Lowther, *Keeping Kennedy's Promise*, pp. 25-26.

者，和平队还需要为他们寻找工作任务。我为自己在这场失败中所扮演的角色感到非常羞愧，我决心再也不要玩数字游戏了。”①

和平队志愿者数量的激增，与印度自身的请求也有关联。第二次印巴战争结束后，英迪拉·甘地访问了美国，她提出要美国再派遣425名和平队志愿者到印度，以此作为美印关系修复的象征。当时布伦特已成为和平队印度分部主任，他深感忧虑，认为即便美国能够招募到足够数量的志愿者，但短期内和平队也无法为他们在印度找到稳定工作，更何况当时印度和平队的官员还没有足够的能力来应付如此庞大的志愿者队伍。但考虑到要快速恢复美印两国的友好关系，大量志愿者最终还是抵达了印度。到了1966年年末，在印度的和平队志愿者总人数达到了1264人，印度成为当时接受志愿者总人数最多的受援国。一位在印度的和平队官员痛心地说，“我不知道这个邦的政府需要什么，但是我确实知道他们不需要什么，他们不想要更多的志愿者……”② 于是，1966年之后，和平队相对减少了向印度派遣新的志愿者，在印度的和平队志愿者总人数呈现出递减的趋势，但是规模仍比较大，到1969年年末人数仍有452人。进入20世纪70年代，印度政府非常清楚地认识到，超出负荷能力的大量志愿者实际上无法真正起到应有的作用，印度政府开始逐渐减少对和平队志愿者数量的请求。1974年美印中止了和平队协议，“数字游戏”在印度真正宣告结束。

“数字游戏”问题并没有引起美国政府与和平队总部足够的重视。20世纪60年代中后期，数字游戏引起的副作用开始凸显，导致美印双方政府的不满情绪和种种矛盾，具体表现为：

第一，由于盲目追求规模效应，大量志愿者来到印度之后，没有充分就业甚至是完全没有就业。志愿者经常因为不具备开展工作所需要的技能或经验而无法就业。受援国工作原本需要的是某一方面的志愿者，而实际派来的志愿者却是另一种。

第二，由于盲目扩大志愿者的规模，致使许多并非印度要求的一些志

① Ashabranner, *A Moment in History*, p. 151.

② Payne Lucas and Kevin Lowther, *Keeping Kennedy's Promise*, p. 35.

愿者甚至是素质低下的申请者加入了和平队。许多和平队志愿者并未完成两年志愿服务期就离开了印度，这些人要不不熟悉印度提供的工作的业务，要不不具备承担任何工作的能力，他们在受援国往往无所事事，没有作为。但是和平队领导层对此并未重视，仍是相当乐观。杰克·沃恩对数字游戏并未表现出悔意，他说："当你要开始做一件大事时，你就会遇到一些阻碍和各种各样的故障。但这些都不能影响到我……我走遍了印度，我对我所看到的一切都非常满意。"①

第三，导致志愿者不满。一名印度和平队志愿者说出了未充分就业甚至根本没就业的和平队志愿者的心声，他说："它是一场灾难，在我们看来，和平队没有履行对我们承担的责任和义务，没有为我们找到为期两年的工作。它与我们玩了一个大游戏，让我们来达到印度，给了我们一个'场所'，把我们列在其程序中，就是不为那个行动的结果承担责任。"②

2. 大量文科学士问题

和平队志愿者主要是来自美国的大学。大学毕业生对和平队兴趣最浓厚，同时也最具备进行海外志愿服务的条件：单身（即便已婚，通常也没有孩子），接受了很好的教育，获得了学位，对世界充满兴趣，年轻而健康。③ 和平队早期，重点招募大学毕业生。这些毕业生主要是人文学科毕业生，只有一小部分为理工类技术专业。因为在美国，大多数技术人才倾向于"就业早、结婚早"，④ 他们较早地承担起社会与家庭的责任，这会阻碍他们加入和平队。而且和平队乐观地认为，文科学士虽没有某项技术的专门知识，但是他们具有学习语言的天赋，也更能接受各种各样的基本技能培训。和平队早期的研究报告也指出，文科学士能够更好地适应发展中国家的工作环境。更为重要的是，文科学士比技术人才能更有效地在受援国进行社会互动，能更好地实现和平队的首要目标，即促进美国与第三世界国家的相互了解。

---

① Karen Schwarz, *What You Can Do For Your Country*, p. 53.

② Ibid., p. 53.

③ Ashabranner, *A Moment in History*, p. 144.

④ Gerald T. Rice, *The Bold Experiment*, p. 178.

但发展中国家由于其国内发展的迫切需要，他们希望和平队能够给予技术支援，认为和平队能够填补其在技术领域人才的短缺。早期和平队谈判者与这些国家接触时，对这些国家的期待也并不想表现得过于沮丧。和平队总部也有努力招募到有技术、有经验的志愿者：美国广告协会把和平队纳入到公益服务项目中；美国国内知名的广告公司 Young & Rebicam 策划和执行了和平队整个宣传活动；电台和电视节目中经常呼吁拥有农业、工程、护理以及其他技术背景的人加入和平队；也用到了农业期刊以及其他商业杂志；和平队还与其他志愿机构建立联系，寻求特殊的招募服务支持。然而这些努力大都无果而终。和平队的招募数据清楚地表明，申请人大多都是文科学士。一方面是受援国的需要，另一方面是和平队不想浇灭受援国对和平队的信心，这造成受援国对和平队能够提供什么类型人才存在很大误解。1963 年，仅印度北方省就向和平队提出了 250 名在农业、工程、工业、医疗、教育等领域受过职业培训或有过工作经历的技术型志愿者，其他受援国几乎也都有相似的请求。显然，和平队无法提供大量的有技能、有经验的志愿者。于是，和平队将招募到的人文学科毕业生进行短期的技术培训，再将其派往各受援国。

和平队为这类志愿者创造了一个新名称——“文科学士万金油”，因为获得文科学士学位的大学毕业生并没有实际技能、技术培训或是技术经验。和平队认为文科学士具有海外生活和工作所需要的一些有利条件：解决问题的能力、语言天赋以及对新环境浓厚兴趣；他们可能富有想象力、热情、适应能力强、具有耐心。“文科学士万金油”使得大规模的和平队成为可能，他们构成了和平队志愿者的主体。不过问题也随之而来，文科学士不具备任何技能，几乎什么都不会做：他们不能向农民展示新作物以及如何恰当进行培育；他们不能在贸易学校给年轻人上课，教年轻人如何启动车床；他们不能修建桥梁或是修理拖拉机，其中女文科学士也无法教当地人缝纫、帮助当地训练护士或者管理化学实验室。如何有效地在发展中国家使用这部分志愿成为和平队工作人员最棘手的问题。1969 年 5 月，约瑟夫·布兰奇福德[①]成为和平队第三任队长。他上任之后的第一次海外出访，让他深刻意识到了大量文科学士的问题比预想的还要严重得多。他说："我接手的和平队状况已濒临破产，我总从受援国官员那里得到这样的反馈，'我们非常喜欢你们的青年男女，但是难道你们就没有机械师、商人、农民、生物老师和护林人吗？我们这里已经出现问题了，你们还在不断地给我们派来英语教师！'时代发生了改变，但和平队仍在做与它最刚开始建立时同样的事情。"[②]

除中国之外，印度是当时世界上最大的发展中国家。印度和平队项目中有一些给印度带来了积极的改变，比如家禽发展计划和教学工作是成功的。但印度和平队同样出现了一些严重的错误，安排了大量文科学士志愿者到印度便是其中之一。印度和平队志愿者中很大比例为文科学士，这些志愿者缺乏技能和经验，短期内印度和平队官员难以为他们在印度找到合适的稳定工作。另外加上"数字游戏"，印度和平队志愿者人数激增，在印度的和平队官员没有能力应付这样庞大而缺乏技能的志愿者队伍。

为了解决文科学士志愿者的工作问题，印度和平队工作人员进行了多种尝试与努力。布伦特曾试图在医疗卫生领域为文科学士志愿者找到用武之地。

在印度很多地区，特别是边远农村，水源污染，人们营养不良，缺乏对疾病病因的认知、医疗卫生意识、医药用品和医疗服务。印度和平队工作人员希望文科学士能够给当地的医疗卫生带来改变。然而实际操作起来，这项工作其实并不明确也缺乏组织。印度和平队志愿者在医疗卫生项目上吃尽了苦头，几乎所有的文科学士并没有在村里或城市的卫生部门成为医护人员。一方面，印度的卫生部门人员紧缺，经费不足，志愿者无法得到卫生部门的专业指导或物质支持。另一方面，志愿者对当地语言的熟练程度不够、对当地文化缺乏深层次了解使得他们难以与印度农村女性谈论营

---

① 约瑟夫·布兰奇福德（Joseph Blatchford）由尼克松总统任命，任期从1969年5月1日到1971年7月1日。布兰奇福德是第三任和平队队长，也是共和党政府的第一任和平队队长。在布兰奇福德任期内，和平队成为新的志愿者组织行动委员会（ACTION）的国际部，他也是行动委员会的第一任主任。

② Schwarz, *What You Can Do For Your Country*, p. 157.

养问题、开展示范教育。正因为如此，挖公共厕所、净化水井、处理污水和垃圾这些工作得不到落实。即便他们努力让当地对这些工作提起兴趣，往往因为得不到经费和设备，工作再次落空。

这类医疗卫生项目有着相同的弱点：志愿者们没有一个明确的工作，也并不具备医疗卫生工作的必要技能；印度卫生部门对这些项目缺乏兴趣，也没能提供足够的支持。最终绝大多数志愿者徘徊在印度的各个村庄，徒然尝试做一些工作。也有一大部分志愿者完全丧失信心，要么回国要么停止尝试任何事情。剩下的志愿者选择转向别的领域开展工作，有的在教会学校做教员，有的加入饲养家禽的工作。一位和平队志愿者曾努力尝试在印度农村医疗卫生领域找一份工作，最终没有成功，他失望地说："和平队欠我一份我能胜任的工作，一份真正的工作。只要给我一份工作，其他的就都不需要了，我不再需要你们的书，不再需要工作人员拍我的肩膀安慰我，不再需要你们每三个月召开一次会议讨论我的困难。我所需要的一切就是一份真正的工作！"①

布伦特·阿沙布兰纳的错误不是试图在卫生领域为志愿者找到一处用武之地，这个项目本身或许可能奏效的。他的错在于没有让少量文科学士先经过谨慎试点工作就派了大量志愿者在这项理想化的项目上。印度幅员辽阔，人口众多，国内问题也很多。这是导致布伦特·阿沙布兰纳没有提前试点重要原因。

另一个错误是，同样未经试点便让文科学士志愿者在小工业领域开展工作。印度有着成千上万的小型制造业，从生产球轴承到杧果罐头，数量很多。印度政府一直请求和平队派遣志愿者到当地制造业或相关产业中开展工作。印度需要有医学、电气工程、钣金、工模具制作、食品加工以及工商管理经验的志愿者。但是这些技术都不是那么容易学到的，华盛顿总部难以满足印度政府的请求。

和平队努力为文科学士在小工业领域沟通才找到可用武之地，寄希望于他们能帮忙促销、销售，能在培训中学到足够的工商管理知识以便在印

① Ashabranner, *A Moment in History*, p. 206.

度发挥作用。在印度的小企业里，有些志愿者确实了起到了作用。印度两名工业顾问志愿者并没有明确的日常工作或固定职务，也没有人想要咨询他们。其中一个志愿者从各类援助机构中获得一批机器和购买原料的资金，自己创办了一家玩具工厂。他打算让少量没技术、没工作的男子能在这里就业，进行培训，并能获得一定收入。培训之后，工厂为数不多的工人们开始生产出了一些很有吸引力的木偶和益智玩具。志愿者自己装货、开车送往新德里的商店，大约每两周送货一次。这两名志愿者在印度期间玩具工厂艰难地生存了下来，但他们走后工厂便不幸倒闭了。

大多数志愿者在企业里总是光看不做，或是与老板喝茶。印度小企业的老板们对待志愿者们非常礼貌，但同时他们也十分困惑这些志愿者能做什么。志愿者们也非常讨厌这种一无是处的感觉，这种感觉比他们经历的任何其他事情都要糟糕。

布伦特·阿沙布兰纳一次去拜访一位志愿者，这位志愿者三个月来一直没有找到任何可以做的工作。布伦特认为他已经在快要放弃的边缘了。那天晚上，他开车到这位志愿者的住处，却发现其异常兴奋。这位志愿者说："我今天工作了！我真的工作了！"他继续描述了他是怎么帮一个小工厂老板的，他指出了工厂的机器和生产原料可以更安全更有效地安排，并协力帮了忙。他觉得，"如果每天我都能够像今天这么充实，我就会是印度最幸福的和平队志愿者"。①

有事可忙碌的志愿者，会认为自己与其他同事是有真正关联的。他们能够忍受因思念家乡、语言饮食习惯不同、艰苦的生活条件引发的各种挫折与难题。而且他们不仅仅能忍受，还能最终接受这些。但是多数情况是志愿者在小企业中无事可做。头三个月尚且能委婉地称为学习期，即便是那些有着能胜任的明确工作的志愿者，他们的工作也都并不容易。他们需要理解并不熟悉的体制和机构，要建立自信，要学会与当地人交流，要了解印度与美国不一样的风土人情，要用他们并不习惯的工具、供给来开展工作。

这位志愿者的激动心情溢于言表，布伦特从他脸上的表情可以得出他

---

① Ashabranner, *A Moment in History*, p. 206.

明天还会继续去找一些活儿做。这可能是和平队最低潮的时期。布伦特丝毫不否认，“和平队第一个五年最大的错误是安排了大量志愿者，他们没有实际的工作。”①

（二）和平队政策调整

尼克松政府时期，和平队开始进行较大动作的收缩和调整。1960 年总统大选时，尼克松就对和平队问题进行了表态。作为当时的共和党总统候选人，他不可能附和竞争对手肯尼迪的提议。他批判肯尼迪建立和平队的提议是“肤浅的，而且非常明显，仅仅是为了竞选的目的而炮制出来的。如果付诸实施的话，无论是对选择性服务，还是对那些在海外代表美国的有才干的人，都是有害的”。② 1968 年，一向对和平队不太友善的尼克松在总统大选中击败了支持和平队的民主党总统候选人汉弗莱，成为美国第 37 届总统。从此，和平队进入了历史上最艰难的时期。尼克松毕竟是一位现实主义的政治家，刚入主白宫时，他并没有立即调整和平队，而是选择了接受和平队，并对其给予了支持。1969 年和平队的财政拨款为 1.128 亿美元，与往年基本持平。尼克松还任命约瑟夫·布兰奇福德接替杰克·沃恩，出任和平队的第三任队长。

布兰奇福德上任后，为了解决和平队面临的种种问题，他提出了和平队的改革方案——“新指针”。方案的主要内容体现在五个方面：

第一，制订长远的计划，派遣更多发展中国家迫切需要的志愿者。各受援国和平队队长应与当地领导人制订一项使用志愿者的四年计划，“数量多少已不再重要，这甚至可能会形成不健康的依赖。重要的是提供现代社会中特别且常用的技术给发展中国家，这些技术在这些国家是很难培训的”。③ 一位印度官员说，他们需要水稻和小麦项目之外的志愿者，这些项目已经在印度有很多年了，现在已经进入绿色革命的第二个阶段，需要食物分配、粮食储存和农用机械修理方面的志愿者。

---

① Ashabranner, *A Moment in History*, p. 208.

② Hoops, *The Complete Peace Corps Guide*, p. 33.

③ Joseph Blactford, “The Peace Corps: Making It in the Seventies,” *Foreign Affairs*, p. 126.

第二，制订新的招募规则和方法，招募能够满足发展中国家迫切需要的、具有某种技能的志愿者。和平队应该要扩大自身吸引力。很多美国人仍对和平队招募存在误区，认为只有大学毕业生而且年龄在30周岁以下才能加入和平队。为此，和平队应加大宣传，让新的消息流传，鼓励所有的美国人从事志愿者工作。和平队应改变以往主要从应届大学毕业生中招募志愿者的旧方式，吸引更多有经验的技术人员到队伍中来。和平队还应放宽以往对家庭的限制，允许已婚的美国人加入，携带家属去发展中国家开展志愿服务工作。

第三，调整与受援国的关系。大多数情况下，美国扮演的是“捐助者”的形象。美国提供的所有援助都标上了“慷慨”的印记，就好比一个“有钱的舅舅担心自己穷困潦倒的外甥会忘记他的慷慨”，这种关系更多的是招致受援国的敌意而不是和平队援助想要达到的建立友谊。布兰奇福德采取措施想要将真正地和平队与受援国的关系转变为伙伴关系，一方面使和平队在受援国从事的各项工作既是美国的，也是受援国的，避免受援国人民认为和平队是美国的施舍；另一方面将和平队在海外50%的职位给受援国人民，使其能够真正共同致力于和平队项目。布兰奇福德访问印度时，马哈拉施特拉邦的领导人就强烈要求和平队能够将一些责任分给印度当地的咨询委员会。

第四，鼓励和平队开展国际合作。鼓励和平队志愿者参与到国际志愿者活动中。和平队已经开始把志愿者派去参加联合国等倡导的志愿者活动中。

第五，利用归国和平队志愿者的海外志愿经历来帮助美国解决国内问题。美国没能充分利用归国志愿者这一笔巨大的人力资源，实际上，和平队在海外的志愿工作经历和经验能够帮助解决70年代美国国内出现的需要解决的一些问题。①

布兰奇福德“新指针”的实施给和平队带来了改变，但它无法解决和平队面临的所有问题。尼克松对和平队已获得的工作成效也并不满意，加上和平队志愿者及归国志愿者在反越战运动中起了重要作用，这加剧了尼

① Joseph Blactford, “The Peace Corps: Making It in the Seventies,” *Foreign Affairs*, pp. 126-132.

克松对和平队的不满，使其更坚定地要削弱和平队。

尼克松派自己的助手帕特·布坎南“着眼于调查和平队在海外的重大失误，据我们所知，进而废掉和平队”。布坎南回复尼克松说：“我并不建议这种猛烈的行动。”他向尼克松提交了两份备忘录，提出了处理和平队的三项具体措施。首先，败坏和平队的声誉，将掌握到的和平队失误以及负面的信息（包括和平队反对越南战争和与受援国政府发生争吵的行为）公之于众，借此破坏和平队在美国人民心中的形象，为政府采取行动整顿和平队制造舆论基础；其次，政府大幅度削减和平队的财政预算；最后，指令布兰奇福德对和平队进行整顿，致力于减少动乱，避免滋事，缩小和平队规模，改变持有强烈自由主义意识的左派青年在和平队中处于主导地位的现状。①

布坎南的方案具有隐蔽性，可以避免因明目张胆裁撤和平队在政治上导致的严重后果，方案也得到了尼克松的赞同。尼克松指示布坎南说，布兰奇福德是“靠谱的，与他着手做吧”。收到布坎南备忘录的两周之后，尼克松对和平队进一步失望，他认为必须彻底裁撤这一机构。为了能够在将来的行动中保持步调一致，尼克松将裁撤和平队的想法和具体实施方案透露给了白宫幕僚。1970 年 3 月，尼克松的一个助手在给约翰·艾尔雷斯曼和亨利·基辛格的备忘录中写道：“总统提到，他感觉悄无声息地逐步窒息和平队和美国志愿服务队（VISTA）是正确的。他指出削减这两个组织的财政预算是实现目标应该迈出的第一步。”②

从 1970 年尼克松政府决定对和平队裁撤到 1974 年尼克松因为水门事件下台，和平队的财政预算逐年降低，其每年最终所能得到的财政拨款也大幅度下降，导致和平队难以维持培训和规划。布兰奇福德用有技能的志愿者重组和平队的计划也只能非常经济地开展。

1971 年，尼克松终于按捺不住，取消了和平队在组织上的独立地位，把它变为新成立的行动委员会（ACTION）的国际部（International Operation）。

① Schwarz, *What You Can Do For Your Country*, p. 160.

② Schwarz, *What You Can Do For Your Country*, p. 161.

在对和平队进行重组的过程中，和平队招募、训练以及与国会进行联络的部门都被行动委员会吸纳。不仅如此，和平队的信笺开头也被行动委员会取代，和平队队长的头衔也被要求替换成行动委员会国际部和平队副主管。施莱弗后来回忆说，这时，“在电话簿中，你已经找不到和平队”。① 和平队甚至还被要求放弃在组织名称、信笺开头、电话簿等一切能标示其组织身份的地方使用“和平队”三个字的权利。显然，尼克松试图用这些方式来淡化人们对和平队这一组织的记忆。

至此，和平队在美国政治舞台上的地位和影响力已经无法同60年代相提并论。从1971年开始，和平队的财政预算和实际拨款额度均首次跌破1亿美元，实际拨款仅为9450万美元。到1972年，拨款再创新低，仅为7720万美元。1973年略有增加，但也远低于1亿美元。从1971年至和平队完全撤离印度的1976年，和平队的财政拨款始终保持在8000万美元上下浮动。财政拨款的紧缩，导致和平队志愿者人数减少。1970年，和平队志愿者总人数跌到万人以下，为7066人；1971年降至6894人；到1976年，和平队志愿者人数跌到只有5958人。

印度和平队志愿者人数统计数据②

财政年份	1962	1963	1964	1965	1966	1967	1968	1969	1970	1971	1972	1973	1974	1975
印度志愿者总人数（含培训）	79	155	266	667	1144	1213	926	620	582	389	264	76	32	23
在印度志愿者人数	26	115	153	401	754	1133	750	536	—	—	—	—	—	—
和平队志愿者总数（含培训）	2940	6646	10078	13248	15556	14968	13823	12131	9513	7066	6894	7341	8044	7015

① Schwarz, *What You Can Do For Your Country*, p. 162.

② 志愿者总人数数据来源于《和平队年度工作报告——1975财政年度》和 Elizabeth Cobbs Hoffman, *All You Need is Love*, p. 262，统计时间节点为财政年底。从1975财政年开始，没有新志愿者被派到印度。1976年，和平队撤离印度。

（三）尼克松时期美印关系变化

1969年尼克松就任美国总统时，美国正深陷越南战争的泥潭，世界霸权逐渐衰落。而这一时期，苏联与中国关系恶化，苏联走出了古巴导弹危机的阴影，加紧增强军事力量，将其部署在世界上的关键地区。尼克松和国务卿基辛格开始重构美国战略关系。尼克松认为“美国不能——也不会——为世界上所有自由国家设想和拟订全部计划，执行全部政策，承担全部防务责任。如果我们的援助能在某地显著生效，并且这样做对我们有利的话，我们将会提供援助”。[①] 美国对其外交政策进行了重要调整，减轻了其自二战之后承担的过多的责任，倡导在世界主要力量之间建立一种新的、稳定的关系。尼克松与基辛格倡导新均势，力图让美国、苏联、西欧、日本和中国都能够保持相互竞争又相互依赖的稳定关系。基辛格认为“力量均势，这个在美国政治著作中备受诽谤的概念——使用时很少不在它前面加上‘过时的’这个轻蔑的字眼——实际上是和平的前提”。[②] 亚洲在美国的战略中扮演着非常重要的角色，但对尼克松、基辛格以及大多数美国人来说，亚洲指的是东亚，南亚被给予的关注很少。到1969年，肯尼迪和约翰逊时期美国对南亚的热情已经逐渐消失。美国忙于越南战争，而且1965年印巴战争之后许多美国人不再对南亚抱有幻想。1966年1月，美国同意让苏联部长会议主席柯西金在印巴之间进行调停，便是南亚在美国的战略中地位下降一个重要体现。另外，在尼克松和基辛格的大量著作中，均没有对南亚进行过多的描述。

尼克松政府关于南亚的目标就是避免给美国添乱，保持地区的稳定和发展。而且尼克松心中对印度并无好感，他偏爱巴基斯坦。尼克松时期美印关系经历了更加严重的危机和考验。尼克松对印度缺乏热情，有多种原因。

---

① 资中筠：《战后美国外交史——从杜鲁门到里根》（下册），北京：世界知识出版社，1994年，第606页。

② 亨利·基辛格：《白宫岁月——基辛格回忆录》（第一册），陈瑶华等译，北京：世界知识出版社，1980年，第254页。

出于个人偏好，尼克松入住白宫之前就多次访问南亚，他曾经被尼赫鲁尖锐的批评怠慢而被巴基斯坦总统阿尤布·汗吹捧为英雄人物。1953年尼克松以副总统的身份访问了南亚。1967年，尼克松以私人和落魄政客的身份再一次访问了南亚。他在印度受到冷遇而在巴基斯坦被奉为上宾。而且，尼克松与印巴两国领导人的关系不一样。尼克松与印度领导人英·甘地关系并不融洽，他认为英·甘地有一种几乎是与生俱来的高人一等的自负感，这让他十分不安。而尼克松与巴基斯坦领导人的关系则不一样，一方面巴基斯坦是尼克松落魄时仍尊敬地接待他的国家之一，另一方面“巴基斯坦粗鲁直率的军事领袖也比印度那些复杂而且倨傲的婆罗门领导人更投合他的脾气”。①

美国在亚洲的关注点发生了改变，重心转向了东亚，希望能够打开中国的大门，恢复与中国的正常关系。1971年和1972年基辛格与尼克松先后访华。英·甘地对尼克松访华的态度是，“如果美国和中国的领导人会谈的目的是建立友谊，我们对此表示欢迎。但是这一会谈也正被解读为是要形成一种新的力量团体。如果真是这样，印度虽然只是一个小国，但也绝不会被这些想要给亚洲国家发号施令的决定所约束。”② 美国开始关注中国，事实上意味着在美国的国家利益体系里印度的地位有所下降。美国不再把印度当作是对付“共产主义中国”威胁的潜在的民主的平衡力量，认为印度不再是能够与中国争夺亚洲领导权的对手。

尼克松怀疑印度会放弃中立与不结盟，而印度认为美国重巴轻印是对它的威胁。随着美印关系走向冷淡，印度开始把苏联视为可信赖的朋友。1971年印巴冲突，中国和美国都支持巴基斯坦。1971年7月，基辛格访华，周恩来告诉他，“我们的立场始终是支持巴基斯坦。全世界人民都知道这一点。如果他们（印度人）专注于挑起事端，我们不会袖手旁观。”③ 10月，

---

① 亨利·基辛格：《白宫岁月——基辛格回忆录》（第三册），杨静予等译，北京：世界知识出版社，1980年，第152页。

② Harold A. Gould and Sumit Ganguly, eds., *The Hope and Reality*: *U.S.-Indian Relations from Roosevelt to Reagan*, San Francisco: Westview Pressm, 1992, p. 102.

③ *FRUS*, 1969-1972, vol. 17, Document 140.

英·甘地访问美国时，尼克松向她表示，在南亚和印度次大陆有中、苏、美三国的切身利益，“一旦印度发生战争，那就很难确切估计其他大国会采取什么步骤。”① 面对这种南亚局势，印度担心中、美、巴三国会形成一种战略协定，最终威胁印度的安全，于是迈出了背离不结盟的重要一步。1971年8月，苏联外交部长葛罗米柯在结束对新德里的访问时，与印度政府签订了一项为期二十年的和平友好合作条约。条约内容主要包含持久友谊、互不干涉以及经济、文化、科学技术合作的常规条款。基辛格指出，“条约的温和规定掩盖不了它的战略意义”。② 其中最具决定意义的条款是第九条，它要求其中一方与第三国发生武装冲突时，另一方不得援助第三国，并且当一方受到进攻或被威胁时，双方应立即进行磋商，以便采取适当的有效措施。苏联和印度两国在战略上形成了同盟关系。至此，苏—印和美—中—巴的南亚战略格局形成。这项条约加剧了美国对印度国际角色的怀疑，尼克松认为，印度已经成为苏联的代理人，美印关系进一步恶化。

印度与苏联、巴基斯坦与中国的紧密关系在一定程度上对美国与印巴两国的关系产生了影响。巴基斯坦能够帮助美国实现打开中国大门的目标，发挥“通往中国的走廊”的重要作用，而这些显然印度无法做到。美国认为，随着尼赫鲁的去世和印度政治、经济的不稳定，印度很难作为一种领导模式，加上印苏关系的日益密切，希望印度扮演一种支持美国在亚洲广泛利益的角色的可能性越来越小。

尼克松在给其助手H·R·哈尔德曼的备忘录中提到了他对印援助的态度，他说：“我对印度的态度是，从长远来看，我们必须继续援助印度。但是我认为，不论我们如何快速地趋向印度，我们仍什么也得不到，只会让甘地夫人相信国务院是完全站在她那一边的，而总统是唯一与她对立的人。”③ 尼克松执政后的最初两年时间里，美国对印度的援助计划并未发生

---

① 尼克松：《尼克松回忆录》（中册），北京：商务印书馆，1978年，第205页。

② 亨利·基辛格：《白宫岁月——基辛格回忆录》（第三册），第174页。

③ *FRUS*, 1969-1976, Vol. 2, p. 339.

重大改变，基本是按照以往实行，印度共收到约 15 亿美元的美国援助。[①] 1971 年第三次印巴战争爆发之后，美印关系跌至新低，美国随即暂停了对印度的各方面援助。在 20 世纪 60 年代，印度收到的所有外国援助中有 48% 来自美国。到 70 年代，美国援助占印度收到总援助的不到 5%。[②]

（四）和平队撤离印度

和平队志愿者数量在一定程度上是美印关系的一面镜子。和平队在印度曾经大量存在，1965 年印度一度成为接受志愿者人数最多的国家。进入 70 年代，印度和平队志愿者人数呈现出递减的趋势。印度和平队志愿者人数在高峰时期达到了 1000 多人，1970 年缩减到 582 人，往后人数仍在减少。1971 年印巴战争对美印两国关系的影响是巨大的，两国关系随即降到了印度独立以来的最低点。美印两国关系的恶化给美国对印度的援助带来了重要消极影响：1971 年印巴战争期间，美国停止了对印度的粮食和经济援助，而英迪拉·甘地则下令关闭有 1200 人之多的美国经济援助使团。她还下令将超过 500 人的和平队缩减为 50 人。[③] 到 1973 年，志愿者人数跌破 100，仅剩下 76 人。1974 年，和平队印度计划中止，美国停止派送新的志愿者到印度，在印度的志愿者也陆续撤回美国。到 1976 年，最后一名和平队志愿者撤离印度，和平队印度计划正式宣告结束。

和平队所在的受援国通常会给和平队项目提供帮助，主要是通过让志愿者能得到受援国国内资源的支持。受援国的帮助主要有两种形式，一种是现金，另一种是物资、设备以及其他类似的帮助。1973 财政年，印度政府对和平队的贡献总额为 2.22 万美元。1975 财政年，印度政府的出资为零。1976 年，和平队彻底撤离印度。

---

① Harold A. Gould and Sumit Ganguly, eds., *The Hope and Reality: U.S.-Indian Relations from Roosevelt to Reagan*, p. 95.

② Ibid., pp. 101-102.

③ Peace Corps Annual Operations Report-Fiscal Year 1975, p. 40.

五、冷战视野下美国、印度与和平队

肯尼迪政府把印度看作是亚洲的关键地区，印度自然是和平队的重要目标。印度是最早接受和平队的国家之一，美国对印度的和平队援助，具有主观上的利己之私和客观上的利他性和进步性。美国向印度派出和平队，输出美国文化和价值观念，希望能稳定印度的政治和经济秩序，使印度的发展纳入到以美国为首的西方阵营所期待的轨道。和平队对印度援助涉及的领域很多，但规模都比较小，并没有取得显著成就，更多的是以一种“润物细无声”的方式发生作用。

和平队志愿者在印度深入农村，在条件艰苦的地区与当地人民同甘共苦，用实际行动打消印度人民对美国不切实际的印象，拉近与印度人民之间的心理距离，赢得了他们的好感。和平队在教育、医疗卫生等方面对印度的援助改善了印度人民的生活条件，在农业、工业等方面的援助加快了印度经济的发展和现代化的进程。

和平队促进了美印两国之间的文化接触与交流。志愿者在美国培训期间，学习并了解了印度的历史文化，大部分志愿者还初步学习了印度当地的语言。在印度，和平队志愿者与当地人民朝夕相处，更深一步了解印度的风土人情。反过来，印度人民也通过与志愿者的接触，更直观清楚地了解到美国普通人民的生活。志愿者带来了美国的历史文化，通过耳濡目染和学校教学等方式，让印度人民更进一步了解美国。在相互交流和相处过程中，增进美印两国人民之间的友谊。

在全球冷战的背景下，和平队作为美国外交政策的一种工具，始终是把美国国家利益作为该组织的最高目标。尽管印度在一些国际问题上没有与美国保持一致立场，美国政府仍认为，一个强大的、经济增长的印度比一个虚弱、落后的印度更符合美国的利益。美国希望印度和其他发展中国家都能够进步，这样才能够保证它们不受到共产主义的威胁。美国从全球战略出发，希望把印度作为“民主的橱窗”，在与“共产主义中国”的竞争中抢占先机，并能够对亚洲以及世界其他发展中国家做出表率，发挥示范效应。

对印度而言，和平队是印度对美国外交的重要工具。印度自独立之后在大国博弈中左右逢源，目的是最大限度争取多方援助，实现印度国家利益的最大化。20 世纪 60 年代初，为了迅速发展经济，弥补资金、技术等缺口，印度需要美国的援助。1961 年，尼赫鲁主动邀请施莱弗出访印度，印度成为最早接受和平队的国家之一。印度希望通过与和平队的合作，从美国得到更多援助与好处。1965 年印巴战争爆发后，美印关系出现紧张，约翰逊政府立刻推迟了对印度的军事和经济援助，和平队当年也暂时取消了向印度派遣新的志愿者。战争结束后，英迪拉·甘地访问美国，请求派遣更多的和平队志愿者到印度，作为修复美印两国关系的象征。1971 年，美印关系恶化，英迪拉·甘地下令将当时规模超过 500 人的和平队志愿者缩减至 50 人，最终导致美印和平队计划破产。1974 年印度和平队计划终止，美国中止派遣新的志愿者到印度。1976 年，印度和平队志愿者全部撤离了印度，印度和平队计划宣告彻底结束。

不难发现，和平队是美印关系的一面镜子。当印度需要与美国保持友好关系时，这个有着数千年历史、极具民族自豪感和优越感的国家也愿意放下文明古国的身段对和平队表示欢迎；当美印关系出现裂痕，印度需要修复与美国的关系时，和平队成了印度向美国示好的一个重要工具，于是印度请求美国派遣更多的志愿者到印度；当美印关系紧张，印度需要向美国表示某种不满时，和平队便成为印度发泄不满的对象，毕竟和平队在美国政府中并不是特别重要的机构，对和平队施压能够起到警告美国的作用。

可见，和平队这个世界上最强大国家的政府志愿者组织是非常脆弱的，它就像是一个政治足球，在国家间的政治游戏中被踢来踢去。

边界争端与战后英沙关系的破裂(1946—1953)

王　波*

摘　要　二战结束之后，沙特与邻国的边界争端成为了影响阿拉伯半岛稳定和英沙关系的主要因素。伊本·沙特为了抵制阿卜杜拉的“大叙利亚计划”而主动要求后者归还亚喀巴和马安，这引发了沙约两国之间的边界矛盾。英国不但拒绝对沙特的领土要求提供支持，还将约旦籍教官引入到特鲁西尔酋长国新组建的边防警察部队中。达曼会议的召开未能缓和英沙两国之间的紧张关系，反而使之前悬而未决的沙特与特鲁西尔酋长国之间的边界问题再次浮出水面，英沙双方的分歧进一步扩大。达曼会议破裂之后，英沙双方主要围绕着布赖米绿洲的归属展开了激烈争夺，甚至一度走向战争的边缘。虽然后来沙特政府由于英国的强势态度以及伊本·沙特的病情恶化而被迫做出妥协，但是战前亲密无间的英沙关系就此终结。

关键词　伊本·沙特　“大叙利亚计划”　达曼会议　布赖米危机

---

* 王波，河南师范大学政治与公共管理学院讲师。

自从20世纪初期现代沙特王国建立以来，沙特就和英国建立了密切的政治、军事关系，1915年《卡提夫条约》的签署开启了两国正式合作的序幕，然而在二战结束之后的几年时间里，英国和沙特的关系却急转直下。长期以来，国内学者对沙特外交的研究集中于美沙关系的探讨，对于英国和沙特关系缺乏细致的研究，一般倾向于用美国的介入以及美沙关系的建立来解释英国和沙特两国关系疏远的原因，但这难以解释在1952年到1953年期间英沙两国之间近乎剑拔弩张的紧张关系。国外学术界关于英沙关系的研究成果较为丰富，但是缺少以边界冲突为视角对该问题的探讨。① 本文试图通过对1946年到1953年期间沙特与周边国家的领土争议问题入手，结合英国外交部出版的关于沙特边界问题的相关档案材料，② 探究英国政府处理这些问题所秉持的立场以及对该时期英沙关系变化的影响。

一、英国、沙特与阿卜杜拉的“大叙利亚计划”

在1945年之前，英国和沙特阿拉伯之间联系紧密，双方建立了良好的合作关系。在一战结束之后，英国不仅帮助伊本·沙特实现了复国计划，还帮助后者夺取了汉志，拥有了对伊斯兰圣城麦加和麦地那的管理权。此外，为了减少半岛内部的贝都因人对波斯湾沿岸地区的袭扰，也为了获得来自于沙特家族的忠诚，英国还每年提供给沙特一定的“补助金”，这成为

① 国外学者相关的研究成果主要包括：Abdulrahman Al-Shamlan, *The Evolution of National Boundaries in the Southeastern Arabian Peninsula*: *1934-1955*, Ph. D. Dissertation, University of Michigan, 1987; Shafi Aldamer. *Saudi Arabia and Britain*: *Changing Relations*, *1939-1953*, Reading, UK: Ithaca Press, 2003; David Devereux, *The Formulation of British Defence Policy Towards the Middle East*: *1948-56*, London: Macmillan, 1990; Safran Nadav, *Saudi Arabia*: *The Ceaseless Quest for Security*, London: Cornell University Press, 1988; Michael Quentin Morton, *Buraimi*: *The Struggle for Power*, *Influence and Oil in Arabia*, London; New York: I. B. Tauris, 2013。

② 英国外交部出版的主要相关外交档案包括：Jane Priestland, *The Buraimi Dispute*: *Contemporary Documents*, *1950-1961*, Oxford: Archive Editions, 1992; Penelope Tuson, Anita L. P. Burdett, *Records of Saudi Arabia*: *Primary Documents 1902-1960*, London: Archive Editions, 1992; Richard N. Schofield, *Arabian Boundary Disputes*, Slough: Archive Editions, 1992。

伊本·沙特巩固统治的重要经济来源。复国伊始的伊本·沙特也投桃报李，主动选择与英国合作，在一战结束之后积极支持英国在中东的委任统治，稳定了英国在当地的统治；在二战期间，沙特实施了有利于同盟国的“善意”的中立政策，在中东战场给英国带来稳定的支援，这些都是英沙两国在20世纪上半叶良好关系的体现。

二战之后，英国由于实力的下降而减弱了对中东部分地区的控制，阿拉伯半岛的政治局势出现动荡，一些国家之间传统的边界问题又开始重新浮出水面。其中对沙特王国最大的威胁来自于由哈西姆家族的阿卜杜拉国王统治下的外约旦①。哈希姆家族和沙特家族之间矛盾深厚，阿卜杜拉国王作为哈希姆家族的领袖，一直怀有统一整个阿拉伯世界的宏伟计划。早在二战期间，外约旦和伊拉克的哈希姆家族成员就在积极酝酿领土扩张方案。当外约旦在1946年上半年结束英国委任统治、正式宣布独立之后，国王阿卜杜拉就明确对外宣称外约旦独立之后的首要任务就是要实现哈希姆家族领导下的、包括“叙利亚、伊拉克、黎巴嫩、外约旦、阿拉伯半岛若干地区和巴勒斯坦”领土在内的“大叙利亚计划”。阿卜杜拉不仅在这项计划当中表露出了对沙特部分领土的野心，还在日常的外交宣传中加入了许多反沙特的内容。在1949年6月12日，根据电台广播的内容，阿卜杜拉为了表示对巴勒斯坦难民的同情，在对他们的发言中将“沙特占领汉志比作以色列占领巴勒斯坦”，这些都引起了伊本·沙特的不安。

沙特政府在这段时期不仅极力阻止外约旦与伊拉克、叙利亚等国的联合计划，还化被动为主动，向新独立的外约旦提出了领土要求。在1946年6月25日，沙特政府正式向英国政府表示“要求外约旦政府归还亚喀巴和马安”，理由是这两座城市在历史上从来都是沙特汉志地区的一部分。② 伊本·沙特认为虽然在沙特王国成立初期曾在英国要求下将亚喀巴和马安划

① 外约旦是1921年在英国在对巴勒斯坦地区实行“委任统治”期间，以约旦河为界，将巴勒斯坦分为东、西两部分，其中东巴勒斯坦地区单独立国，命名为外约旦；1950年4月24日，外约旦与约旦河西岸部分地区合并，改名为约旦。

② Penelope Tuson, Anita L. P. Burdett, *Records of Saudi Arabia: Primary Documents 1902-1960*, v. 8, p. 67.

归外约旦所有，但是“根据1925年英沙两国签署的《哈达协定》第14条规定，内志和外约旦边界的划定只有在英国委任统治时期才具有法律效力”，① 因此沙特政府有权在英国结束委任统治之后重新收回这两座城市的主权。此外，伊本·沙特还要求获得直达叙利亚的陆上通道，目的在于加强与叙利亚的联系，共同反对阿卜杜拉的阴谋。从根本上来讲，沙特提出的这些要求不仅仅是为了获得领土，更是为了削弱外约旦、破坏阿卜杜拉的“大叙利亚计划”、避免成为哈希姆家族假借阿拉伯民族主义进行领土扩张的牺牲品。对于伊本·沙特的要求，外约旦政府坚决反对，外交部长萨米尔·里法伊（Samir Rifai）在1946年7月11日向英国政府明确表示“只有从委任统治政府继承下来的全部领土才是外约旦愿意接受的最后边界”。②

然而独立之后的外约旦仍然和英国关系密切，这也成为了伊本·沙特较为忌惮的因素。1946年签订的《英国—外约旦条约》虽然宣告了外约旦的独立，但也保留了英国与外约旦之间的特殊关系。最重要的是，外约旦仍然保留了一支先前由英国帮助组建的、战斗力很强的阿拉伯军团，这支军队在外约旦独立之后仍然可以得到英国在资金、武器和人员训练方面的援助。仅仅在资金方面，英国每年就向其提供200万英镑的援助。③ 沙特政府在1947年11月23日递交给英国的备忘录中明确表示，沙特并不畏惧哈希姆家族，只是对英国政府给予外约旦的支持表示担心。伊本·沙特甚至很直白地表示“失去英国支持的哈希姆家族并不足以对沙特构成威胁，但事实上正是由于外约旦与英国签订的条约助长了他们反对沙特的气焰”。④ 尽管英国政府强调阿拉伯军团只用于外约旦国内安全和防御需要，不会用于对外扩张，但是伊本·沙特并不认同。他认为，“如果一旦这支部队现在

① Daniel Silverfarb, “The Treaty of Jiddah of May 1927,” *Middle Eastern Studies*, Vol. 18, no. 3 (July 1982), p. 276.

② William Roger Louis, *The British Empire in the Middle East: 1945 - 1951*, Oxford: Oxford University Press, 1988, p. 359.

③ Wm Roger Louis, *The British Empire in the Middle East: 1945-1951*, Oxford: Oxford University Press, 1988, p. 355.

④ Penelope Tuson, Anita L. P. Burdett, *Records of Saudi Arabia: Primary Documents 1902-1960*, v. 8, p. 110.

将矛头指向我，那除了安拉之外没有任何力量可以拯救我”。[①]

为了遏制阿卜杜拉的扩张计划，伊本·沙特希望从英国那里获得对沙特领土问题的明确保证，但是英国政府的做法却让伊本·沙特大为失望。首先，英国政府认为现在的外约旦已经是一个独立国家，英国无权对外约旦的外交、军事计划做出干涉；[②] 其次，关于阿卜杜拉的“大叙利亚计划”，1947 年 6 月 6 日，英国外长贝文写信给沙特指出，当前没有证据表明外约旦与伊拉克之间正在商讨的组建联盟的计划针对的是沙特或者其他国家，并鼓励沙特与外约旦政府直接协商沟通。[③] 英国下院会议在 1947 年 7 月 14 日也通过决议表示“英国不会干涉大叙利亚计划，英国政府会更加重视中东的和平和稳定”；[④] 最后，英国在 1949 年 8 月 6 日还对目前英国的中东政策做出明确阐释，表示“英国将把中东地区打造得更加团结和富强，英国坚决反对任何一个中东国家凭借暴力手段针对其他国家，英国会尽其所能阻止此类事件的发生”。[⑤] 从以上内容不难看出，尽管英国发表了“保持中东和平稳定”的一般性声明，但是考虑到英国与外约旦特殊的政治、军事关系，这很难保证英国在沙特与外约旦爆发冲突时会坚定地站在沙特一边，因此英国实际上拒绝了沙特政府提出的领土保证要求，英国政府的态度与伊本·沙特的期望相去甚远。

英国不愿意给予沙特希望的那种领土保证与沙特自身的战略地位变化密切相关。1947 年夏天英国从印度撤离，昔日沙特对于“维护英国与印度之间陆上和空中交通线路”的战略作用不复存在，英国对沙特的关注点也在悄然发生变化。如今的中东正日益成为苏联和西方国家争夺的重点地区，而沙特由于其是“重要的国际产油国、有宗教影响力的伊斯兰国家并具有

---

① Penelope Tuson, Anita L. P. Burdett, *Records of Saudi Arabia*: *Primary Documents 1902-1960*, v. 8, p. 98.

② Ibid., p. 63.

③ Shafi Aldamer, *Saudi Arabia and Britain*: *Changing Relations*, *1939-1953*, p. 125.

④ Ibid., p. 126.

⑤ Penelope Tuson, Anita L. P. Burdett, *Records of Saudi Arabia*: *Primary Documents 1902-1960*, v. 8, p. 175.

国际地缘战略因素的地位”，自然会成为战后两大阵营争取的对象。① 在1947年秋天英美两国举行的华盛顿会谈中，双方在“维护中东的普遍安全”和“保护该地区免受共产主义的侵袭”方面达成共识。然而此时不断激化的关于沙特—外约旦的领土争议问题不仅会恶化当事国之间的关系，也会破坏英美两国对中东地区的总体战略构想。因此，1948年4月28日英军驻中东地区的总司令J·克拉克（J. Crocker）将军和驻沙特大使艾伦·特洛特（Alan Trott）在访问利雅得期间表示：“现在中东地区所面临的威胁与以往大不相同，这并不是英国单方面的保证就能解决的。英国也不认为沙特或者所有的阿拉伯国家联合起来就足以抵御一个超级大国的进攻，除非提前做好准备，否则这样的抵抗甚至不能坚持到英国的援助到达。”②

英国政府对待此事的态度引起了伊本·沙特的不满。从建国伊始，伊本·沙特就把抵御周边国家的威胁作为沙特立国的首要任务，这同样也是维系英沙两国关系的重要基础。③ 为此，英沙两国在二战结束之前建立了密切的合作关系。然而在战后对待伊本·沙特最为关注的国家领土争议问题时，英国不仅不愿意承担任何义务，还对阿卜杜拉带有浓厚扩张性质的“大叙利亚计划”采取放任的态度，这些都让伊本·沙特倍感心寒。尽管后来阿卜杜拉迫于邻国压力，表面上放弃了“大叙利亚计划”，但是伊本·沙特已经逐渐意识到英国不再是一个可以完全依靠的对象，两国在国家安全意识方面的巨大差异也使双方的合作基础大为削弱。如果说二战之后英国实力的下降使英沙关系有所疏远，那么英国对于沙特国家领土问题的漠视则使英国失去了沙特的信任。

① Shafi Aldamer, *Saudi Arabia and Britain: changing Relations, 1939-1953*, pp. 145-146.

② Penelope Tuson, Anita L. P. Burdett, *Records of Saudi Arabia: Primary Documents 1902-1960*, v. 8, pp. 98-102.

③ Askar H. Al-Enazy, *The Creation of Saudi Arabia: Ibn Saud and British Imperial Policy, 1914-1927*, pp. 33-34.

二、“约旦教官”问题与达曼会议的召开

在沙特与北部的约旦之间的边界问题尚未平息之时，沙特的东南部边界上又有一场新的危机在悄然酝酿。1950 年底，英国政府计划为波斯湾沿岸的特鲁西尔酋长国组建一支小型警察部队。[①] 为了更好地训练这支部队，英国政府打算从约旦的阿拉伯军团中为这支部队引入一定数量的约旦籍教官。对于组建这支部队的目的，英国外交部官员 R·博克（R. Bowker）解释说：“这是为了限制奴隶运输、护送英国政治代表、保护特鲁西尔诸国内部安全”，而且这支部队的规模不超过 100 人，其中包括 35 名约旦教官。在完成训练任务之后，这些约旦教官就会立即返回本国。此外，英国政府保证这支部队会尽力避免介入所在国内部的政治事务。[②] 然而此事还是引起了沙特政府的警觉，并在一段时期内成为引起英沙双方争议的话题。

伊本·沙特本人对这支部队中引入约旦教官的做法非常反感。1951 年 1 月 9 日，优素福·雅辛（Yusuf Yassin）以伊本·沙特的名义对该部队的组建正式向英国政府提出抗议。[③] 伊本·沙特反对该部队的组建有两个原因：首先，这支部队对沙特东部边界的安全构成了潜在威胁；其次，这支部队中约旦教官的加入无形中使沙特在战略上面临着来自哈希姆家族军队从南北两方夹击的危险，这是伊本·沙特绝对不能容忍的。尽管英国大使艾伦·特洛特向沙特保证“组建这支小型部队纯粹是出于波斯湾西岸酋长国内部的需要，绝对没有任何针对沙特的目的”，但是伊本·沙特并不认同，他认为“以任何借口将约旦士兵放在沙特边界都会对他的国家构成一种事实上的威胁，这样的效果就等同于将苏联士兵驻扎在英国边界一样”。[④] 因

---

① Penelope Tuson, Anita L. P. Burdett, *Records of Saudi Arabia*: *Primary Documents 1902–1960*, v. 8, p. 314.

② Jane Priestland, *The Buraimi Dispute*: *Contemporary Documents*, *1950–1961*, v. 2, p. 220.

③ Penelope Tuson, Anita L. P. Burdett, *Records of Saudi Arabia*: *Primary Documents 1902–1960*, v. 8, p. 472.

④ Ibid., p. 472.

此，伊本·沙特要求英国政府修改这支部队的组建计划，表示即便他可以接受这支军队的存在，也要严格控制军队规模，而且绝不允许约旦教官参与其中。

英国政府认为伊本·沙特夸大了来自这支普通警察部队的威胁，拒绝按照沙特的要求对“约旦教官”计划做出调整。英国外交部东方事务部官员杰弗里·弗朗（Geoffrey Furlonge）在1951年5月21日的备忘录中分析认为，伊本·沙特对哈希姆家族的敌对情绪使其对约旦人员在沙特边界的行动过于敏感。对于英国而言，波斯湾沿岸的诸多酋长国是英国的保护对象，为了维护波斯湾地区的安全与稳定以及巩固战后英国在波斯湾的地位，英国没有必要在该问题上对沙特做出太多让步。①

尽管英国拒绝了伊本·沙特的要求，但还是希望在一定程度上能够安抚伊本·沙特的紧张情绪，而且除了“约旦教官”问题之外，沙特与阿拉伯半岛东南部诸多酋长国的边界问题也一直悬而未决，英国政府希望借此机会和沙特政府进行直接的交流。② 于是，1951年5月28日英国大使艾伦·特洛特代表英国政府向沙特发出会谈邀请。从1951年8月7日到25日，费萨尔亲王在伦敦和英国代表举行了数次会议，讨论的话题主要包括特鲁西尔部队的“约旦教官”问题、部分波斯湾岛屿归属以及阿拉伯半岛东南部国家边界等问题。③

在伦敦会谈前夕，约旦国王阿卜杜拉在1951年7月20日不幸遇刺身亡，这个事件不仅解除了伊本·沙特对哈希姆家族的担忧，而且使伦敦会谈的重点也发生了变化。约旦国王的继任者明确表示放弃阿卜杜拉的“大叙利亚计划”，并将缓和与阿拉伯国家的关系、专心致力于国内建设以及巴勒斯坦问题的解决。④ 因此，约旦未来对于沙特的威胁逐渐消失，伊本·沙

---

① Shafi Aldamer. *Saudi Arabia and Britain: Changing Relations, 1939-1953*, p. 183.

② 随着30年代初沙特与美国石油租让协定的签署，1935年沙特政府曾致信英国政府，希望通过谈判与英国就沙特东南部边界问题进行商讨，但之后由于二战的爆发，英沙谈判被迫暂停。

③ Jane Priestland, *The Buraimi Dispute: Contemporary Documents, 1950-1961*, v. 2, p. 220.

④ Asher Susser, Aryeh Shmuelevitz, *The Hashemites in the Modern Arab World*, London: Frank Cass, 1995, p. 88.

特不再对英国创建的特鲁西尔部队计划提出异议。英沙政府伦敦会谈的内容也转移到了波斯湾部分岛屿的归属和阿拉伯半岛东南部边界问题的讨论。双方初期交流较为顺利，在涉及关于沙特与巴林、科威特之间波斯湾岛屿的归属以及海床的划界问题时达成了一致意见。但是，双方对于阿拉伯半岛东南部陆地边界的谈判却出现了重大分歧，这也直接导致了伦敦会谈的破裂。①

事实上，阿拉伯半岛东南部的陆地边界问题在历史上一直存在，但是直到20世纪上半叶随着石油资源的发现，这里才真正引起各方关注。伊本·沙特坚持认为争议地区在历史上都是沙特的领土，理由是当地部落效忠于沙特王室，并一直向沙特政府缴纳天课（Zakat，即济贫税）。1949年10月14日，沙特政府还向英国递交了对沙特东南部边界的具体声明文件，其中就把布赖米，利瓦（Liwa）和扎西拉（Dhahirah）这些争议地区划入沙特版图。② 对于边界划分的依据，英国与沙特的看法不同，英国认为“沙特从不断迁移的游牧部落手中征收天课的行为并未构成国际法中‘主权’的充分依据”，还认为“阿拉伯半岛东南部边界的划分应以1913年7月29日和1914年3月9日的英土会谈中规定的内容作为法律依据”，即上述争议地区毫无疑问应该归属卡塔尔和阿布扎比等酋长国所有。③

达曼特别会议的举行正是为了解决“沙特与卡塔尔、阿布扎比北部之间的边界问题”。该会议是由沙特代表费萨尔在伦敦会谈破裂时主动提出的，并得到了英国政府的积极回应。英国认为边界问题的尽早解决不仅有利于维护战后波斯湾和阿拉伯地区的稳定，也有利于在该地区石油资源的进一步开发。④ 1952年1月28日，达曼会议如期召开，虽然参会人员来自四个国家，其中包括沙特代表费萨尔、英国驻波斯湾代表卢伯特·海（Rupert Hay）、阿布扎比酋长国酋长夏克布·伊本·苏尔坦（Shakhbut Ibn

---

① Jane Priestland, *The Buraimi Dispute: Contemporary Documents, 1950-1961*, v. 2, p. 220.

② Penelope Tuson, Anita L. P. Burdett, *Records of Saudi Arabia: Primary Documents 1902-1960*, v. 8, p. 422.

③ Ibid., pp. 423-424.

④ Ibid., p. 489.

Sultan）和卡塔尔国王阿里·阿勒萨尼（Ali Al-Thani），但是其中会议的主角是英国和沙特两国的代表。

英沙两国起初对达曼会议都抱有很大期望，并各自制定了不同的策略。沙特希望与卡塔尔、阿布扎比的代表直接谈判，认为这种方式对沙特更加有利。在1月29日讨论沙卡边界的时候，卡塔尔国王阿里由于与伊本·沙特关系密切，表示会无条件接受沙特国王对两国边界的裁决，但他的声明立刻遭到英国代表的否决。① 英国参会的目的是希望借助达曼会议阐明英国立场，消除沙特政府1949年领土声明的影响，将波斯湾沿岸诸多酋长国纳入到英国的规划之中。因此，英国代表卢伯特·海反对卡塔尔国王的声明，并声称只有英国才有权力代表波斯湾诸国处理对外关系事务。不仅如此，卢伯特·海在1952年1月29日和30日分别代表卡塔尔和阿布扎比两国发表了与沙特边界争议的声明，将之前明显属于沙特的大片领土合并到这两个国家的范围内，这同样遭到沙特政府的坚决抗议。② 由于分歧无法弥合，各方只好在1952年2月14日宣布达曼会议暂时休会。

达曼会议的召开不仅未能解决沙特与波斯湾沿岸诸多酋长国之间的边界问题，反而使英国与沙特之间的裂痕不断扩大。伊本·沙特起初认为英国撤出了印度，应该也会逐步结束与波斯湾沿岸国家之间的关系，但是英国却在自身实力下降的情况下加强了对波斯湾诸多酋长国的控制。阿布扎比和卡塔尔虽然保留了国家的身份，但实际上却是英国的附庸，四国举行的达曼会议俨然成为了英沙两国争夺的舞台。如果说在之前的“大叙利亚计划”问题上，来自阿卜杜拉的威胁是潜在性的，而且英国的身份更像是居于第三方的调解者，尽管英国并没有满足沙特边界保证的愿望，但至少英国没有刻意去损害沙特的国家利益，那么如今英国第一次以反对者的身份站在了沙特国家利益的对立面，这对沙特政府，尤其是对伊本·沙特本人带来的影响是极其深刻的。为了各自的战略利益和经济需要，英沙两国之间从合作关系转变成了直接的竞争关系，之前牢不可破的英沙友谊很快

① Richard N. Schofield, *Arabian Boundary Disputes*, v. 16, p. 656.

② Abdulrahman Al-Shamlan, *The Evolution of National Boundaries in the Southeastern Arabian Peninsula: 1934–1955*, pp. 250–254.

面临着土崩瓦解的局面。

三、布赖米危机的产生与英沙关系的恶化

达曼会议的失败掀开了英沙两国斗争的序幕，双方均对谈判协商的解决方式失去信心。伊本·沙特认为英国立场强硬的原因是沙特缺少在谈判桌上的有利筹码，因此他计划通过在争议地区建立实际统治，以造成既定事实的方法给英国施压。在争议区域当中，布赖米绿洲地区成为沙特的首选目标。布赖米绿洲位于沙特、阿曼和阿布扎比交界处，面积约 1985 平方公里。这里气候炎热、贫困且落后，但是因为可能蕴藏有丰富的油气资源而成为各方争夺的对象。[①] 伊本·沙特认为布赖米地区的部落在历史上和沙特存在紧密联系，是沙特领土的一部分，因此沙特政府在 1949 年发布的领土声明中就明确将布赖米绿洲划入本国领土范围，而且在伦敦会谈和达曼会议中从未将该地区列为讨论的议题。

伊本·沙特很快将计划付诸实施，抢先在争议地区建立统治机构。在 1952 年 8 月 31 日，在哈马萨（Hamasa，布赖米绿洲主要定居点之一）酋长沙米斯（Rashid Bin Hamad Al Bu Shamis）的邀请下，伊本·沙特派遣以图尔基·伊本·阿泰山（Turki Ibn Utaishan）为首的沙特官方代表团抵达哈马萨，不仅接管了酋长沙米斯的权力，而且对外宣布图尔基是整个布赖米地区的最高行政长官。[②] 根据英国媒体的报道，沙特代表团包含 50 名士兵和 30 名官员，英国政府认为他们的这种行为是沙特军队公然占领布赖米的表现。[③] 因此沙特政府的行动不仅造成了与波斯湾沿岸诸多酋长国之间的紧张关系，也使英沙两国之间进入直接的对峙状态。沙特的这种冒险行为实际上是放弃了任何和英国改善关系的希望，开始以获得领土作为自己的唯一

---

① 王铁铮、林松业：《中东国家通史·沙特阿拉伯卷》，北京：商务印书馆，2004 年，第 146 页。

② Abdulrahman Al-Shamlan, *The Evolution of National Boundaries in the Southeastern Arabian Peninsula: 1934-1955*, p. 267.

③ Michael Quentin Morton, *Buraimi: The Struggle for Power, Influence and Oil in Arabia*, p. 102.

目的。

英国随即通过一系列的外交、军事措施立场鲜明地表达了对沙特政府的抗议。1952 年 9 月 15 日英国驻吉达代办 D · M · 里奇斯（D. M. Riches）向伊本 · 沙特阐述了英国政府的立场，他认为布赖米绿洲属于 1951 年伦敦协议中所覆盖的区域，一部分属于阿布扎比，另一部分属于马斯喀特苏丹，英国政府要求沙特立刻遣返图尔基，还表示“如果沙特不立刻做出改变，英国将采取必要措施保护自己利益”。[①] 为了显示英国的强硬态度，英国政府派遣驻波斯湾军队进驻布赖米地区。在 1952 年 9 月 18 日，英国在距离哈马萨 4 公里处建立了军事哨所，此外英国政府还指示驻在沙迦的英国皇家空军低空飞过哈马萨，以此对沙特进行军事威胁。[②] 到 1952 年 10 月，双方在布赖米的对峙继续加强，武装冲突的可能性进一步加大，双方态度都极其强硬，伊本 · 沙特甚至一度表示“他宁愿图尔基死在那里，也不愿意将其撤出”。[③]

双方的紧张关系也引起了外界的关注，1952 年 10 月 26 日在美国的外交斡旋下，英沙双方签署了关于布赖米问题的《布赖米搁置协定》（Buraimi Standstill Agreement）。[④] 这份协议暂时平息了双方紧张局势，双方转而利用外交函件等方式来阐述各自的立场。沙特认为布赖米绿洲几乎所有的部落在历史上都属于沙特，而且真诚效忠于沙特王室，应该尊重他们的意愿，成立由沙特、英国和美国代表组成的三方委员会以公民投票的方式来决定布赖米绿洲的归属。至于剩余的土地，沙特建议重开达曼会议进行讨论；英国政府坚决反对公民投票的方式，他们认为沙特在该地区的部落中有很大影响力，且惯常会利用一些经济手段对投票活动施加影响，因此英国要

---

① Jane Priestland, *The Buraimi Dispute: Contemporary Documents, 1950-1961*, v. 2, pp. 474-475.

② Ibid., p. 531.

③ Michael Quentin Morton, *Buraimi: the Struggle for Power, Influence and Oil in Arabia*, p. 104.

④ Abdulrahman Al-Shamlan. *The Evolution of National Boundaries in the Southeastern Arabian Peninsula: 1934-1955*, p. 269.

求通过仲裁方式解决。[1] 在 1953 年 1 月 5 日，英国政府重新提出将整个争议提交仲裁，并在没有得到沙特的回复的情况下就单方面加强了在特鲁西尔酋长国国内的军事力量：2 月 18 日英国军舰的到达迪拜；2 月 21 日英国派遣的 180 名士兵到达沙迦机场；2 月 26 日另外 380 名士兵到达沙迦，这让伊本·沙特真切感受到了来自英国的军事威胁。[2]

沙特对英国破坏协议的行为表示抗议，还警告英国政府会将布赖米争议公开化，希望借助外部力量共同制衡英国。英国政府不甘示弱，在 1953 年 3 月 6 日，其率先通过英国广播公司广播对外表明了英国在布赖米问题上的立场。第二天，沙特正式对外公布包括《布赖米搁置协定》在内的相关文件以及英国违背协定的证据。[3] 这是沙特政府继前一年派遣图尔基到达哈马萨之后的第二个重大决定。沙特政府希望通过这种媒体宣传活动，不仅可以制止英国在布赖米的军事行为，还可以动员阿拉伯民众甚至包括美国舆论共同反对英国的做法。然而沙特的宣传活动也附带有很大风险，因为这样的宣传无论成功与否，都会给英沙关系带来难以挽回的伤害。

英沙两国的矛盾经过媒体的宣传彻底暴露给外界，英国虽然遭到了来自各方的压力，但并未如伊本·沙特所设想的那样受到钳制，反而在积极筹划更为激进的行动。1953 年 4 月 2 日英国致电沙特政府，指责后者"没有认真履行关于争议地区的《布赖米搁置协定》，反而在协定签署之后加强了对当地部落酋长和民众的笼络"。鉴于沙特的这些不当举措，英国政府表示会"保留在与布赖米相关事务上的行动自由"。[4] 英国此番表态意味着其很可能会单方面放弃《布赖米搁置协定》的约定，为了保护特鲁希尔海岸酋长国的利益不惜进一步激化与沙特之间的矛盾。随即在 1953 年 4 月 10 日，英国封锁了哈马萨，切断了图尔基与外界的粮食补给线；在包括利瓦绿洲在内的大多数争议地区上建立起军事哨所。

---

① Abdulrahman Al-Shamlan. *The Evolution of National Boundaries in the Southeastern Arabian Peninsula*：*1934-1955*, pp. 269-270.

② Jane Priestland, *The Buraimi Dispute*：*Contemporary Documents*, *1950-1961*, v. 3, p. 82.

③ Ibid. , p. 102.

④ Ibid. , p. 21.

英军封锁布赖米的消息使沙特政府倍感压力，伊本·沙特不得不采取“以退为进”的妥协策略，即通过对英国的些许让步换取在边界问题上讨论的主动权。伊本·沙特十分了解英军的强大实力，尽管二战之后的英国实力大不如前，但依然还保有巨大的政治、军事力量。如果一旦双方爆发军事冲突，他之前所担心的所谓的“国家安全”和“个人荣誉”都会荡然无存。因此伊本·沙特不得不收敛锋芒，在布赖米问题上对英国做出妥协，但他同样也提出了一些条件。在1953年4月19日与英国大使乔治·佩勒姆（George Pelham）会谈期间，伊本·沙特基本同意了英国政府提出的仲裁建议，但同时要求英国首先将事态恢复到4月2日之前的状态、撤出在争议地区的英国军队、解除对哈马萨的封锁。[①] 然而英国坚持要求将沙特方面把图尔基等人从布赖米撤出作为英国解除封锁的先决条件，这个问题也成为之后的几个月时间内双方争议的焦点问题，迟迟不能达成一致。[②] 英国政府认为沙特表面上接受英国的建议，实际上却在制造争议，拖延对问题的解决。因此在1953年6月底，英国还在研究动用武力驱逐图尔基的可能性。[③]

1953年9月之后由于伊本·沙特的个人健康原因，沙特政府才最终调整政策，在布赖米问题上对英国做出全面让步。[④] 由于沙特国王病情的急剧恶化，沙特国内的政治形势变得非常微妙。为了防止国内外势力利用沙特王位继承问题挑起事端，沙特政府需要立即修复与英国的关系，迅速结束双方在布赖米地区的对峙状态。在1953年9月25日，沙特驻伦敦大使谢赫·哈菲兹·瓦赫巴（Sheikh Hafiz Wahba）代表沙特政府向英国表示愿意首先将图尔基等人从哈马萨地区撤出，而且不在争议地区继续从事笼络民众的活动。[⑤] 这是从布赖米危机发生以来沙特政府第一次明确表示愿意将图

---

① Richard N. Schofield, *Arabian Boundary Disputes*, v. 18, p. 730.

② Ibid., p. 761.

③ Jane Priestland, *The Buraimi Dispute: Contemporary Documents, 1950-1961*, v. 3, p. 348.

④ 根据沙特政府的消息，伊本·沙特在9月突发疾病，而且病情恶化很快，并于1953年11月9日去世。

⑤ Penelope Tuson, Anita L. P. Burdett, *Records of Saudi Arabia: Primary Documents 1902-1960*, v. 8, p. 559.

尔基撤出布赖米。英国对沙特的决策表示满意，也随即搁置了对布赖米的武力解决方案，并于 1953 年 10 月 9 日表示愿意重新和沙特政府进行相关事务的磋商。①

英国和沙特关于布赖米绿洲归属问题的冲突虽然暂时缓和下来，但是在经历过上述这一系列事件之后，尤其是在布赖米危机的影响下，两国的关系急转直下，这也为沙特政府在 1956 年正式断绝与英国的关系埋下伏笔。英国从此结束了与沙特的政治、军事合作关系，在未来处理中东事务时不再被沙特因素所羁绊，而沙特也放弃了自从建国以来就精心缔造的英沙特殊关系，彻底转向美国，寻求来自后者的庇护，为以后的美沙关系的迅速发展打下基础。至此，维持了近半个世纪之久的、历经两次世界大战洗礼的英沙友谊也彻底宣告结束。

四、结语

无论是从沙特的角度还是从英国的角度，沙特的领土安全问题在英沙两国关系中都占据着重要地位，几乎影响到了英沙关系发展的所有阶段。在一战和二战期间，英沙两国的合作关系为沙特提供了安全的保障，巩固了沙特家族的政权；与此同时，沙特王国也成为了这段时期大英帝国安全锁链中的重要一环。然而随着二战的结束和世界政治局势的变化，这些昔日维持两国关系顺利发展的基础遭到严重削弱。

1946—1953 年期间英沙两国关系的变迁是战后英国战略收缩的必然结果，但是英国的这种战略调整并非如伊本·沙特所设想的“全面撤出中东”，而是有所取舍，甚至在某种程度上加强了对中东某些战略要地的控制。② 自从 1947 年英属印度殖民地独立以来，沙特在英国对外战略中的地位大为降低。相对于沙特而言，约旦和波斯湾诸多酋长国位于重要的海上交通线路，它们在英国人眼中的战略价值依然重要，因此战后英国仍然对

① Penelope Tuson, Anita L. P. Burdett, *Records of Saudi Arabia: Primary Documents 1902-1960*, v. 8, pp. 566-568.

② J. Kelly, *Eastern Arabian Frontiers*, London: Faber & Faber, 1964, pp. 153-155.

这里保持着较为严密的控制，沙特对上述国家的领土要求必然会直接触及英国的利益。如果必须让英国在它们其中做出取舍，那么沙特就必定会成为英国总体战略调整的牺牲品。

沙特与英国的冲突在很大程度上也是双方在地区和国家安全问题的认识上存在巨大分歧的结果。战后的英国认为中东地区当时最大的安全威胁来自于北部的苏联的扩张，但是在伊本·沙特看来，传统的国家领土边界问题远比所谓“共产主义”国家的威胁来得更为实际和紧迫。现代沙特王国自从复兴以来一直保持着“被敌人包围的岛国的孤独感”，[①]这种危机感源自沙特国家独特的生存环境和宗教身份，沙特王国也因此与许多邻国矛盾冲突不断并一直延续至今，其中很多是以边界冲突的形式表现出来。为了维护国家领土完整，避免重蹈第一、第二沙特王国灭亡的覆辙，从建国伊始，伊本·沙特就抛弃宗教意识形态的差别、秉持现实主义的外交理念，寻求英国制衡下的阿拉伯半岛政治格局。战后英国在中东地区的战略收缩使沙特失去了之前的那种“大国主导下”的安全感，沙特对英国的态度也会随之产生变化，这也是后来英沙关系逐渐疏远、美国能够取而代之的重要原因。伊本·沙特的这种国家安全观念和外交思想在一定程度上被后来的沙特统治者所吸收，为当代沙特的政治和外交方略的形成留下了深深的烙印。

---

① David E. Long, *The Kingdom of Saudi Arabia*, University Press of Florida, 1997, p. 107.

“权力”与“权利”的博弈

——五角大楼文件案与美国宪政的挑战

滕凯炜*

摘　要　五角大楼文件案是美国历史上联邦政府第一次以“国家安全”为由事先限制新闻出版的案例。本文从“权力和权利”的视角来检视五角大楼文件案中美国各方力量的角力，展示“权力”（包括国家和政府权力）与“权利”（公民的个人和集体权利）之间的复杂关系：一是政府不同分支之间的权力建构和分配；二是公民权利的享有、维护和诉求；三是“权力”与“权利”的互动与博弈。借助此案，政府批评者将美国宪政的分权原则和公民权利话语结合起来，在公共领域、国会和最高法院等平台抵制尼克松政府的越权行为。同时，该事件刺激尼克松政府采取了更为激进的“反异议者政策”，为水门事件及“帝王式总统”的谢幕埋下了伏笔。

关键词　五角大楼文件案　国家安全国家　权力与权利　美国宪政

* 滕凯炜，北京大学历史学系博士研究生。

"五角大楼文件案"被认为是美国历史上首例联邦政府以"国家安全"为由事先限制新闻出版的案例。学术界的研究历来集中在从法理的角度阐释"国家安全"与"新闻自由"的论争，进而讨论第一修正案所谓"表达自由"的适用性问题。在这种解释框架下，五角大楼文件案被限定在几个重要的法庭审判上，特别是最高法院的审判。① 此外，学术界研究的另一个重点是探究政府与新闻界的关系，阐述事件的结果对尼克松政府和新闻界产生了哪些影响，有些学者还借此分析了媒体在外交决策中的作用。②

然而，上述两种研究路径都未能将该事件置于美国宪政发展的宏观历史语境下加以分析。实际上，在五角大楼文件案中，国家安全这一极端例外状态所触动、牵扯和呈现的远不止新闻自由一端，而是美国宪政秩序里"权力"（包括国家和政府权力）与"权利"（公民的个人和集体权利）之间的复杂关系：一是在国家安全事务上政府不同分支之间的权力建构和分

---

① 参见 David Rudenstine, *The Day the Presses Stopped*: *A History of the Pentagon Papers Case*, Berkeley: University of California Press, 1996; Floyd Abrams, *Speaking Freely*: *Trials of the First Amendment*, New York: Viking, 2005; Susan Dudley Gold, *The Pentagon Papers*: *National Security or the Right to Know*, New York: Benchmark Books, 2004; John Prados and Margaret Pratt Porter, eds. , *Inside the Pentagon Papers*, Lawrence: The University Press of Kansas, 2004; Geoffrey A. Campbell, *The Pentagon Papers*: *National Security versus the Public's Right to Know*, San Diego: Lucent Books, 2000; Louis Henkin, "The Right to Know and the Duty to Withhold: The Case of the Pentagon Papers," *University of Pennsylvania Law Review*, Vol. 120, No. 2 (December 1971), pp. 271-280。国内从法理学角度进行研究的代表著作有邱小平：《表达自由：美国宪法第一修正案研究》，北京：北京大学出版社，2005年；颜廷、任东来：《美国新闻出版自由与国家安全——以 1971 年五角大楼文件案的研究为中心》，《新闻与传播研究》2008 年第 6 期。从宪政史的宏观角度考察五角大楼文件案是受到王希《原则与妥协：美国宪法的精神与实践》（北京：北京大学出版社，2014 年）一书的启发。该书指出，冷战时期美国宪政最突出的特点是，国内安全的需要与维护美国公民的宪法权利的需要发生尖锐冲突。而"五角大楼文件案"在一定程度上表现了最高法院对于公民权利的保护，同时该案也成为美国"帝王式总统"宪政衰落的前奏。

② 参见 David Halberstam, *The Powers That Be*, New York: Alfred A. Knopf, 1979; Joseph Spear, *Presidents and the Press*: *The Nixon Legacy*, Cambridge: MIT Press, 1984; Louis Liebovich, *Richard Nixon*, *Watergate*, *and the Press*, Westport, CT: Praeger. 2003。涉及外交决策与新闻界关系的有 Martin M. Shapiro, eds. , *The Pentagon Papers and the Courts*: *A Study in Foreign Policy-making and Freedom of the Press*, San Francisco: Chandler, 1972; Nicholas O. Berry, *Foreign Policy and the Press*: *An Analysis of The New York Times' Coverage of US Foreign Policy*, New York: Greenwood, 1990。

配；二是言论自由、知情权和法律正当程序等权利的边界，公民的个人与集体权利的享有、维护和诉求；三是“权力”与“权利”的互动与博弈。换言之，该事件关系到一个更为核心的问题：面对不断扩张和内化的“国家安全国家”（National Security State），美国宪政实践中“权力”与“权利”之间的张力前所未有的暴露和凸显。本文即选取“权力与权利”的视角，重新检视五角大楼文件案中不同力量的角力，包括行政部门、国会、法院、非政府组织、新闻媒体以及知识分子，观察角力的过程和结果如何改变了“权力”和“权利”体制的设置，从而影响了美国宪政实践的发展。

一

1968年，尼克松以“法律与秩序”的竞选口号赢得总统大选，然而，60年代末与70年代初的美国社会却陷入了前所未有的分裂与混乱之中。随着美国在越南问题上越陷越深，冷战共识几近瓦解，各种社会思潮和社会运动相继出现。[①] 在这种深刻的转变中，有两种社会动向值得注意：一是“国家安全国家”的内部出现裂缝。在反战思潮影响下，一批政府内部的高级官员开始反思越战政策，他们认为现行政策是错误的，必须加以调整。但是，他们的观点却不见容于当权者，且自身也逐渐被孤立于核心权力层之外。在这种情况下，有些人选择辞职，如国防部长罗伯特·麦克纳马拉（Robert Strange McNamara），而有的人经过激烈的思想斗争后，选择将政府机密公开，成为“吹哨者”（Whistle-Blower）[②]；二是“冷战共识”破灭后，民众对政府的不信任感增强，一批社会精英不满于行政部门垄断国家权力，要求获得更多的知情权、表达权和参与权。他们提出的一个基本问题是，冷战形势下人民是否有权了解政府的运作？这是杰弗逊式自由主义观念在新的历史条件下的表达，即为了得到明智的公共决策，就必须有事先的广泛的公众讨论。充分的讨论是一个民治政府体系的关键因素，而表达自由

① 参见 Michael W. Flamm, *Law and Oder*: *Street Crime*, *Civil Unrest*, *and the Crisis of Liberalism in the 1960s*, New York: Columbia University Press, 2005。

② “吹哨者”指的是那些在组织内部任职，但却挺身而出揭露组织的不轨或不法行为的人。

的目的是使公民能够在知情的情况下就公共问题做出决定，以此避免出现自利的代表制以及政府权力为私人派系所窃取。① 在这种思想下，各种非政府组织、新闻界与部分国会议员组成了松散的联盟，从立法和司法两个方面来保护公民的知情权和自由表达权。然而，上述两种社会动向都遭到了尼克松政府的强烈抵制，行政部门的“秘密”倾向更为严重，并采取了一系列措施来打压不同政见者的活动。这些措施被统称为“反异议者政策”（Anti-dissent Policies）②。充分把握上述社会动向与尼克松政府的反应，是理解五角大楼文件案何以发生和扩大的关键。

编撰五角大楼文件的工作是在麦克纳马拉的指示下进行的。作为肯尼迪和约翰逊两任政府中的国防部长，麦克纳马拉亲自制定和执行了美国的越南政策。随着越南战争不断升级，他意识到美国对越政策无疑是失败的，而且会继续失败。于是麦克纳马拉开始劝说约翰逊总统改变对越政策，在写给约翰逊的备忘录中，他提到自己的想法与以前发生了很大的改变，“我认为共产党在印度尼西亚的失败和中国掀起轰轰烈烈的文化大革命等事态发展表明，亚洲的形势向对我们有利的方面转化，这样就降低了南越的重要性……因此，我提出了一项存在让步可能的政治军事策略”。③ 但是，他的建议并没有被采纳，而且自身逐渐遭到核心权力层的排挤。1966 年 11 月

---

① 凯斯·森斯坦：《政府对信息的控制》，《比较法研究》2007 年第 2 期，第 144—145 页。

② 所谓“反异议者政策”（Anti-dissent Policies）泛指尼克松政府打压持不同政见者的方案及其活动，包括一些非法的活动，如窃听、监视、擅闯民宅等。对此问题最早的一批研究认为，尼克松个人要为该政策负主要责任。近来，学者倾向于把尼克松的政策置于“国家安全国家”的语境下重新检视。他们认为，尼克松并不是一个特例，冷战时期的总统都有一种利用“国家安全国家”的手段或工具来对付“敌人”的倾向，而敌人来自国外，也来自国内。参见 Athan Theoharis, *Spying on Americans: Political Surveillance from Hoover to Huston Plan*, Philadelphia: Temple University Press, 1978; Joan Hoff, *Nixon Reconsidered*, New York: Basic Books, 1994; Keith Olson, *Watergate: The Presidential Scandal That Shook America*, Lawrence: University Press of Kansas, 2003; Melvin Small, *At the Water's Edge: American Politics and the Vietnam War*, Chicago: Ivan R. Dee, 2005; Katherine Scott, "Nixon and Dissent," in Melvin Small, eds., *A Companion to Richard M. Nixon*, Malden: Wiley-Blackwell, 2011, pp. 311-327。

③ 罗伯特·S·麦克纳马拉：《回顾：越战的悲剧与教训》，陈丕西等译，北京：作家出版社，1996 年，第 277—278 页。

在哈佛大学的一次座谈会让麦克纳马拉萌生撰写一部美国的越南政策决策史的想法，他的回忆录里提到，“我初次表达了我的一个想法：由于战争的进程出乎意料，未来的学者们肯定要研究其原因。我认为我们应该努力为这种研究工作提供方便，以防止以后再犯类似的错误。这种想法最终导致了《五角大楼文件汇编》的形成”。① 1967 年 6 月，他委托一个班子开始撰写这一文件，主持该项目的人是莱斯利·盖尔布（Leslie H. Gelb），参加编撰工作的有很多专家学者，包括欧内斯特·梅（Ernest May）和理查德·诺伊斯塔特（Richard Neustadt），还有最后将文件泄露出去的丹尼尔·埃尔斯伯格（Daniel Ellsberg）②。文件于 1969 年 1 月编撰完成，题为《美国的越南政策决策史》，文件装订成 47 卷，约 7000 页，整套文件只复印了 15 份，归类为“绝密”（top secret）。

当时，政府内与麦克纳马拉有相同想法的人不在少数，埃尔斯伯格就是其中较为激进的一个。1967 年，他从越南回到美国时已确信，美国不可能赢得越南战争，美国应该改变政策，从越南脱身。利用一次为基辛格工作的便利，埃尔斯伯格得以阅读已经完成的五角大楼文件，阅后更加坚定了他已有的想法：“以前我一直认为，我们完全有权利采取各种方式竭力‘赢得’这场战争；有权利通过军事手段，将美国的政治取向强加给其他国家。但是从 1969 年 8 月和 9 月起，上述观点已经从我内心深处彻底消失了”。③ 他同时发现，尼克松政府又采取了让战争升级的行动。这促使他进一步思考，越战的悲剧并不是某届政府的政策失误造成的，而是战后美国宪政秩序紊乱的结果，即传统的三权分立被打破，总统权力过于膨胀。埃尔斯伯格认为：

---

① 罗伯特·S·麦克纳马拉：《回顾：越战的悲剧与教训》，第 263 页。

② 丹尼尔·埃尔斯伯格（1931—），生于底特律，毕业于哈佛大学。曾在美海军陆战队担任两年的上尉连长，服役期满后重回哈佛深造，并获经济学博士学位。哈佛期间他与基辛格从游甚密，深受后者赏识。1959 年受聘兰德公司，1964 年进入国防部，成为助理国防部长麦克诺顿的助手。曾在越南为国务院工作两年，之后回到兰德公司。

③ 丹尼尔·埃尔斯伯格：《吹哨者自述：五角大楼文件泄密者回忆录》，邢杰译，北京：中信出版社，2005 年，第 196 页。

> 总统亦是问题所在。现在的问题与总统所扮演的角色有关，与他的个性和身边顾问没有任何干系。我开始认识到，二战之后，政府的权力过于集中，因此所有政策的‘失误’全部归咎于总统一人。与此同时，总统也利用手中的权力，颠倒黑白，隐瞒个人的失误。就像在越南问题上，尽管外界不断施压，总统手中的权力还是让其误入歧途……改变这种状况的唯一办法，就是由国会和公众从外部对总统施压。①

显然，埃尔斯伯格深刻洞察到战后“国家安全国家”的不断扩张侵蚀了美国宪政基础，从而让美国在外交内政上陷入了严重的困境。他决定，将文件公之于众，让美国公众了解真相。起初，埃尔斯伯格曾想通过国会议员将文件公开，并先后联系了参议院外交委员会主席富布莱特（James William Fulbright）和民主党总统候选人麦戈文（George McGovern），均遭拒绝。1970 年夏天，他还督促基辛格好好阅读一下这些绝密文件，但基辛格亦不以为然。1971 年 3 月，几经权衡，埃尔斯伯格最后把文件泄露给《纽约时报》。经过报社内部的激烈争论后，时报发行人阿瑟·索兹尔伯格（Arthur Sulzberger）决定公开发表这些文件。尽管意识到会面临一场潜在的法律冲突，但时报的编辑们坚信自身有宪法赋予的权利来公开这些文件，因为这既是“新闻自由”，也是维护公民“知情权”的行为。他们也相信文件的出版会是美国新闻史上一个重大的事件。②

埃尔斯伯格和《纽约时报》的决定令世人震惊，尤其考虑到他们要泄露的秘密是关于一场美国正在进行的战争。不过，60 年代中期以来美国的政治文化和社会运动为他们的行动创造了基础条件。学生争取民主社会（Students for a Democratic Society）是较早将对抗的矛头指向美国政府体制的非政府组织，1965 年该组织主席保罗·波特（Paul Potter）就曾在一次集会

---

① 丹尼尔·埃尔斯伯格：《吹哨者自述：五角大楼文件泄密者回忆录》，第 217 页。

② 关于《纽约时报》的抉择过程，参见 David Rudenstine, *The Day the Presses Stopped: A History of the Pentagon Papers Case*, pp. 48-65；戴维·哈伯斯塔姆：《媒介与权势：谁掌管美国》，尹尚泽等译，北京：国际文化出版公司，2006 年，第 670—675 页。

上高呼："只有当（政府）体制发生改变和可控时，才有希望结束社会不公引起的暴力，并使美国民主得以重生。"[①] 另一个影响更大的非政府组织是美国公民自由联盟（American Civil Liberties Union，ACLU），这个创建于1920年的组织在60年代末成为行政部门滥权的强烈批评者。该组织的活动主要有两项，一是为持不同政见者，特别是政府内部异议者提供司法援助；二是大量发行出版物宣传公民权利观念。[②] 另外，在埃尔斯伯格之前也出现了诸多"吹哨者"，他们寻求与新闻界合作，公开政府机密，大多都涉及行政部门滥用权力的内容。1970年1月，前陆军上尉克里斯托弗·派尔（Christopher Pyle）在《华盛顿月刊》上公开了他参与过的军队监视项目，描述了军队三年来监视国内异议者的行动细节。[③] 1971年2月，哥伦比亚广播公司（CBS）揭露了国防部利用公共关系资金伪造国内支持越战舆论的丑闻。[④] 质疑行政部门权力过大的声音也不断在国会山上出现，参议员塞缪尔·欧文（Samuel Ervin）在1971年2月主持了为期9天的听证会，调查行政部门的非法活动。听证会指出两个重要问题：一是行政部门不愿意与国会分享情报；二是白宫无视第一修正案所赋予的公民权利。[⑤] 综上可见，五角大楼文件案并不是孤立的个案，它与当时社会的新动向密切相关，是由吹哨者、国会议员、非政府组织和主流新闻界所组成的"一部分美国人"试图遏制行政权力扩张，维护公民权利的又一次有力的尝试。

---

① Paul Potter's Speech, April 17, 1965, http://www.sdsrebels.com/potter.htm.

② 有关ACLU的活动，参见Samuel Walker, *In Defense of American Liberties: A History of the ACLU*, Carbonda: Southern Illinois University Press, 1999; Aryeh Neier, *Taking Liberties: Four Decades in the Struggle for Rights*, New York: Public Affairs, 2003。

③ Christopher H. Pyle, "CONUS Intelligence: The Army Watches Civilian Politics," *Washington Monthly*, Vol. 1, No. 12 (January 1970), pp. 4-16. 后来克里斯托弗·派尔在哥伦比亚大学写成了一篇探讨军队监视项目的博士论文，参见Christopher H. Pyle, *Military Surveillance of Civilian Politics, 1967-1970*, New York: Garland Publishing, Inc., 1986。

④ Beth Bailey, "The Army in the Marketplace: Recruiting an All-Volunteer Force," *The Journal of American History*, Vol. 94, No. 1 (June 2007), pp. 71-72.

⑤ 参见Julian Zelizer, *On Capitol Hill: The Struggle to Reform Congress and its Consequences, 1948-2000*, New York: Cambridge University Press, 2004; Karl Campbell, *Senator Sam Ervin, Last of the Founding Fathers*, Chapel Hill: University of North Carolina Press, 2007。

二

1971年6月13日早晨，尼克松正在翻阅当天的《纽约时报》，该报头版的一则标题引起了他的注意，标题写道："越南档案：五角大楼研究追溯30年来美国不断介入越南的过程"。当时，尼克松并未有激烈的反应。据白宫幕僚长霍尔德曼（H. R. Haldeman）回忆，"五角大楼文件公布以后，尼克松的直接反应不像在秘密轰炸柬埔寨被泄露以后那样感到紧张，而是默不作声"。[①] 但是，这仅仅是最初的反应，一天后，尼克松对泄密事件的态度发生扭转。他意识到，"这确实是美国历史上最大规模的文件泄密事件。"[②] 也就是在6月14日晚，尼克松授权司法部长约翰·米切尔（John Mitchell）向联邦地区法院申请事先限制出版的禁令。[③] 这在美国宪政史上也是破天荒的行为，在此之前，尽管经历了内战和两次世界大战，联邦政府也从来没有对出版和言论自由进行事前审查，无论以直接的形式还是以司法诉讼的形式。[④]

6月13日的白宫录音显示，总统国家安全事务副助理亚历山大·黑格（Alexander Haig, Jr.）是第一个向尼克松汇报有大量机密泄露的人。他在给总统的电话中说明了泄密文件的内容，指出泄密者可能是民主党人，而且特别强调文件是被"偷窃"的，而政府应该对此所有回应。[⑤] 霍尔德曼的日

---

① H·R·霍尔德曼：《权力的尽头》，唐笙、李森等译，北京：商务印书馆，1979年，第128页。

② 理查德·尼克松：《尼克松回忆录》中册，伍任，裘克安等译，北京：世界知识出版社，1978年，第182页。

③ 白宫电话录音 The Conversation between Richard Nixon and John Mitchell, June 14, 1971, 7: 19 P. M., in Thomas S. Blanton, eds., *The Pentagon Papers: Secrets, Lies and Audiotapes: The Nixon Tapes and Supreme Court Tapes*, National Security Archive Electronic Briefing Book No. 48, Published: June 5, 2001。

④ 亚历山大·毕克尔：《同意的道德性》，徐斌译，北京：中国政法大学出版社，2016年，第59页。

⑤ Conversation between Richard Nixon and Alexander Haig, June 13, 1971, 12: 18 P. M.

记中也提到，黑格给出了不一样的观点，他认为“事件将给南越人带来严重的问题……泄密和发表机密都是严重的叛国犯罪行为”。[①] 约1个小时后，尼克松与国务卿威廉·罗杰斯（William P. Rogers）通电话，总统主动提起五角大楼文件，使用了几乎与黑格一样的语言。[②] 有白宫工作人员见到尼克松怒斥国务院，并要求其中每一个工作人员接受测谎，以便查出谁是泄密者。[③] 下午，尼克松与基辛格详细谈论了这起事件。基辛格的看法是，“如果有什么可以帮到我们一点的话，那是因为它是一座金矿，展现了前任政府是怎样把我们带到那的”。基辛格承认五角大楼文件揭示了政府“严重的治理失误”，但那是肯尼迪和约翰逊的事。尼克松不同意这种“事不关己”的判断，他重复了黑格的观点，即“那个泄密的混蛋”做出了背叛政府的举动。随后，基辛格立刻表示赞同总统的观点，“这是背叛，毫无疑问应受到起诉”。[④] 可见，尼克松从黑格报告中意识到泄密行为的“背叛”性质，这种背叛不是针对某个总统，而是整个美国政府。从这时开始，尼克松决定要采取严厉的反制措施。

尼克松采取了一系列措施来应对泄密事件。他要求霍尔德曼一方面要从法律上评估《纽约时报》是否构成犯罪，另一方面要彻查泄密者，当时的怀疑对象是莱斯利·盖尔布。在一份标注着“只限霍尔德曼查阅”的总统备忘录中，尼克松命令霍尔德曼断绝同《纽约时报》的一切联系，任何白宫工作人员不经总统批准不得同其记者接触。[⑤] 随后按照总统的指示，司法部联合国防部、情报部门开始对泄密的危害性进行评估，并探讨政府是否可以采取法律行动。当天晚上，尼克松在总统国内事务顾问约翰·埃利希曼（John Ehrlichman）和司法部长米切尔的建议下，授权司法部采取法律行动，向法院申请禁令。尼克松在解释他为什么这么做时提到两点原因：

---

① H. R. Haldeman, *The Haldeman Diaries: inside the Nixon White House*, New York: G. P. Putnam's sons, 1994, p. 300.

② Conversation between Richard Nixon and William Rogers, June 13, 1971, 1: 28 P. M.

③ Prados and Porter, eds., *Inside the Pentagon Papers*, p. 77.

④ Conversation between Richard Nixon and Henry Kissinger, June 13, 1971, 3: 09 P. M.

⑤ David Rudenstine, *The Day the Presses Stopped: A History of the Pentagon Papers Case*, pp. 75-76.

一是考虑到文件泄露后的国际影响。文件公开后"国际社会感到一阵震惊，因为文件中有些材料涉及他国政府作为外交中介人的作用；有几个政府提出了正式抗议。迪安·腊斯克发表书面谈话说，这些文件对北越和苏联将很有价值"；二是考虑到行政部门的权威性和统一性。尼克松提到"采取行动以防止继续发表材料还有一个甚至更为根本的理由。此事牵涉到一条至关重要的原则：一份绝密文件会产生什么影响，应该由政府而不是由《纽约时报》去做判断……莱尔德认为95%可以撤销保密……如果我们不对《纽约时报》采取行动，那无异于告诉政府中每一个心怀不满的官员，他可以随心所欲地泄露任何机密，政府不会过问"。① 基辛格的立场与尼克松基本一致，他认为："我们当时正处在我秘密访问北京的前夕；正在同河内举行秘密会谈……同时，我们正在探索与莫斯科举行最高级会谈的可能性，以及进行从柏林解决办法到限制战略武器会谈等一系列敏感谈判。如果其他国家感到我国政府是在疲于应付局面，政府的组织纪律日益涣散，那么所有这些努力都会受到挫折。盗窃并公布五角大楼文件的动机，显然是要发动一场政治战，压我们接受在越南问题上我们认为不体面的条件……我们的政体就要完全失去统一性。"② 实际上，五角大楼文件本身并不包含多少直接危害国家安全的信息，它更多的是一份历史文件，指向肯尼迪和约翰逊政府时期。③ 然而，尼克松政府更多考虑的是泄密事件损害了政府的权威，破坏了行政体制的统一性，如果不加以遏制，行政职权将不可避免将受到削弱。甚至，在尼克松看来，对情报和文件的控制情况关系到他在历史上的地位。④

尼克松政府对该事件的反应远不止此，之后其还采取了更为激进的措

---

① 尼克松：《尼克松回忆录》中册，第183—184页。

② 亨利·基辛格：《动乱年代：基辛格回忆录》第一册，张志明译，北京：世界知识出版社，1983年，第149—150页。

③ 五角大楼文件全文迟至2011年才由美国国家档案馆解密公开。关于文件到底包含多少机密的讨论，参见 Prados and Porter, eds., *Inside the Pentagon Papers*, pp. 147-153。

④ Stanley I. Kutler, *The Wars of Watergate: The Last Crisis of Richard Nixon*, New York: Alfred A. Knopf, 1990, p. 103.

施，如窃听泄密者埃尔斯伯格、组建“管子工”小组闯入埃尔斯伯格的心理医生办公室；甚至有人提出，为了获得布鲁金斯学会所藏有关五角大楼文件的资料，采取纵火突袭的办法。[①] 尼克松对埃尔斯伯格的行为十分恼怒，他向总统特别顾问查尔斯·科尔森（Charles W. Colson）下令，“我要他完全暴露出来……我不管你怎么去做，但是一定要到达目标。”[②] 6月17日下午，尼克松在椭圆形办公室召开会议，会议中没有讨论任何关于五角大楼文件本身的事项，而是千方百计要攻击自由主义者和异议者。尼克松想要赢得的不仅是法庭上的胜利，还有公共关系上的胜利。[③] 1973年3月，在一次法庭审判上，司法部揭露了联邦调查局（FBI）曾对埃尔斯伯格实施窃听，随后更多的非法窃听行动被曝光。材料显示，自1969年以来，白宫就开始大范围的监听异议者，包括新闻记者和国家安全委员会的职员。[④] 1970年7月，尼克松还短暂批准一份所谓的“休斯顿计划”（Huston Plan），该计划建议扩大对反对派和各种社会组织的监听，秘密闯入他们的住宅和办公室以获取相关资料。计划起草人汤姆·休斯顿（Tom C. Huston）明确承认秘密闯入是违法的，尽管如此，这份计划得到当时几乎所有情报部门负责人的同意。[⑤]

总的来说，在尼克松政府看来，五角大楼文件的公布不仅仅是一起普通的泄密事件，而是政府内外的批评者联合起来试图削弱行政部门权力的“阴谋”，这乃关系到美国宪政体制稳定的重大问题。他们认为，行政部门在外交事务和国家安全问题上享有完全和绝对的权力，且行政部门内部应

---

① Stanley I. Kutler, *The Wars of Watergate*: *The Last Crisis of Richard Nixon*, p. 111. 一般认为这个想法是白宫顾问查尔斯·科尔森提出的，尽管最后没有实施，但在白宫这种场合提出这样一种明显违背法律和道德的提议实属罕见。

② Charles W. Colson, *Born Again*: *What Really Happened to the White House Hatchet Man*, New Jersey: Chosen Books, 1976, p. 56.

③ Prados and Porter, eds. , *Inside the Pentagon Papers*, p. 85。

④ Kutler, *The Wars of Watergate*: *The Last Crisis of Richard Nixon*, pp. 119-121。

⑤ Samuel Walker, *Presidents and Civil Liberties from Wilson to Obama*: *A Story of Poor Custodians*, New York: Cambridge University Press, 2012, p. 305. 有关“休斯顿计划”的历史，参见 Athan Theoharis, *Spying on Americans*: *Political Surveillance from Hoover to Huston Plan*, pp. 13-39。

该铁板一块，不容任何挑战总统权威的行为发生。在“国家安全”的名义下，某些明显违法、侵犯公民权利的举措也是可以容忍的。或者说，自由和秩序的代价有时候就是不自由和非法的手段。一言蔽之，在尼克松等人的宪政观里：行政权力至高无上，“权力”压倒“权利”。

三

随着尼克松政府将事件诉诸法庭，一次反战运动影响下的泄密行为演变为美国宪法史上的一桩里程碑事件。《纽约时报》对五角大楼文件的发表遭到事先限制后，《华盛顿邮报》于6月18日继续公开从埃尔斯伯格处获得的文件。政府立马向法院申请禁令，同时起诉《华盛顿邮报》。这样，新闻界与尼克松政府之间的官司几乎同时在纽约和华盛顿展开。两个联邦地区法院都裁决新闻界有继续发表文件的权利，尼克松政府随即上诉。这时，两个上诉法院做出了截然不同的裁定：管辖纽约地区的第二联邦上诉法院继续维持临时禁令，命令地区法院举行更多的听证会。而哥伦比亚特区上诉法院再一次判定新闻界有权继续发表文件。由于判决不一，《纽约时报》和尼克松政府都请求最高法院立即审议这两个案件。6月25日，最高法院受理该案。以往的研究将法庭论争的焦点集中于宪法第一修正案的适用性问题，而本文试图从“权力和权利”的角度来检视这几次审判，关注的焦点是参与各方（包括作为法庭之友的第三方）如何界定冷战后的“国家安全”，如何认识美国宪政下的分权原则和公民权利。

两份报纸的法律观点和辩论策略相差不大，都强调新闻界享有宪法第一修正案赋予的不受事先限制的出版自由。[①] 担任《纽约时报》辩护律师的是耶鲁大学法学教授亚历山大·毕克尔（Alexander Bickel）。毕克尔的观点是，为了争取最高法院多数大法官的支持，宜采用这样的立场，即承认政府在某些特定的情况有权限制新闻出版，但是在本案中，这种情况并不存

① 美国宪法第一修正案规定“国会不准制定有关下列事项的法律，即确立一种宗教或禁止信仰自由；限制言论自由或出版自由；或限制人民和平集会的权利以及向政府请愿的权利”。

在。这是一种妥协后的第一修正案观。除此基本立场外，《纽约时报》还补充了一个极其重要的论点，即宪法规定的分权原则：国会并没有制定相关可供行政部门依据的法律来实施事先限制，尼克松政府此举侵犯了立法部门的职权，乃是按照自身的意志执行一条没有经过国会通过的法律。任何认为总统有权实施事先限制而无须国会立法的观点，都是违反了宪法的分权原则。《纽约时报》还指出，政府的行为是有意破坏美国传统上的政府与新闻界之间的平衡关系，而这种平衡关系，对于美国人的福祉至为重要。[①]

与之相对，尼克松政府首先指出，《纽约时报》泄露国防部绝密文件已经触犯了联邦有关反间谍的立法。其次，行政当局认为文件泄密严重危害国家安全，在向法院提交的秘密附件中，政府部门详细分析了文件的危害性，特别是对当前的军事行动和外交关系构成严重威胁。[②] 最后，尼克松政府也谈到了宪法分权问题。宪法赋予总统以行政首脑和三军总司令的地位，并主管外交事务。不应该片面分析第一修正案，而应该将其置于整个宪法框架下，结合其本身的历史和目的来看。法院应该维护宪法赋予的总统权，唯此，总统才能充分履行其职责，保卫美国人民。行政当局的律师也多次在庭审中强调，有关国家安全事务不应该由法官、律师或者新闻界来作判断，而要交给专业人士，如情报人员、军人和外交官来处理。[③] 概言之，政府诉求的本质在于维护行政分支在国家安全事务上的绝对权力。

除了当事双方外，许多个人和非政府组织以法庭之友（amicus curiae）的方式表达了自身对案件的态度。这些人主要是国会议员和非政府组织的代表，他们大多反对尼克松政府的观点，指责行政部门滥用权力和侵害公民权利。纽约联邦地区法院在 6 月 18 日第一次审理该案时，就有一些团体

---

① Brief for the New York Times (Public Brief) filed in *New York Times v. United States* (Oct. Term, 1970, No. 1873), in the Supreme Court. 政府与报社在最高法院的诉状均可在美国国家安全档案馆网站下载：http：//www2. gwu. edu/—nsarchiv/NSAEBB/NSAEBB48/supreme. html。

② "Secret Appendix," in Thomas S. Blanton, eds., *The Pentagon Papers: Secrets, Lies and Audiotapes: The Nixon Tapes and Supreme Court Tapes*, National Security Archive Electronic Briefing Book No. 48, Published: June 5, 2001.

③ 尼克松政府的观点和立场集中表达在上交最高法院诉状中，参见 Brief for the United States filed in *New York Times Company v. United States* (Oct. Term, 1970, No. 1873), in the Supreme Court。

希望介入，如耶鲁大学法学教授托马斯·爱默生（Thomas Emerson），他代表27位众议院议员；美国公民自由联盟（ACLU）；莫顿·斯塔维斯（Morton Stavis）代表一大批组织，包括越战老兵反战组织（VVAW）、反战者联盟（WRL）和美国之友服务委员会（AFSC）等。[①] 在代表ACLU的发言中，诺曼·道森（Norman Dorsen）强调，第一修正案的主要目的是确保公民的知情权，这是民主的基础，“没有什么东西比所谓的秘密更能削弱民主，自治只有建立在享有知情权的公众基础上才会有意义”。[②] 另一位ACLU的代表约尔·格拉（Joel M. Gora）表示，“总统的权力是有限的，他既不能篡夺国会的权力，也不能向司法部门强行施压按他的意图审理有关国家安全的案子”。[③] 与《纽约时报》律师毕克尔的观点相比，ACLU更加倾向于绝对的第一修正案观点。对于毕克尔而言，言论自由就是妥协和协调，“除此之外，它不是任何东西”。[④] 他批评ACLU的绝对主义立场，“如果你在处理这个案子时带着意识形态，像ACLU一样，那么除了意识形态以外，你将什么都赢不了”。ACLU则警告，如果政府所谓“国家安全”的前提条件被接受，那么几乎不能限制政府使用“事先限制”的权力，“国家安全”是个可能会被未来政府所误用的政治观念。[⑤] 在《华盛顿邮报》的审理中，来自得克萨斯州的国会议员罗伯特·埃克哈特（Robert Eckhardt）也作为法庭之友发表了观点，他指出，由于泄密而对外交事务产生损害是政府维护民主的“代价”。

以上各方的陈述与论辩，均从有关第一修正案的适用性深入到宪政分权原则和公民权利问题。针对这些问题，从联邦地区法院到最高法院的各级法官也都表明了自己的观点。纽约联邦地区法院法官默里·格法因

① David Rudenstine, *The Day the Presses Stopped*: *A History of the Pentagon Papers Case*, pp. 139-141。

② Ibid., p. 166.

③ Joel M. Gora, “The Pentagon Papers Case and the Path Not Taken: A Personal Memoir on the First Amendment and the Separation of Powers,” *Cardozo Law Review*, No. 4 (March 1998), p. 1316.

④ 毕克尔：《同意的道德性》，第78页。

⑤ Samuel Walker, *In Defense of American Liberties*: *A History of the ACLU*, pp. 289-290.

(Murray Gurfein) 指出："国家安全不是唯一的屏障，国家安全存在于美国的自由制度中。一个安全的国家需要新闻自由，尽管新闻界吵吵嚷嚷，固执己见，无孔不入。当今是一个纷扰的时代，对政府事务宣泄不满的最大安全阀莫过于各种形式的表达自由。这是美国制度历史上形成的精髓，也是所有美国总统的信条，这是美国制度区别于其他政府制度的主要特点。"① 这段话最清晰地表达了格法因法官的国家安全观，即维护美国的自由制度同样是在捍卫国家安全。哥伦比亚联邦地区法院法官格哈德·格赛尔(Gerhard A. Gesell) 认为美国的民主需要政府和新闻界和谐相处，公众享有知情权。在审理过程中，格赛尔法官两次驳回尼克松政府限制发表的要求，多年后他回忆："如果有人要在我的墓碑上刻些什么的话，他们可以说我是听审'五角大楼文件案'的所有29名法官中，唯一从未让印刷停止哪怕一分钟的法官。我一直为此感到自豪。"② 最高法院大法官雨果·布莱克(Hugo Black) 以第一修正案绝对主义观点著称，他表示："只有自由的、不受限制的新闻报道能够有效揭露政府的欺骗行为。新闻自由最重要的一个责任就是保护人民免受政府的欺骗，这种欺骗行为使得美国人民被送到遥远的大陆，死在异乡的瘟疫与敌人的炮火之下。"③ 另外，他从宪政分权原则角度来进一步分析，"政府甚至根本没打算依据任何一条国会立法来行事，相反，他们胆大妄为的宣称法院应该遵从它的意志，以公平、总统权和国家安全的名义'创造'一条违背新闻自由的法律"。大法官波特·斯图尔特(Potter Stewart) 也指出，以总统为首的行政部门在国防和国际关系领域享有过大的权力，而这种权力又缺乏立法和司法部门的有效监督。在这种情况下，有见识的公民成为对行政权力的唯一制衡因素。另一位大法官

---

① United States v. New York Times Co., 328 F. Supp. 324 (1971)，转引自邱小平：《表达自由：美国宪法第一修正案研究》，第85页。

② 凯瑟琳·格雷厄姆：《个人历史》，苗萌、李媛译，北京：中信出版社，2010年，第526页。

③ 有关最高法院大法官言论的引述，均出自 New York Times Co. v. United States-403 U.S. 713 (1971). No.1873，下文不再注明。资料来源于美国国家安全档案馆 (http://www2.gwu.edu/—nsarchiv/NSAEBB/NSAEBB48/supreme.html) 关于大法官对该案意见的摘要，还可以参见斯坦利·I·库特勒编：《最高法院与宪法：美国宪法史上重要判例选读》，朱曾汶、林铮译，北京：商务印书馆，2006年，第450—455页。

瑟古德·马歇尔（Thurgood Marshall）直接反对总统拥有“固有的权力”来寻求事先限制的禁令，他不认为总统在国防和外交上的责任赋予其此种特权。当然，也不乏支持尼克松政府立场的法官。哥伦比亚特区上诉法院法官乔治·麦金侬（George E. Mackinnon）就声称：“法院并不是处理国防和外交政策的地方。”① 大法官沃伦·伯格（Warren Burger）与约翰·哈兰（John Harlan）持相同的观点——对国家安全事务拥有决定权的是总统，而不是法院。哈兰指出，司法部门在外交领域的职能极为有限，这正是美国宪法赖以运作的三权分立原则。换言之，在事关国家安全的问题上，司法部门并不具备相应的知识和经验来做判断，自然也没有相应的权力。

6月30日，最高法院做出裁决，以六比三确认驳回政府维持禁令的要求，新闻界可以继续出版文件，基本理由是：政府未能履行重大举证责任，证明文件的泄密确实对国家安全产生“直接的、立即的和无法弥补的伤害”。显然，这是一个实用主义的判决，区分危险的性质和程度。一方面，它并没有完全否定政府事先限制出版的权力。也就是说，当国家安全的危险是明显且即刻时，政府有对公民权利进行必要侵犯的空间。另一方面，法院要求行政机构以最为清楚、细致和直接的形式说明其行为的合法性。本质上，法院所苛求的乃是充分的、多样化和开放的政治过程，而不是行政部门中一小撮人的权力垄断。无论如何，从这一系列的法庭审判中可以看到，除了有关第一修正案适用性问题是法庭论辩的焦点外，参与各方都围绕美国宪政更为核心的问题发表意见，即“权力宪政”与“权利宪政”的纠结互动的关系：“权力”与“权利”的关系如何界定？“权力”在政府内部如何分配？“权利”如何防止“权力”的侵害并对后者形成制约？这些关系构成了美国宪政秩序的基础，并左右美国政治发展的进程。虽然最高法院的判决在法律上为五角大楼文件案画上了句号，但关于宪政秩序中权力与权利关系的争论却并未停止。

① David Rudenstine, *The Day the Presses Stopped*: *A History of the Pentagon Papers Case*, p. 248.

四

最高法院关于此案的判决在美国宪政史上无疑具有重大意义。就该事件的影响而言，社会各界存在多种说法。作为麦克纳马拉的前助手，卡特政府的国务卿赛勒斯·万斯（Cyrus R. Vance）在他的就职听证会上曾提到，五角大楼文件事件缩短了越南战争。[①] 哈佛大学法学院教授查尔斯·尼森（Charles Nesson）认为该案刺激了反战舆论，并赋予其合法性和正确性。[②] 还有学者认为："本案在解释和适用第一修正案过程中，保障了新闻自由，扩大了公众的知情权，从而维护了联邦宪法第四条第四款主张的共和原则。"[③] 但另一方面，路易斯·亨金（Louis Henkin）、亚历山大·毕克尔、任东来等学者认为，本案可能会危及美国代表制民主政府的合法运作，它的判决非但未能给新闻自由提供充分保护，反而成为政府限制新闻出版自由的法律基础。从一定意义上说，自由减少了。[④]

无论如何，有一点可以肯定的是，五角大楼文件案促使美国历史朝向水门事件和尼克松辞职的情节发展。在法庭上失败后，尼克松及其幕僚将矛头对准了泄密者埃尔斯伯格，并且认为政府中隐藏着很多类似的人，存在着巨大的保密漏洞。为此，尼克松政府一方面起诉埃尔斯伯格，罗列了其 15 条罪名，包括盗窃政府财物和间谍罪；另一方面组建所谓的"管子工"（Plumbers Unit）小组，其目的是堵住政府中存在的保密漏洞，并调查埃尔斯伯格。尼克松一直认为埃尔斯伯格泄密行为背后隐藏一个巨大的

---

① Prados and Porter, eds., *Inside the Pentagon Papers*, p. 183.

② Ibid.

③ 邱小平：《表达自由：美国宪法第一修正案研究》，第 97 页。

④ 参见 Louis Henkin, "The Right to Know and the Duty to Withhold: Case of the Pentagon Papers," *University of Pennsylvania Law Review*, Vol. 120, No. 2 (December 1972), pp. 271-280；毕克尔：《同意的道德性》，第 59 页；颜廷、任东来：《美国新闻出版自由与国家安全——以 1971 年五角大楼文件案的研究为中心》，《新闻与传播研究》2008 年第 6 期。

"阴谋"，基辛格说，"尼克松深信，有人心怀敌意，在搞阴谋反对他"。[①]这些人是美国东海岸受常春藤教育的政治家、主流新闻媒体（尤其是《纽约时报》和《华盛顿邮报》）、肯尼迪的追随者、民主党自由派和新孤立主义者。[②] 尼克松命令埃利希曼负责组建"管子工"，他对埃利希曼说："如果我们不能从这个糟糕的政府中找到任何人为我们出点力来解决这个可能是我们遇到的最严重的问题，那么，我的上帝啊，我们就得自己干了。我希望你在白宫这里建立一个小组。让参加小组的人避开盯梢的密探，查明情况，想出如何堵塞泄密的办法。"不久，尼克松要求查克·科尔森对埃尔斯伯格施加更为严厉的打击："我们现在遇到了一股反政府的势力，而我们是非同它斗争不可的。为了堵塞这些泄密漏洞并防止将来再发生未经许可的泄露事件，你怎么去干我都不管，需要怎么干，就怎么干吧！"[③] 这个决定对于尼克松来说是致命的。9 月 3 日，由霍华德·亨特（Howard Hunt）与戈登·利迪（Gordon Liddy）指挥的"管子工"小组非法闯入了埃尔斯伯格的心理医生菲尔丁的办公室，期望找到能够抹黑埃尔斯伯格的材料。1973 年闯入事件曝光后，尼克松政府宣称此行为乃出于"国家安全"考虑，埃利希曼还劝说检察官不要进一步调查，因为总统不希望他介入国家安全领域。[④] 实际上，这件事与国家安全没有任何关系，目的仅仅是要找到埃尔斯伯格的"黑材料"。尼克松曾说："调查埃尔斯伯格事件总的来说，是最高国家安全问题的一个组成部分，这是毫无疑问的。"[⑤] 管子工小组正是在这种思想下从事非法活动，还自认为是为了维护"国家安全"。

这些事情说明，尼克松政府在五角大楼文件案发生后反应过度，甚至

① 亨利·基辛格：《动乱年代：基辛格回忆录》第三册，张志明等译，北京：世界知识出版社，1983 年，第 108 页。

② Samuel Walker, *Presidents and Civil Liberties from Wilson to Obama: A Story of Poor Custodians*, p. 285.

③ H·R·霍尔德曼：《权力的尽头》，第 131、135 页。

④ Stanley I. Kutler, *The Wars of Watergate: The Last Crisis of Richard Nixon*, p. 115.

⑤ 理查德·尼克松：《尼克松回忆录》下册，伍任、裘克安等译，北京：世界知识出版社，1978 年，第 109 页。

有点“神经过敏”，在以“国家安全”名义进行非法活动的道路上越走越远。[①] 事实证明，水门事件的制造者与这次闯入事件的实施者是同一批人。结合尼克松政府事后反应，就不难理解历史学家梅尔文·斯莫尔（Melvin Small）在评价五角大楼文件案的影响时所说的话，“五角大楼文件的出版是政府的一大失败，在当时，没有人料想到这件事扮演了摧毁尼克松总统地位的关键角色”。[②]

对于美国新闻界来说，五角大楼文件案的结果代表“新闻自由”和公民知情权的胜利。《华盛顿邮报》发行人格雷厄姆夫人谈道：“五角大楼文件案把政府和新闻界之间持续不断、日复一日的较量推向了一个新高潮……我获得了一定程度的自信……的确刊登‘五角大楼文件’使得将来做出决定变得更容易。最重要的是，它让我们做好准备迎接‘水门事件’。”[③] 此时，许多媒体纷纷刊文揭露政府在越南战争中的欺骗行为，之前美国社会关于越战的主流认识“沼泽论”受到挑战。经过戴维·哈伯斯塔姆（David Halberstam）、阿瑟·施莱辛格（Arthur M. Schlesinger）等人提炼后的“沼泽论”认为，美国是怀着良好的愿景一步一步卷入越南的。[④] 但现在越来越多的人认识到这是一个伪命题，一篇发表在《华盛顿邮报》的文章反驳说，“越南确实是一摊泥沼，但我们的大部分领导人都清楚这一点”。[⑤]

美国公民自由联盟（ACLU）对最高法院的判决结果并不满意，认为最高法院依然给政府事先限制出版留下了一定的空间。因此，此事件给 ACLU

---

① 事后埃利希曼曾评论道：“五角大楼文件问题根本不成为问题，直到亨利捅到总统那里，他总把事情炒得发烫，结果尼克松来来回回地下令干这干那，只是惹得一身骚。”转引自沃尔特·艾萨克森：《基辛格：大国博弈的背后》，刘汉生等译，北京：国际文化出版公司，2008 年，第 241 页。

② Melvin Small, *At the Water's Edge, American Politics and the Vietnam War*, Chicago: Ivan R. Dee, 2005, p. 179.

③ 格雷厄姆：《个人历史》，第 533 页。

④ 参见 David Halberstam, *The Making of a Quagmire*, New York: Ballantine, 1965; Arthur M. Schlesinger, *The Bitter Heritage: Vietnam and American Democracy, 1941-1966*, Boston: Houghton Mifflin, 1967。

⑤ Leslie H. Gelb, "Vietnam: Nobody Wrote the Last Act," *Washington Post*, June 20, 1971.

敲响了警钟，组织负责人阿耶·奈尔（Aryeh Neier）把应对“秘密政府”作为1972年ACLU的首要任务。[①] 不久，奈尔吸纳了另一个组织公共正义委员会（the Committee for Public Justice），他们一起做的第一件大事就是在1971年10月组织了一场针对联邦调查局的学术研讨会。这是第一次涉及敏感机构的学术公开讨论会，五角大楼文件案后，联邦调查局等部门不再是不可触碰的了。1973年，他们又组织了另一场研讨会，专门讨论“政府秘密”问题，会议质疑了所谓的“行政特权”。[②]

五角大楼文件案暴露出的问题使美国国会深受震惊，许多议员意识到，行政权力过于膨胀，而国会对此缺少监督。6月22日，参议院通过了一项要求政府尽快撤军的决议，而相同的提案在前六个月被否决多次。[③] 6月29日晚，阿拉斯加州参议员迈克·格拉韦尔（Mike Gravel）利用自己作为参议院建筑和土地小组委员会主席的权力，连夜召开听证会。会上他宣读了五角大楼文件，文件也随之载入了国会听证会记录当中。[④] 不久，一部分国会议员联合专家学者召开了一次研讨会，专门讨论五角大楼文件案给国会带来的挑战。诸多议员表示，要采取行动限制行政部门的权力。[⑤] 9月，参议员欧文（后来成为参议员水门事件调查委员会的主席）召开了一次听证会，其目的是“重新检查与再一次强调第一修正案的诸原则”。[⑥]

总而言之，五角大楼文件案刺激尼克松政府实行了更为激进的反异议者政策，但也使尼克松的批评者更为坚定地站在“国家安全国家”的对立

---

① Samuel Walker, *In Defense of American Liberties: A History of the ACLU*, p. 290.

② 研讨会的成果最后都编辑成书出版，参见Pat Watters and Stephen Gillers, eds., *Investigating the FBI*, New York: Ballantine, 1973; Norman Dorsen and Stephen Gillers, eds., *None of Your Business: Government Secrecy in America*, New York: Penguin, 1975。

③ David Rudenstine, *The Day the Presses Stopped: A History of the Pentagon Papers Case*, p. 329.

④ 参见Prados and Porter, eds., *Inside the Pentagon Papers*, 2004, pp. 72-74; 丹尼尔·埃尔斯伯格:《吹哨者自述：五角大楼文件泄密者回忆录》，第324—325页。

⑤ 这次会议的成果也编辑成书出版，参见*Anatomy of An Undeclared War: Congressional Conference on the Pentagon Papers*, International Universities Press, 1972。

⑥ Hearing before the Subcommittee on Constitutional Rights of the Committee on the Judiciary, *Freedom of the Press*, 92nd cong., 1st and 2nd sess., 1971-1972.

面。五角大楼文件案不仅让部分美国人反思越战政策，也让他们更为清晰地认识到问题的本质——不断膨胀的行政权力对美国传统宪政秩序构成严重威胁。在这种情况下，由主流媒体、非政府组织、吹哨者和国会议员组成的松散联盟在各个领域采取行动遏制“国家安全国家”的扩张。人们大概都清楚“水门事件”是美国“帝王式总统”的谢幕，也知道菲尔丁办公室闯入事件和水门事件的制造者是同一批人，但却忽视了扳倒“帝王式总统”的人大部分都来自于这个松散的联盟。①

五、结语

二战后，美国政治发展的一个重要趋势就是“国家安全国家”的不断扩张。一方面，它涉及国家权力的再分配，行政部门特别是总统权迅速膨胀，从而形成所谓的“帝王式总统”。这是20世纪联邦权力建构的一个重要特点，也是国际局势的发展所决定的。另一方面，它也涉及国家和社会关系的重构，国家不断渗透到社会的各个领域之中，维护国家安全与公民政治和公民生活紧密地联系在一起，“权力”与“权利”的紧张关系凸显。② 受越南战争影响，美国社会处于前所未有的分裂与动荡之中，各种抗议活动与骚乱频发，美国公众也越发不信任政府，开始质疑政府的外交政策。在这种情况下，约翰逊和尼克松政府逐渐将“国家安全国家”——为应对冷战和共产主义威胁而建立的体制——应用于处理国内问题，政府加强对民众的监控，对持不同政见者实施窃听，非法闯入民宅，钳制新闻自

① 许多研究20世纪70年代美国社会变革的专著都着眼于水门事件本身，而没有考虑到之前的社会动向与水门事件的关联性，如Bruce Schulman, *The Seventies: The Great Shift in American Culture, Society, and Politics*, New York: Da Capo Press, 2001; Edward Berkowitz, *Something Happened: A Political and Cultural Overview of the Seventies*, New York: Columbia University Press, 2006。

② 有关“国家安全国家”问题，参见牛可：《美国“国家安全国家”的创生》，《史学月刊》2010年第1期；Michael Hogan, *A Cross of Iron: Harry S. Truman and the Origins of the National Security State, 1945-1954*, Cambridge: Cambridge University Press, 1998。

由等。[①] 这些举措，无疑激化了国家与社会的矛盾，同时也使美国的宪政秩序面临严重的挑战。为了应对这种挑战，60年代末和70年代初美国社会出现了一部分以主流媒体、非政府组织、吹哨者和国会议员组成的松散联盟，他们试图遏制“国家安全国家”的扩张，特别是从美国宪政的分权原则和公民权利着眼，通过立法、司法和新闻监督等方式来制衡不断扩大的行政特权。这批人的意识形态，既继承了美国建国以来“反国家主义”的思想和话语资源，又有其新的目标指向和理路。

在美国历史上，由国家安全问题而引起的宪政争议时有发生，特别是战争年代，如内战时期林肯对执法权（包括压制反对意见）的使用，一战时威尔逊政府实施《反间谍法》和《惩治煽动叛乱法》。但这些争议都没有大到能够借用宪政体制（最高法院）击败总统的程度。这与越战的性质和文件本身的“机密”程度、与尼克松的神经过敏式的处理都有关系。更重要的是，五角大楼文件案引发了一系列十分关键的宪政问题：所谓“安全”是如何以及由谁来界定？总统定义的“国家安全”如何受到钳制但又不至于损害总统需要的决策能力？言论自由的界限与尺度在哪里？如果剥夺了公民的知情权和自由表达权，以国家安全为名的权力滥用又如何受到制约？归根结底，它关系到美国宪政秩序中“权力”与“权利”的相互关系，既包括“权力”内部的建构，政府各个分支在国家安全事务上的权力分配；也涉及权力与权利的纠结互动，特别是公民权利对行政权力扩张的制衡，以及人们通过主张与构筑关于言论、出版、知情的政治权利甚至可以改变政府的权力。从这个意义上看，五角大楼文件案不单是一个主流媒体如何捍卫新闻和表达自由的故事，还生动地展现了“权力”与“权利”的博弈这一美国宪政发展的永久性主题。

---

① 参见 Alan I. Bigel, *The Supreme Court on Emergency Powers, Foreign Affairs, and Protection of Civil Liberties, 1935-1975*, Lanham: University Press of America, 1986, pp. 151-164。

试析福特政府对韩国的核不扩散政策

——兼与卡特政府对巴基斯坦的核政策比较

丁思齐　徐银婷*

摘　要　由于来自朝鲜的安全威胁的上升和来自美国的安全承诺的下降，韩国于20世纪70年代初开始秘密发展核武器。为了迫使朴正熙政府放弃核武开发，美国福特政府不惜对朴正熙政府“威胁抛弃”，即威胁彻底取消对韩国的安全承诺，迫使朴正熙政府在美国的安全承诺和核扩散之间二选一。在福特政府的压力下，朴正熙政府最终于1976年年底暂停了核武器开发。而通过进一步比较福特政府对韩国的核不扩散政策和卡特政府对巴基斯坦的核不扩散政策后可以发现，美国对其盟国的核不扩散政策很大程度上取决于美国对盟国的关系目标是“无核优先”还是“关系优先”，即美国在处理同其盟国的双边关系时是更为看重其盟国的无核化还是与盟国之间的双边关系。而这很大程度上又由其盟国在美国的地缘战略体系中的战略地位所决定，即战略地位重要时，为“关系优先”；反之，则“无核优先”。

关键词　核不扩散政策　福特政府　卡特政府　韩国　巴基斯坦

* 丁思齐，山东大学政治学与公共管理学院硕士研究生；徐银婷，南京大学国际关系研究院硕士研究生。

冷战时期是核扩散的高峰时期。据统计，包括苏联在内，共有 16 个国家或地区在冷战期间开始发展核武器。而这其中，英国、法国、巴基斯坦以及韩国都是与美国签订过正式同盟条约的盟友。① 对这些试图发展核武器的盟友，美国的核不扩散政策可谓是迥然相异。对有的盟国美国不仅不反对，甚至还提供直接核支持；而对有的盟国美国则强烈反对，甚至不惜进行制裁。那么，美国为什么会对不同的盟国采取不同的核不扩散政策呢？在什么情况下，美国采取诸如制裁这样的强制措施阻止盟国发展核武器？

关于福特政府对韩国的核不扩散政策，国内外学术界已进行过一定的研究，其中部分研究也使用了相关档案。② 但囿于档案解密的问题，相关研究所使用的档案并不完整，因而对诸多历史细节分析得较为粗略。有鉴于此，本文试图利用最新的解密档案，③ 对福特政府对韩国的核不扩散政策提供一个更为细致和完整的分析；进而通过横向比较福特政府对韩国和卡特政府对巴基斯坦的核不扩散政策，以及纵向比较苏联入侵阿富汗前后卡特政府对巴基斯坦的核不扩散政策，来讨论美国针对其盟国的核不扩散政策

① 这 16 个国家是：苏联、英国、法国、中国、以色列、南非、巴基斯坦、印度、朝鲜、南斯拉夫、韩国、利比亚、巴西、伊拉克、伊朗、叙利亚。需要说明的是，关于迄今有些国家试图发展过核武器以及这些国家是从何时开始发展核武器这两个问题，学界还存在诸多争论。因而，本文在界定相关国家的时候，采取的方法是取“最小公倍数”，即选取的试图发展核武器的国家是相关研究都承认的。相关研究参见 Philipp C. Bleek, “When Did (and Didn't) States Proliferate? Chronicling the Spread of Nuclear Weapons,” Discussion Paper (Cambridge, MA: Project on Managing the Atom, Belfer Center for Science and International Affairs, Harvard Kennedy School and the James Martin Center for Nonproliferation Studies, Middlebury Institute of International Studies, Monterey, CA., June 2017); Jacques E. C. Hymans, *Achieving Nuclear Ambitions: Scientists, Politicians, and Proliferation*, New York: Cambridge University Press, 2012, p. 3; Nicholas L. Miller, *Stopping the Bomb: The Sources and Effectiveness of US Nonproliferation Policy*, Ithaca: Cornell University Press, 2018, p. 5。

② 高奇琦：《韩国的核选择：历史与现实的比较》，《当代韩国》2007 年第 4 期，第 59—66 页。除此之外，相关研究将都在下文陆续提及。因而，这里不再专门列出。

③ 本文将综合运用近年来美国乔治·华盛顿大学国家档案馆和美国伍德罗·威尔逊国际学者中心解密的相关档案。档案网址：http://digitalarchive.wilsoncenter.org/collection/128/south-korean-nuclear-history; https://nsarchive.gwu.edu/briefing-book/nuclear-vault/2017-03-22/stopping-korea-going-nuclear-part-i; https://nsarchive.gwu.edu/briefing-book/nuclear-vault/2017-04-12/stopping-korea-going-nuclear-part-ii。

的一般规律。对此，文章拟从以下四部分展开讨论：第一部分讨论朴正熙政府的核武计划；第二部分讨论福特政府对朴正熙政府的核不扩散政策；第三部分讨论卡特政府对巴基斯坦的核不扩散政策；最后一部分则在总结全文的基础之上，进一步讨论美国针对其盟友的核不扩散政策的一般规律。

一、韩国的核武计划：动因与举措

20世纪60年代末70年代初，来自朝鲜的安全威胁和美国不再可信的安全承诺使得韩国的国家安全面临着极大的不确定性。为了对冲这种不确定性，更好地维护韩国的国家安全，朴正熙政府试图建立自主国防能力。而这其中，最为重要的举措便是发展核武器这种“绝对武器”。

（一）动因

一般而言，导致中小国家发展核武器的最主要原因是安全因素。[①] 所谓的安全因素是指一国所处的安全环境对一国核选择的影响。大体上，这样的安全环境由一国所面临的安全威胁和其接受的大国提供的安全承诺的这两部分组成。[②] 而促使朴正熙时期的韩国发展核武器的最主要原因也是安全因素，即一方面，来自朝鲜的安全威胁明显上升，而另一方面，来自美国的安全承诺却显著下降。

20世纪60年代末，朝鲜半岛局势不断恶化。根据美国的一份情报备忘录，从1966年10月中旬开始，朝鲜对韩国的军事挑衅开始突然频繁起来，而且表现出十足的攻击性：“过去，（朝鲜的）渗透的人员……很少选择交

① Scott D. Sagan, “Why Do States Build Nuclear Weapons? Three Models in Search of a Bomb,” *International Security*, Vol. 21, No. 3, 1996/97, pp. 54-86.

② Nuno P. Monteiro and Alexandre Debs, “The Strategic Logic of Nuclear Proliferation,” *International Security*, Vol. 39, No. 2, 2014, pp. 7-51; Alexandre Debs and Nuno P. Monteiro, *Nuclear Politics: The Strategic Causes of Proliferation*, New York: Cambridge University Press, 2016.

火。但从十月中旬起，渗透人员开始有意寻找韩国军队并蓄意发起攻击。”①朝鲜对韩国的渗透活动则在次年达到了顶峰。1967 年，朝鲜向韩国的渗透次数达到了历史最高峰——184 次，而渗透人数同样达到了历史最高峰——694 人（见图 1 和图 2）。

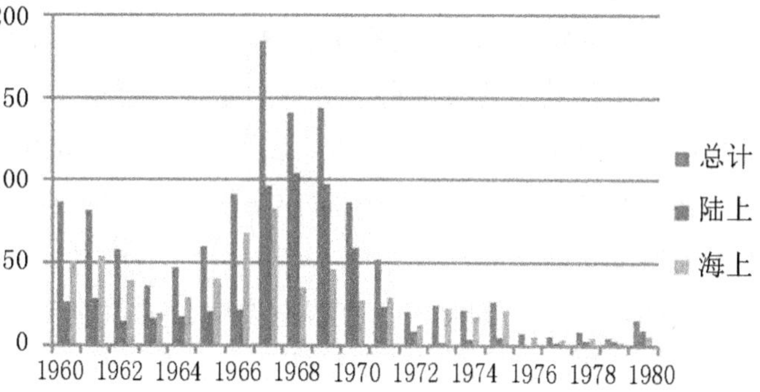

图 1　1960—1980 年间朝鲜对韩国的渗透次数

资料来源：Narushige Michishita, *North Korea's Military-Diplomatic Campaigns, 1966－2008*, p. 201。

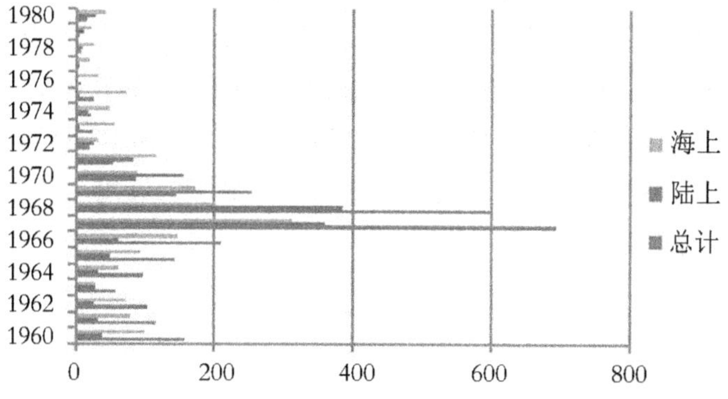

图 2　1960—1980 年间朝鲜对韩国的渗透人数

资料来源：Narushige Michishita, *North Korea's Military-Diplomatic Campaigns, 1966－2008*, p. 201。

① Intelligence Memorandum, November 8, 1966, Johnson Administration, *FRUS*, 1964－1968, Vol. XXIX, doc. 98.

与1967年相比，1968年朝鲜对韩国渗透次数和人数虽均有所下降，但其相继制造了“青瓦台事件”和“普韦布洛”号危机。1968年1月21号深夜，朝鲜突击队偷袭青瓦台总统府，刺杀朴正熙未遂。两天后，朝鲜又以领海被侵犯为由抓获了美国“普韦布洛”号武装间谍船，除在与朝鲜交火中阵亡的1人外，其余船员全部被朝鲜扣押。1969年4月15日，一架美国的EC-121侦察机在朝鲜附近海域上空被朝鲜人民军击落，机上31名人员全部罹难。朝鲜频繁且激烈的军事行动对韩国造成了严峻的安全压力。对此，时任韩国中央情报局主任李厚洛曾有言：“这时，我们的前线离危机只有半步之遥。朝鲜的进攻可能会在任何时候来临。他们的坦克和部队在向非军事区的方向逐步聚集。”①

如上所述，朝鲜之所以如此，一个很重要的目的就是动摇美韩同盟。而从实际效果来看，朝鲜这一系列军事行动也的确成功地动摇了美韩同盟，导致韩国开始怀疑美国对韩国的安全承诺，增加了美韩同盟的离心力。“青瓦台事件”发生后，朴正熙旋即召见时任美国驻韩大使威廉·波特（William Porter），要求美国方面支持韩国对朝鲜进行军事报复。但波特明确表示，美国不会采取报复行动，并且韩国任何单方面的报复举动都将遭到美国的强烈反对。② 在“普韦布洛”号危机中，美国又放弃对朝鲜采取报复行为，而是选择了朝鲜提出的谈判解决的缓和政策。③ 对美国而言，由于此时在越南的战事是其首要关切，朝鲜对韩国的军事挑衅并不对其地缘政治利益构成较大冲击，同时为了避免第二次朝鲜战争的爆发，其选择缓和政策有一定的合理性。④

---

① Seung-young Kim, “Security, Nationalism, and the Pursuit of Nuclear Weapons and Missiles: The South Korean Case, 1970–1982,” *Diplomacy and Statecraft*, Vol. 12, No. 4, 2001, p. 55.

② Victor Cha, *Alignment Despite Antagonism: The United States-Korea-Japan Security Triangle*, Stanford: Stanford University Press, 2000, p. 63.

③ 梁志：《“普韦布洛”号危机决策与美国的国际危机管理》，《中国社会科学》2011年第6期。

④ Victor Cha, *Alignment Despite Antagonism: The United States-Korea-Japan Security Triangle*, p. 65.

但事后来看，在处理这两次危机时，美国采取的“厚此薄彼”① 的做法以及美国表现出的“被动、软弱”，都严重削弱了韩国对美国防务承诺的信心。在韩国看来，“如果世界上最强大的国家不采取任何措施打捞它的船只或拯救服务于其国家的人民，那么，它又能替韩国做些什么呢?”② 1968 年 1 月 29 日，朴正熙在青瓦台召开的紧急安全会议上表示：“即使美国是我们的盟友，但当国家利益发生冲突时，这个同盟也是毫无意义的……我们必须依靠自己来解决（韩国的）安全问题。”③ 而 EC-121 事件中，尼克松政府的温和反应则再一次被韩国媒体和公众视为华盛顿漠视汉城安全的明证。④ 总的来看，正如车维德所指出的，“华盛顿对在 1968 年至 1969 年间，朝鲜三次挑衅的矛盾回应已经严重削弱了韩国对美国防务承诺的信心”。⑤

尼克松主义的正式实施则成为了“压倒骆驼的最后一根稻草”。根据尼克松主义：“在国内问题上，在军事防卫问题上，除非存在某个核大国的威胁，美国将鼓励并有权期望逐渐由亚洲国家本身来处理，逐渐由亚洲国家本身来负责”。⑥ 于是 1970 年 3 月，美国出台了“第 48 号国家安全决定备忘录”。依据该备忘录，美国将于 1971 年财政年度结束前削减两万驻韩美军（约占驻韩美军总数的 1/3）。⑦ 3 月 27 日，在美国驻韩国大使波特将美国撤军计划告知韩国后，韩国上下一片哗然，政府和舆论纷纷对此谴责。

---

① “青瓦台事件”发生后，美国仅仅象征性要求在板门店召开会议讨论此事。但“普韦布洛”号被俘却促使美国在未提前通知韩国的情况下便向乌山军事基地派出直升机，并调动“企业”号航空母舰，大有甘冒战争风险的架势。参见梁志：《冷战时期美韩同盟信任危机析论——以 1968 年美韩外交争执为中心》，《东北师大学报（哲学社会科学版）》2013 年第 3 期，第 79 页。

② Victor Cha, *Alignment Despite Antagonism: The United States-Korea-Japan Security Triangle*, p. 65.

③ Lyong Choi, *The Foreign Policy of Park Chunghee: 1968-1979*, Ph. D. Dissertation, The London School of Economics and Political Science, 2012, p. 38.

④ 梁志：《协调与猜忌——1969 年 EC-121 事件前后的美韩关系》，《东北师大学报（哲学社会科学版）》2014 年第 4 期。

⑤ Victor Cha, *Alignment Despite Antagonism: The United States-Korea-Japan Security Triangle*, p. 64.

⑥ 引用自时殷弘：《尼克松主义》，武汉：武汉大学出版社，1984 年，第 1 页。

⑦ National Security Decision Memorandum 48, 20 March 1970, *FRUS*, 1969-72, Korea.

朴正熙更是致信尼克松，明确反对美国削减驻韩美军的计划。[①] 而且一定意义上，尼克松政府如此规模的撤军行动无异于一次对韩国的赤裸裸的背叛。因为 1969 年 8 月 21 日在与朴正熙的会晤中，尼克松向朴正熙郑重承诺，美国不会从太平洋地区撤离，也不会减少对亚洲非共产党国家的承诺。[②]

正因如此，如此大规模的撤军计划定会不可避免地动摇韩国对美国安全承诺的信心，进一步把韩国推向拥核以自保的“深渊”。正如韩国学者河英善所指出的，“在 1970 年 7 月美国正式向韩国表达撤军意向之后，韩国出现了第一波关于核选择的讨论”。[③] 而据包括时任韩国国务总理金钟泌在内的两位前朴正熙政府内部的高官回忆，也正是因 1970 年美国决定从韩国撤出驻军，朴正熙才开始考虑发展核武器。在 1970 年的一次谈话中，朴正熙告诉金钟泌：“美国不知何时会离开，因此我们要开始研究核武器，即便可以预料到美国的干涉会导致计划无法实施，但是掌握充分的技术并在必要时制造武器对我们来说是有利的。”[④]

1971 年 7 月，美国正式撤出了驻韩美军第七师，并将第二步兵师从非军事区撤出并后置部署。1971 年 11 月，朴正熙对一名负责与防务有关的重化学工业的高级官员说：“由于美国在朝鲜半岛军事存在的不确定性，我们的国家安全很脆弱。为了变得安全和独立，我们需要摆脱对美国军事保护的依赖……我们能发展核武器吗?”[⑤] 1972 年 2 月 22 日，也就是尼克松访华的第二天，在与一位青瓦台的专职记者共进晚餐时，朴正熙说道：“尼克松

① 贺飞：《尼克松政府对韩国军事政策的调整及其影响（1969—1974）》，《社会科学战线》2017 年第 11 期，第 110 页。

② Memorandum of Conversation, 21 August 1969, Nixon-Ford Administrations, *FRUS*, 1969-1974, Vol. XIX, doc. 35.

③ Young-sun Ha, *Nuclear Proliferation, World Order, and Korea*, Seoul: Seoul National University, 1983, p. 127.

④ Young Jang, “The Evolution of US Extended Deterrence and South Korea’s Nuclear Ambitions,” *Journal of Strategic Studies*, Vol. 39, No. 4, 2016, p. 514.

⑤ Sung Gul Hung, “The Search for Deterrence: Park’s Nuclear Option,” in Byung-Kook Kim and Ezra F. Vogel, eds., *The Park Chung-hee Era: The Transformation of South Korea*, Cambridge, Mass.: Harvard University Press, 2011, p. 483.

访华90%是为了再次当选，尼克松对华低调外交并不可取，我们还能信任美国多长时间？”① 显然，尼克松主义正式推行后，美国从韩国的大规模撤军、与中国的缓和都严重削弱了朴正熙对美国安全承诺的信心，而这也势必会进一步坚定了朴正熙拥核自保的决心。同月，朴正熙召开了一次跨部门的国防会议，在此次会议上，朴正熙决定动员所有的科技、工业和学术资源来进行核武开发。②

概言之，朝鲜安全威胁的上升以及美国安全承诺的下降是导致20世纪70年代初韩国发展核武器的最主要原因。而这其中，美国安全承诺的下降无疑是最为关键的。正如后来曾任美国驻韩大使的菲利浦·哈比（Philip Habib）所指出的，正是美国错误的对韩政策激发了韩国的核野心；③ 韩核问题的症结是韩国认为其需要美国长期的核保证，但这些却是美国所无法提供的。④

（二）举措

为了应对严峻地安全局势，更好地维护韩国的国家安全利益，朴正熙政府决定发展韩国自己的核武能力。为此，韩国于70年代初制定了代号为“890”的核武器研发项目。总的来看，为了发展核武器，朴正熙政府做了如下努力：

1. 设立专门的机构。1970年8月，朴正熙成立了专门负责武器研发和导弹项目国防发展局。在五年内，国防发展局从成立之初只有169名工作人

---

① Lyong Choi, *The Foreign Policy of Park Chunghee: 1968-1979*, p. 97.

② Seung-young Kim, “Security, Nationalism, and the Pursuit of Nuclear Weapons and Missiles: The South Korean Case, 1970-1982,” p. 58.

③ Lyong Choi, “The First Nuclear Crisis in the Korean Peninsula, 1975-76,” *Cold War History*, Vol. 14, No. 1, 2014, p. 78.

④ John Marcum to Brent Scowcroft, 24 July 1975, enclosing Jan M. Lodal and David Elliott Memorandum to Secretary Kissinger, “Approach to South Korea on Reprocessing,” 24 July 1975, in William Burr, eds., *Stopping Korea from Going Nuclear*, Part Ⅰ, NSAEBB 582, doc. 16.

员发展到了拥有超过 2000 人的庞大机构。[①] 同年，更为隐蔽的武器开发委员会组建。武器开发委员会对青瓦台负责，监督核武器的发展，并负责采购和生产核武器。除此之外，朴正熙还相继设立了工业发展研究所、韩国科技部以及负责经济事务的第二总统秘书办公室以间接支持核武计划。

2. 加强海外合作。由于此时韩国国内的技术水平还远不足以达到生产核武器的标准，因此朴正熙政府开始从海外学习核技术以及进口关键核设施。1972 年，韩国科技部部长率代表团访问英国和法国，商讨未来在核后处理设施方面进行技术合作的可能性。10 月，韩国原子能研究所开始与法国原子能委员会商讨购买相关设备和技术的事宜。次年，韩国与法国 SNG 核能公司签署了一项关于后处理设备的合约。[②] 不久，韩国又与加拿大原子能有限公司（AECL）谈判进口 CANDU 型重水铀反应堆和 NRX 反应堆。1973 年 3 月至 7 月，韩国从海外邀请 20 名韩裔核科学家来获得后处理能力。12 月，韩国科学家访问印度和中国台湾，学习和了解与 NRX 反应堆的运行等技术相关的问题。1974 年 7 月，韩国与比利时 BN 公司签署了关于购买一个混合氧化物燃料后处理实验室的合同。[③]

3. 加大国防投入。根据国防发展局在 1973 年底向朴正熙提交的一份秘密报告，若韩国想要制造一枚和美国投放在日本长崎一样的钚弹，那么整个核武项目的预期投入在 15 亿—20 亿美元之间，[④] 但 1969 年韩国全年的军费支出才仅仅 3 亿多美元。[⑤] 因此，为了满足常规武器现代化建设和核武研发的需要，1973—1976 年韩国连续颁布《国防工业法》和《国防税收法》。1975 年 7 月，朴正熙决定从 1976 年开始，将韩国国防支出占 GNP 的比重从 4%增加到 5%。在此基础上，韩国的国防投入将从 1975 年的 7.19 亿美元增

① Seung-young Kim, "Security, Nationalism, and the Pursuit of Nuclear Weapons and Missiles: The South Korean Case, 1970-1982," pp. 61-62.

② Ibid., p. 59.

③ Ibid., p. 66.

④ Joong Ang Ilbo, November 13, 1997, 转引自 Sung Gul Hung, "The Search for Deterrence: Park's Nuclear Option," p. 491。

⑤ Sangsun Shim, *The Causes of South Korea's Nuclear Choices: A Case Study in Nonproliferation*, Ph. D. Dissertation, University of Maryland, 2003, p. 160.

加至1977年的18亿美元。①

二、福特政府的核不扩散政策

虽然韩国的核武研发始于美国总统尼克松任内，但直到1974年底，美国福特政府才发现韩国在秘密发展核武器。② 为了迫使朴正熙政府放弃核武开发，福特政府最终使用了基恩·戈乔伊（Gene Gerzhoy）所界定的美国针对其盟国发展核武器而制定的“威胁抛弃”（threats of abandonment）策略，即威胁取消对盟国的安全保护，迫使盟国在美国的安全保护与自身的核野心之间二选一。③ 在福特政府的强力干预下，朴正熙政府最终于1976年底停止了核武开发。

（一）认知与评估

1974年7月30日时任美国驻韩大使菲利浦·哈比致电美国国务院表示，他有一种“特殊的感觉”（visceral feeling），即他认为，“由于对韩国国防事务越来越独立的态度以及日益增长的对美国安全承诺持久性的疑虑，大多数韩国国防政策制定者都希望能最终获得生产核武器的能力。”④ 据目前解密的档案，这是美国政府内部第一次有人对韩国的核武意图表示出关切。而随着韩国核计划的持续推进以及美国对韩国核计划关注的加深，1974年下半年越来越多的可以直接或间接表明韩国在秘密发展核武器的信息开始被福特政府获取。基于对这些信息的分析和研判，福特政府最终于1974年底确认了韩国在秘密发展核武器。

---

① Sung Gul Hung, “The Search for Deterrence: Park’s Nuclear Option,” p. 488.

② 笔者在阅读相关档案以及与此相关的研究时，并未发现有关于尼克松政府对韩国核扩散问题的讨论。

③ Gene Gerzhoy, “Alliance Coercion and Nuclear Restraint: How the United States Thwarted West Germany’s Nuclear Ambitions,” *International Security*, Vol. 39, No. 4, 2015, pp. 91-129.

④ U. S. Embassy in Republic of Korea telegram 4957 to Department of State, “Korean Accession to NPT,” 30 July 1974, in William Burr, eds., *Stopping Korea from Going Nuclear*, Part Ⅰ, NSAEBB 582, doc. 1.

1974年11月4日，在得知了韩国即将从加拿大购买到核反应堆的消息后，新上任的美国驻韩大使理查德·施奈德（Richard Lee Sneider）向美国国务院汇报，建议华盛顿方面直接向渥太华施压以阻止加拿大向韩国出售核反应堆；与此同时，美国驻韩大使馆将计划对韩国的核计划展开全面的评估，以明确韩国是否有发展核武器的意图。① 事后来看，施奈德大使是福特政府成功迫使朴正熙政府放弃核扩散的关键人物，其在福特政府干预朴正熙政府发展核威慑力量的过程中起到了重要作用。

半个月后的11月20日，在一份提交给国务卿基辛格的题为《第二份警告报告》的分析报告中，基辛格的主要助手温斯顿·洛德（Winston Lord）和美国国务院情报研究司副司长马丁·帕克曼（Martin Packman）指出，“朴正熙去年8月私下告诉韩国的新闻记者，他已命令韩国科学家在1977年前制造出原子弹”。同时，他们提醒基辛格，（韩国的核扩散）可能会对区域稳定和美国的核不扩散战略造成严重的负面影响，对此，美国需要“做点什么”。②

1974年12月2日，在经过近一个月的分析、研究后，美国驻韩大使馆致电美国国务院，表示一致认为韩国已经决定发展核武器，且已进入了核武研发的初级阶段。③ 1975年1月，美国中情局经过分析后认为，韩国可能在十年内拥有核武能力和获得导弹发射系统。④ 2月26日，美国收到消息称，

---

① U. S. Embassy in Republic of Korea telegram 7328 to Department of State, “Canadian Nuclear Reactor Program in Korea,” 4 November 1974, in William Burr, eds., *Stopping Korea from Going Nuclear*, Part Ⅰ, NSAEBB 582, doc. 3.

② Winston Lord, director, Policy Planning Staff, and Martin Packman, deputy director, Office of Intelligence and Research, “Second Alert Report,” 20 November 1974, in William Burr, eds., *Stopping Korea from Going Nuclear*, Part Ⅰ, NSAEBB 582, doc. 4.

③ U. S. Embassy Seoul telegram 8023 to Department of State, “ROK Plans to Develop Nuclear Weapons and Missiles,” 2 December 1974, Secret, excised copy attached to W. R. Smyser and David Elliott to Secretary Kissinger, “Development of U. S. Policy Toward South Korean Development of Nuclear Weapons,” 28 February 1975, in William Burr, eds., *Stopping Korea from Going Nuclear*, Part Ⅰ, NSAEBB 582, doc. 6.

④ William Burr, “The United States and South Korea's Nuclear Weapons Program, 1974-1976, Part Ⅰ,” Briefing Book #582, March 22, 2017.

朴正熙在加拿大将韩国批准《核不扩散条约》(Treaty on the Non-Proliferation of Nuclear Weapons，简称 NPT 条约）和向其出售核反应堆挂钩的压力下，终于决定于 1974 年 4 月批准加入 NPT 条约。[①] 而这也是在全面暂停核武计划之前，朴正熙政府在核武问题上所做出的为数不多的妥协。两日后，美国国家安全委员会召开会议专门讨论了如何应对韩国的核扩散，并将讨论出的政策草案提交给了国务卿基辛格。[②]

面对严峻的核不扩散形势，在 2 月 28 日的政策草案基础之上，国家安全委员会于 3 月 3 日再度讨论了韩国的核扩散问题，并出台了一份题为《韩国武器计划》的备忘录。这份备忘录全面地分析韩国的核导能力、韩国的核扩散对美国造成可能的负面影响以及美国应采取的应对措施。具体来说，这份备忘录认为：第一，韩国具备了在未来十年内完成核、导开发的能力。第二，韩国发展核武器会严重损害美国在东北亚地区的地缘政治利益。首先，韩国的核扩散可能会导致核多米诺效应，即刺激朝鲜和日本也去发展核武器；其次，它可能会导致在未来的冲突中，苏联和中国向朝鲜提供核武器支持；最后，韩国的核武器计划以及朴正熙正在进行的减少对美国军事依赖的努力都反映出韩国对美国安全承诺信心的降低，这些都会使地区局势更加复杂。第三，美国对韩核不扩散政策的基本目标是要迟滞韩国目前的核开发，并最大限度地抑制韩国发展核威慑力量。为此，美国应采取双边和多边“双管齐下”的方式来干预韩国的核扩散。双边方面，美国应直接对朴正熙政府施加弃核压力以及加强对韩核设施、核活动的情报监控。多边方面，一方面美国应要求韩国尽快批准 NPT 条约，将韩国的核设施、核活动置于国际原子能机构的安全保障之下；另一方面，则应直接向法国和加拿大施压，明确要求两国不得向韩国提供相关的核设施和核技术。最

---

① U. S. Embassy Seoul telegram 1239 to Department of State, “Non-proliferation Treaty,” 26 February 1975, in William Burr, eds., *Stopping Korea from Going Nuclear*, Part Ⅰ, NSAEBB 582, doc. 8.

② William Burr, eds., *Stopping Korea from Going Nuclear*, Part Ⅰ, NSAEBB 582, doc. 6.

后，这份备忘录要求美国驻韩大使馆就上述相关政策措施提出补充意见。① 这份备忘录是福特政府时期美国应对韩国核扩散的纲领性文件，此后福特政府对韩国核扩散的干预也基本上是按照该备忘录的思路在进行。次日，这份备忘录稍做修改后，以基辛格的名义发往了在汉城的美国驻韩大使馆。②

3 月 12 日，美国国务院接到了驻韩大使馆的回复。回复中，驻朝韩大使施奈德表示"基本赞同"美国国务院对韩国核扩散的相关判断及相应的应对措施。但同时施奈德也表示，美国不应该低估韩国的核决心和核能力，韩国获得核武器可能不需要十年之久，80 年代初韩国可能就会获得核武能力："我们判断韩国开发核武器所需的时间用不了 10 年。从我们掌握的各种情报来看，韩国政府高层对开发核武器非常关心，到 80 年代初相关结果就会显现出来。凭借韩国人的坚韧毅力和他们已经掌握的高水平技术，以及可以吸引外国专家的政策，再加上有包括总统在内的国家领导人的热切激励，韩国在短期内就制造出核武器绝非杞人忧天。"③ 因此，施奈德建议华盛顿方面制订更为直接和坚定的应对计划。同时施奈德提醒，要注意韩国通过商业途径从第三方获取相关核技术和核设备的可能性。④

（二）初步干预

根据 3 月确定的方针，施奈德开始与韩国政府接触。4 月 30 日，在与施奈德讨论韩国的核、导问题时，朴正熙明确表示，韩国没有发展核武器

① "US National Security Council Memorandum, ROK Weapons Plans," March 3, 1975, History and Public Policy Program Digital Archive, Gerald R. Ford Presidential Library, National Security Adviser Presidential Country Files for East Asia and the Pacific, Box 9, Korea (4), Obtained by Charles Kraus.

② State Department telegram 048673 to U. S. Embassy Seoul, "ROK Plans to Develop Nuclear Weapons and Missiles," 4 March 1975, in William Burr, eds., *Stopping Korea from Going Nuclear*, Part Ⅰ, NSAEBB 582, doc. 9.

③ U. S. Embassy Seoul telegram 1637 to Department of State, "ROK Plans to Develop Nuclear Weapons and Missiles," 12 March 1975, in William Burr, eds., *Stopping Korea from Going Nuclear*, Part Ⅰ, NSAEBB 582, doc. 10.

④ Ibid.

的计划。同时朴正熙表示，尽管发展导弹能力会增加财政负担，但由于美国的安全承诺不再可信，韩国必须要发展独立的导弹能力，以获得在未来与朝鲜的战争中独立攻击朝鲜空军基地和城市中心的能力。对此，朴正熙说道："韩国必须要未雨绸缪。如果真到了美国政府向韩国正式通报驻韩美军撤出的那一天才开始发展导弹能力，就一切都太晚了。"① 与此同时，美国也开始与加拿大、法国方面接触，尽力劝说和阻止两国向韩国出售核设施和核技术。② 1975 年 4 月 23 日，在延期 7 年后，韩国终于正式加入了 NPT 条约。但尽管如此，朴正熙仍在继续其核武计划。

为了进一步对韩国施加弃核压力，1975 年 8 月初，已升任负责东亚和太平洋事务的助理国务卿菲利普·哈比、负责政治军事事务的助理国务卿乔治·韦斯特（George Vest）和国务院政策设计司主任温斯顿·洛德（Winston Lord）一道向基辛格建议，通过经济杠杆来向韩国施压，即威胁韩国，如果不暂停引进后处理设施，就要扣留美国进出口银行对古里 2 号核反应堆提供的 2.92 亿美元贷款，以及美国计划向韩国其他反应堆提供的低息贷款和技术援助。③

8 月 16 日，美国国务院指示其驻韩大使馆执行第二阶段的干预计划，即要对韩国"恩威并施"。"威"方面，要向韩国表明，其建造后处理设施是美国的"严重关切"。因此，韩国建造后处理设施可能会影响美国与韩国后续的民用核合作。同时韩国如果执意推进其建造后处理设施的计划，则美国国会可能拒绝美国进出口银行为韩国的核反应堆提供贷款；"恩"方面，如果韩国放弃进口后处理设施，且经济条件允许，则美国将支持在东

---

① U. S. Embassy Seoul Telegram 3090 to State Department, "Meeting with President Park: Missile Strategy," 1 May 1975, in William Burr, eds., *Stopping Korea from Going Nuclear*, Part Ⅱ, NSAEBB 584, doc. 4.

② William Burr, eds., *Stopping Korea from Going Nuclear*, Part Ⅱ, NSAEBB 584, doc. 12, 13.

③ Assistant Secretary of State for East Asian and Pacific Affairs Philip Habib, Assistant Secretary of State for Politico-Military Affairs George Vest, and Policy Planning Staff Director Winston Lord through the Deputy Secretary of State (Ingersoll) to the Secretary of State, "Approach to South Korean on Reprocessing," circa 4 August 1975, in William Burr, eds., *Stopping Korea from Going Nuclear*, Part Ⅰ, NSAEBB 582, doc. 17.

亚建一个地区性的多边后处理厂。[①]

而面对美国的进一步施压，朴正熙政府的表现令人十分惊愕，不仅明确拒绝美国提出的暂停引进后处理厂的要求，而且还矢口否认韩国计划引进的后处理厂具有军事用途，声称韩国获取后处理厂仅仅只是为了“学习和训练”。其甚至还反过来诘问美国，为什么日本同样从法国引进后处理厂，美国对此却不加以反对，而仅仅只是反对韩国从法国引进后处理厂，这是否意味着美国不信任韩国。[②] 1975 年 8 月 27 日，在与朴正熙的会晤中，美国国防部长詹姆斯·施莱辛格（James Schlesinger）和施奈德再度警告朴正熙，称韩国的核武器项目会对美韩关系造成严重的负面影响。[③] 施莱辛格告诉朴正熙：“唯一可能削弱美韩之间政治关系的因素就是韩国为获得自己的核武器所做的努力。”[④] 但朴正熙再次表示，韩国没有在发展核武器。在经过近一个半月与韩国方面的交涉的之后，9 月 30 日，施奈德向美国国务院汇报，称其已完整地执行完第二阶段的干预计划，但回顾近期与韩国高级官员的会晤，他们均“明确否定”了美国的提议。面对这种局面，施奈德建议，华盛顿应直接对朴正熙施加“最大影响力”（maximum leverage）。[⑤]

1975 年 10 月 15 日，参加总统招待会后，韩国副总理南德祐和青瓦台秘书室长金正濂告诉施奈德，韩国政府在核协议上的立场仍然很“坚定”。[⑥] 10 月 23 日，韩国外交部长卢信永告诉施奈德，经过慎重考虑，韩国政府表

---

① State Department telegram 195214 to U. S. Embassy Seoul, “ROK Nuclear Fuel Reprocessing Plans,” 16 August 1975, in William Burr, eds., *Stopping Korea from Going Nuclear*, Part Ⅰ, NSAEBB 582, doc. 18.

② William Burr, eds., *Stopping Korea from Going Nuclear*, Part Ⅰ, NSAEBB 582, doc. 19, 20, 21, 22.

③ Sung Gul Hung, “The Search for Deterrence: Park's Nuclear Option,” p. 507.

④ Memorandum of Conversation, 27 August 1975, Nixon-Ford Administration, *FRUS*, 1969–1976, Vol. E–12, doc. 272.

⑤ U. S. Embassy Seoul telegram 74642 to Department of State, “ROK Nuclear Fuel Reprocessing Plant,” 30 September 1975, in William Burr, eds., *Stopping Korea from Going Nuclear*, Part Ⅰ, NSAEBB 582, doc. 22.

⑥ U. S. Embassy Seoul Telegram 8074 to State Department, “Nuclear Developments,” 16 October 1975, in William Burr, eds., *Stopping Korea from Going Nuclear*, Part Ⅱ, NSAEBB 584, doc. 6.

示在现阶段取消同法国已签订的引进后处理设施的合同是不可能的。并且卢信永重审，韩国引进后处理设施“仅供学习之用”，并欢迎美国的核查。对此，施奈德则表示，他对韩国政府的态度非常失望。①

1975年10月31日，美国驻韩大使馆致电国务院，称韩国政府已先后两次明确拒绝放弃从法国引进再处理设施的要求。对此，施奈德表示很失望，为此他建议：“……要达到最终目的，必须让韩国政府感受到切实的压力，美国国会要正式研讨削减对韩国的军事援助，同时否决向韩国提供古里2号反应堆的贷款。但不知道面对这样的压力，韩国政府会不会屈服？但是我们应该有这样的决心……”② 可见，尽管态度坚决，但就实际效果而言，因“西岗陷落”③ 和朝鲜军事挑衅的“回潮”④ 导致的朴正熙政府主要决策者对韩国国家安全的持续担忧，以及美国干预力度的有限，福特政府对韩国核扩散的初步干预收效甚微。朴正熙政府的坚持使得美国对韩国核扩散的干预已陷入僵局，美国需要重新思考对韩国的核不扩散政策。

（三）威胁抛弃

面对僵局，11月18日，菲利普·哈比和温斯顿·洛德向基辛格提交了一份题为《韩国后处理——下一步》的行动备忘录。在备忘录中，他们指出，韩国的核扩散问题“再次变得紧迫”（renewed urgency）。为此，他们提出了四种进一步的应对方案：第一种，接受韩国引进后处理设施的事实，同时施加特殊的限制手段来尽可能降低（韩国将此用于军事用途的）风险；

---

① U. S. Embassy Seoul telegram 8278 to Department of State, “ROKG Rejects Our Representations on Nuclear Reprocessing,” 24 October 1975, in William Burr, eds., *Stopping Korea from Going Nuclear*, Part I, NSAEBB 582, doc. 25.

② “U. S. Department of State Cable, ROKG Nuclear Reprocessing,” October 31, 1975, History and Public Policy Program Digital Archive, Gerald Ford Presidential Library, National Security Adviser Presidential Country Files for East Asia and the Pacific, Box 11, Korea-State Department Telegrams, to SecState-NODIS (7). Obtained by Charles Kraus.

③ Lyong Choi, “The First Nuclear Crisis in the Korean Peninsula, 1975-76”.

④ Seung-young Kim, “Security, Nationalism, and the Pursuit of Nuclear Weapons and Missiles: The South Korean Case, 1970-1982”.

第二，在告知/不告知朴正熙美国已经知道韩国的核武意图的前提下，直接要求朴正熙暂停建造后处理厂；第三，强化美国的反对立场，与此同时，对加拿大和法国采取补充措施；第四，作为方案三的补充措施，要求法国破例取消已与韩国签订的合同。这四种方案中，他们二人强烈推荐方案三，即对韩国采取更为强硬的核不扩散政策。① 12月2日，在陪伴福特总统访问中国期间，基辛格批准了哈比和洛德的建议，同意对韩国采取更为强硬的核不扩散政策。②

1975年12月10日，施奈德致电美国国务院，建议国务院直接与韩国驻美大使咸秉春对话，并通过咸秉春向朴正熙下达"最后通牒"，即如果韩国政府执意从法国引进后处理设施，则美韩关系将受到根本性的影响："与时任韩国总理（金钟泌）的谈话表明，我们（对韩国的施压努力）要想奏效，则必须强调（韩国继续引进后处理设施）将会对我们与韩国之间全面关系造成负面影响……我认为，我们需要清楚地（向韩国）表明这一点：如果韩国继续发展核武器，则不止我们的核支持将会受到严重影响，甚至美国和韩国之间的整体安全和政治关系都将受到影响，而这其中就包括国会可能会反对继续向韩国提供安全援助。"③

12月16日，根据金钟泌的指示，韩国科学技术部副部长李昌硕和韩国原子能研究院主任云永谷拜会了施奈德。在会谈中，面对李昌硕提出的一系列问题，施奈德并没有给予直接的回答，而是反问到，韩国是否已经准备好了损害不仅在核和科学技术领域，而且还在更广泛的政治和安全领域

① Assistant Secretary of State for East Asian and Pacific Affairs Philip Habib and Policy Planning Staff director Winston Lord through the Deputy Secretary of State (Ingersoll) to the Secretary of State, "Korean Reprocessing - the Next Step," with attached study, "Korean Reprocessing: Issues and Options," 18 November 1975, in William Burr, eds., *Stopping Korea from Going Nuclear*, Part Ⅰ, NSAEBB 582, doc. 26.

② State Department telegram 283167 to U. S. Delegation, "Korean Reprocessing," 2 December 1975, in William Burr, eds., *Stopping Korea from Going Nuclear*, Part Ⅰ, NSAEBB 582, doc. 28.

③ U. S. Embassy Seoul telegram 9487 to Department of State, "ROK Nuclear Reprocessing," 10 December 1975, in William Burr, eds., *Stopping Korea from Going Nuclear*, Part Ⅱ, NSAEBB 584, doc. 13.

内与美国的至关重要的伙伴关系。①

事后来看，施奈德的“威胁”的确起到了一定作用。10天后，朴正熙秘书的金崇右告诉施奈德，考虑到与美国的全面伙伴关系以及美国“严肃的”反对立场，朴正熙总统决定重新考虑从法国引进后处理设施。同时金崇右告诉施奈德，如果韩国在核研究和开发方面的要求能得到美国的满足，则韩国可能会取消已签订的购买合同。但与此同时，金崇右仍在否认韩国有发展核武器的打算。② 可见，施奈德的“威胁”使得朴正熙政府对是否引进后处理设施犹豫起来，一改此前的“坚持”立场而开始与美国讨价还价。但由于在1976年印度的和平核试验之后，美国抛弃了之前一定程度上有利于盟国核扩散的选择性核扩散政策，而选择反对任何国家发展核武器的全面抑制核扩散的政策，③ 因此，对美国来说，韩国的核扩散问题是没有讨价还价的余地的。

同年底，受到基辛格的委派，菲利浦·哈比亲自到汉城劝说朴正熙放弃研发核武器。在与朴正熙面对面的谈话中哈比表示，如果韩国继续发展核武器，美国将重新评估整个安全联盟，包括撤出核保护伞。他同时暗示，如果韩国停止核武器项目，美国将增加对韩国的民用核能发展的技术和经济援助。④ 1976年1月22日，由代理助理国务卿迈伦·克拉泽（Myron Kratzer）率领的美国访韩代表团与由韩国科学技术部崔庸石率领的韩国代表团举行了会谈。在会谈中，克拉泽明确表示，未来美国与韩国的核合作取

---

① “US Department of State Cable, ROK Nuclear Reprocessing; Canadian Approach,” December 16, 1975, History and Public Policy Program Digital Archive, Gerald Ford Presidential Library, National Security Adviser Presidential Country Files for East Asia and the Pacific, Box 11, Korea-State Department Telegrams, to SecState-NODIS (9). Obtained by Charles Kraus. (Accessed at http://digitalarchive.wilsoncenter.org/document/114607)

② U.S. Embassy Seoul telegram 9928 to Department of State, “ROK Nuclear Reprocessing,” 26 December 1975, in William Burr, eds., *Stopping Korea from Going Nuclear*, Part Ⅱ, NSAEBB 584, doc. 23.

③ Nicholas L. Miller, *Stopping the Bomb: The Sources and Effectiveness of US Nonproliferation Policy*, cha. 4.

④ Seung-young Kim, “Security, Nationalism, and the Pursuit of Nuclear Weapons and Missiles: The South Korean Case, 1970-1982,” p. 66.

决于韩国是否取消从法国购买后处理设施的购买合同。[①] 而克拉泽访韩之后，朴正熙就指示崔庸石停止从法国购买后处理设施。[②]

可以说，1975 年 12 月至 1976 年 1 月间，美国接连的施压使得朴正熙政府的“核列车”行驶到了一个十字路：到底是冒着全面损害美韩关系的风险继续向前，还是就此停下。务实的朴正熙选择了后者。而毫无疑问，福特政府的“威胁抛弃”是导致朴正熙政府放弃核武开发的最主要原因。正如此后一份中情局报告所指出的那样，朴正熙之所以停止核武计划，主要是因为包括其在内的韩国政治精英意识到了韩国的核计划已成为美韩关系中的“主要刺激”（major irritant）。[③] 1976 年 1 月，法国政府接受韩国正式提出的取消从法国引进后处理设施的合同的请求。加拿大政府也同样终止了向韩国提供相关核设施。韩国从比利时引进钚后处理技术的合同也于 1976 年 11 月取消。1976 年 12 月，韩国完全停止了其核武计划。

由于卡特上台后再度推行撤军政策，韩国国内再度兴起“核武装”论。1977 年 6 月，韩国外交部长朴东镇在回答国会外交事务委员会的提问时说道：“我们已经签署了 NPT 条约。而且我们的基本立场是不发展核武器。但如果出于国家安全利益和人民安全的考虑，核选择是必要的话，韩国作为一个主权国家在这一事情上做出自己的决定是可能的。”[④] 但伴随着朴正熙遇刺身亡以及罗纳德·里根上台后美国对韩国的进一步安全承诺，韩国的核野心最终消散。

① U. S. Embassy Seoul telegram 0516 to Department of State, “ROK Nuclear Reprocessing,” 22 January 1976, in William Burr, eds., *Stopping Korea from Going Nuclear*, Part Ⅱ, NSAEBB 584, doc. 30.

② Seung-young Kim, “Security, Nationalism, and the Pursuit of Nuclear Weapons and Missiles: The South Korean Case, 1970-1982,” p. 79, note 67.

③ *South Korea: Nuclear Developments and Strategic Decisionmaking*, CIA National Foreign Assessment Center, June 1978, p. 7.

④ Seung-young Kim, “Security, Nationalism, and the Pursuit of Nuclear Weapons and Missiles: The South Korean Case, 1970-1982,” p. 68.

三、从制裁到援助：卡特政府的巴核政策

概括而言，卡特执政时期，美国对巴基斯坦的核不扩散政策以 1979 年苏联入侵阿富汗为界可分为两个时期。在苏联入侵阿富汗之前，卡特政府为了阻止巴基斯坦发展核武器甚至不惜对其冷战盟友进行制裁；苏联入侵阿富汗之后，为了联巴抗苏，卡特政府虽然依然反对巴基斯坦发展核武器，但放弃了对巴基斯坦直接的无核化施压，并开始向巴基斯坦提供援助。

卡特是一位相当关注核扩散的总统，在其眼中："原子武器在世界范围内的不必要扩散就是最大的浪费和危险。我们的最终目标应该是消除所有国家的核武器能力"；① 防止核扩散是 20 世纪后半叶世界领导人面临的最重要的问题之一。② 具体到巴基斯坦的核扩散，卡特认为，"如果巴基斯坦完成了核扩散，则南亚地区的稳定将会受到威胁，这将会直接影响我们自己的利益和安全。印巴之间的核军备竞赛不符合美国的利益，而这种威胁正在日益逼近"。③ 卡特总统的核不扩散事务特别代表杰拉德·斯密斯（Gerard Smith）在致信副国务卿沃伦·克里斯托弗（Warren Christopher）时表示，巴基斯坦的核武器项目"是自 1945 年以来对国际结构的最大挑战……如果巴基斯坦坚持（发展核武器），印度必然会发展核武器……目前关于（核）武器扩散的共识也将会进一步受到侵蚀"。④ 因此，在苏联入侵阿富汗之前，美巴关系的核心议题正如卡特所言："摆在美巴关系路上的真

---

① J. Samuel Walker, "Nuclear Power and Nonproliferation: The Controversy over Nuclear Exports, 1974-1980," *Diplomatic History*, Vol. 25, No. 2, 2001, p. 234.

② J. Michael Martinez, "The Carter Administration and the Evolution of American Nuclear Nonproliferation Policy, 1977-1981," *Journal of Policy History*, Vol. 14, No. 3, 2002, p. 264.

③ Paul H. Kreisberg to Mr. Newsom, "Presidential Letter on Pakistan Nuclear Program to Western Leaders," March 30, 1979, William Burr, eds., *The United States and Pakistan's Quest for the Bomb*, NSAEBB 333, doc. 33.

④ Memorandum from Gerard C. Smith, Special Representative of the President for Non-Proliferation Matters, to the Deputy Secretary, 27 March 1979, in William Burr, eds., *The United States and Pakistan's Quest for the Bomb*, NSAEBB 333, doc. 32C.

正法律和政治障碍就是巴基斯坦试图获得后处理厂的打算”。[①] 为此，卡特政府不惜对巴基斯坦进行制裁以迫使巴基斯坦放弃核武开发。

1977 年 9 月，美国派遣核问题专家约瑟夫·奈访问巴基斯坦。在访巴期间，奈表示，如果巴打算继续从法国购买后处理设施，则美国将切断对巴基斯坦的援助。[②] 随后，正如奈所言，美国开始根据 1976 年通过的《格伦修正案》对巴进行制裁。但制裁不完全，仍保留了 5000 万美元的援助以及不大受《格伦修正案》限制的粮食援助计划。[③] 这是卡特执政时期，美国第一次对巴基斯坦进行制裁。

第二次则是在 1979 年。在阿卜杜勒·卡迪尔·汗博士的供应商网络的帮助下，巴基斯坦的核武研发于 1978 年底获得突破性进展——1978 年 12 月，美国中情局发出警告，称巴基斯坦的核技术获取网络“比以前更广泛和更复杂”，巴“可能已经成功获得具有战略意义的气体离心浓缩能力的主要缺失部分”。[④] 在这种情况下，1979 年 3 月，美国副国务卿沃伦·克里斯托弗访问巴基斯坦。访问期间，克里斯托弗明确警告巴基斯坦总统哈克，如果巴继续坚持核武计划则“格伦或赛明顿修正案都可能会被触发，而其结果就是发展援助、军事训练项目以及军售都有可能被暂停”。[⑤] 于是 3 月末，美国开始根据《赛明顿修正案》切断对巴的援助。4 月初，卡特政府宣

① Nicholas L. Miller, *Stopping the Bomb: The Sources and Effectiveness of US Nonproliferation Policy*, p. 199.

② Feroz Hassan Khan, *Eating Grass: The Making of the Pakistani Bomb*, Stanford: Stanford University Press, 2012, p. 138.

③ 崔磊：《盟国与冷战期间的美国核战略》，北京：世界知识出版社，2013 年，第 97 页。

④ John Despres, National Intelligence Officer for Nuclear Proliferation via Deputy Director for National Foreign Assessment (and) National Intelligence Officer for Warning to Director of Central Intelligence, “Monthly Warning Report-Nuclear Proliferation,” “Warning Report” attached, 5 December 1978, in William Burr, eds., *The United States and Pakistan's Quest for the Bomb*, NSAEBB 333, doc. 21.

⑤ U. S. Embassy Islamabad Cable 2769 to State Department, “Nuclear Aspects of DepSec Visit Discussed with U. K. and French Ambassadors,” March 7, 1979, in William Burr, *The United States and Pakistan's Quest for the Bomb*, NSAEBB 333, doc. 26A.

布一切形式的对巴援助已经中止。[①] 截至1979年末，卡特政府已经对巴基斯坦实施了两轮核制裁，但由于彼时巴基斯坦对美国的依赖度较低，卡特政府的制裁无法对巴基斯坦造成较大的影响。[②] 因此，卡特政府的制裁收效甚微，巴基斯坦仍在继续其核武计划。

1979年12月苏联入侵阿富汗则几近从根本上改变了卡特政府对巴基斯坦的核不扩散政策。由于苏联入侵阿富汗被卡特政府视为其南下争夺和控制波斯湾的第一步，而“任何试图控制波斯湾地区的外来势力都将被视为对美国根本利益的侵犯”。[③] 加之，在卡特政府看来，作为美国抗击苏联前线的巴基斯坦的安全也受到了苏联的巨大威胁。因此，卡特政府认为，一个更为强大、自信的巴基斯坦对制衡苏联的扩张野心是至关重要的。[④] 而这直接导致如何联合巴基斯坦以更好地制衡苏联在阿富汗的军事存在，取代了巴基斯坦的核扩散问题成为了卡特政府在处理对巴基斯坦事务时新的核心议题。正如威廉·布尔（William Burr）所指出的，苏联入侵阿富汗之后，在处理与巴基斯坦的双边关系时，美国“最优先的事项是与伊斯兰堡合作制衡苏联（对阿富汗）的入侵”。[⑤]

核心议题的改变也带来了卡特政府对巴基斯坦政策的改变。苏联入侵阿富汗之后，卡特政府对巴基斯坦的态度可谓是“一夜间……从根本上改

---

① Steve Weissman and Herbert Krosney, *The Islamic Bomb: The Nuclear Threat to Israel and the Middle East*, New York: Times, 1981, p. 163.

② 美国学者尼古拉斯·米勒（Nicholas L. Miller）指出，美国制裁威胁的可信度以及核扩散国对美国的依赖度是决定美国对核不扩散政策制裁能否取得成功的两个关键要素。Nicholas L. Miller, “The Secret Success of Nonproliferation Sanctions,” *International Organization*, Vol. 68, No. 4, 2014, pp. 913–944; Nicholas L. Miller, *Stopping the Bomb: The Sources and Effectiveness of US Nonproliferation Policy*.

③ T. V. Paul, *The Tradition of Non-Use of Nuclear Weapons*, Stanford: Stanford University Press, 2009, p. 79.

④ Nicholas L. Miller, *Stopping the Bomb: The Sources and Effectiveness of US Nonproliferation Policy*, pp. 203–205.

⑤ William Burr, “The United States and Pakistan's Quest for the Bomb,” NSAEBB 333.

变了"。[①] 1979 年 12 月在给巴基斯坦总统齐亚·哈克的电话中，卡特表示，要根据 1959 年的美巴双边安全合作协议重新加强双边合作，以更好地制衡苏联。[②] 次年 1 月 4 日，卡特又公开表示，"我们将提供军事装备、食品和其他援助，以帮助巴基斯坦捍卫其独立和国家安全，抵御它现在面临的来自北方的严重威胁"。[③] 在 1980 年的国情咨文中，卡特则申明，美国将"协助巴基斯坦抵抗任何外来侵略"。[④] 在 1 月 4 日的涉及白宫、国防部、中情局以及国家安全委员会等多部门的特别协调会议上，卡特政府决定解除对巴基斯坦的制裁。[⑤] 1980 年 1 月 18 日，卡特政府决定在未来两年内向巴基斯坦提供价值 4 亿美元的援助。[⑥]

而在核问题上，苏联入侵阿富汗后，尽管卡特政府依然反对巴基斯坦发展核武器，但卡特政府将施压重心放在了如何确保巴基斯坦不进行核试验以及巴基斯坦不向他国转移敏感核技术上，而非阻止巴基斯坦继续发展核武器上。[⑦] 1980 年 1 月，美国国家安全顾问布热津斯基和国务卿克里斯托弗计划访巴。临行前，卡特指示他们，一方面，要向巴基斯坦表明美国对巴的支持，另一方面，在核问题上，只要得到巴不进行核试验的保证即可。[⑧] 美国国务院在于 1980 年 1 月 30 日发往美国驻瑞士大使馆的电报中写道："巴基斯坦的核试验将会在南亚和世界其他地方产生巨大的反应……我

---

① Dennis Kux, *The United States and Pakistan, 1947-2000: Disenchanted Allies*, Baltimore MD.: Johns Hopkins University Press, 2001, p. 245.

② Dennis Kux, *The United States and Pakistan, 1947-2000: Disenchanted Allies*, p. 245.

③ Address to the Nation on the Soviet Invasion of Afghanistan, January 4, 1980, Public Papers of the Presidents of the United States: Jimmy Carter.

④ Christopher van Hollen, "Leaning on Pakistan," *Foreign Policy*, No. 38, 1980, p. 40.

⑤ Nicholas L. Miller, *Stopping the Bomb: The Sources and Effectiveness of US Nonproliferation Policy*, p. 202.

⑥ Ibid., p. 203.

⑦ 关于这点最为详尽的研究，参见 Or Rabinowitz, *Bargaining on Nuclear Tests: Washington and its Cold War Deals*, Oxford: Oxford University Press, 2014, pp. 139-145。

⑧ Or Rabinowitz and Nicholas L. Miller, "Keeping the Bombs in the Basement: U. S. Nonproliferation Policy toward Israel, South Africa, and Pakistan," *International Security*, Vol. 40, No. 1, 2015, p. 77.

们已经告知巴基斯坦政府，核试验将会对美国与巴基斯坦之间的双边关系产生剧烈的影响。我们将会继续在该问题上对巴基斯坦试压”；“我们要特别强调我们继续努力加强对向巴基斯坦出口对浓缩或后处理活动有用的技术、设备或物资的控制的至关重要性”。[①] 根据1980年4月中情局的一份情报评估，“最近有报道称巴基斯坦政府内部认为，美国试图与巴基斯坦在核武器能力问题上和解”。[②] 由此可见，苏联入侵阿富汗之后，卡特政府对巴基斯坦的无核化施压是相当有限的，以至于巴基斯坦内部都有声音认为，卡特政府将在核扩散问题与巴基斯坦达成和解。

四、结论：无核优先还是关系优先

本文首先利用最新解密的档案试图较为完整且细致地分析福特政府对韩国的核不扩散政策；其次，对卡特政府对巴基斯坦的核不扩散政策做较为简略的分析。而通过比较福特政府对韩国的核不扩散政策和卡特政府对巴基斯坦的核不扩散政策，可以看出：第一，两者均对韩国和巴基斯坦的有着高威胁认知，即明确意识到了尽管韩国和巴基斯坦的核扩散不是为了威慑美国，但也会对美国的国家安全利益构成威胁；第二，正因为其高威胁认知，两者均对韩国和巴基斯坦的核扩散采取了强制措施；[③] 第三，两者的区别在于，卡特政府最终放弃了对巴基斯坦的强制措施，并且反过来向巴基斯坦提供援助。而福特政府则将强制措施坚持到了最后。那么，为什

① State Department cable 25686 to U.S. Embassy Switzerland et al., "Non-Proliferation Policy and Renewed Assistance to Pakistan," 30 January 1980, in Burr, *The United States and Pakistan's Quest for the Bomb*, NSAEBB 333, doc. 46.

② State Department cable 25686 to U.S. Embassy Switzerland et al., "Non-Proliferation Policy and Renewed Assistance to Pakistan," 30 January 1980, in Burr, *The United States and Pakistan's Quest for the Bomb*, NSAEBB 333, doc. 47.

③ 根据麻省理工学院历史学家弗朗西斯·加文（Francis J. Gavin）的权威界定，美国对核扩散国的强制核不扩散举措包含：军事打击、制裁、威胁抛弃以及破坏这四类。参见 Francis J. Gavin, "Strategies of Inhibition: U.S. Grand Strategy, the Nuclear Revolution, and Nonproliferation," *International Security*, Vol. 40, No. 1, 2015, pp. 9-46。

么苏联入侵阿富汗之后卡特政府放弃了巴基斯坦的强制措施，并向巴基斯坦提供援助呢？

本文认为，这取决于美国对盟国的关系目标，即美国的决策者如何定位盟国的无核化在美国与其盟国双边关系议题中的位置。如果美国的领导人将盟国的无核化视为其处理与盟国关系时的优先考虑，即“无核优先”，则此时美国往往会对其盟国采取诸如威胁抛弃、制裁这些严厉的核不扩散政策；而反之，如果美国的领导人更为看重与盟国之间的双边关系，即“关系优先”，则此时美国不会对其盟国采取严厉的核不扩散政策。因为严厉的核不扩散政策势必会影响美国与其盟国之间的双边关系。而美国的领导人是选择“无核优先”还是“关系优先”，则由盟国在美国地缘战略体系中的战略地位决定，即如果盟国在美国的地缘战略体系中扮演着重要的角色，则为“关系优先”；反之，则为“无核优先”。

简言之，在美国战略收缩、中美缓和的大背景下，作为美国关键的冷战盟友的韩国尽管对美国的战略价值依然不容忽视，但韩国的“双重遏制”的战略功能已然被削弱。因而，对韩国核扩散有着高威胁认知的福特政府敢于将无核化置于美韩双边关系议题的首要位置，从而使用了威胁抛弃这样的强制核不扩散举措来迫使韩国放弃核武开发。在苏联入侵阿富汗之前，卡特政府对巴基斯坦的核不扩散政策亦如此。即因巴基斯坦对美国有限的战略效用，对其高威胁认知促使卡特政府对巴基斯坦“无核优先”。为此，卡特政府试图通过对巴基斯坦进行制裁来阻止巴基斯坦发展核武器。而苏联入侵阿富汗之后，由于苏联入侵阿富汗使得巴基斯坦在美国地缘战略体系中的战略地位得到提升，从而导致“关系优先”取代了“无核优先”成为美国对巴基斯坦的关系目标。卡特政府也因而放弃了对巴基斯坦的制裁，并出于联巴制苏的考虑而开始向巴基斯坦提供援助。

合法性视角下的大国崛起研究

杨芳菲[*]

摘　要　现实主义者认为，国际体系的无政府状态下，国家对权力和安全的追求会造就国家之间相互制衡以达到实力均衡。而 18 世纪中后期普鲁士的崛起和冷战后唯一的超级大国美国都没有受到其他国家的有效制衡，美国的同盟体系在苏联解体以后还实现了加强。对于这一问题的解释需要回归到国际社会，国家之间的较量不仅是物质实力的较量，还有合法性的竞争。在国际政治中，合法性主要包括秩序和权威两个方面。国家共同体构成了国际社会，生存规范、共处规范和交往规范组成了秩序方面合法性的内容。从权威方面来看，国际制度从法理上赋予了主权国家权威，而国家自身也可以通过国家魅力、大国认可的战争和联盟来塑造权威。国家的权威塑造，有助于规避体系中其他国家的联合制衡。本文以俾斯麦领导下的德国成功统一和一战中德国崛起失败为例，分析合法性在大国崛起中规避制衡的重要作用。基于国际秩序的合法性使崛起国家的政策获得了国际社会的认同，基于权威的合法性让崛起国家的行为赢得其他国家的支持，从而实现国家实力的持续性增长。

关键词　合法性　大国崛起　制衡不足　国际秩序　权威

* 杨芳菲，北京大学国际关系学院博士研究生。

为什么大国崛起过程中会出现制衡不足的情况？现实主义者认为，国际体系无政府状态下，国家对生存和安全的追求造就了国家之间的均势或冲突。为了防止一个世界性帝国的出现，当一个大国实力上升的时候，其他大国倾向通过内部制衡（发展军备）或外部制衡（组建联盟）实现均势。但历史上并不是所有的实力上升的崛起国家都遭受了制衡。19 世纪中后期俾斯麦领导下的德意志的统一没有受到国际体系的制衡，苏联解体以后的超级大国美国也没有受到国际体系的制衡。如果在大国崛起过程中没有出现针对崛起国的制衡（无论内部或外部），即为制衡不足，而崛起国家也更容易实现崛起目标，如改变实力顺序。本文期望通过从国际社会的视角分析对崛起国家制衡不足的原因，从而讨论如何实现崛起国家实力的可持续增长。论文分为四个部分，第一部分将对现有有关制衡不足和合法性的解释进行梳理和批判性分析；第二部分构建关于合法性内涵与规避制衡的论述；第三部分通过俾斯麦领导的德国成功统一和一战中德国崛起失败一正一反两个案例，说明合法性在崛起国家规避制衡中的重要作用；第四部分是结论以及仍需解决的问题。

一、关于“制衡不足”的既有解释

现有关于大国崛起过程中制衡不足的解释主要分为四类。第一类解释认为国际政治中并不存在制衡不足，其他大国对于崛起国家存在软制衡，即“软制衡论”；第二类观点认为制衡不足是集体行动困境，存在推卸责任，即“推卸责任论”；第三类认为潜在制衡国家的国内社会精英和社会群体分裂造成了制衡不足，即“国内政治论”；第四类认为崛起国家的合法化策略增加了潜在制衡国家的制衡成本从而阻碍了制衡行为，即“合法化策略论”。

（一）软制衡论

软制衡论起源于对冷战后对美国制衡不足的研究，“软制衡”的概念最早是由罗伯特·帕朴（Robert A. Pape）在 2004 年美国政治学年会上提出的。后来加拿大麦克吉尔大学的保尔教授（T. V. Paul）对软制衡进行了系统的分析。软制衡论的主要观点是在实力极端不对称的情况下，其他大国可以针对霸权国采用非军事手段的制衡。① 虽然没有国家直接挑战美国的军事优势地位，但是会从领土、外交、经济和国际制度层面入手阻碍美国某些政策的实施。冷战后美国一直没有受到制衡的原因不在于其强大的实力，因为实力也会随着时间不断变化，而是因为美国一直有良好的信誉，但小布什的进攻性单边主义外交政策降低了美国霸权的信誉，使主要大国走上了制衡美国的道路。② 法国、德国、俄罗斯、中国、日本和其他地区国家不再采用传统的硬制衡的方式，而使用非军事的工具推迟、破坏或阻碍美国进攻性的单边军事政策。例如，主要国家使用国际制度、经济政策和外交安排反对2003年伊拉克战争。尽管软制衡在短期内无法阻止美国实现特定的军事目的，但是会增加美国的行动成本。③ 美国一意孤行继续实行单边政策会加剧安全竞争，当强国变得更具威胁，软制衡政策就会转变为公开的硬制衡政策。④ 软制衡与硬制衡在本质上是一致的，都是对崛起国家实力上升的制衡行为，因此冷战后并不存在对美国的制衡不足。

软制衡的解释是对当前世界政治变化的反应，在一个相互依赖逐渐加深的世界，国家互动中军事或武力的作用在下降，文化、经济和外交的作用在上升。首先，从制衡威胁的角度来看，从“硬制衡”转向“软制衡”

---

① 关于软制衡的文献如下：Robert A. Pape, “Soft Balancing against the United States,” *International Security*, 30. 1 (2005): 7-45; T. V. Paul, “The Enduring Axioms of Balance of Power,” in *Balance of Power Revisited: Theory and Practice in the Twenty-first Century*, 2004, pp. 1-28; Stephen G. Brooks, W. C. Wohlforth, “Hard Times for Soft Balancing,” *International Security*, 30. 1 (2006): 72-108; Stephen M. Walt, “Keeping the World ‘Off-Balance’: Self-Restraint and U. S. Foreign Policy,” *Ssrn Electronic Journal* rwp00-013 (2000); Y. F. Khong, “Coping with Strategic Uncertainty: The Role of Institutions and Soft Balancing in Southeast Asia's Post-Cold War Strategy,” in *Rethinking Security in East Asia: Identity, Power, and Efficiency*, 2004, pp. 172-208; 杨少华：《评“软制衡论”》，《世界经济与政治》2006年第7期，第40—45页；焦世新：《“软均势论”及其实质》，《现代国际关系》2006年第8期，第57—63页。

② Robert A. Pape, “Soft Balancing against the United States,” pp. 7-45.

③ Ibid.

④ T. V. Paul, “The Enduring Axioms of Balance of Power,” pp. 1-28.

是世界政治变化的必然。但“软制衡”概念太过模糊，以至于人们质疑软制衡是否真的存在。如果将2003年伊拉克战争中欧洲与日本表现出与美国政策的不一致看成是一种软制衡的话，很难将软制衡与盟国政策分歧区分开来。[①] 其次，帕朴教授承认，软制衡并不必然，是小布什政府的进攻性单边政策导致了软制衡。[②] 冷战后的美国也并不是一直都受到软制衡，是在丧失了“仁慈”的目的之后，其他国家开始畏惧美国的力量从而对美国采取了制衡行为。最后，即便真的存在软制衡，其所强调的在国际制度中否决美国主张、援助美国敌对国家、拒绝（向美国）提供军事基地等手段的有效性非常值得怀疑。[③] 也就是说，制衡不足的情况依然存在，软制衡的方式很难达到平衡霸权国实力的目的。

（二）推卸责任论

在新现实主义者看来，当国际体系处于多极状态时，容易出现制衡不足。第一，相较于两极体系和单极体系，多极体系中国家的行为意图更难预测。联盟伙伴近似平等导致高度安全依赖，鉴于无政府性和这种相关性，国家会认为自身与伙伴之间的安全交织在一起。这会导致任何国家的军事行动都会拖累其同盟伙伴。第二，多极体系中国家之间的合作非常困难。每个潜在的制衡国家都期望搭便车，而不愿意付出不必要的制衡成本。[④]二战时期针对德国的扩张，英法都希望将制衡的成本推给对方。[⑤] 此外，还有

① Stephen G. Brooks, W. C. Wohlforth, “Hard Times for Soft Balancing,” *International Security*, 30. 1 (2006): 72-108.

② Robert A. Pape, “Soft Balancing against the United States,” pp. 7-45.

③ 焦世新：《“软均势论”及其实质》，第57—63页。

④ 肯尼思·华尔兹：《国际政治理论》，第6—8章，上海：上海人民出版社；曼瑟尔·奥尔森：《集体行动的逻辑》，上海：上海人民出版社；时殷弘：《制衡的困难：关于均势自动生成论及其重大缺陷》，《太平洋学报》1998年第4期；韦宗友：《集体行动的难题与制衡霸权》，《国际观察》2003年第4期；韦宗友：《霸权阴影下的战略选择》，《国际政治科学》2005年第4期。

⑤ 巴里·波森：《军事学说的起源》，上海：上海人民出版社，第124—125、149—150页。

学者吸收了杰维斯的认知解释，[①] 如克里斯滕森等认为国家对于进攻或防御占优的认知也会影响制衡行为。[②] 在一战之前，对于进攻占优的认知使同盟之间形成了“捆绑”，而二战之前防御占优的认知促成了推卸责任。俾斯麦领导的普鲁士崛起之所以能获得成功，也是源于当时欧洲大国都认为防御占据优势。[③]

推卸责任论对从体系层次分析国家的行为有一定的解释力，但也有其存在的问题。首先，多极体系中对于国家的实力和意图难以计算会造成制衡不足，但也可能会造成制衡过度，带来安全困境。其次，只关注体系层次会忽略国家的外交层次。在 1848 年石勒苏益格战争期间欧洲也是多极体系，但却形成了针对普鲁士的同盟，迫使普鲁士同意《伦敦条约》而回归现状。[④] 再次，集体行动的逻辑并不必然造成制衡问题。在利益攸关时刻，大国的制衡意愿非常强烈。在 1864 年普丹战争中，英国、法国和俄国都认真地考虑过单边行动。但是最终的结局却是这些大国去劝说丹麦做出妥协——不仅制衡不足，而且有讨好普鲁士的意味。[⑤] 最后，对于防御占优的认识的确有助于普鲁士规避制衡，但克里斯滕森等并没有解释清楚大国对于防御占优或进攻占优的认识改变的原因。同时，这种解释忽略了崛起国家自身的策略，克里斯滕森等也承认俾斯麦的有限目标和外交技巧发挥了助益。[⑥] 事实上，是普鲁士采取的合法化策略规避了制衡，而且使潜在制衡国家转而支持自己的实力的增长。

---

① Robert Jervisl, “Cooperation under the Security Dilemma,” *World Politics*, 30.2 (1978): 167-214.

② Thomas J. Christensen, J. Snyder, “Chain Gangs and Passed Bucks: Predicting Alliance Patterns in Multipolarity,” *International Organization*, 44.2 (1990): 137-168.

③ Ibid.

④ Stacie E. Goddard, “When Right Makes Might: How Prussia Overturned the European Balance of Power,” *International Security*, 33.3 (2008): 110-142.

⑤ Ibid.

⑥ Thomas J. Christensen, J. Snyder, “Chain Gangs and Passed Bucks: Predicting Alliance Patterns in Multipolarity,” pp. 137-168.

（三）国内政治论

这种解释批驳了现实主义关于国家是单一行为体的观点，认为制衡不足出现的原因在于国内政治的复杂性。国家制衡与否取决于国内政治精英和社会团体对于崛起国家实力上升的反应。制衡不足出现的原因与制衡意愿低（国内政治偏好）和制衡能力低（制衡行为需要付出的政治和物质成本）有关。[①] 一方面，制衡政策是由领导层决定的，当精英阶层对于威胁达成共识时，制衡意愿就形成了。政治精英对于政治现实的认知可能并不一致，例如，获得的信息具有模糊性时，精英难以达成共识。对威胁的共识包括：是否切实存在外部威胁，威胁的程度如何，制衡政策是否是保护国家战略利益的最佳方式以及实行制衡政策的国内政治成本是否在可承受的范围之内。[②] 另一方面，制衡与扩张行为不同，扩张可能是意识形态与国内互助联盟追求利益造成的，[③] 但制衡行为是要求付出成本。即便在精英中形成了威胁及制衡共识，仍需考虑制度的脆弱性和社会聚合力，即制衡能力。[④] 制度的脆弱性考虑的是统治者与被统治者之间的关系，即政府的权威基础是强权还是公众认可的合法性，政府能否满足公民的预期，政府能否得到大众的广泛支持。制度脆弱性本质上是政府效率和政治权威以及外部安全与内部稳定之间的妥协。社会聚合力指的是个人、团体与社会之间的联系紧密程度。社会聚合力的关键是社会所有成员是否都接受同一游戏规

① Randall L. Schweller, "Unanswered Threats: A Neoclassical Realist Theory of Underbalancing," *International Security*, 29.2 (2004): 159-201.

② Ibid.

③ 杰克·施奈德：《帝国的迷思：国内政治与对外扩张》，序言及第一、第二章，北京：北京大学出版社，2007年。

④ 关于集体认知与战略分歧文献可见：Alexander Wendt, "Driving with the Rearview Mirror: On the Rational Science of Institutional Design," *International Organization*, 55.4 (2001): 1019-1049; Robert Powell, *Strategic Choice and International Relations*, Princeton University Press, 1999。

则，即他们都支持特定的社会制度以及争端解决机制。[①] 当国内精英对于威胁的认识存在分歧、社会聚合力较低、制度脆弱性较高的时候，容易出现制衡不足。这指的不仅是国内政治的分裂，还有这种分裂带来的资源动员困难。

国内政治论打开了国家这一“黑匣子”，为从国内政治分析制衡不足提供了新的视角，有一定的解释力，但也有缺陷。在 1863 年普丹战争之前，奥匈帝国和俄国的外交政策是统一的而非分裂的，但仍然没有出现对普鲁士的制衡。[②] 即便我们深入到国家内部，仍然需要解释在支持和反对制衡的两种力量斗争的时候，为什么反对制衡的力量能够压倒支持制衡的力量。如果制衡政策真的如现实主义者所言，是“自然法则”，为什么又会出现反对制衡的力量呢?

（四）合法化策略论

戈达德认为，在德意志统一时期，俾斯麦采取的言辞合法化战略极大地规避了制衡。言辞合法化是通过符合公众共同认可的规范和规则的言辞来证明自身外交政策的合法性，主要特征包括释放战略克制的信号、构建言辞陷阱和增加国家本体安全。[③] 具体来说，崛起国家可以通过言辞表达自身追求有限的目标而非修正现状。崛起国家最好使用潜在制衡国家所认同的规范和原则来阐述自身的政策目标，从而增加潜在制衡国的国内制衡成本。崛起国家的言辞最好涉及国家的本体安全，这里指的不是物质上的而是理念上国家存在的理由。[④] 例如，法国大革命以后的国家是民族主义国家，而奥匈和沙俄还是王朝国家。对于不同的潜在制衡国，要使用不同的

---

① 关于社会聚合力的文献可见：Arthur A. Stein, “Conflict and Cohesion: A Review of the Literature,” *Journal of Conflict Resolution*, 20.1 (1976): 143–172; Jack Levy, “The Diversionary Theory of War: A Critique,” M. Midlarsky, eds., *The Handbook of War Studies*, Unwin-Hyman, 1989。

② Stacie E. Goddard, “When Right Makes Might: How Prussia Overturned the European Balance of Power,” *International Security*, 33.3 (2008): 110–142.

③ Ibid.

④ Ibid.

外交言辞。这种解释结合了国际和国内层次，有一定的解释力，但对合法性的内容，戈达德并没有给出明确的阐述。同时，崛起国家通过言辞获得合法性的原因，他也没有解释清楚。

孙学峰教授也认为崛起国家可以利用国际规范塑造其行为的合法性，避免冲击潜在制衡国的核心安全利益，取得国内和国际观众支持以缓解体系制衡压力。① 这种解释提醒了我们合法性的重要，但需要明确的是，为什么合法化策略能够实现规避制衡。以二战前德国退出国际联盟和鼓动奥地利叛乱的例子来看，前一种情况中，德国的行为没有受到制衡；后一种情况中，德国受到了其他国家的制衡。两者都有合法化策略，但前者未触及潜在制衡国的核心安全利益，后者则触及了潜在制衡国的核心安全利益。在这个案例比较中，我们应当看到前后两种行为对当时国际秩序的冲击是不同的。国际联盟属于次要制度，没有冲击到国际秩序的根本。但鼓动奥地利叛乱却触动了国际秩序的稳定，违反了国家之间的生存、共处和交往规范。促成制衡行为的根本原因在于潜在受制衡国是否危害了国际秩序的稳定，而不是其是否触及了潜在制衡国的核心安全利益。例如，在1878年召开的柏林会议上，德国在近东利益争夺上站在英奥一方，从而迫使俄国让步。这种行为可以说是触及了俄国的核心安全利益，但俄国却没有制衡德国，并且在1881年与德、奥签订了三国协定，形成第二次三皇同盟。事实上，国际体系并不会不可避免地出现通过制衡实现均势的倾向，国家只有在必须维持国际秩序的时候才会维持均势，国家有可能并且经常不遵循均势的要求。②

综上所述，在大国崛起的过程中制衡不足常常出现，对于制衡不足的现有研究提出了许多有意义的视角。崛起国家的合法化策略会对崛起结果产生影响，但现有研究对于合法性的内涵以及合法性规避制衡的原因的解释并不清楚。笔者认为，像国内政治一样，国际政治虽然是无政府状态，

① 孙学峰：《中国崛起困境——理论思考与战略选择》，北京：社会科学文献出版社，2011年，第103—104页。

② 赫德利·布尔：《无政府社会——世界政治中的秩序研究》，张小明译，上海：上海人民出版社，2015年，第97页。

但存在一个国际社会，国际社会为合法性的存在提供了土壤。潜在制衡国家对崛起国家制衡不足的原因在于崛起国家在秩序和权威两个方面的合法性的成功塑造。

二、国际政治中的合法性

（一）合法性的内涵

合法性（legitimacy），源于拉丁文legtimimare，意思是“声明合法”（to declare lawful），一般表示正当性。它赋予命令以权威或约束力的特性，从而将权力转化为权威。[①] 这源于对政治义务的探讨，如果公民有服从法律和尊重政府的义务，那么国家又当以何种方式对社会实施合法的权威？任何一种人类社会的复杂形态都面临一个合法性的问题，即该秩序是否和为什么应该获得其成员的忠诚的问题。[②] 合法性是国内政治研究领域的概念，其存在基础是共同体和权威，它的功能体现在对权威统治和系统稳定的贡献上。权威统治不仅仅需要强制力，还需要权力实施对象的信仰与合作，纯粹的强权统治是不需要合法性宣传的。“没有任何一种统治自愿地满足于仅仅以物质动机或者仅仅以情绪的动机，或者仅仅以价值合乎理性的动机，作为其继续存在机会。”[③] 统治者培养公民对统治权威的合法性信仰，有助于降低权威统治的成本。戴维·伊斯顿将政治生活描绘成一个有输入和输出的系统，在系统中利用共有资源实现共同目标。为了保证政治系统的稳定，尤其是那些巨大的系统，“如果想要避免生活于一种无序状态中，当局最低限度也需要得到一些这样的保证：……在接受实现输出以及完成必要

---

① 安德鲁·海伍德：《政治学核心概念》，吴勇译，北京：中国人民大学出版社，2008年，第17页。

② 戴维·米勒、韦农·波格丹诺编：《布莱克威尔政治学百科全书》，中国问题研究所等组织翻译，北京：中国政法大学出版社，1992年，第410页。

③ 马克斯·韦伯：《经济与社会（上卷）》，林荣远译，北京：商务印书馆，1997年，第240页。

的任务方面，他们可以经常得到成员的顺从……合法性的信仰促使这种保证稳定而连贯”。[①] 合法性与权威和共同体两个概念紧密相连，它降低了权威统治的成本，维持了共同体的稳定。如果将国际政治与国内政治进行类比，会发现在国际政治中也存在一个国际社会的共同体，尽管这个共同体的紧密程度要比国内社会低。同时，在国际政治中，国家也并非完全平等一致，也存在权威的高低。而国际政治中共同体和权威的存在就为崛起国家塑造合法性提供了基础。

关于国际政治中的合法性主要有三种认识。[②] 物质派强调合法性的物质和行为基础，合法性是依附于权力的。沃尔弗斯认为合法性的建立、维持和塑造都离不开权力。[③] 吉尔平认为霸权获得合法性的路径包括最近一次霸权战争的胜利、对经济收益和安全保障等公共物品的供给和意识形态及价值观的吸引力。[④] 规范派强调价值因素以及合法性对权力的约束作用。张睿壮认为合法性的深层含义是国际社会对霸权秩序所体现价值的认同。[⑤] 沃尔特在论证美国霸权受阻时，指出了行为合法性的四个来源：行为遵从现存普遍认可的过程秩序、行为为其他成员广泛受益、行为不违反普遍接受的道德规范和“自然”秩序（不可避免的结果）。[⑥] 中间派则认为物质和规范

① 戴维·伊斯顿：《政治生活的系统分析》，王浦劬译，北京：华夏出版社，1999 年，第 346 页。

② 关于“合法性”或“正当性”的文献可见于：Stephen G. Brooks, William C. Wohlforth, *World out of Balance*: *International Relations and the Challenge of American Primacy*, Princeton University Press, 2008; David A. Lake, R. Gilpin, *War and Change in World Politics*, Cambridge University Press, 1981; G. John Ikenberry, S. M. Walt, “Taming American Power: The Global Response to U. S. Primacy,” *Foreign Affairs*, 85. 1 (2005): 145；张睿壮：《美国霸权的正当性危机》，《国际问题论坛》2004 年夏季号；刘丰：《结构压力、霸权正当性与制衡行为》，《国际政治科学》2009 年第 3 期。

③ 详见 Stephen G. Brooks, William C. Wohlforth, *World out of Balance*: *International Relations and the Challenge of American Primacy*。在书中第六章，作者就建构主义所理解的合法性对权力的约束作用进行了系统的论述和批判。

④ David A. Lake, R. Gilpin, *War and Change in World Politics*, p. 34.

⑤ 张睿壮：《美国霸权的正当性危机》。

⑥ 沃尔特关于合法性的论述可见于：Stephen M. Walt, *Taming American Power*: *The Global Response to U. S. Primacy*, W. W. Norton, 2006, pp. 341-366; G. John Ikenberry, S. M. Walt. “Taming American Power: The Global Response to U. S Primacy,” *Foreign Affairs* 85. 1 (2005): 145.

同样重要。刘丰指出霸权的合法性程度主要取决于公共产品供给规模、国际规范遵守程度和价值共享程度。[①] 英国学派将合法性看成是国际社会成员在观念上的共识，引导和约束成员的行为。[②] 通过类比国内合法性的共同体和权威，笔者认为在国际政治中，同时存在两种形式的合法性。第一，关注国际社会作为共同体本身，什么样的规范是合理的，代表一种价值取向，这是基于秩序的合法性。第二，国际社会成员对既定权力关系的接受与遵守程度，即是否形成了一些主权国家对另外一些国家的国际支持与服从，即基于权威的合法性。

（二）基于秩序的合法性

共同体的本质在于行为体在同一环境中带来的举止行为上的互为取向，在这个环境中，他们认为自身拥有共同属性。[③] 正如国内合法性来源于大多数人的同意，“当某些人基于每人的同意而组成一个共同体时，他们就因此把这个共同体组成一个整体，具有作为一个整体而行动的权力，而就是只有经大多数人的同意和决定才能办到的”，[④] 基于共同体内涵的合法性本质上是大国共识。国家可能因为惧怕、利益或合法性而服从规则，国家对当前国际规则和制度安排的认知是合法性的重要内容。[⑤] 基辛格分析了 1815 年后的国际秩序，指出“合法性应建立在接受的基础上，而不是能够强加实现的”，[⑥] 即任何大国都不能以大家不能接受的方式改变地位。那么，大

---

① 刘丰：《结构压力、霸权正当性与制衡行为》。

② 关于国际社会中合法性以及霸权与合法性的研究可见于：Ian Clark, “Legitimacy in a Global Order,” *Review of International Studies*, Vol. 29, Goverance and Resistance in Word Politics (Dec., 2003), pp. 75 – 95; Ian Clark, *Hegemony in International Society*, Oxford University Press, 2011; Ian Clark, *International Legitimacy and World Society*, Oxford University Press, 2007; Martha Finnemore, “Legitimacy, Hypocrisy, and the Social Structure of Unipolarity: Why Being a Unipole Isn't All It's Cracked up to Be,” *World Politics*, 61.1 (2009): 58-85。

③ 马克斯·韦伯：《经济与社会（上卷）》，第 71 页。

④ 洛克：《政府论》，叶启芳、瞿菊农译，北京：商务印书馆，1996 年，第 60 页。

⑤ Ian Hurd, “Legitimacy and Authority in International Politics,” *International Organizations*, Vol. 53, No. 2 (Spring, 1999), pp. 379-408.

⑥ 亨利·基辛格：《重建的世界》，冯洁音等译，上海：上海译文出版社，2015 年，第 3 页。

国可以普遍接受的“合法”指的是什么呢？

“法”有两层含义，规范的法和科学的法。前者是理性人类在社会交往中逐渐形成的典则，如交通法、高尔夫球法则、土地法。后者是指自然或社会进程中普遍存在的规律。依据法律实证主义者的观点，规范的法需要依赖于理性的人，以人的意志为支撑点，而科学的法是普遍存在的规则，经受得起实践的考验。① 在国际社会中，“法”体现为国际秩序和国际制度。国际制度指连续的、相互关联的正式或非正式的规则体系，这些规则体系可以界定行为规范、制约行为体活动、帮助行为体的期望值趋同。② 如联合国、二十国集团（G20）等国际组织或会议机制或外交豁免的国际惯例。违背这些制度将不可避免地对国家的权威塑造造成危害，而遵从这些制度则将增加其他国家服从某个国家的意愿。与国际制度不同，国际秩序是指那些在国际制度发生演变的背后，一直不曾改变的力量。③ 崛起国家的行为遵从了国际秩序，即为合法；违背了国际秩序则会损害其行为的合法性。国际秩序本质是国际社会中共同体的价值取向所在，主要表现为三种国际规范。

国际社会中共同体的价值取向，首先体现在主权国家的生存，即构建主权国家“生命权”的指导原则。在国际社会共同体中，国家能否生存并不仅仅依靠物质实力，有些国家实力弱小，却能安然无恙。布尔认为，一个持久存在的国际社会必须依赖合法性观念，而合法性观念必须反映国际社会中那些较弱小成员之利益和价值。④ 国际政治不仅仅是大国实力政治，在一些关键时刻，小国的合作非常重要。大国权力冲突往往以利益考量为先，而弱小国家则努力在国际社会中寻求公平与正义的理解，寻求对自身

① 戴维·米勒、韦农·波格丹诺编：《布莱克威尔政治学百科全书》，第396—397页。

② 秦亚青：《权力·制度·文化》，北京：北京大学出版社，2005年，第101页。

③ 这里的国际制度与新自由制度主义所说的国际制度内涵不同。英国学派将新自由制度主义所说的制度称为“次要制度”，将国际社会中“始终不变的制度”称为“首要制度”。布尔总结了五种首要制度：均势、国际法、外交、战争和大国。具体可见赫德利·布尔：《无政府社会——世界政治中的秩序研究》。

④ 安德鲁·赫里尔：《无政府社会——世界政治中的秩序研究》，序言，第Ⅷ页。

地位与外部承认的关切。弱小国家的“生存权利”首先由次要制度来保障。次要制度在法理上赋予了弱国以生存权利。联合国、国际援助机构、军备控制机制、主权平等原则都是弱国行使自身权利的合法性来源。尤其是在联合国，大国虽依然占有十分重要的位置，但也必须为获得弱国的支持而竞争，或许弱小国家更重要的意义是在大国竞争中扮演了平衡者的角色。

1971年10月，第26届联大通过了阿尔巴尼亚、阿尔及利亚等23国关于恢复中华人民共和国在联合国合法权利的提案，即便这是美国极不愿意看到的情形。美苏冷战期间，双方都在努力寻求中立国的支持，大国彼此之间的竞争关系使弱小国家在文化、制度和对外政策上处于可以与强国讨价还价的地位，而双方的亲近又会增加彼此的影响力。在联盟中，弱小国家也可以影响大国的对外政策。19世纪的德奥同盟中，针对俄奥在巴尔干地区的利益争夺，德国最终选择了维护奥地利的利益。虽然有些国家最终成为大国博弈的牺牲品，如伊拉克、利比亚和阿富汗丧失了国家生存与发展的独立性，但从未有哪个国家能够否认这些国家的主权独立性。崛起国家的对外政策应当小心地避免损害那些弱小国家的利益，积极维护它们的生存，从而避免失去它们的支持。

已经获得“生命权”的国家仍需要共处规范来指导国家相处以维护共同体的存在。尽管国家都是自私的，但它们能够为了维护共同体的存在制定规则来规范彼此的行为，协调彼此在不同领域的关系。国际制度的建立体现了国家之间的共处规范。国际制度是权力公共性的体现，国际制度可以降低国家交往的成本、减少冲突、增进信任以及塑造国际社会共识。罗伯特·基欧汉认为国际制度可以通过改变效用结构、提供高质量信息、惩罚不合作行为以及改善信息交流的方式来促进国家之间的合作。[①] 国际制度为国家提供了表达自身利益政策的平台，通过多边外交谈判等非强制手段实现自身利益目标，减少了国家之间的冲突。各国在共处规范的形成过程中，增进了信任，衍生了共同理解和认识。例如，针对跨国联合的非国家团体，主权国家需要共同限制其对暴力的使用，以避免其危害国际社会的

① 秦亚青：《权力·制度·文化》，第100—104页。

共同利益。不同的国际制度协调国家之间不同领域的关系。在国际和平与安全领域，有联合国；在金融和贸易领域，有国际货币基金组织和世界贸易组织；在气候变化领域，有气候变化大会；在裁减军备与核武器方面，有《全面禁止核试验条约》和《反弹道导弹条约》等。国际制度促使国家和平解决争端，使国家之间的利益妥协成为常态，多边参与又使得谈判结果代表国际社会的广泛利益，从而具有合法性。最重要的是多边外交和谈判中逐渐建立和形成的共同利益、价值和规则，是共同体化的重要内容。一个国家可以通过外交谈判塑造其他国家对自身政策和行动的认可与同意，而合法性就是在国家交往层次上确立这种共识与同意。

在保证了国家"生命权"和协调了彼此相处之后，国家还需要交往规范。交往规范指国家如何进行利益交换的方式，其可以是价值吸引，也可以是利益诱惑。其中最重要的是对暴力的限制。国家是政治力量的体现，不受限制的暴力意味着军事力量占先，使国家之间或者非国家团体组织的战争成为主要手段。实际使用暴力意味着两个人之间的心理联系被彼此间的身体接触所取代，而前者正是政治权力的本质所在，后者则取决于孰强孰弱。① 权力与暴力截然相反，在其中一个绝对统治的地方，另一个就不存在了。② 如果一个国家对另一个国家实施无限制的暴力，将是对国家"生命权"的最大伤害，同时将危害外交中的"妥协"美德。尤其需要注意的是，暴力在国际社会中是被主权国家垄断的力量，一旦这种力量被非国家或组织获得，国际社会的其他成员则需要集中力量共同维护国际秩序的稳定。极端组织"伊斯兰国"（ISIS）的出现及其发动的恐怖袭击正是国际秩序出现危机的表现，这一组织对西方青年的吸引力，其背后所体现的是国家内部族群冲突与对立正在逐渐侵蚀着国际社会。

① 汉斯·摩根索：《国家间政治》，徐昕、郝望、李保平译，北京：北京大学出版社，2005年，第57页。

② H. Arendt, "On Violence," *in Crises of the Republic*, New York: Harcourt Brace Jovanovich, 1972, p. 129.

（三）基于权威的合法性

如前所述，在主权国家组成的国际体系中，是不存在一个高于主权国家的如世界政府一般的最高权威的，但这不意味着国际体系中不存在权威。“权威”是从拉丁文 *auctoritas*（威信及创始人）一词派生出来的名词，作者（author）就是某些事物的创始人，但尤其指一个家庭或一个城市的创始人。[①] 在国际政治中，“创始”国际社会的是主权国家。国际政治中，权威的主体是主权国家。权威与权力不同，有权威并不一定有权力，如二战期间流亡在外的自由法国或许失去了权力，但并没有失去权威。而一个拥有对内统治权力的政府无疑是拥有权威的，除非其统治依赖于纯粹的暴力统治。“权力”一词起源于拉丁语 potere，意为“能做”。权力从来不是个体所具有的属性，而是属于组织。只要组织存在，权力就存在。当我们说某人拥有权力时，实质上是指他正被一定数量的人授予权力。[②] 在现代国际政治中，主权平等原则主张所有国家在本国内部应拥有相同的支配权，所有国家在国际上的相互支配权应该是相同的。然而，实际情况总是有些国家在支配着（至少在影响着）其他国家的行为。正是在这种支配与服从的关系中，形成了某个主权国家的权威。

在国际政治中，权威可以来源于国家的魅力。如韦伯所说的人格魅力型权威，“建立在非凡的献身于一个人以及由他所默示和创立的制度的神圣性，或者英雄气概，或者楷模样板之上”。[③] 戴维·伊斯顿（David Easton）也将个人品质视为合法性来源，“对当局有效度的信仰导致对当局者（典则结构和规范）本人的信仰”或“因当局者的个人品质而对当局者有效度的独立的信仰”，[④] 即成员们根据当局者的行为和象征物来判断其是否值得他们道义上的赞同。国家魅力可能体现在价值的共享程度。冷战后美国霸权的合法性来源之一即为价值共享程度，霸权国能够提供一套让追随者都接

① 戴维·米勒、韦农·波格丹诺编：《布莱克威尔政治学百科全书》，第 44—45 页。

② H. Arendt, “On violence,” pp. 123-125.

③ 马克斯·韦伯：《经济与社会（上卷）》，第 241 页。

④ 戴维·伊斯顿：《政治生活的系统分析》，第 335—347 页。

受的价值和秩序。[①]国家魅力还可能体现在自我克制，作为强者与弱者达成的共识，强权的自我克制有助于赢得成员的共同认可。[②] 意识形态和制度吸引力也是国家魅力的来源之一。如果主导国家能够让其他国家相信，它所代表的意识形态和经济发展模式具有竞争力，那么其他国家就会愿意去追随这个国家，甘愿接受领导。[③] 最后，国家魅力还来源于其对国际社会的贡献。当我们在探讨权威时，其实是在探讨某个国家实力的增长可以为国际社会贡献什么。集体生存要求物质权力被限制在一个社会可以接受的限度内，物质手段被限制在实现社会共同利益领域，[④] 从而获得积极的社会效果。如果一个国家实力的增长有助于国际社会整体利益的增长，如为国际社会提供公共物品，其无疑会得到其他国家的支持。[⑤]

第二，权威也可以来自实力对比，如通过一场大国认可的战争的胜利获得国际支持。[⑥] 冷战期间，美国和苏联的国际权威正是来自于二战的胜利。但需要注意的是，这里具有合法性的战争是有条件的。一种情况是恢复国际秩序的战争，如正义战争或被动卷入的战争。例如，在二战中，美国和苏联作为反法西斯战争的关键性力量，对战争的胜利起到了不可替代的作用。两国在恢复世界秩序中所做的努力和牺牲使其他国家负有尊重其政策的责任。两国虽然在经济上或人员上的牺牲并非最多，但是因其在恢复秩序中的关键性作用和实力的展示，而得到更多国家的认可和支持。战争的本质是实力较量，但在权威塑造方面，其重要性更体现在战争中所表

---

① 刘丰：《结构压力、霸权正当性与大国制衡行为》，《国际政治科学》2009 年第 3 期。

② G. John Ikenberry, "Power and liberal order: America's postwar world order in transition," *International Relations of the Asia-Pacific*, 5. 2 (2005): 133-152.

③ 罗伯特·吉尔平：《世界政治中的战争与变革》，宋新宁、杜建平译，上海：上海人民出版社，2007 年，第 34 页。

④ 克里斯蒂安·罗伊·施密特、甘均先：《国际社会中的权力、合法性与秩序》，《浙江大学学报（人文社会科学版）》2013 年第 9 期。

⑤ 关于霸权提供公共产品，带来积极效果的文献可见：罗伯特·吉尔平：《世界政治中的战争与变革》；刘丰：《结构压力、霸权正当性与大国制衡行为》；G. John Ikenberry, S. M. Walt, "Taming American Power: The Global Response to U. S. Primacy," p. 145。

⑥ 罗伯特·吉尔平：《世界政治中的战争与变革》，第 34 页。

现出来的意图。即实力的增长可以帮助国际社会恢复秩序的意图，而非主动挑起战争，威胁其他国家的生存与发展。另一种通过战争塑造权威合法性的形式，是获得国际同意的战争，在19世纪表现为大国同意，在当代表现为联合国安理会授权的战争。这种战争不管其意图如何，如果能赢得国际社会的认可，即为合法。而那些使用战争武力手段强迫另外一个国家服从的战争是不能帮助战争发起国塑造权威合法性的。即便一时某些国家会慑于其力量的强大，但长期来看，对于其权威的服从是不可持续的。

第三，权威可以来自联盟关系中的主导地位。冷战期间，西欧需要美国的安全保证和经济支持，东欧需要苏联的政治保护和战后援助。美苏在各自的阵营中都具有强大的影响力。在现实主义中，联盟是实现均势的重要手段，不同国家基于共同利益或威胁而协调对外政策，采取共同行动。从结盟的角度看，双方看似平等，在决策中却往往并非如此，因为并非所有联盟的政策都能与其利益保持完全一致。冷战时期，为了应对苏联威胁，美日两国经过磋商谈判，于1978年签订了《美日防卫合作指针》，对合作维护日本本土及远东地区安全做出了具体阐述。随着中国实力的发展，美日就《防卫合作指针》进行了多次谈判。1998年，日本通过《周边事态法》，加强了美日在日本周边地区事态上的军事合作。联盟中国家间的相互支持可以帮助国家塑造权威。同时，相较于联盟中国家间的相互支持，联盟带来的体系影响更值得关注。苏联解体以后，美国在全世界的联盟体系非但没有解体反而逐渐加强，这使得美国成为冷战后的超级大国，称其为霸权国家毫不为过。遍布全球的联盟体系，使其政策行为时常带有普遍的共同利益色彩，发号施令也更容易获得服从。

权威的塑造可以来源于合法战争和联盟，但权威的维持却在于其能否发挥维持国际秩序的作用。权威方面合法性的功能旨在维护国际社会共同体的利益。通过战争缔造或恢复国际秩序，通过联盟恢复国际秩序，其本质是维持国际社会的存在——这是所有国家的共同利益。国际社会就像是一个经济市场，国家秩序的生存、共处和交往规范需要国家提供公共产品，尤其是国际制度的建设。在发生地区争端时，国际权威需要介入协调。无论是地区权威或地区权威，都具有维护地区稳定的义务。冷战时期，虽然地区争端不断，甚至爆发了代理人战争，但美苏双方始终保持战略克制，约束盟友，从而维持国际秩序的稳定。1967 年第三次阿以战争，又称“六天战争”。以色列先发制人，占领了整个西奈半岛、戈兰高地和约旦河西岸。随后，美国约束以色列的行为，苏联也对阿拉伯国家施加影响，迫使交战双方同意停火。联合国在 1967 年 11 月通过了第 242 号决议，要求以色列从所占领的土地上撤退，换取中东实现和平和以色列获得承认。[①] 在 1958 年的台海危机期间，美苏也是这么做的。战争或者联盟带来的权威能否长久地维持，在于持有权威的国家能否有效为国际社会共同体服务。

三、合法性在大国崛起中的作用

（一）合法性在大国崛起中的作用

在大国崛起过程中，之所以会出现制衡不足，是因为崛起国家的实力增长获得了合法性。这种合法性主要体现在基于秩序的合法性和基于权威的合法性两个方面。秩序方面的合法性是国际社会共同利益和价值观念的体现，主要内容包括生存、共处和交往规范。

基于秩序的合法性是国际社会共同价值观念的体现，主要内容包括生存、共处和交往规范，遵守这些规范将有利于崛起国家被国际社会所接受，减少国际社会因崛起国家的实力上升而可能出现的不安全感。而违背这些规范，则有可能会引起国际社会的一致谴责，从而降低崛起国家实力增长的合法性。秩序方面的合法性在大国崛起中的作用有以下两点。

第一，通过遵守三种国际规范，消除潜在制衡国家的不安全感。崛起国家需要让潜在制衡国家了解到，崛起国家的实力增长对于它们来说不是一种安全威胁，是符合国际共同体的利益的。崛起国家在实力增长的同时，需要尊重其他国家的“生命权”、需要维护国际制度、需要限制暴力或武力

① 小约瑟夫·奈、戴维·韦尔奇：《理解全球冲突与合作》，张小明译，上海：上海世纪出版集团，2012 年，第 259 页。

的使用。这就是说，崛起国家在实力增长的过程中，需要让潜在制衡国家了解到其并非是一个威胁，而是国际社会这个集体中的“好学生”。崛起国家实力的增长必然会造成潜在制衡国家的不安全感，而崛起国家遵守国际规范，维护国际社会的共同利益，就是让潜在制衡国家了解到其虽然实力在增长，但是并没有进攻或侵略其他国家的意图。崛起国家尊重其他国家的“生命权”，尊重其他国家的主权；崛起国家维护已有的国际制度，积极参与合作，不因为实力的增长而破坏或无视已有的合作规则；尽管崛起国家的实力在增长，却并不会随意使用武力改变现状。消除潜在制衡国家的不安全感有助于规避针对崛起国家的制衡。

第二，通过塑造秩序方面的合法性，崛起国家有利于维护一个和平稳定的国际环境。基于秩序的合法性与国际秩序的稳定密切相关。首先，历史上的重大转折都与合法性概念认识的转变相关。国际体系的变迁甚至被定义为合法性的参数转变。① 16、17 世纪，神圣罗马帝国危机来自于个体宗教自由权利的明确表达对现存等级秩序构成的挑战。② 新教改革坚信个人可以与上帝建立直接的关系，这与天主教会的等级秩序，以及只能向教会忏悔和购买赎罪券来赎罪的主张相悖。三十年战争及其后的欧洲战争都离不开宗教的影子，神圣罗马帝国和基督教权威遭受的挑战带来了秩序的震动与演变。其次，争端解决方式符合三种规范时，国际秩序更容易保持稳定。国际关系的学者们时常拿凡尔赛体系的合法性来探讨秩序的稳定。战争刚刚结束时期的《凡尔赛条约》对德国的处置太过苛刻，激发了德国内部的民族主义情绪，民主的魏玛共和国倒台了。在希特勒上台以后，英法对德国又太过宽容，它们对德国赔偿问题一让再让，对希特勒退出裁军会议和国际联盟也十分宽容，甚至牺牲了捷克斯洛伐克的利益来满足德国的不合理诉求，以期求得和平。在凡尔赛体系时期，对德国的处置侵犯了德国的“生命权”，德国的不满促成了希特勒的上台和后期的扩张，而后来对希特勒的纵容又侵犯了捷克斯洛伐克的“生命权”。大国通过绥靖政策赢得了短

① Ian Clark, “Legitimacy in a Global Order,” pp. 75-95.

② 克里斯蒂安·罗伊·施密特、甘均先：《国际社会中的权力、合法性与秩序》。

暂的和平，但希特勒的扩张政策本质上违反了国际社会的共同利益，并最终走向了整个国际社会的对立面。最后，崛起国家塑造秩序方面的合法性有利于维持稳定的国际环境，而稳定的国际环境有利于崛起国家实力的持续增长。这要求崛起国家首先要对所处时代的合法性有明确的认识，如当前基于联合国安理会五个常任理事国的大国一致原则。同时，崛起国家要尤其注重争端解决方式，要尽力协调维护大国之间的和平以免卷入战争，中断实力增长进程。

仅仅减少潜在制衡国家的不安全感和维护国际环境的稳定对于崛起国家实力的持续增长是不够的。因为潜在制衡国家的不安全感随着崛起国家实力的持续增长可能会出现不稳定的状态。因此，崛起国家还需要尽可能多地获得其他国家的支持。这就是基于权威的合法性。权威非常重要，如果你的实力得到承认，通常你可以在不使用它的情况下就实现自己的目标。[①] 其他成员对其政策目标越支持，该国的权威越高。基于权威的合法性是崛起国家自身物质和价值观念的体现，崛起国如果是“孤独的大国”，没有其他国家的国际支持与认可，很难实现实力的持续增长。权威的合法性塑造，就是在基于国际社会的三种规范之上，尽可能获得其他国家支持或“服从”。获得这种支持或者“服从”的核心是将自己国家的利益同国际社会其他国家的利益进行捆绑，从而使得其他国家在崛起国家实力增长进程中获得益处。如上文所说，塑造权威合法性，赢得国际社会其他国家支持的方式有三种：提升自身国家魅力、恢复秩序的实力对比和联盟中的主导关系。从国家魅力角度来说，崛起国家与潜在制衡国家价值共享程度高，则更容易获得潜在制衡国家的支持；如果崛起国家能在实力上升过程中保持自我克制而不过分扩张，则更容易获得其他国家的支持；如果崛起国家在意识形态和制度上通过展示物质发展能力和本国的价值观念（这里的价值观念或者对国际社会固有观念有所创新，或有所改进），向其他国家提供了一个发展的模板，则更容易获得其他国家的追随和效仿；如果崛起国家能多为国际社会提供公共产品，则更容易获得国际社会的支持。从大国认

① 马丁·怀特：《权力政治》，宋爱群译，北京：世界知识出版社，2004 年，第 98 页。

可的战争的角度来看，主要是正义的、恢复国际秩序的战争，崛起国家并不必然会有这样的机遇，但如果有需要崛起国家有所作为的时候，例如，像二战时期的反法西斯战争，崛起国家能够挺身而出，与广大国际社会的正义国家站在一起，则必然会得到国际社会的支持。从联盟中而主导关系来说，盟友的支持无疑是对崛起国家最大的助益，但也要同时防止被同盟牵连。

总结来说，基于国际价值规范的秩序合法性塑造帮助崛起国家塑造有利于其实力持续增长的稳定的国际环境，同时减少潜在制衡国家的不安全感。基于利益捆绑的权威合法性有利于崛起国家获得国际支持，从而实现实力的可持续增长。本文认为，俾斯麦时期普鲁士通过大国同意的战争树立了自身的权威，在这三场战争中巧妙利用了民族主义的生存规范、均势原则的共处规范，始终保持大国一致，因此实现了实力的持续增长。普法战争以后，俾斯麦去职之前德国的实力依然保持上升，并未形成针对德国的联盟，成功规避了体系制衡。但是俾斯麦去职之后，德国放弃了俾斯麦的联盟体系，实行“新路线”外交，抛弃了俄国却未能得到英国的友谊。1892 年，法俄签订针对德国的军事协定，德国崛起遭到了体系制衡。最终，威廉二世的“世界政策”对国际秩序的冲击，将欧洲带入了战争，德国崛起失败了。

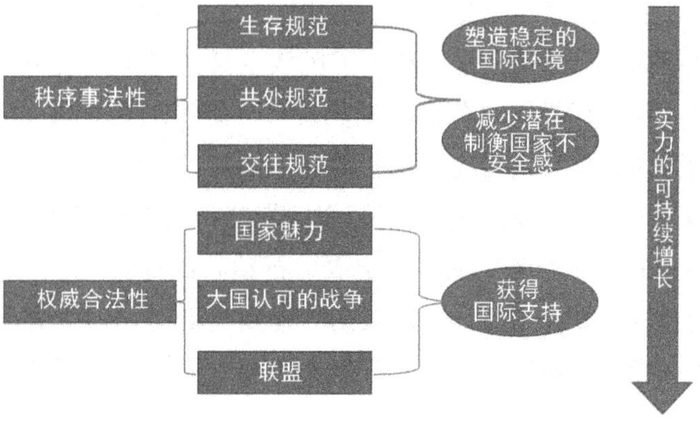

（二）案例分析一：普鲁士崛起的合法性实践

德意志被称为欧洲走廊，在三十年战争中被分裂为多个国家。1701 年至 1714 年的西班牙王位继承战争以后，普鲁士逐渐崛起为德意志的中坚力量。俾斯麦担任普鲁士首相以来，通过 1864 年的普丹战争、1866 年的普奥战争和 1870 年的普法战争完成了德意志国家的统一。在德意志统一时期，普鲁士实力急剧上升，却并没有受到体系国家的制衡。无论是英国、法国还是俄国都没有采取行动，正是因为俾斯麦充分发挥了合法性作用，利用作为生存规范的民族主义、作为共处规范的均势原则实现了普鲁士崛起秩序方面的合法性，在大国认可的战争和国家魅力方面塑造了权威合法性。

1. 秩序方面普鲁士的合法性成功实践

虽然早在 1648 年《威斯特伐利亚和约》签订以后，民族国家的概念就已经诞生，但民族主义运动大发展却是在欧洲资产阶级革命之后。1848 年欧洲大陆各地相继爆发了资产阶级革命，这场革命是各国政治经济发展的必然结果。随着资本主义的发展，拥有经济实力的工商阶级要求实现经济上的自由发展，政治上的民主权利。民族主义成为国家之间的生存规范。处于分裂状态的意大利和德意志民族主义情绪高涨。1861 年意大利的统一更加激起了德意志民族主义的热情。统一德国的目标必须符合民族主义的要求，这样才能得到国际社会的认可和国内社会的支持。

普丹战争期间，俾斯麦充分利用了民族主义这一生存规范。普丹战争起源于丹麦人和日耳曼人混住的石勒苏益格—荷尔斯泰因两公国。丹麦一方要求将两公国完全并入丹麦王国，普鲁士则要求收回“德意志人居住的土地”。[①] 这本来是一个领土争端，但俾斯麦却将其变成了民族主义问题。1863 年 3 月，丹麦颁布新宪法，决定取消石勒苏益格的传统权利，限制荷尔斯泰因的特权，普鲁士对此表示反对。俾斯麦此时非但没有借口攻击丹麦，反而主张承认丹麦新宪法并向丹麦女王要求恢复两公国的传统自治权

① 方连庆、王炳元、刘金质：《国际关系史（近代卷上、下）》，北京：北京大学出版社，2006 年，第 335—338 页。

利。这样，俾斯麦的行为建立在维护条约权利的立场上，完全符合国际法。为了使这个问题更加民族主义化，俾斯麦联合了奥地利，要求共同接管两公国。在与丹麦交涉失败以后，1864 年 2 月，普奥联军进攻石勒苏益格。这使原来的领土扩张变成了维护民族主义利益，因此，英、法、俄都在这场战争中保持了中立。英、俄和瑞典曾经尝试从中调解，但最终交涉失败，普鲁士征服了丹麦，扩大了领土。

普奥战争期间，俾斯麦利用了作为共处规范的均势原则。[①] 在当时的国际社会，权力的分配不体现于国际制度，而是大国均势。西班牙王位继承战争以后，1713 年签订的《乌得勒支条约》使实力均衡成为欧洲社会的共处原则。英国作为离岸平衡手一直追求自身行动的自由，追求法国和俄国在欧洲大陆的实力均衡。普丹战争以后，普鲁士并不满足。俾斯麦充分利用了大国对均势的共识，促成了大国在普奥战争中的中立。1815 年之后，英国的一贯立场是要维持欧洲大陆的势力均衡，普鲁士的壮大可以平衡欧洲大陆的力量，以抑制俄国和法国。俄国在克里米亚战争以后，始终对欧洲保持谨慎克制的态度。欧洲国家普遍的认识是，普奥战争会削弱奥地利，对均势是有利的。也正是对于均势原则的深刻认识，俾斯麦在战胜奥地利以后，保持了谨慎的克制。普鲁士战胜奥地利以后，军方设想吞并萨克森和黑森，打通巴伐利亚走廊，但只有俾斯麦坚持接受法皇的调停，并不向奥地利要求其固有领土，只需要其将威尼斯归还意大利，退出德意志事务。其主要目的，是在不破坏均势原则的前提下削弱奥地利，避免违反当时的国际共处规范。俾斯麦分析说："假如奥地利遭受严重损失，那么它可能成为法国和我们任何一个敌国的盟友"，"无论如何要把奥地利这个国家看作是欧洲棋盘上的一枚棋子，而同它恢复良好关系就是我们应该公开拿在手中的一着先手棋"。[②] 在赢得战争以后，始终保持冷静和克制，遵守国家之间的共处规范，是普奥战争以后普鲁士实力继续保持增长的重要原因。

值得一提的是，俾斯麦的外交手腕也为其战争行为赢得了国际社会的

---

① Stacie E. Goddard, "When Right Makes Might: How Prussia Overturned the European Balance of Power," *International Security*, 33.3 (2008): 110-142.

② 方连庆、王炳元、刘金质：《国际关系史（近代卷上、下）》，第 344 页。

默许。普奥战争之前，最有可能出兵干涉的是法国。1865 年 10 月 4 日，俾斯麦亲自抵达法国疗养胜地比亚里茨拜会拿破仑三世，并与之进行多次密谈。在会谈中，俾斯麦假意提供利益和补偿，换得了法国的中立。由于法皇的误判，以为普鲁士可以削弱奥地利的力量以保证均势，法皇坦言“对于普鲁士的扩大，我们没有反对意见”。[①] 对于俄国，俾斯麦利用一切来巩固在波兰危机中建立起来的普俄亲善关系，并支持俄国在罗马尼亚政局的建议。俾斯麦的外交技巧为其战争行为赢得了国际社会的默许，从而使其战争手段具有一定的合法性。

2. 权威方面普鲁士的合法性成功实践

构建秩序方面合法性的同时，普鲁士通过国家魅力和大国认可的战争塑造了国际权威。在国家魅力上，普鲁士领导下的德意志关税同盟实现了经济的迅速增长和各邦的经济相互依赖。在社会上，当时的普鲁士已经开始实行义务教育，提高了社会文化水平。普鲁士的教育水平为民族意识形成和传播提供了良好的环境。同时，在普奥战争中，普鲁士表现的克制美德也提升了自身的国家魅力。在普法战争期间，俾斯麦一直努力使国际社会认为普法战争并非普鲁士刻意扩张，而是拿破仑三世在扩张。这就存在谁的说法更权威的问题，或者说谁的说法能得到更多国家的支持。普奥战争以后，法国面对普鲁士的崛起惴惴不安。普鲁士对均势原则的尊重，赢得了国际社会的支持。所以，在拿破仑三世依据补偿原则，向俾斯麦要求在卢森堡的驻兵权时，俾斯麦拒绝并公布了法国对于德意志南部领土的要求。这引来了国际社会对拿破仑三世领土扩张的指责。英国向法国提出质询，俄国也保持戒心。国际社会普遍支持普鲁士。其后，俾斯麦利用埃姆斯电报激怒了拿破仑三世，1870 年 7 月，法国对普鲁士宣战。埃姆斯电报中关于法国大使与普皇的交涉被描述成针锋相对、相互折辱的过程，这使得普法战争成为法兰西与德意志两个民族之间的较量。德意志各邦的民族运动形成了强大的反法力量，即便是一贯保持独立的巴伐利亚也选择为本民族而战。普鲁士争取到了普法战争中的关键性支持。普法战争由法国首

① 方连庆、王炳元、刘金质：《国际关系史（近代卷上、下）》，第 339 页。

先对普鲁士宣战，使普鲁士成为被迫应战的正义一方。英国对法国的质询、俄国对法国的戒心都表明此时普鲁士在国际社会的权威已经超过了法国，得到了关键大国的支持。通过大国认可的战争，普鲁士塑造了权威方面的合法性。普法战争以后，德意志民族主义情绪高涨，1871 年，普皇威廉一世在凡尔赛宫加冕为德意志帝国皇帝，结束了“过去各朝廷之间的剑拔弩张，争吵不休”的局面，结束了德意志五百多年封建割据的局面，建立起中央集权制度，促进了德国资本主义的发展。① 普鲁士成功实现了其领导下的德意志统一，奠定了德国中欧强国的地位，而未受到国际社会的集体干涉或联盟制衡，成为国际关系史中大国崛起的经典案例。秩序和权威方面的合法性构建，共同促成了普鲁士实力的持续增长。

（三）案例分析二：德国统一后的合法性实践

如果说德国统一之前的普鲁士仍然能在发动战争时得到国际社会的默许，统一之后的德国就再也不能了。这一点，俾斯麦非常清楚。普法战争以后，德国对法国的苛刻危害了国际秩序的稳定，秩序方面的合法性大大降低。在权威塑造上，俾斯麦精心构造了大陆联盟体系，并极力保持自我克制，以此获得权威方面的合法性。这使德国在普法战争以后依然保持着实力稳步增长，而未受到其他国家的制衡。但是，俾斯麦的大陆联盟是不稳定的，严重危害了国际秩序。俾斯麦去职以后，德国改变了外交政策，在丧失秩序方面合法性以后，也丧失了权威的合法性，最终走向了战争并受到制衡和惩罚。

1. 秩序方面合法性的缺失

普法战争胜利以后，俾斯麦从强权政治出发，迫使法国割让阿尔萨斯和洛林，在德法两个民族之间埋下了仇恨的种子。《法兰克福和约》因为对法国的过度掠夺而危害了其国家的生存规范。显然，俾斯麦没有将法国的利益考虑在和约之内，反而对法国极尽侮辱，使德法两国长期处于紧张状

① 陈文艺：《俾斯麦统一德国的外交政策——兼评十九世纪六十年代的欧洲局势》，《史学月刊》1984 年第 3 期，第 97—104 页。

态。德国有能力使法国完全屈服或吞并、灭亡法国吗？“用这种强力手段来压服一个具有生命力的民族，其结果将和预期的目的刚刚相反。而法国，即使在失去阿尔萨斯和洛林之后，都不是提尔西特和约以后的普鲁士可与之相比的！”① 如前所述，构建国家的“生命权”是国际社会中的生存规范，是获得共同体秩序方面合法性的重要内容。每个民族国家都是国际社会的一员，无论是强国或弱国，大国或小国，都拥有主权国家的身份。试图永远孤立或毁灭一个传统大国是不可能实现的，一旦一个国家被吞并或者灭亡，在法理上的示范效应是国际社会所不能容忍的。法国的独立正是建立在这种生存规范的共识之上，“抹去”法国无疑是行不通的。在1875年德法战争危机期间，俾斯麦没能得到英国和俄国的支持，反而遭到谴责。俾斯麦时期德国的对法政策使其在秩序方面的合法性大受损失。

俾斯麦的大陆联盟体系违背了当时均势原则的共处规范和信守条约的交往规范。如前所述，18、19世纪欧洲国家奉行均势原则。均势原则不仅是指国家之间实力的大致均衡，更是指因为实力均衡而带来的外交灵活性。为了孤立法国，俾斯麦建立复杂的联盟体系来确保德国的安全。首先，联盟的建立违背了实力均衡的共处规范，使国家之间外交的灵活性丧失了，“均势已遭全毁”。② 其次，为了保持德国在欧洲的领导地位，发挥德国的外交协调作用，保持欧洲大国之间关系的适度紧张十分必要。俾斯麦游走于英俄矛盾和英法矛盾之间，看似是在努力维持实力均衡，实际却是左右逢源。最后，俾斯麦的大陆联盟体系危害了信守条约的交往规范。为了阻止法俄接近，德国与俄国缔结了同盟条约，却并未充分考虑俄国的利益。在1875年近东危机时，德国实际上抛弃了俄国的利益诉求。欧洲国家对德国政策的信心和信任是德国保持大国地位的前提，随着欧洲局势进一步趋于紧张，一个充满敌意、猜疑和不安全感的国际环境已初现端倪。③ 尽管德国一再声称对现状的“满足”，并采取自制策略，但其对国际秩序的危害促使

① 方连庆、王炳元、刘金质：《国际关系史（近代卷上、下）》，第365页．

② 亨利·基辛格：《大外交》，顾淑馨、林添贵译，海口：海南出版社，2012年，第114页。

③ 马骏：《国际关系中的“权力”问题——关系性权力观的视角》，《国际政治研究》2007年第4期，第146—156页。

其他国家始终保持戒备状态。信守条约是国家间交往的首要前提，对于交往规范的违背使德国在秩序方面的合法性进一步降低了。

2. **权威方面合法性成功实践**

虽然俾斯麦的外交政策逐渐丧失了基于秩序的合法性，却依然没有受到其他国家的制衡，原因在于德国塑造的权威。联盟是德国构建权威方面合法性的最重要手段。俾斯麦深知，普法战争的胜利已经是欧洲其他国家容忍的极限，正如拿破仑扩张引发的反法联盟一样，德国的进一步扩张反而会毁灭已有的胜利成果。因此，俾斯麦采取了联盟的方式将德国的利益与欧洲大国的利益结合在一起，以获取国际支持，塑造德国的权威。1873年，德、俄、奥形成维持巴尔干现状的“三皇同盟”；1882年，德、奥、意签订针对法、俄的《三国同盟条约》；随后，德国又将同盟扩大到塞尔维亚和罗马尼亚；1887年，英、意、奥签订两次《地中海协定》，主要维持地中海和巴尔干地区现状，防止俄国在近东的扩张；同年，德俄签订《再保险条约》，保证俄国对德国的支持。大陆联盟体系的本质是联奥、拉俄、亲英、抑法。虽然它并没有保证德国继续崛起（因为它在威廉二世时期被“世界政策”所取代），但正是通过复杂的联盟体系，俾斯麦树立了德国的大陆权威，规避了（或至少延缓了）体系国家对德国崛起的制衡。

（四）总结

俾斯麦领导的普鲁士在其崛起过程中能够成功规避制衡，得益于秩序和权威方面的合法性。普鲁士巧妙利用了国际秩序中的三种规范，在欧洲大国默认的情况下，发动了普丹战争和普奥战争。随后，俾斯麦又进行了巧妙宣传，使法国首先挑起普法战争，赢得关键大国的支持，获得权威方面的合法性。通过三场战争，普鲁士逐渐树立起了大国地位。然而，德国统一之后，俾斯麦为了孤立法国，精心构建大陆联盟体系。他孤立法国的愿望违背了国际秩序的生存规范，在两次德法战争危机中，德国打压法国的表现也与当时国际社会的均势共识不符。俾斯麦利益至上、左右逢源的外交方式同样危害了国际秩序中的交往规范。虽然丧失了秩序方面的合法性，联盟体系却帮助了德国树立了权威，使其免于国际体系的制衡。

但是，德国国内对工商业的扩张需求，使德国逐渐丧失了权威方面的合法性。国内工商业对于利益的追求促使德国谋求海外扩张，因为“殖民地将意味着德国工业和商业扩张的新市场，为德国人的活动、文化和资本赢得新场所”。[①] 利用英法与俄国在海外的冲突，德国在埃及和亚洲问题上给予英国支持。在德英关系改善的背景下，1884—1886 年德国在西南非、西非、东非和南太平洋的边缘地区获得了少许“保护领地”。到 19 世纪末，德国的工业生产已经超过英、法等先进工业国家跃居世界第二位。德国实力的发展使其国际地位逐步提升，成为中欧的大陆强国。对外扩张的需求使德国不再满足于做中欧强国，而开始寻求海外殖民地的扩张。德皇威廉二世开始谋求世界霸权，他的“新路线”抛弃了俄国，却没有换来英国的友谊，使俾斯麦精心维护的大国支持失效了。失去了秩序和权威两个方面合法性的德国最终走向了战争，一战的失败使德国的实力持续增长被打断了。

相较于德国，美国在实现地区崛起以后的战略正好相反。两次世界大战美国都是被动卷入战争，甚至可以说是整个欧洲需要美国来加入战争以恢复国际秩序。这使得美国在欧洲塑造出了天然的权威，即美国是为了维持国际秩序的稳定加入战争，并且成为决定战争走势的关键性力量。一战前期，美国选择了孤立于欧洲强国主导的国际体系之外、以周边为依托的崛起方式。美国在其经济实力，甚至军事实力取得明显优势后的很长一段历史时期，并没有急于改变世界秩序，而是刻意不介入世界权力中心的欧洲事务，而只有当国际社会需要美国时，它才出现，并将自身的繁荣与国际秩序的稳定紧密地结合在了一起。由此看来，大国崛起过程中制衡不足的关键在于合法性。一个国家能否规避制衡，关键在于能否将崛起进程与共同体的利益结合起来，谋求秩序和权威方面的合法性，从而规避大国战争和体系制衡。

---

① Mary Evelyn Townsend, *The Rise and Fall of Germany's Colonial Empire*, *1884-1918*, New York: Macmillan Company, 1930, p. 120，转引自高程：《市场扩展与崛起国的对外战略》，《国际政治科学》2011 年第 3 期，第 1—43 页。

四、结论

三十年战争的发生有王朝的实力较量，也有宗教派系之间的斗争；反法联盟有法国和其他欧洲国家的实力较量，也有法国大革命自由思想的传播；英国和德国之间的矛盾或许正是深植于资产阶级革命后带来的自由市场争夺；冷战时期美国和苏联的争霸，一方面是实力的较量，另一方面是意识形态的斗争，并最终以苏联的解体而告终。物质实力在大国崛起中固然重要，合法性理念和思想也发挥着重要作用。合法性是政治学的重要概念，与共同体和权威有着紧密的联系。在国际关系中，国家共同体构成了国际社会，生存规范、共处规范和交往规范决定了秩序合法性的内容。遵从这三种规范可以帮助国家赢得国际社会其他国家的认可，达成针对某一政策的共识和同意。国际关系中也存在权威，国际制度从法理上赋予了主权国家（无论强大或弱小）以权威，而国家自身也可以通过战争、联盟和国家魅力来塑造其权威。崛起国家在国际社会中权威的塑造，是制衡不足出现的关键原因。

俾斯麦领导下的普鲁士在实现德国统一时，主要利用了民族主义、均势原则来获取其他国家对普鲁士扩张的同意，使用战争和克制政策来塑造统一之前的权威。德国统一之后，俾斯麦主要利用了联盟的手段来实现其他国家对德国利益的认可和保证。俾斯麦去职之后，其外交手段和联盟体系的弊端逐渐显现，德国先是受到大国制衡，随后发动战争。需要注意的是，二战后，全球化的发展带来了国家间经济相互依存，也带来了国家间更紧密的联系。民族主义的发展使武力改变国家意志变得更加困难，国内民众更难向国际社会妥协。但是，正是因为构建国际共识的困难，使构建共识更能在国际社会发挥影响力。核武器的出现改变了国家之间的交往规范。大国之间的核威慑保证了“恐怖和平”，所有的主权国家都无法接受大国之间的核战争，因为那意味着国际社会的毁灭。随着国际社会和平主义思潮的发展，以及高昂的战争成本和替代性手段的增加，有限战争也越来越难以成为有效的政策手段。国际秩序正处于变动时期。从权威塑造的角度来看，美国是战后的霸权国家，不仅仅因为它在二战中发挥的关键性作用以及赢得了冷战，更因为它为国际社会提供了公共产品。战后的国际秩序是以美国为主导的，美国在推行自由贸易、民主制度和人权保护的同时，实现了自身的繁荣发展，也带来了国际社会的和平与稳定。随着国际安全内涵和领域的拓展，联盟的意义变得十分模糊。盟友之间并不必然相互支持，不是盟友也可能会相互支持。决定国家战略信誉的是一个国家经济发展、文化积淀和政治制度的吸引力。

中国实力的急剧上升，得到了国际社会的广泛关注。从本质上说，中国的崛起与历史上其他国家的崛起没有差别。之所以国际社会对中国崛起会有那么多讨论，是因为东西方文化的差异，而世界文化本身是多元的。无论是国家还是文化，都不能用单一的标准来划定，因为那样只会带来意识形态的对立与冲突，而使国家行为忽略了最根本的共同体利益。中国的崛起对国际秩序有一定的冲击，但并没有挑战国际秩序的三种规范。中国没有侵略别的国家、没有使用武力政策，并且积极参与国际组织与多边外交，致力于维护国际秩序的稳定。中国作为全球人口大国，其自身的发展就是对人类社会的巨大贡献，其经济发展模式所取得的成就和人类发展指数的提升，都向国际社会展示了中国的吸引力。在全球治理中，中美之间的关键性合作也是中国塑造权威的一种方式。同样，作为世界上最重要的一对双边关系，中美之间既有竞争，又有合作。中美之间的竞争并不必然以武力较量的方式体现，合法性竞争才是关键。

此外，还有几点仍需讨论的问题。第一，共同体和权威之间的关系仍有待探讨，尤其当共同体的利益与权威塑造之间发生冲突时。对于崛起国家来说，不可忽略的本质是合法性建立在大多数人的同意之上，因此赢得其他国家的认可，提升自身国际战略信誉是一国最好的崛起路径。更重要的是，科学技术的发展，尤其是当前的信息革命对国际社会和权威塑造产生的影响仍未可知。国家体系中，国家的作用是增强了还是减弱了？国家共同体的程度是上升了还是降低了？第二，虽然在本文中，将所有的主权国家都看成是国际社会的一员，但在部分研究中，有关国际社会文明标准的讨论认为，达到了一定标准的国家才算作国际社会的一员，其利益才能被考虑在共同体的利益之中。尤其是对于崛起国家来说，是否都要经历先被国际社会认可，其后才能塑造权威，仍然需要探讨。

法国外交文件选译（三）

吕军燕、沈练斌、李梦磊、杨紫桐等编*

[**编者按**]　为了推动冷战时期法国外交史的研究，本辑刊第14—15辑连续刊载了《法国外交文件选译》。本汇编为续篇。需要说明的是，本文编译时译者尽量保持了档案的原貌，发表时编辑做了一定删节。

19580918，FD000079

德姆维尔致阿尔方电（第9926号）①
（1958年9月18日）

仅致大使。

请务必请求艾森豪威尔（Eisenhower）总统的接见，并向他递交戴高乐（Charles de Gaulle）将军的信件以及备忘录，您在以下编号中会找到。

* 吕军燕，山东青年政治学院讲师；沈练斌，天津师范大学外国语学院讲师；李梦磊，首都经济贸易大学助教；杨紫桐，首都师范大学历史学院硕士研究生。参与本组档案翻译、校对的还包括：山东青年政治学院教师李东旭、外交学院硕士研究生房珂珂、首都师范大学历史学院教授姚百慧以及首都师范大学历史学院本科生刘彦伊、硕士研究生张臣臣、曹忠鑫、窦云婷。

① 文献来源：*DDF*，1958，Tome Ⅱ，pp. 383-384。德姆维尔（Couve de Murville），法国外长；阿尔方（Alphand），法国驻美国大使。

我会很感激您立刻通知我总统向您确定的日期和时间①，以便我们能同时将备忘录发送给华盛顿和伦敦。

这两份文件的原文已经通过外交邮袋寄给您。

附件

总理戴高乐将军致美国总统艾森豪威尔将军

信件②

亲爱的总统先生：

当我在今年7月有幸与福斯特·杜勒斯（John Foster Dulles）③先生会谈时，我已向他介绍了我就自由世界防御组织问题的看法。此后发生的事件加强了法国政府在这方面的信心。正是这一点使法国政府决定向美国政府和英国政府提出建议。

鉴于该问题的重要性，我委托阿尔方先生亲自向您递交该问题。我希望我同样让人递交给麦克米伦（Macmillan）④先生的这份备忘录能立即成为三国政府之间的深入讨论的主题。

我估计远东局势令您甚为担忧，并且我坚决在此向您保证我真诚和可信赖的友谊。我只强烈希望我们可以在更好的条件下一起工作，以便我们的联盟变得更加凝聚和有效。正是本着这种精神我向您介绍了我自己得出的结论，并且我会很高兴知道您关于这些问题的个人观点。

亲爱的总统先生，请您相信我的真诚以及我崇高的问候。

（刘彦伊译，沈练斌校）

---

① 大使于当地时间9月25日14时受到国务卿接见。——原编译者注

② 这份文件源自总秘书处的档案，且已经通过带有“立刻处理。保留。不许传播。仅致大使”字样的批注的第9934号至9936号电报（在第9173号至9175号中发往伦敦）发给了法国大使馆。该文件转载于Gaulle（Charles de），*Lettres*，*notes*，*et carnet*，Ⅷ，*juin 1958-décember 1960*，Plon，1985，pp. 82-83。——原编译者注

③ 约翰·福斯特·杜勒斯（John Foster Dulles），美国国务卿（1953—1959）。——译者注

④ 莫里斯·哈罗德·麦克米伦（Maurice Harold Macmillan），英国首相（1957—1963）。——译者注

19580925，FD000080

外交部备忘录[①]

（1958 年 9 月 25 日）

应斯巴克（Paul Henry Spaak）[②] 先生的要求，戴高乐将军 9 月 24 日接见了他。

斯巴克先生表达了对北约继续进行的政治磋商的极度失望。他重申了他最近对关于美国常驻代表就台湾海峡危机进行通报的看法，德克鲁伊·沙内尔（de Crouy-Chanel）先生已经对此进行过汇报。

戴高乐将军回答说应该回到原则上来，尤其是只有世界大国才能确定世界政策这一原则。在这种情况下，这种关乎自由世界的政策应该由三个西方大国来决定：美国、英国和法国。但是因为美国和英国到目前为止对这种行事方法表示反对，以致不存在西方的世界性政策。对北约来说尤其如此，应该由法国、德国和意大利来确定北约的共同政策。斯巴克先生问到为什么英国会被疏远，戴高乐将军回答说他一心寻求将其纳入，但是总的来说，英国参加磋商仅仅是为了限制和阻碍磋商的进展。英国不改其岛国属性，并且最终会因为对英联邦的责任而偏离欧洲。因此事实是确定北约共同政策的责任就落到了法国、德国和意大利身上，缺少了这一点这个组织将变成没有效力的空谈会议。

在会谈中，戴高乐将军很正式地亲自把给艾森豪威尔总统和麦克米伦的关于自由世界防御组织的备忘录交给了斯巴克先生，并请他不要对外提及。

（张臣臣译，沈练斌校）

---

① 文献来源：*DDF*，1958，Tome Ⅱ，p. 430。此纪要是为部长办公室拟定的。它摘录自总秘书处的收藏。——原编译者注

② 斯巴克，北约秘书长。

19580926，FD000106

阿尔方致德姆维尔电（第5698—5711号）[①]

（1958年9月26日）

9月26日，顾夫·德姆维尔与福斯特·杜勒斯[②]先生进行了将近一小时的谈话。

Ⅰ. 阿尔及利亚

国务卿在法律上的立场吸引了部长的注意，这个立场是国务院发言人在上一次新闻发布会上当被问及关于承认阿尔及利亚伪政府的问题（我的第5640—5641号电报）时提出的。

Ⅱ. 非洲全民公决

杜勒斯先生再一次表明了他对投票结果的担忧，即在下一次全民公决期间，部分非洲领土投反对票来脱离法兰西共同体。法国将会承认它们的独立吗？在什么期限？德姆维尔先生回答说只有几内亚（Guinée）存在这个问题。毋庸置疑，一旦它们投了反对票，这样的一个领地将会立刻丧失所有的法国援助。至于法律承认的问题，不过是几个月以后的事。在非洲我们现在要面对加纳（Ghana）发起的一场运动，这场运动接着可能蔓延到比利时和葡萄牙领地。杜勒斯先生还重复到，如果这些没有达到任何联合国宪章所要求的国家标准的新生国家，增加了联合国成员国的数量，这个组织将不再能够面对责任，也无法解决所提交的任何国际问题。

这些重申意见明确体现出国务卿在头脑中形成的有关联合国作用的更清晰的思路。

Ⅲ. 中国

杜勒斯先生强调了他于9月25日发表的关于台湾问题[③]讲话中的几个

---

① 文献来源：*DDF*，1958，Tome Ⅱ，pp. 437-440。

② 后者出席了第十三届联合国大会的政治辩论。——原编译者注

③ 在纽约的演讲中，国务卿特别表明了如果苏联愿意，苏联可以推动达成一个和平章程。他补充到，真正的问题是共产主义威胁，以及现在还不应该承认北京政权。——原编译者注

观点，这个讲话是对部长问题的回复，他指出华沙（Varsovie）会谈没有取得进展。他不期望会谈能达成一个书面协议，因为这些观点看上去是不可调和的。美国一直坚持要从共产主义中国得到一个放弃武力声明。他们的对话者回复，如今的冲突属于中国内政问题，与第三者无关。在杜勒斯先生看来，这些交谈将深入一段时间，会依然没有结果。

然而，由于几天前金门给养问题有所改善，如今的形势似乎不那么紧张了。给养带来的问题也很复杂：尽管华盛顿反对，蒋介石还是在金门集中了80,000人的军力，加上将近45,000名居民。由于现在的大气条件以及这阶段的潮汐作用，登陆变得更加困难。即使有这些不利因素，到达港口的武器装备和商品仍在有规律地增长。

此外，杜勒斯先生不相信中国共产党人愿意先发起会导致中美战争的行动：他们自己提议开启华沙谈判，他们避免动用空军进攻金门，为了避免可能招致美军介入的报复。

无论如何我们不能排除计算错误。美国希望能够找到一个结束这种危险的方法。有些人提出干脆把金门和马祖放弃给共产党人，以及维持台湾的防卫。在杜勒斯看来，那样看待问题太过简单化。如果美国接受把沿岸两个岛的支配权交给毛泽东，那么蒋介石继续掌权台湾是不可能的。一个有利于毛泽东的新的国民党政府可能会在台北掌权。杜勒斯对于这样糟糕的结果毫不怀疑，而在菲律宾、日本和越南这种相同的命运变革也可能会产生这样的后果。

美国因此应该展示它的实力。它显然不会请求西方同盟的军事支持，而是依赖它们的精神支持。美国政府抵制亚洲的共产主义者，绝不意味着它打算忘记其在欧洲为了反对相同威胁而所做的一切。但杜勒斯先生坚信，如果美国在金门事件中表现出软弱，那么共产主义阵营将会得出结论，未来它能够在地球上另外任意一个地点发起一场新的入侵，比如在柏林。

德姆维尔先生注意到，如今欧洲不惧怕自己被美国同盟所抛弃。欧洲所担心的是俄国的反应。莫斯科推行的伎俩不会导致一场世界大战吗？这是许多欧洲人提出的问题。杜勒斯先生回答到，了解苏联的意图是困难的。有些人相信俄国人在金门事务中助推中国，或者是为了将美国的软弱呈现在所有人面前。当然，如果是在美国在这件事情上让步的情况下，或者是为了引发一场中美战争，这样将削弱在社会主义世界中一个庞大合作者的实力。相反，其他人认为俄国人在追随中国人，并且惧怕被卷入一场大战。如果我们使用核武器后果就是如此。

德姆维尔先生注意到，超出了一个限度，西欧的公众舆论将不会追随美国，这个限度毫无疑问就是核武器的使用。

杜勒斯先生回复到，对于这个问题，事实上存在着困难：美国军队通常配备这样的武器，而且常规武器的储备已经缩减。此外，他还承认这是一个应受到批评的形势：转型过于全面。英国的情况更为糟糕：它为了发展核武器而放弃了制造常规武器，而核武器的使用几乎必然会导致一场全面战争。

作为总结，国务卿给出以下三个意见：

1. 他希望华沙会谈至少再持续一段时间。

2. 他希望金门的给养的改善可以持续，这样可以争取更多时间。

3. 从更长远来看，他不排除与中国进行暂时妥协的方针。这些沿岸的小岛将会被“净化”，也就是说清除目前占领这些岛屿的国民党军队，他们的存在在中国共产党眼里是一种挑衅。然而这些岛屿在台北的掌管之下。事实上两个中国政府可能会放弃使用武力来解决台湾问题，虽然还没有能够考虑到要从他们那得到明确的有法律意义的承诺。

杜勒斯先生不排除联合国将在制定一个暂时妥协方案中扮演适当的角色。然而，显然他更倾向于避免这样。为了继续交换意见，国务卿将与大使馆保持紧密联系。

Ⅳ. 针对防止突然袭击的会议方案①

德姆维尔先生提醒到，法国政府反对以“西方专家代表团”的形式召开防止突然袭击的会议。事实上这个代表团将由一个美国人主持，我们似乎会赞同一些政治宣传，按照这些宣传，大西洋沿岸的国家将成为美国的

① 在整个十月，协商将在三个拥有原子弹的大国之间展开，以准备于10月31日起在日内瓦召开的相关会议。关于更多细节，见 *l'Année politique 1958*, pp. 464-467。

卫星国。这个问题将会在下一次国务院和大使馆的会谈中被讨论。

（房珂珂译，沈练斌校）

19581015，FD000087

斯巴克提交的备忘录[①]

（1958 年 10 月 15 日）

戴高乐将军 9 月 24 日[②]想要与我交流的那份备忘录使我思考其内容、程序和策略，我将在下文中呈现这些思考。

尽管存在一些细微差别，我十分赞同备忘录中的判断："大西洋联盟过去设想和它所预备的最终行动区域，已同政治和战略现实不相符合"。

在过去的六个月我的所有演讲里，我展示了同样的想法。我的观点是，1949 年在华盛顿签订的《北大西洋公约》的根本目的是阻止共产主义在欧洲的扩张。在那一时期，共产主义对我们的威胁主要是在军事上的、在欧洲范围的。

条约的根本目的，也是其格外重要的目的，已经达成了。自 1949 年以来，共产主义在欧洲不再推进，而其影响力也无可置疑地下降了。

如今，共产主义的威胁主要是在亚洲和非洲，主要是在经济和社会方面，而非真正的军事方面。

这个审查的结论是很容易得出的：在不放弃之前已经完成的目的基础上，通过保持欧洲的努力并且使其适应新的战略需要，西方应该考虑扩大其在世界其他地方的联合行动，可能是在军事方面，但也要在政治和经济方面。

我同样也认为应该重新审核北约的军事理念。

① 文献来源，*DDF*，1958，Tome Ⅱ，pp. 523-527。

② 指戴高乐 9 月 17 日给美国总统和英国首相的备忘录；戴高乐与斯巴克在 9 月 24 日的会谈，见 *DDF*，1958，Tome Ⅱ，n° 200。斯巴克在其回忆录中描述了他对法国备忘录的反应（*Combats inachevés*. Ⅱ. *De l'espoir aux deceptions*，Fayard，1969，pp. 183-186），至于十分机密的法国备忘录本身，它没有被授权在北大西洋理事会讨论。10 月 15 号的备忘录没有收到法国政府的回复。——原编译者注

某种程度上，除去大不列颠以外的欧洲大国，从 1949 年开始实质上被排除在了一切原子战争的参与之外。

首先是战术核武器的发展，尤其是中程弹道导弹在欧洲的部署，已经改变了问题的性质。欧洲直接参与原子战争已经成为事实的一部分。必须要考虑增强欧洲的权利，让其权利与承担的义务相一致。

尽管如此，我们还是不应该不公正地对待北约，不该忽略该组织为了适应而做出的那些尝试性的、成功了的努力。

事实上，条约中狭义地理上的基础已经明晰了。

尽管根据严格的条约条文，盟国磋商范围要限制在欧洲与北美的事务上，根据默认情况以及 1956 年智囊报告中提出的行动方针，无论我们愿意与否，协商的范围以及因其而产生的共同负责的范围已经扩展到了世界的每个部分。

这些在条约条文还未不得不被修改时，已经实现了。

我不相信唯独法国、英国、美国是几个对非洲、印度洋、太平洋感兴趣的国家。就算我们可以承认，这些国家在这些世界不同地区的利益和责任是最重要且最直接的（荷兰、葡萄牙和比利时也可以说是拥有很直接的利益），但显然联盟内部的所有国家在这些地区都有需要保护的利益。它们将不可避免地被拖入一个动机或托词都不在联盟的地理范围内的冲突。

我补充说，像德国和意大利这样的国家在亚洲和非洲的利益是如此重要，以至于它们无法对这两个大陆上发生的政治革命无动于衷。

总的来说，即使我认同对局势总体分析的框架，前提是对北约不被削弱的绝对必要性的坚持，因为如果削弱了它，将极有可能导致共产主义在欧洲的复活。我认为关于“建立一个只由美、英、法三国主导的世界性的战略、政治组织”的想法既不实用又不合适。

要意识到这样一个概念，即如果这样一个组织真的出现了，那将意味着大西洋联盟的终结。

我相信，无论意大利还是德国都不会同意这个主意，相比将自己置于全球政策制定者的指挥下而无法参与其中，他们宁愿重新掌握完全的政治自主权，尽管这将同时给欧洲和世界的团结带来很大的危险。

我也相信，那些联盟内部的小国，如果被剥夺了它们捍卫自己思想和利益的唯一机会即在北约讨论和协商的机会的话，它们将选择中立以求自保而非接受决策者的领导。

我也不相信英美现在已经做好准备要投身于这样一个组织，因为我们现在还不确定它将如何运作，也不确定大西洋联盟的情况。

就此是否应得出结论，即对于法国政府的合理担忧我们束手无策呢？

当然不是。

我想回顾一下去年 12 月，部长们已经建议说北约应该与其他保卫自由世界安全的国际组织（巴格达条约组织、东南亚条约组织、美洲国家组织）建立联系。这个政策已经开始实施了。不幸的是，伊拉克事件停止了那些已经开始的鼓舞人心的谈判。

在这条道路上，我们应该注意到，过程只能是缓慢且谨慎的，一些北约国家对过快地增加其负担有些焦虑。

因此在这条不同国际组织相互合作的道路上，我感到我们任重道远。北约秘书处已经在研究美洲各国在去年 9 月华盛顿的部长会议上提交的经济合作计划了。

我认为备忘录里提出的外交方式并不十分令人满意。

虽然我认同应该在华盛顿举办大使级对话的想法，但我必须要特别建议这不要在对北约其他同盟国的隐瞒下进行。这将是一个难以保守的秘密，而随着这个秘密逐步被无可避免地泄露，我们将看到敏感和不信任的增加。

相反，我认为把常设小组（le Groupe permanent）与这些谈判混在一起是危险甚至是不太可能的。常设小组是一个机构，它依赖于北约也就是说 15 个组成大西洋联盟的成员国。在我看来，在一个特殊组织下以三国为首的领导，将因其对其余 12 个成员国的忽视而导致很严重的危机。

我也不认为有必要重新审视条约。虽然根据条约的第 12 条可以这样做，但在我看来，为了达成目的，它显而易见地需要得到所有联盟内部成员国的一致同意。

综上所述，我们能做什么呢？

恕我直言，应该摒弃世界范围内由三巨头主导的组织这一想法，在我看来，这个想法既危险又不现实。相反，根据最近的种种经验来看，讨论北约在政治和军事领域的缺陷和不足将会是非常有益的。

应该要讨论：

a. 如何扩展条约的地理范围；

b. 如何优化政治磋商，例如：

1° 确立一个程序，这个程序为的是准备和起草确立西方立场的文件并将它提交给理事会评估，

2° 在一定情况下，让某个权威机构进行政治磋商；

c. 至于在军事领域应该采取的措施，如下：

1° 给予欧洲国家与其所面临的危险及其承担的责任相称的权威；

2° 制定一个全球性的战略。

我不觉得为了使以上这些观点被好好研究，所有的成员国在一开始就在北约内部研究这些问题是有必要的。

我认为，要考虑一种更灵活且更现实的制度。

事实上，在伦敦的裁军会议或者首脑会谈上一些问题（德国统一问题、避免遭受突然袭击的方法）的讨论中，这种试验已经被实践了。

目前做一些研究的主要责任，以及日后做一些决定的主要责任，不一定应由大西洋联盟来承担。

重要的并不是所有北约成员国一同研究这些问题，而是在必要的时候，所有成员国的声音都会被听取，所有成员国的利益都会被捍卫。简而言之，时时刻刻都要避免把成员国置于既成事实之前的可能性。

我提议，在12月举行的部长级会议上，提交过去一年的政治磋商备忘录。对于这个备忘录①的讨论将让我们得以看到已完成的成就以及目前组织在上文的b点上仍存在的缺陷。这一讨论应该让所有感兴趣的国家和政府就这些问题提出它们的想法，这些问题首先是针对北约的，但也是为了西方的未来，这是至关重要的。

（杨紫桐译，姚百慧校）

① 这个备忘录在法国外交部的档案中没有找到。——原编译者注

19581016，FD000088

肖维尔致德姆维尔电（第3344—3351号）[①]

（1958年10月16日）

部长和秘书长亲启。

塞尔温·劳埃德（Selwyn Lloyd）[②] 先生趁我到访之机[③]，提及了政府首脑的备忘录[④]。他向我询问我们是否预计在巴黎评估其内容，还是希望英国政府在华盛顿表达对其提出三方核查问题的意见。

我回复他说，法国政府绝对不会在外交层面或技术层面对在华盛顿进行这一系列事件有任何反对。然而，英国政府从现在开始就可以就所提出的问题向我们表达英国政府的态度，或者可以要求我们澄清它认为不够明确的问题。

塞尔温·劳埃德先生随后跟我谈到了德国和意大利的反应，主要是前者的。他对我说，根据首相密信，德国总理阿登纳（Adenauer）先生在英国使团访问波恩[⑤]的时候表现出的情绪是非常激烈的。当然，照顾好这方面的事是有好处的。正如我之前所说，政府首脑甚至在备忘录发出之前就有机会向德国总理和意大利议会主席[⑥]表达他对北约改革必要性的总体看法。我的对话者回答说，这个话题在首相访问巴黎[⑦]的时候也提及了；而麦克米伦先生和塞尔温·劳埃德先生本人也意识到了这个问题，他们清楚地预料到将有广泛的建议；他还回答说，阿登纳总理可能被告知的较少，无法准确地判断他听到的内容的价值。也许在今后的几天里，向波恩表达我们在巴黎

---

① 文献来源：*DDF*，1958，Tome Ⅱ，pp. 532-533。肖维尔（Chauvel），法国驻英国大使。

② 英国外交大臣（1955—1960）。——译者注

③ 前一天：见 *DDF*，1958，Tome Ⅱ，n°250。——原编译者注

④ 即9月备忘录。

⑤ 访问发生于10月8日到10月9日：见 *DDF*，1958，Tome Ⅱ，n°227（note），234，237，236。——原编译者注

⑥ 8月7日，戴高乐与范范尼（Fanfani）谈话备忘录：见 *DDF*，1958，Tome Ⅱ，n°108-Ⅰ。——原编译者注

⑦ 发生于6月末：见 *DDF*，1958，Tome Ⅰ，n°459。——原编译者注

已经想到的、足够应对后来发生的危机的指示是有用的。

重新回顾整个问题，我提醒国务卿注意，在本月6日的信息①中，政府首脑提出：一是世界安全的组织问题，二是欧洲可能的防御。这可能不是出于偶然。事实上现在已经有了一个组织，即德国也积极参与的北约，这个组织覆盖了一部分领土。现在也有另一部分领土处于其他条约的覆盖下，或者没有条约覆盖。法国政府对所有覆盖与不覆盖的地区都感兴趣，而不仅仅是北约地区。它希望两国政府一起讨论这些事情，这是很正常的，因为它对世界各地已经发生或会发生的事情有直接的兴趣。或许，如果要就北约覆盖的行动区域是这里还是其他地区给出特别的结论，那么对这些或那些问题有特别兴趣的国家就要对相关目标进行审查，这是很正常的。

我回顾说，总理②本人曾多次谈到在现有各项条约之间建立协调的可能性，甚至可能建立一个涵盖所有方面的领导机构。这是我们倡议讨论问题之一。

塞尔温先生感谢我的这些非常有益的发言。他将会重新思考这件事并再与麦克米伦先生谈谈。在接下来的日子里他必定亲自与我谈论这件事。③

（杨紫桐、姚百慧译，姚百慧校）

19581020，FD000089

麦克米伦致戴高乐的信④

（1958年10月20日）

我亲爱的朋友：

我很遗憾耽搁了一些时日才回复您9月17日的信件，我希望您不会觉得我失礼。我跟您坦白讲，我要被工作压垮了，既包括外交又包括内政。

① 关于这条信息，见 *DDF*，1958，Tome Ⅱ，n°227。——原编译者注

② 指时任法兰西第四共和国总理戴高乐。——译者注

③ 在10月17日第3367—3370号电报中（DDF未收录），驻伦敦的法国大使向外交部指出，领导人们非常清楚这份法国备忘录并不仅仅旨在改组北约，而是关于整个世界的安全体系，北约不过是其中一个议题。——原编译者注

④ 文献来源：*DDF*，1958，Tome Ⅱ，pp. 468-469。

不过，我现在有时间研究我的回复了，并且我已经要求我的大使与您交流它。①

我希望我们可以很快再次进行私人会面。在此期间，我怀着与日俱增的钦佩关注着您的巨大成就。

此致敬礼。

附件
麦克米伦先生致戴高乐将军的信
（译稿未经确认）
（1958 年 10 月 21 日）

我很感激您在我出发访问波恩之前把信件送给我，由此您也不会反对，在我同阿登纳总理会晤期间，向他提及法国已向艾森豪威尔总统和我本人交流过的、关于自由世界防御组织的观点。我也能意识到，德国总理也了解了您这一计划的大纲，因此我们得以一起讨论您的信件。我告诉德国总理您特别向我们强调了在世界范围内阻挡共产主义的行动中，协调性是西方世界面临的主要问题之一。对于这点，德国总理表示同意，但我不会隐瞒您的是，您的计划对他来说几乎没有吸引力。

您说就目前的状态，一些北约成员国可能会因为它们没有参与决策而遭遇风险，我认为这是正确的。我也相信，您指出一些北约成员国的责任不仅仅局限于北约条约现在规定的地理范围内这一事实，也是非常有道理的。事实上，它们的责任是世界性的。但是，我认为，在我们审议这些问题时，从一开始就要认识到法国方式和英国方式有很大的不同，这是非常有益的。因此，我们双方打算从不同的角度来看待这个问题。

在您看来，调整联盟的制度是符合逻辑的。这样的一个方法显然将有

① 这一信息在 10 月 23 日 20：30，以电报（编号分别为第 11387—11392、10559—10564、3719—3724、1688 号）传给了法国驻华盛顿、伦敦、波恩的大使和常驻北约代表等人亲启。这份文件也传给了博埃涅（戴高乐内阁外交顾问——译者注）先生和若克斯（法国外交部秘书长——译者注）先生。——原编译者注

利于秩序和稳定。但我们英国人，您是知道的，我们比较倾向于凭借经验的解决方法；有时我们甚至会对此过分偏爱。因此我们倾向于找到一个借鉴于已有元素并且实施起来将会引起较少困难的解决方法。在我看来，我们必须努力调和这两种不同的方式来处理这一问题。

我认为，在此期间，您考虑一下在您的备忘录中我们希望更明确的几点将会是有必要的。您建议建立一个新的、包含美英法三国的、致力于对世界重要的政策和战略问题负责的组织，这一组织被委托做出共同决定。我想知道您是否计划令这一组织在一致的原则下运作，也就是说，是否任意一个成员国有权否决另外两个成员国做出的涉及世界安全的决定。其次，我不是很清楚在您的看法里，这一组织应该填补一些北约的职能，还是说北约继续维持一个从属的角色，让它与另外的对世界其他地区负责的区域组织一起发挥从属的作用。如您所知，在北约理事会内部关于政策的讨论并不限于北约负责的区域；正相反，它扩张得远超上述范围。也许这个程序并不完全令人满意，但是事实是，在近几个月联盟的大西洋理事会上，关于中东和远东的问题都被提出并讨论。

在我看来，我很感激您提请关注这个问题。显然，我们需要找出解决办法，我相信我们不能指望匆忙地找出解决办法。但我同意，我们必须毫不拖延地着手这一任务。

（杨紫桐译，姚百慧校）

19581029，FD000107

阿尔方致德姆维尔电（第6373—6377号）①

（1958年10月29日）

自今年6月1日以来，美国行政部门和舆论带着厚爱迎接戴高乐将军重新掌握政权。对于所有人或者几乎是所有人来说，在这只有力量的手推动下，法国将最终结束制度的不稳定，那种严重的不稳定是美国人经常强调和取笑的。然而在知识分子和教育界人士阶层中，人们害怕政府新首脑的

① 文献来源：*DDF*，1958，Tome Ⅱ，pp. 598-599。

某些独裁趋势，一些谨慎的迟疑还继续存在。9 月 28 日全民公决的结果开始消散一些人的担忧，并增强了更多人的信心。政府首脑写信[①]给萨朗(Salan)[②] 将军，呼吁阿尔及利亚民族解放阵线的领袖凭借安全通行证去巴黎讨论停战[③]的条件，这战胜了最后的那些迟疑。

当谈论到我们国家的时候，美国媒体现在总是过分赞扬。不仅是政治问题似乎解决了，而且可察觉的希望之光的出现预示着阿尔及利亚问题很快将得到解决。在 10 月 26 日的《纽约时报》中，多蒂（Doty）先生写到，多亏了他本人的出现和个人威望，戴高乐将军在几天之内使法国舆论接受了对阿尔及利亚大量经济和财政投入的必要性、与突尼斯争端的无用性以及着手与阿尔及利亚叛乱者的谈判带来可贵和平的可能性。三届法国政府碰上了这些难题，如今一下子就被解决了，或者至少是被放到一个不同的视角下。

费尔哈特・阿巴斯（Ferhat Abbas)[④] 和他的同僚们拒绝[⑤]向他们做出的慷慨提议，这被认为是一个错误和不合时宜的不让步标志。关于这个问题的舆论已经完全转向了我们的有利面。

只剩下两个令美国人担忧的问题。在经济方面，在共同市场 6 个国家和它们的 11 个欧洲合作伙伴之间的协商将会失败吗?[⑥] 并因此产生一种主要影响法英关系的长期怨恨吗？美国舆论不喜欢看到这个新问题出现。此外，

---

① 关于这封信，详见 *DDF*，1958，31，n°259（note）。——原编译者注

② 劳尔・萨朗（Raoul Salan)，法军驻阿尔及利亚总司令。——译者注

③ 关于这次呼吁，详见 *DDF*，1958，Tome Ⅱ，n°285（note）。——原编译者注

④ 阿尔及利亚民族解放阵线领袖，1958 年 9 月阿尔及利亚共和国临时政府成立时任临时政府总理。——译者注

⑤ 关于这个拒绝，详见 *DDF*，1958，Tome Ⅱ，n°290（note）。—— 原编译者注

⑥ 六国欧共体大会的一次分会于 10 月 21 日至 24 日在斯特拉斯堡召开：自由贸易区问题成为一般性辩论最受关注的事。同时，17 个欧洲经济合作组织成员国之间的谈判于 10 月 23 日至 30 日在拉米埃特展开，目的在于找到自由贸易区问题的解决方法。关于更多细节，见 *l'Année politique 1958*，pp. 456-469；*DDF*，1958，Tome Ⅱ，n°304。——原编译者注

我们知道或者我们认为已知的有关西方防御改革计划①的内容使舆论中某些有限领域感到不安。一些关于法国政府对于大西洋联盟忠诚的质疑被再一次提出。

我重申，这只是小范围的评估，并没有什么情绪在内。正相反，舆论一片欣喜欢愉。法国从来没有像如今这样坚定地走在这条道路上，这也正是长久以来我们一直希望看到它选择的道路。

（房珂珂译，沈练斌校）

19581031，FD000108

阿尔方致德姆维尔电（第6445—6450号）②

（1958年10月31日）

我参考我的第6443号电报③。

国务院各部门已经详述了狄龙（Dillon）④先生对我所说的，美国政府对于自由市场的政策没有改变，六国共同体的实施仍是主要目标。

国际贸易的发展是这个政府贸易政策的主导原则。这在杜勒斯先生去年6月20日在参议院财政委员会面前发表的声明中被重申，其正文我通过下一个邮袋给您发去。

---

① 关于《午间》（*Der Mittag*）发布的信息，详见 *DDF*，1958，Tome Ⅱ，n°283（note）。法国政府声明这些发布的信息歪曲了将军活动的真实性质，只能用极保留的态度来对待它们。法国政府以这样的方式承认了在巴黎已经与麦克米伦和杜勒斯进行了相关主题的会谈，并且戴高乐将军已经向美国总统和英国首相发送了个人信件来表明他对于自由世界防御组织的想法。——原编译者注

② 文献来源：*DDF*，1958，Tome Ⅱ，pp. 614-615。

③ 同样自10月31日起（本书未收录），依据该电报，在前一天，阿尔方与狄龙针对自由贸易区的协商谈判和《罗马条约》实施的问题进行了谈话。副国务卿已经表示美国政府非常支持欧洲经济共同体，对于法国促进条约生效而采取的措施表示满意。对于华盛顿政府，自由贸易区是相对于共同市场产生的利益而言的次要利益；欧洲经济共同体应该在这个区域留下它的足迹。狄龙先生将避免所有可能妨碍巴黎的声明。——原编译者注

④ 克拉伦斯·道格拉斯·狄龙（Clarence Douglas Dillon），1953—1957年任美国驻法国大使，1958年任主管经济事务的副国务卿，次年又升任第一副国务卿。——译者注

这个方针与共同市场主要目标相符合。国务院十分重视条约的第18款[①]，它作为共同体面对第三国的政策工具，强调减税和降低关税壁垒的重要性。这个理由是美国政府能获得今年国会《互惠贸易协定延长法案》(Reciprocal Trade Agreements Extension Act) 投票的条件之一。这些新的法律条款预见在保留国会一定的控制限度下，总统在四年内将美国的关税降低20%，每年逐步降低5%。

美国政府试图希望立刻利用这种可能性来将税率降低到现有水平以下——这些降低依各类情况会有很大变动——以形成一个在适当时间用于共同体之外的成比例的减税，大概是从1962年起。

美国行政部门指出，在此期间，共同体内部的税率将会很显著地降低，并且在这些条件下，6个国家将继续从优惠制度中获益。狄龙先生在日内瓦的声明——其正文我会通过今天的邮袋给您发去——宣布美国政府已经准备好开始与共同体成员国以及其他国家进行相互税率的谈判，这个声明使一些成员国很担心。

我们应该尽快行动，因为在我们面前只剩4年时间，美国官员强调指出并补充道，“关贸总协定应该在近期考虑一部分相关的附加问题，尤其是未来共同体外部的税率相比于现今税率的水平问题，以及6个成员国中每一位成员国要进行的谈判的问题，以便修改它们之前就相关内容已通过的协定。如果相互税率谈判的问题也能在关贸总协定的范畴内被研究，与这些特殊的问题相联系会为六国的任务提供极大的便利。然而无论如何，我们都不愿损害共同市场的实现”。

自由贸易区给美国提出了重大问题，一方面是由于美国支持共同市场的政策，另一方面考虑到其他欧洲国家政治和经济的利益，特别是英国，美国对这种考虑由来已久。

美国不希望卷入那些限于欧洲的问题，除非当美国的利益受到直接影响。从大体上来讲，美国劝说其他欧洲经济合作组织成员国要有耐心，向它们强调关于自由贸易区的谈判仍然是很微妙、很复杂的，在这一点上应

① 第18款提出了在互惠互利基础上建立共同关税的原则。——原编译者注

该避免向六国施加压力，尤其是对法国。

此外，那些被提问的官员坚持重申他们十分清楚向法国政府提出的有关该内容的问题的重要性和性质。然而他们希望法国可以给出进一步解决问题的方法，并且他们认为，从这个观点来看，最好的方法是继续有耐心地展开谈判。

（房珂珂译，沈练斌校）

19581105，FD000109

戴高乐与迪芬贝克的会谈[1]

（1958年11月5日）

在表达了欢迎辞之后，戴高乐将军请求迪芬贝克[2]告知他对于这些悬而未决的重大问题的看法。

迪芬贝克先生：法国与加拿大关系良好，没有大事可说。我们担心一个问题：就是北大西洋公约组织的问题。您已经写信给艾森豪威尔和麦克米伦，尽管我们不知道信的内容，但还是对这些信很有兴趣。通过阅读新闻，我相信已经了解到您没有在北大西洋公约组织中建立三头同盟的意图，但是您希望征求更广泛的意见，这和我们的观点完全一致。

今天上午我回忆起关于1886年格莱斯顿（Gladstone）[3]拜访教皇的历史。在此期间这位英国政要询问教皇，教会可以存在于若干个世纪是如何做到的。教皇回答有三个原因：第一个原因，是征求意见；第二个原因，是征求意见；第三个原因，还是征求意见。

如果您有意完善征求意见，我们百分之百支持您。而我会坦白告诉您，我们可能不赞成三头同盟的原则，这可能会使其他国家成为提线木偶。我

① 文献来源：*DDF*，1958，Tome Ⅱ，pp. 628-631。戴高乐，时任法兰西第四共和国总理；迪芬贝克（John George Diefenbaker），加拿大总理（1957—1963）。

② 他来自伦敦。——原编译者注

③ 威廉·尤尔特·格莱斯顿（William Ewart Gladstone），英国自由党领袖，曾四任首相（1868—1874、1880—1885、1886、1892—1894）。——译者注

们不能够接受它，首先是因为我们的公众意见反对它，其次因为一个三方军事联盟的出现将会对没有参与的国家有消极的影响。

以上这些都是我们的观点。考虑到媒体对此事给出的不同评论，我希望知道您的看法。

戴高乐将军：首先在布拉格政变①以后，大西洋联盟已经建立了，那个时候世界处于苏联的直接威胁下，这个威胁更确切地是针对欧洲甚至涉及更远。为了避免欧洲遭遇军事入侵的危险，建立一个联盟是极其正常的事。尽管如今直接危险变小了，我还是坚信西方应该联合起来。

但是，自从我们成立北大西洋公约组织以后，一方面是世界整体形势，另一方面是法国的特殊形势，可能也包括其他国家的形势都已经改变了。

其实北大西洋公约组织是作为一个体系而被建立和运作的。在这一体系内，每一次当世界上有危险出现时，比如在东方或者是远东，西方的裁决实际上是由美国做出的。从军事的角度来看，所有发生的一切，如无论是涉及筹备中的还是执行的战略，都是由盎格鲁—撒克逊人指挥来完成的。那是事实。我知道我们反对这些方法和程序，但是事实就是我刚才所说的那样。在美国的领导下，西方国家呈现一体化。我所说的并不意味着对美国的不信任，也不意味着对它们强大国力和职责的无知。但是事情的状态既不符合全球整体形势，也不符合法国和其他国家的现状。

至于世界形势，我们已经不再处于北大西洋公约组织成立的那个时代了。如今，显然无论是美国还是苏联都没有故意挑起战争的决心，这一点在北大西洋公约组织建立的时候，苏联的态度完全不确定。在这种形势下，应该寻求一个暂时的解决方法。我们尝试着为东方寻找解决方法，但没有实现，我们也为远东进行了尝试。但是这些都仅发生在美国和苏联之间，没有好的结果。同样，美国和苏联只在它们之间讨论裁军问题，对此我们无法期待积极的结果。因此，在维持大西洋联盟时，最重要的是给予它更多的灵活性，多亏了有像法国这样的一些国家才可能满足西方的共同利益。

① 指1948年2月捷克斯洛伐克共产党在苏联的支持下清除资产阶级政党，控制了政权。——译者注

至于法国的立场，我们的国家自从 1947 年以来已经经历了许多变迁。但是法国已经重振士气，并且意识到了自身的责任。它正在与非洲建立一个牢固的协定。我也完全有理由相信我们将与北非达成一项协议，即使这不是一蹴而就的。自从 5 月份以来，在法国发生的事情，尤其是全民公决，显示出法国的团结和决心已被唤醒，这对在东西方之间可能要做的事情是有益的，而这一切不是为了解散大西洋联盟。这个联盟可能在很长的一段时间内有存在的必要。

现存的问题是要弄清是应该维持大西洋联盟现状，还是应该带来一些改变。

几个月前，麦克米伦和杜勒斯先生来到了巴黎，当时东方的形势已经很紧张了。作为对我提问的回答，他们表明不想在中东登陆。然而他们还是这么做了。我没说他们这么做是错误的，但是我要说的是法国没有被征求意见，虽然法国在东方有巨大的利益，虽然发生的事情对法国有直接影响，并且虽然美国和英国采取的措施可能最终会引发冲突。我举另外一个例子：金门的例子。我不是说美国的立场是错误的，但如果发生严重的事件，法国在没有经过任何事先协商的前提下，可能像其他国家一样会被卷入冲突中。这种形势不能再持续下去。这也是为什么我向艾森豪威尔先生和麦克米伦先生提出了建议。

迪芬贝克先生：我可以打断您片刻吗？

关于协商原则我们完全同意您，并且我们会支持您的要求。但是我们可能不会接受一个、两个或者三个国家采取的立场。我们不希望出现一个长期的政治团体。我所想知道的，是您对于重组北大西洋公约组织的计划，以及根据这些计划，北大西洋公约组织内部那些相对弱势的国家的命运可能会如何。

戴高乐将军：我想要向您提一个问题。无论是关于中东危机、远东危机，还是裁减军备问题，这些决定吸引了全世界的目光，难道不是事实吗？那么因此加拿大难道还是只被一两个国家影响吗？加拿大现在的形势您能认可吗？法国对于与其相关的形势并不认可。

您向我询问我们与美国和英国协商计划的具体内容是什么。我们没有计划。我们提出进行会谈，目的在于看看这些协商将如何被组织。

至于北大西洋公约组织，这是一个一体化体系，法国军队被并入其中，并且其准备和运作实际上直接受盎格鲁—撒克逊人的指挥。这种形势对于法国有双重不利：

1. 精神上的不利，因为法国没有自我防卫的意识，还有一个原因是法国的安全依赖于一个不公开的组织。法国没有国防，法国人民没有自我防卫的意愿。一个像法国一样的国家应该意识到它应该通过与其他的联盟国家合作来进行自我防卫。一体化是一个糟糕的体系。

2. 北大西洋公约组织适用于一个狭小的地区，即欧洲，这并不符合事实，也不符合法国在地中海另一边的责任。在阿尔及利亚法国保卫西方，在战争的情势下，在撒哈拉，在黑非洲，在印度洋，在太平洋等地区发生的一切都对法国有着重要意义。法国处于一种不可能融入一个适用于欧洲的联盟形势中，因为其在欧洲以外还要承担很大的责任。这是一种无法持久存在的状况。

基于这两条原因，北大西洋公约组织并不符合法国的需求，因此应该去改变。法国不能停留在这样的体系中。

迪芬贝克先生：在法国有长远利益的范围内，同样对于问题的心理层面，我理解您想要说的。但是扩大北大西洋公约组织的合作区域范围这个想法，意味着应该重新建立一个大西洋组织，应该创立一个新的构想。由此产生的结果对我们而言就是我们将承担更广泛的责任。我要提醒，我们在欧洲有军队，撤军是绝对不行的，但是北大西洋公约组织的扩张甚至可能导致大西洋组织的准则崩塌。我们明白您希望有更紧密的合作，但是您可能太多虑了。如果您把这件事带到大西洋理事会上，如果出于偶然，一次像您所希望那样的改组获得了其他国家的赞同，我很担心我的国家做出的反应。8 万名加拿大士兵已经长眠于欧洲的地下，但是我们不能扩大我们的义务。

至于谁来指挥北大西洋公约组织，我知道您手下有一位在欧洲盟军最高司令部（SHAPE）身居高位的海军上将，以及一些在不同参谋部的官员。我们可以考虑根据国籍实行首席指挥官的轮换制，但是旨在推翻北大西洋公约组织以及重新建立起另一个组织而瓦解北大西洋公约组织，这可能会迫使加拿大慎重考虑这些情况的后果。

戴高乐将军：北大西洋公约组织有可能无法抵挡它自身的一体化。

我想提出最后一点。当大西洋联盟建成之际，美国和英国是（联盟中）仅有的拥有核武器的国家。因此我们依靠它们也就很正常了，它们承担责任。这种形势正在发生改变。法国将拥有核武器，当然，这与美国的实力无法相比，但尽管如此，法国将有能力造成巨大的毁灭。这就是世界战略应该被重新审视的原因之一，也是我们请求艾森豪威尔先生和麦克米伦先生考虑这个问题的原因。

我解释了发给艾森豪威尔先生和麦克米伦先生的备忘录里的主要思路。他们没有拒绝进行会谈。可能我们将会进行会谈。当然我不知道结果会怎样。但是对我们来说，取得的结果必然是至关重要的。

我们没有将我们的备忘录的文本发给其他国家，但是我将其交给了斯巴克先生，他没有将其隐瞒，艾森豪威尔先生和麦克米伦先生也没有，因此所有人现在都知晓。此外，当麦克米伦先生拜访阿登纳先生①时，他给我写信，询问关于他对西德总理谈论此事我是否有反对意见。事实上，他们两个人已经交谈了很久。我们不公开备忘录的文本，但是至于事情的背景，没有什么被隐瞒的。

迪芬贝克先生：我对备忘录所了解的，是您将其交给斯巴克先生之后在常驻代表之间进行的会谈的结果。我希望您所说的讨论将是有用的，并且我希望大西洋理事会不要接手触碰这个问题，因为我直截了当地告诉您，我对可能导致的后果也许很害怕。

戴高乐将军：对此问题我完全同意您的观点。我们既不打算向大西洋理事会提问题，也不打算接受在12月召开的部长级会议上讨论这个问题。

我想要现在开始讨论一个完全不同的问题。您知道，如今在欧洲经济合作组织（OECE）内关于自由市场成员国和其他国家的关系有一个重大讨论。我想要知道您对于总计划的看法，尤其是关于加拿大。

① 这两位政府首脑于10月8—9日在波恩（Bonn）进行了会谈。——原编译者注

迪芬贝克先生：我们为所有能加强欧洲国家经济的行动而高兴。同时我们希望人们不会利用那些用高关税当挡箭牌的集团。应该鼓励国际贸易，而且我们支持这方面所有的创举。另一方面，我们希望，尤其是关于加拿大的，欧洲各国之间的经济协议不排斥农作物，否则将威胁到我们自己的产品。简而言之，我们不希望出现一个新的“德意志关税同盟”。

我是否可以向您询问，您是如何打算来落实共同市场的？

戴高乐将军：结合您对于加拿大反对有关贸易的协议所做出的评价，我提醒您，在英联邦中仍然存在帝国特惠制。

迪芬贝克先生：这个制度追溯到 1897 年。在英联邦的最后一次会议中已经表明这个制度不应该是排他性的。您所谈及的特惠制具有一种特别的感情色彩。1932 年，在经济危机很严重的时候，我们提出了“我们之间的贸易”① 这个想法。

戴高乐将军：我们不像加拿大和英联邦那样发展如此迅速，我们还停留在 1932 年。我们尽管有保护主义的习惯，但还是接受了共同市场。可能在未来的 26 年后，共同市场制度对我们来讲是过时的。

另一方面，您刚才说到的带有感情色彩的观点并不妨碍进入加拿大的法国轿车支付那些英国轿车不需要支付的税款。

迪芬贝克先生：完全正确，这样一个问题可以成为讨论的素材。但是在法国，你们有限额，这就是应该讨论的问题。

戴高乐将军：是，但是不能忽视经济要求。

迪芬贝克先生：这个讨论是非常有用的。多亏了这次接触，我现在十分清楚您的立场。

戴高乐将军：我提议现在去用餐，如果您愿意，我们可以在午餐后继续进行会谈。

（房珂珂译，沈练斌校）

① 暗指于当日达成的渥太华协议。——原编译者注

19581106，FD000110

德姆维尔致阿尔方电（第11883—11889号）①

（1958年11月6日）

在我的编号为第11558—11567号的电报最后一段所记录的与欧洲原子能共同体委员会的联系是在11月4日，于布鲁塞尔，在德卡博内尔（de Carbonnel）先生住所召开的会议期间，一方是克雷克勒（Krekeler）先生和萨森（Sassen）先生参加了会议，另一方是我们的常驻代表库蒂尔（Couture）先生、德罗斯（François de Rose）先生以及戈尔德施密特（Goldschmidt）先生。

我们的代表们叙述了在对《麦克马洪法案》②修改之后，法国和美国考虑达成一项关于原子能投入军事使用的合作协议。这个协议尤其包含了核能燃料的供给，以完成正在建造的核动力潜艇。最初与美国代表们的会谈引起我们注意到一个事实，即《麦克马洪法案》只授权一个国家进行运输，因此，所考虑的浓缩铀的供给不能违反欧共体成员国有关原子能可裂变产品供应的相关条款。

根据法国行政部门对提出的问题进行的研究，得出两个可行的解决方法：第一个方法，也是最简单、最现实的，是承认欧洲原子能共同体是一个机构。如果这个机构给予成员国执行军事项目的自由，就应该具备促进在实施维护和平领域里的合作的功能。此外，条约的第2款第h段正式明确指出国际关系领域的这个要点③。正在拟定的条约只针对实施军事方面的合

① 文献来源：*DDF*，1958，Tome Ⅱ，pp. 631-633。

② 6月19日和23—24日，《麦克马洪法案》的修正案提交给众议院，然后交给参议院。该修正案禁止美国向任何一个国家共享原子能的机密（*DDF*，1957，Tome Ⅱ，n°270，note）。两级议会精心设置担保以及加强已经采取的预防措施，并将投票通过美国行政方面提议的修改方案。这个法案将继续禁止美国直接向其他国家运送武器，但是美国政府能够在和平时期向它的盟国传达关于核弹的具体信息。然而立法方可能保留区别对待特征。更多详细内容参见 *l'Année politique 1958*，pp. 357-358。——原编译者注

③ 行文如下："与其他国家和国际组织建立所有可能的联系来推动核能的和平利用"。——原编译者注

作，该条约不适用于《罗马条约》的适用范畴。该条约还明确一旦定稿将会被印制出版。因此委员会将确切地知道这个条约的内容。这个条约的内容大量借鉴了英美条约①的文本，其中的一份样本已经交给了委员们，以使他们自己能够了解规划合作的军事特点。

如果这个方案没有被接受，会依据条约的第 73 款②或第 66 款③另辟蹊径。向委员会要求为我们提供一种产品，因为唯一的卖家可能的反对会使委员会无法获得这种产品。这样的要求势必会有冒犯性的特点，因此我们只打算把第 66 款当作最后的方案。

克雷克勒先生和萨森先生答应和他们的同事们仔细考虑这个问题，并告诉我们他们的看法。这个主题对他们来讲并不完全陌生，因为德卡博内尔先生已经向他们表明了会议的目标。

不想预判他们的最终观点，不过我们的代表们感觉这个观点在第一个方案中并没有受到欢迎。委员们特别谈论了条约给他们强制性规定的有关供给、材料的检验以及知识传播的权利和义务。显然他们害怕放弃对他们来说很感兴趣的业务领域。此外，委员会自从行使职权以来遇到的困难、在同一天运转成本的预算引发的部长委员会的批评都使这些委员们不太能做好表现出理解的准备。

为了您的个人信息，前面的指示提供给您，并且也是为了以下情况，即委员会的成员努力通过美国政府常任代表来了解美国的意见。如果您被国务院质询，您可以再次采用在委员们面前阐述的观点并加以论述。

（房珂珂译，沈练斌校）

① 于 7 月 3 日达成。——原编译者注

② 在产品运送进入办事处权能范围的情况下，欧洲原子能共同体委员会的预备协议。——原编译者注

③ 如果办事处不能保障供给，允许使用者直接缔结来自共同体之外的供给合同。——原编译者注

19581121，FD000111

阿尔方致德姆维尔电（第6749—6762号）[1]

（1958年11月21日）

11月21日我陪同秘书长[2]去了国务院，他与新任负责欧洲事务的助理国务卿利文斯顿·麦钱特（Livingstone Merchant）先生进行了会谈。麦钱特先生身旁是国务院主要部门的代表。我从整体的回顾中整理出如下内容：

1. 突尼斯：若克斯先生向他的对话者介绍了近几个月法国—突尼斯关系的改善。他说，我们已经观察到，布尔吉巴（Bourguiba）[3] 先生的演说有些言过其实，但可能很有必要，这将他的行为和亲西方的信念联系起来。我们愿意看见他的地位得到加强。同样我们也不反对美国和英国向突尼斯军队运送武器装备。

北非部门的领导人出席了这次会谈，他指出负责非洲事务的助理国务卿萨特斯韦特（Satterthwait）先生两天前在突尼斯城（Tunis）拜访布尔吉巴先生时，布尔吉巴先生向萨特斯韦特先生表明突尼斯不会放弃预计的运送。听到这个消息，秘书长直截了当地向对话者强调，法国舆论对于所有与北非有关的问题都很敏感。在过去，美国和英国向突尼斯运送某些武器，在法国激起了很强烈的反应[4]，甚至引发了政府危机。因此在这种等级的事务中表现出更多的小心和谨慎是适宜的。若克斯先生提醒道，法国政府已经表明了希望被通报运送至突尼斯的武器登记编号的愿望。这个保证对我们来说是必不可少的；如果这些装备偏离目的地改道而加强了对手的实力

---

① 文献来源：*DDF*，1958，Tome Ⅱ，pp. 722-725。这封电报已通报给纽约（第2091—2104号），也通报给了拉巴特（Rabat）和突尼斯城。文件前方手写的字迹同样也是说明该电报可能已通报给了伦敦［见“与达里当（Daridan）先生的秘书处查阅通报给伦敦的电报”；另一方面：“达里当先生不希望这封电报通报给伦敦。他将与巴德旺（Basdevant）先生商谈此事”］。——原编译者注

② 指法国外交部秘书长路易·若克斯（Louis Joxe）。

③ 哈比卜·布尔吉巴（Habib Bourguiba），1956年3月20日，法国承认突尼斯独立，突尼斯首任总统（1957—1987）。——译者注

④ 1957年。——原编译者注

对我们来说是不利的。然后波特（Porter）先生让我们注意到这样等级的通报将极大地刺激布尔吉巴先生，并且危害到整体合作。这就是美国政府建议将清单交给其巴黎武官的原因，由他们在我们每一次表达愿望时着手进行必要的核实。若克斯先生表明这个方案对他来说并不足够。

最后，他向麦钱特先生指出，我们已经就比塞大基地（la base de Bizerte）[①]的未来这个内容与突尼斯人进行了接触。问题的本质还没有涉及，但是我们已经感觉到，突尼斯在对待这个问题的时候具有亲西方的导向而产生的责任感。

2. 利比亚：负责欧洲事务的助理国务卿询问秘书长如何看待利比亚的形势演变。若克斯先生回答道，这个国家脆弱的凝聚力在很大程度上取决于其执政王朝，该国也受到了伊拉克事件[②]的巨大影响。另一方面，利比亚仍然需要大量的财政和经济援助。地处马格里布[③]和埃及两极之间，利比亚的未来充满不确定性。尽管如此，如果我们能够带给马格里布足够的稳定，也许我们可以将利比亚团结进来。对此，这是我们能够抱有的最好的希望。我们的对话者告诉我们，他们赞同这种看待方式，并且埃及在利比亚群众中的宣传效果所取得的进步对我们的对话者来讲显然限制了政府中那些不敌对西方势力的行动自由。

3. 摩洛哥：若克斯先生提示到，摩洛哥政府结构的缺失以及某些摩洛哥社会精英对于中立主义的倾向的敏感，使得摩洛哥处于比突尼斯还脆弱的形势中。法国已经决定大量减少它在摩洛哥的军事部署，尤其是要消除所有貌似武力占领的部署。然而，法国认为对于保留在摩洛哥的基地表现出坚定的态度是必不可少的。这种态度为了国王[④]的根本利益而服务。当

① 突尼斯港口城市，扼地中海东西航路要冲，法国海外的主要军事基地之一。——译者注

② 指伊拉克“七月革命”。1958 年 7 月 14 日，伊拉克前军官阿卜杜勒·卡里姆·卡塞姆发动政变，推翻了费萨尔王朝，建立伊拉克共和国，卡塞姆任总理兼武装部队总司令、代理国防部长。——译者注

③ 指西北非四国摩洛哥、阿尔及利亚、突尼斯和利比亚。——译者注

④ 指摩洛哥王国苏丹穆罕默德五世（1957—1961 年在位）。1956 年法国承认摩洛哥独立，1957 年 8 月摩洛哥改为王国，他即国王位，称穆罕默德五世。——译者注

然，我们过去一直理解摩洛哥政府多次要求外国基地和军队撤出的原因。然而如果我们在这一点上退让，会助长中立主义的浪潮，摩洛哥可能会很快脱离西方，并将突尼斯置于不可阻挡的压力之下。马格里布作为穆斯林世界抵抗共产主义的堡垒也可能走到了终点。

北非的领导人指出国务院完全赞同我们对于形势的分析。在外省，攻击中央政权的令人不安的图谋又出现了。确实，撤出基地不仅给不结盟政治注入新动力，而且加剧了摩洛哥经济的恶化。拉巴特①的领导人对此已经意识到。但是，国务院认为在撤出原则的认识和该原则的实施之间存在回旋的余地，这使得美国能在足够长的期限内保持其立场。事实上，应该就大量问题与摩洛哥进行协商，这可能会需要一段时间。

若克斯先生向对话者发出严正警告来反对这种不可靠的打算。摩洛哥人的思考方式和我们不一样，我们有足够的理由担心一旦在原则上做出让步，我们就会迅速陷入必须执行的境地。对于这个原因，法国政府认为现在应该避免所有可能重新启动谈判的举动。

谈话中还提及将法国的一些责任转移到美国基地的问题。已经向麦钱特先生指明，我们没有意愿重新考虑已经交给美国政府的有关该内容的原则协议。但是我们希望在 1950 年总协议的框架内尽快达成技术性协议，来调整预计的变化。可以在巴黎对这个协议进行谈判，一旦达成，法国和美国政府将同时通知摩洛哥共同的最终措施。

4. 几内亚：若克斯先生告知负责欧洲事务的助理国务卿，法国政府有建立新共同体机构的义务。安排的日程表使我们无法寄希望于在未来几周内我们可以实现与几内亚关系正常化。另一方面，接受几内亚进入联合国，在联合国内接受一个政府权能和结构尚未确定的国家，可能会是对这个机构的嘲讽。因此我们希望将接受几内亚推迟到第十四届联合国大会，那个时候这个新的国家将会受到联合国成员国一致支持的保障。

① 摩洛哥首都。——译者注

我们的交谈对象没有否认奉劝塞古·杜尔（Sékou Touré）[①] 先生放弃任何草率行动可以带来的好处。国务院将尽力说服11月29日将在华盛顿被期待的迪亚洛·泰利（Diallo Telli）[②] 先生，将其国家的候选资格延期到明年。然而，如果这些努力是徒劳的，那么美国可能会不得不考虑亚非国家对于接纳几内亚加入联合国持有极大的保留态度而可能会产生的反响。而且在华盛顿这样的问题也在被考虑，是否不太会把这种可能推迟到联大会议结束，这也许会给法国时间来巩固和科纳克里[③]建立的新关系的基础。

秘书长明确向交谈对象们指出，这样的解决方法不能被考虑，而且我们坚定地依靠美国的支持来使我们的观点既要得到科纳克里政府的承认又要在联合国框架内得到承认。

5. 阿尔及利亚：展开谈论政府对阿尔及利亚的政策没有用。这一点国务院深知。但是若克斯先生提请麦钱特先生注意给予政府时间来执行其计划会获得的益处。议会主席的想法是通过连续的民主选举在阿尔及利亚选出一位精英代表。应该以某种方式使阿尔及利亚各个阶层的人接受教育，这需要花费一些时间。无论如何，我们不能接受民族解放阵线（FLN）自认为是阿尔及利亚合法代表的要求。

至于联合国对于阿尔及利亚问题的考量，我们的立场可能保持不变。我们没有加入辩论的意愿，另一方面我们不能想象一个阿尔及利亚伪政府的代表被委员会或者联合国大会接受，也不会考虑来自这个机构的任何一个声明。如果大会的决议以采纳一个决定而告终，我们希望这个决定不包含任何邀请各方面来协商的建议。

最终秘书长提醒到，在纽约的民族解放阵线的代表，他们自称与法国处于交战状态，他们得到的宽容是令人不快的。我们希望尽快采取措施中止他们的政治活动。

随后欧洲事务负责人参与进来指出，在海牙逗留一天刚回来的国务院

---

① 非洲民族解放运动领袖，1958年7月当选法国几内亚领地政务委员会主席（总理），1958年10月2日几内亚独立后当选为几内亚共和国首任总统，并于1961年、1968年、1974年和1982年四次连任。——译者注

② 几内亚常驻联合国代表（1958年9月—1964年6月）。——译者注

③ 几内亚首都。——译者注

法律顾问将在最近如约（见第 6423 号电报）与美国司法部长谈论这个问题。

（房珂珂译，沈练斌校）

19581121，FD000112

阿尔方致德姆维尔电（第 6770—6773 号）[①]

（1958 年 11 月 21 日）

接我的第 6749 号电报[②]。

关于自由市场，国务院的代表们向若克斯先生重申了狄龙先生向我们做出的保证（第 6443 号和 6445 号电报）[③]：美国全力支持共同市场的政策，在其眼里自由贸易区只是共同市场的一个补充。这就是说，美国政府坚定地希望六国考虑的不仅仅是欧洲经济合作组织其他成员国的利益，而且还有签署了关贸总协定的国家的利益。

秘书长着重强调法国的政策倾向于捍卫所有现存的欧洲机构。法国政府尤其希望维持十年以来的在欧洲经济合作组织中的合作。但是法国也支持共同市场，并且打算遵守预先约定的共同市场生效的期限。一些明确的建议将会提出，以减少我们 11 个合作方所担心的不公平待遇。现在确定其实质内容还为时太早，但是要考虑到这些提议既关系到限额，也关系到税率。

在 11 月 21 日若克斯先生和利文斯顿·麦钱特先生进行的会谈期间，柏林问题被提及。

从麦钱特先生发布的声明中可见，国务院把苏联的所作所为看作是为了表现其重大影响力。在他看来，西方强国之间的团结应该维持在坚定的共同的政治路线范围内。有关这点，冯·布伦塔诺（von Brentano）[④] 先生

① 文献来源：*DDF*，1958，Tome Ⅱ，pp. 726-727。

② 日期同样为 11 月 21 日，被转载在 *DDF*，1958，Tome Ⅱ，n°353 中。——原编译者注

③ 自 10 月 31 日，被分析和转载在 *DDF*，1958，Tome Ⅱ，n°306 中。——原编译者注

④ 联邦德国外交部长（1955—1961）。——译者注

和三位大使在波恩[①]进行了会谈，联邦政府自身也在朝着这个方向发展，很鼓舞人心。

国务院目前正与五角大楼协同查验所有可能发生的情况。德国人从一开始就参与三国之间的磋商在任何情况下都非常重要。

若克斯先生回忆起英国的备忘录（我的第6695号电报）[②]，利文斯顿·麦钱特先生明确指出，在伦敦政府和英国驻华盛顿大使馆所做的统计调查可以看出这不涉及最终立场，而仅仅是讨论的基础。

某些指示甚至导致我们被认为后悔在伦敦创建了这个文件。

（房珂珂译，沈练斌校）

19590107，FD000005

阿尔方致德姆维尔电（第106—114号）[③]

（1959年1月7日）

1月7日下午国务卿接见了我，他于今天恢复了一切活动。

我参照杜勒斯先生在巴黎与政府首脑以及与阁下的谈话内容，向他提出了对于三方磋商[④]后续问题将给出什么下文。

国务卿就他于去年12月17日向阁下所做的声明向我进行了确认。现在适于订立议程，这一议程延展至世界上的诸多地区，我们可能会一个接一个地研究它们。这样，可能会给予三方中的每一方表达他们见解的机会以便达成共识。

从他这方面而言，他希望首先就远东进行意见交换。在世界的这一部

① 关于前一天德国外长和三位大使会谈的报告，详见 *DDF*, 1958, Tome Ⅱ, n°347。——原编译者注

② 11月19日的第6695—6700号电报（本书未收录），向国务院汇报当日召开的三方会议，这个会议涉及几日前已经发送到华盛顿和巴黎的关于柏林的备忘录。英国外交部对迟疑不决的美国代表们提出的方案是，用对民主德国（DDR）的正式承认换取西方国家占领柏林的权利。法国代表采纳了与国务院相似的立场。——原编译者注

③ 文献来源：*DDF*, 1959, Tome Ⅰ, pp. 25-27。

④ 该磋商始于1958年12月。——原编译者注

分，存在着非常危险的形势。尤其在台湾，一场危机随时可能爆发。苏联和中国在将美国和全体西方国家从它们在亚洲以及西太平洋的所有据点上驱逐出去的愿望上没有故作谜团。争论可能会针对其他国家：朝鲜、日本，特别是菲律宾。在菲律宾。自从麦格赛赛（Magsaysay）[①] 总统去世之后，美国政府对形势的发展演变不满意。着手进行的有关美方基地制度的谈判没有取得人们所期望的那种进展。

此外，杜勒斯先生补充到，应该详尽研究有关前印度支那的问题。越南民主共和国和老挝之间新近出现了一次重大的边境事件[②]。柬埔寨和泰国之间的形势也远非令人满意："在这些区域"，国务卿明确表示，"我们将从你们有关这些地区的经验与知识中获益良多"。

我表示我会向您转达这个建议。对于我来讲，我本以为中东地区能够提供更为随即可得的研究领域。但是杜勒斯不改其主张，强调形势在远东地区虽然严峻但是界定清晰明了，出现的问题一目了然。在中东，恰恰相反，局面变幻不定。对于他来讲，杜勒斯先生还未能自朗特里（Rountree）[③] 先生自开罗和巴格达返回[④]后与其会谈。了解到朗特里的助手所汇报的结论和印象，对于可能应该采用的政策尚未做出任何决定。

我向国务卿表示我也许会征求您对此的指示，但是应该了解到如果新的重大突发事件在世界上其他任何一个地区发生，对于远东地区形势的考察可能会随时终止，这是一定的。

我补充到，这些政治磋商只是构成了仅仅是我们希望看到的实施计划的一部分。同时，有必要让我们的军事专家考察由法国政府提出的有战略

---

① 拉蒙·麦格赛赛（Ramon Magsaysay），1953 年当选菲律宾共和国第三任总统，1957 年在飞机失事事故中不幸遇难。——译者注

② 1958 年 12 月 29 日围绕越南民主共和国和老挝在车邦市东北部的边界发生了一起重大事件。越南民主共和国的军队进入了老挝的领土并占领了好几个村落。次日（12 月 30 日），范文同先生交给老挝总理一封信，在信中谴责国王政府闯入了越南民主共和国领空，以支持军队对越南领土的入侵。

③ 威廉·朗特里（William Rountree），美国国务院负责近东事务的助理国务卿。——译者注

④ 有关朗特里先生近期的中东之行，请见 *DDF*，1958，Tome Ⅱ，n° 440（et note）。——原编译者注

特征的问题，比如和北约相关或无关的新的合作平台的组织。对我来说，好像必须特别考虑的是从现在起非洲和中东在欧洲和地中海发生战况时应该呼吁其所发挥的作用。在法方和英方向我们的常驻小组的行动指挥发出呼吁时，并且在美方向参谋长委员会主席或者向它的代表之一发出呼吁时，这种旨在达成明确结论的观点交流或许可以在华盛顿进行。

杜勒斯对我做了回答，对第二点他在今天不能给我一个即刻的答复。他得咨询美国军方负责人。另外，他并不反对这个想法，而且他以在非洲战区为例问我，在该研究的框架内已向一些西班牙的军人进行询问，对此我们是否听到一些反对意见。我回答道，战略计划的起草首先是和三个大国相关，但是基于此可以设想向西班牙询问并且在对话的某些阶段联合西班牙。

阁下，由杜勒斯提出的政治磋商的计划是否得到您的批准，请向我告之，我会不胜感激。根据美国相关部门的消息，饶伯森①和他的助手们将在七八天内准备好他们的文件。

（窦云婷、曹忠鑫译，沈练斌校）

19590118，FD000006

德姆维尔致阿尔方电（第551—559号）②

（1959年1月18日）

向华盛顿和伦敦寄送了9月24日的备忘录③后举行的三方会谈到目前为止仅限于在政治领域内进行一个最佳磋商的研究。法国政府对此很重视，

① 饶伯森（Walter Robertson），美国国务院远东事务助理国务卿。——译者注

② 文献来源：*DDF*，1959，Tome Ⅰ，pp. 65-68。该电文于1月17日拟定，次日送出。——原编译者注

③ 实际上这是1958年9月17日发给英国首相以及美国总统的备忘录，有关重组大西洋联盟的内容。如果9月24日这一日期对于该备忘录经常被提及，可能是因为外交部等到9月23日晚上（20点40分—20点45分）建议法国驻伦敦和驻华盛顿的大使尽快向或者英国首相或者美国国务卿转交备忘录的文本以及传达该备忘录的信件（发往伦敦的电报编号为n°9324，发往华盛顿的为n°10.128）。——原编译者注

这也是它接受美国通过考察远东形势开始这些磋商的提议的原因。但是，如同在我的第216—217号电报[①]向您指出的那样，这不是我们所顾虑的关键所在，也非最难解决的问题。余下的是那些防御问题，这是一些现在很适合同我们的对话者以明确的方式着手触及的问题。

1. 您已经了解我们对有关世界战略计划所担心的关键。

a. 纳入大西洋联盟框架的指挥以及原则上由常设小组确定的共同战略的共同存在，不足以确保法国必须参与到自由世界防卫所提出的全部问题中。一方面，实际上，北约的战略首先是建立在核威慑上，目前只有美国对此实际掌握：这种威慑的使用计划虽然是我们自己防御的基础，但都是些美国的计划，我们并不了解。另一方面，在目前条件下，对可能的大的战区分解是不可想象的。北约的战区必然地同大西洋战区或者比如北极的战区相互依赖。因此法国如同英国和美国那样参与到该世界战略的制定就很必要，这种世界战略将世界范围内不同的战区衔接起来。

事实上，应该赋予华盛顿的常设小组比现在更宽泛的任务。这个常设小组以目前的状况，在必要时也许可以作为北约的战略机关存在。但是从另一方面讲，其中各自的成员也许应该接收到由它们各自政府交付的任务，具体内容就是共同制定自由世界的整体战略。此战略的计划制订无须深入细节，而深入细节的计划制订是为了各成员指挥的每一个战区。但是有必要依照预计的假设对在这些战区的整体层面进行的行动进行定义。而且三方代表具备在核战争方面制订计划的知识并且能够对此展开讨论，无论是有关轰炸机的行动还是火箭的行动。

b. 上一点的确是最重要的内容，因为其落实通常会导致我们打算的第二项措施，该措施与启动核战争相关。不可接受的是对该主题的决定只属于美国政府，即使在目前并且可能在相当长的时间内美国政府掌握众多方式中的最核心内容。该问题可能在北约的框架里提出，并且该问题可能理所当然地让很多国家担心。但是也存在北大西洋条约覆盖不到的领域。去年夏天，在处理中东事务以及特别是金门事务的时候我们对此经历过。

① 1月9日电报（本书未收录），在此给出其内容大意。——原编译者注

事实上，不可想象的是美国征询了它的所有盟国，比如在大西洋理事会内部。但是它应该做出同其盟国一致的决定。美国的盟国，即英国和法国，也有世界范围的利益，拥有或即将会拥有原子武器。

这样的说法将会遭到反对：这些事件可能不会留下磋商的时间用来做出决策，时间可能要用小时甚至分钟来计算。这恰恰就是这些计划应该提前得到三个大国批准的原因。如果确实如此，可能会由三国的责任元首在了解并尽知详情情况下共同做出决议不应该有任何的延期。

2. 在所说的大西洋联盟的范围内，法国政府已经有机会向它的盟国指出现行的组织机构并不能让它满意。对于战区的结构以及指挥权的分配确实如此。但是这首先是对于法国军队的不同兵种所处的地位的真实反映。构成北约的 15 个国家中，如果抛开单独构成一个特别问题的联邦德国，仅仅 3 个国家具有使命感、能力以及真正的国家意义上的防御传统。这 3 个国家中，美国在它的领土上自然保留了其军队中的精锐力量，并且它们具备的异乎寻常的能力在欧洲既保证了它们最重要的指挥权，也保证了它们的主导作用。英国没有同其他国家共享其国家责任的习惯，却也有所作为，因而其领土以及大部分军队完全避开了纳入北约指挥的范围。事实上仅仅是一支英国将其驻养在欧洲大陆的远征部队被纳入进来。

鉴于目前的组织机构在成立时所处的形势，并且在这种形势下强化法国在地理位置上处在欧洲防御的心脏这一事实，法国已经被置于一个全然不同的境地。它军队的主力部分——总的来说对于陆军而言一直到阿尔及利亚事务——受联盟以及并入的所有指挥权的调动，在这当中法国并未起到一个核心作用。因为我们的国家自此不再感觉到能够负责自己的防御——事实上也没有负责——我们的国家可能不再对此感兴趣，以便应对可能构成主要令人担忧的事务的其他内容。这才是不能延续下去的情形。这种情形对于联盟本身是悲哀的，其事实上并未从法国能够进行的协作中受益。特别是这种情形对于我们也是悲哀的，因为像法国这样的国家如果不能完全承担其责任，是不能存在下去的。

这绝不意味着我们打算离开大西洋联盟。这仅仅意味着这个联盟应该重新组织，以便我们能够在此发挥本属于我们的作用。

北约的两个重要部门对于法国而言是中欧部门和地中海部门。中欧部门按当前的设计不会吸引来自我们的特别关注。在阿尔及利亚行动即将结束时，自然应该重新回顾一个问题，即要知道是否在枫丹白露指挥部产生的那些分歧将会为其得到修复。可以推测的是法国政府将打算在国家的指挥权下对此保留。但是目前还不是处理该问题的时候。

从另一方面说，从我们的海军力量来讲，在地中海发生了一些根本性的变化。目前马耳他（Malte）的指挥部受英国人指挥，其特点是受支配的很大比例的军舰却不属于英国，地中海上的英国舰队在缩减。另外，在那不勒斯（Naples）的指挥部受美国人指挥，其特点是并不在地中海上支配强大的美国舰队，而美国的舰队一直是美国国家的军事力量。

如今重建的法国舰队处在一个从属的指挥地位，即所谓的西地中海（指挥部），在战时受马耳他支配，并且欧洲盟军最高司令部（SHAPE）也会介入。不过，其任务基本上是国家任务，确保法国沿海和北非沿海的防御并保证法国和上述北非地区间的交通运输的安全。不可接受的是此任务成为英方、美方的责任，而另外，会涉及很多政策问题。而且就我们盟国的政策而言，比如有关阿尔及利亚的政策，绝不会与我们的政策相混淆。对于这一内容可以比照一下英国的海军防御方面的情形：其海军防御完全是很正常地在英国最高指挥部门的领导之下。

法国政府因此要因势利导，针对目前的情形做彻底的调整。它打算重新完全获得在地中海的海军控制权，无论是在战时还是在平时。在战时，海军可能会继续被委派以国家任务奔赴前线，此乃其常规之责任所在。另外，甚至从联盟的角度来看，法国政府被置身于面对这样的任务也是必不可缺的。但是，我们认为，这只能在国家的指挥下进行。另外，也许能肯定的是，同盟国军队合作的部署自现在或者适当的时刻也许可以达成。

也许当然要采取一些举措来调整目前所谓的西地中海指挥部的境遇。这个问题的一个解决办法可以参考先例，也许可以将该指挥部转变成像可被称为“芒什委员会”的这样一个高级指挥部的机构。这个指挥部可能会成为一个确保法国支配其国家军队的方法，同时其依然置身于大西洋框架下。但是目前我们不会提出该内容。

前面的解释给出您详细的理由，法国政府就这些理由现在提出三个基本的问题，总结如下：

1. 建立世界战略的三方合作；

2. 启动原子行动的三方决议的必要性；

3. 西地中海上的海军机构的重组。

我们认为这三个问题的处理是必不可少的。这是今后我们的大西洋政策全面发展的条件。如果这三个问题没有处理好，我们必须完全保留我们行动的自由。从另一方面说，一旦处理好了，我们将能够同我们的盟国讨论一些我们认为有必要的措施，以确保联盟更好地运转并加强欧洲的防御：特别是那些指挥部和那些行动区域的重组，这些内容在9月24日的备忘录中都提到了。

（沈练斌译，姚百慧校）

19590429，FD000023

戴高乐对美国在法国建立核武器库建议的批示[①]

（1959年4月29日）

关于美国大使写给外交部长的信件所提方案。

这将会涉及以下问题的实践：

1. 关于无异议地接受在法国境内安放美国原子弹。

然而，因为全球战略和最终决定使用原子武器始终属于美国的专属领域，一切都不会有什么改变。另外，这些还会使他们拒绝对我们自己研发的核武器的帮助，以及使他们为了禁止我们进行核试验而越过我们与俄国协商。

2. 至于在此文件中预先确定的实施方式，实际上将导致任由美国支配在法国境内安置的原子弹。

事实上既然美国的原子弹将存放在受美国指挥的领土上，则所谓的“保卫与安全责任将落在法国身上”的论调就是徒然且站不住脚的。我们怎

① 文献来源：*DDF*，1959，Tome Ⅰ，pp. 563-565。

么能想象，在必要的情况下，一个无关紧要的法国岗哨，能够阻止一个美国中队去把寄存在法国本土的、供其使用的炸弹装到美国飞机上呢？

3. 唯一有效的保障必须包括：在一个联合的运作框架内，让在法国境内安置的原子弹属于法国。

4. 考虑到国际形势以及迫切地开放东西方交流的需要；

考虑到我们就全球战略进行的对话以及对北约的补充性改革；

考虑到在法国安置美国的核武器可能带来的后果，以及允许这些安置后出现的军事优势之间的不平衡，我看不出为什么我们要又一次急于向美国的意志屈服①。

附录

美国大使给外交部长的信件中所提方案

部长先生：

援引1952年12月4日我们两国政府签署的条约第三条以及根据同一天法国外长与美国大使交换的信件②，我荣幸地告诉阁下，我国政府希望获准在法国境内建立核武器库以满足驻扎在法国的、隶属北约的美国军队的需求。

据了解，根据我们两国政府的共同对话，以及根据北大西洋理事会1957年12月19日发表的公报第20条和第21条决定，安置在法国本土的核武器也可以用于满足北约内部的法国军队需要。

关于安置的安排条例应如下：

1. 在法国境内安置核武器的重要性和性质应该由两国政府根据需要，委派人员协议决定。

关于安置的位置将按照联盟的军事计划和在欧洲最高盟军指挥官的同意下，根据相同的条件固定下来。

① 这个文件中附着的插页上提到了以下内容：库赛尔（Courcel）对德勒斯说：戴高乐将军将接受一个在美国基地外的储备库由法国单独掌管——原编译者注

② 这个交换的信件，见*DDF*，1959，Tome Ⅰ，n°237（note）。——原编译者注

2. 安置品的保卫与安全责任将落在法国身上。武器的维护工作将由美国保障。

3. 因此，在法国境内的核武器储备将在双方政府的许可下应用，并将列入双方政府根据《北大西洋公约》第五条所规定的职责中。

4. 指定给美国空军的核武器存储库将在机场建立，这块土地已经被法国政府划归给美国空军处理。

用于调整场地和建设机场所产生的必要费用将由美国政府承担；同样，这些费用，当涉及由法国空军使用的核武器存储时，费用由法国政府承担。

我提议，如果贵国政府能接受上述建议，那么这封信和您表示接受的答复就是我们两国政府就这一问题达成的协议。本协议将于您答复之日生效。

（杨紫桐译，姚百慧校）

19590429，FD000024

赫脱[①]和德姆维尔谈话备忘录[②]

（1959 年 4 月 29 日）

与会人士：德姆维尔、若克斯、吕塞（Lucet）[③]、赫脱（Herter）[④]、霍顿（Houghton）[⑤]、麦钱特、莱昂（Lyon）[⑥]。

国务卿首先强调，在会议召开之前，在联盟内部要达成共同立场，否则我们在日内瓦面对苏联人的时候将会陷入很危险的境地。还有，在出发去日内瓦之前，把我们的计划详细告知我们的北约同盟们是比较恰当的。

① 克里斯蒂安·赫脱于 1959 年 4 月 22 日接替杜勒斯，成为新的美国国务卿。——译者注

② 文献来源：*DDF*, 1959, Tome Ⅰ, pp. 565-566。

③ 查尔斯·吕塞（Charles Lucet），法国驻美大使馆公使衔参赞（1955—1959）。——译者注

④ 克里斯蒂安·赫脱（Christian Herter），1959 年 4 月 22 日接替杜勒斯成为新任美国国务卿。——译者注

⑤ 阿莫里·霍顿（Amory Houghton），美国驻法大使（1957—1961）。——译者注

⑥ 莱昂，美国驻法国大使馆副馆长。——译者注

赫脱先生在会议结束之后必须要回到华盛顿，然后将直接赶往日内瓦；也许德姆维尔先生可以以四位部长的名义在北约理事会上发言？

德姆维尔先生回复说这也可以在常驻代表的级别上进行。

赫脱先生明确表达了他曾在华盛顿见到斯巴克先生，后者想去日内瓦，并在会议期间与北约国家沟通。

美国国务卿想要知道，我们是否准备在我们要派去的代表团中安排一名军人。他也因此这么安排了，但他希望不单单是美国这么安排。

外交部长表示，我们的代表团中将会有一名陆军上校。

美国代表团预计在 5 月 9 日到达日内瓦。

赫脱先生于是讲述了在他来之前与冯·布伦塔诺先生的对话，看起来德国人对四方集团拟定的最新计划[①]大体认同。他们拒绝由国境线划分的安全防御区，而只接受由经线划分的防御区。同样，他们完全拒绝允许苏联在联邦德国境内进行检查，这样做就等于纵容经济间谍活动或向他们转让《巴黎条约》所产生的检查权利。冯·布伦塔诺先生现在完全同意重新统一计划。

赫脱先生又表达了他对欧洲安全问题的担忧，并且他相信为了试图调和观点，应该委派一个特别委员会小组。

德姆维尔先生提出，在将要展开的讨论中，为了更方便，重新统一的问题应该与安全问题分开讨论。一般情况下，他希望在后一领域，我们计划中的条款可以更不明确，少些细节，但多把全面裁军和欧洲安全联系起来。

赫脱先生在这一揽子协议的关键原则被保留的前提下同意了。另一方面，他知道限制军备将会给我们造成很大的问题。

外交部长也意识到了，而这基于以下两点：我们在阿尔及利亚的需求，以及目前拟出的计划中并未提及核裁军的问题。舆论将很难理解一份仅限制常规武器的裁军计划。

尽管有这些反对，国务卿还是认为这一揽子协议有着一定的吸引力，

① 关于这个计划，见 *DDF*，1959，Tome Ⅰ，n°241。——原编译者注

应该不会在谈判还没有进入实质性讨论的一开始就被俄国人拒绝。

国务卿和外交部长接着研究了几个待解决的问题：联合国在柏林扮演的角色；捷克斯洛伐克和波兰的参与；德国以何种方式出现在会场的问题。至于哈马舍尔德（Hammarskjöld）① 先生在5月11日会议开幕时究竟扮演什么样的角色，外交部长表达了保留意见。

与之相反，赫脱先生对联合国秘书长将他的一名助手留在会场没有异议，认为必要时可以向这位助手咨询意见。

德姆维尔先生认为这种出场是不必要的，并且应该避免联合国借此干涉这场谈判。

（杨紫桐译，姚百慧校）

19590716，FD000065

斯巴克提交给戴高乐的备忘录②
（1959年7月16日）

该备忘录旨在考察法国与北约之间的关系。

显然，法国在过去几个月中反对军事当局提出的一些建议，并且表露出了某些态度。这造成了一个困难的局面，同时也引起了大多数合作伙伴的焦虑和不满。（拒绝协助航空系统一体化。拒绝将共同融资规则应用于中程弹道导弹。撤回地中海舰队。拒绝接受美国飞机储存核武器。）

在寻找这些异议的解决方法之前，似乎有必要试着清楚地提出问题，并了解法国的要求。我想试着陈述一下我所看到的情况。

A. 在欧洲使用战术核武器与战略核武器的责任。

必须考虑两个假设。

① 达格·哈马舍尔德（Dag Hammarskjöd），瑞典政治家，1953年4月当选联合国第二任秘书长，1957年连任，1961年9月因飞机失事殉难。——译者注

② 文献来源：*DDF*，1959，Tome Ⅱ，pp. 56-59。斯巴克在其回忆录 *Combats inachevés*，Ⅱ，*De l'espoir aux deceptions*，Fayard，1969，pp. 188-192 中广泛提起这一文件，并附有大量摘录。戴高乐将军于7月16日接见了这位比利时政治家，他对于自己的"直接外交没有取得任何进展"而感到遗憾。——原编译者注

1. 我们都会是全面核打击的受害者。

这一点毫无疑问。我们会自动执行一项自即日起已通过的决议，每个国家都承担起相应的责任。

2. 我们都是常规侵略的受害者。

北约的观念认为，要抵御这种侵略，我们不得不使用我们的战术核武器。这是我们在常规武器领域恢复被破坏的危险平衡的唯一途径。因此，我们会根据1954年所制定的一项决议采取行动。

但问题可能在于，我们是否通过使用战略核武器扩大了核战争。

在这种假设之下，很显然我们有时间来进行反思和协商（用几天的时间，或至少能用几个小时来进行探讨）。

因此，我们需要制定出决策机制。

显然，必须避免全体一致和否决权的规则。

我们可以设想在北约内部成立一个特设委员会，由那些同意在其土地上安置战略核武器的国家所组成。这一委员会将做出决议。

这将会避免那些由双边决定所带来的严重弊端，那些决定将不可避免地在所有这些同意于领土上安置战略核武器的国家之内引起全面核战争，而这些国家却没有真正地拥有话语权。

B. 在北约的地理范围之外使用核武器的责任。

在我看来，在这一区域内运用前文所提到的制度似乎是不可能的事。这事实上相当于北约国家对美国政策拥有了真正的否决权。另一方面，我又觉得似乎可行，并且我认为建立一个信息和协商制度很有必要。显而易见，在世界上任何角落所爆发的核战争都可能会对所有北约国家产生影响。

这种协商机制似乎不难想象。

C. 帮助法国进行核试验。

我想我已经了解到，美国或将有悖于自己在某些情况下的说法，准备在法国实施一套与英国完全相同的制度。这就要求法国要在核研究领域取得美国立法所要求的“实质性进展”。

究竟是什么样的进展呢？

如若美国从现在起能在这一方面提供一些指导甚至是一些保障，难道不是大有益处么?

就我个人而言，我认为我们应该争取更进一步。我所提到的美国立法曾经是合乎逻辑的，并且在美国拥有核垄断的时期，这一立法可能较为适用。自从我们知道俄国人已经在这一领域取得进展以来，这一法律显然更值得商榷。

要解决这一问题，我认为应该对以下几个基本点进行思考:

a. 法国决定拥有自己的原子弹，我相信，没有什么能让它放弃这项行动。

b. 可以肯定的是，法国会在或长或短的时间内，通过花费较多或较少的资金来取得成功。

c. 如果法国能从这全力投入的领域中省些力气，并将这节省下来的全部或部分精力用于共同防御的其他方面，难道不是更加明智的做法吗?

大家都会从中获益。

D. 法国参与全球战略。

1. 法国所谈到的制定全球战略的必要性观点是正确的。

显然，北约在中东和非洲的防务正在转变。

我们不能固守“马奇诺防线”的防御理念。

2. 法国也有理由认为，鉴于其在欧洲—非洲轴线上极其重要的地位，它断言如果发生世界大战，非常有必要将它与超出北约框架的战略联系起来。

但是，这就是问题变得困难之处，让法国在全球战略中占有其份额，这究竟是什么意思?

a. 我们已经谈到了管理委员会。一个真正的管理委员会是不可能存在的。它既不能以多数原则也不能以全体一致的原则进行运作。

它还将面对所有北约国家的敌意，以及如澳大利亚和新西兰等一些其他国家的敌意。

此外，创立一个真正的管理委员会将在欧洲引起一股强烈的中立之势。

b. 在全球范围内，是否有可能对指挥权进行分配?

在北约的框架内，毫无疑问这是一个需要重新考虑的问题，我认为没有什么能妨碍这一问题的研究。

在全球范围内，分配指挥权必然意味着一种真正的共同外交政策，在目前的状况下，这种政策是无法实现的。

那该如何呢？难道不能在北约内部，为了研究在联盟的地理范围外的一些政治和军事问题，创立几个特设委员会来深入探究这些问题并制定共同指令吗？这些指令可以全部或部分地传达给所有北约国家。人们会认为，设立非洲委员会、中东委员会、远东委员会以及南亚委员会是非常有用的。

这样的一个组织的优势在于，那些参与到所有特设委员会的联盟的主要合作伙伴，将能以此来全面了解与其利益和责任相称的世界局势。另一方面，其他合作伙伴将有机会就它们所感兴趣的问题发表意见（比利时和葡萄牙对非洲；土耳其对中东；荷兰对东南亚）。

也许还可以设立一个核问题特别委员会，以此来对特殊的问题进行研究①。

（李梦磊译，姚百慧校）

19590716，FD000066

德勒斯致德罗斯的信②

（1959年7月24日）

我亲爱的朋友：

在北约秘书长斯巴克先生与戴高乐将军会谈后，斯巴克的一位撰稿人在报告后撰写了这份记录③。

我将一份副本寄送给您，请您保密。

致以诚挚的问候！

---

① 一张手写的便条，大概由弗朗索瓦·德罗斯先生撰写，附于本文件："9月16日。部长认为德勒斯（De Leusse）不应主动向斯巴克谈论这份文件。如果他谈到这个问题，我们的代表会说这一问题正在研究。"——原编译者注

② 文献来源：*DDF*，1959，Tome Ⅱ，pp. 100-101。德勒斯，法国常驻北约理事会代表；德罗斯，法国外交部条约处处长。

③ 会谈期间，斯巴克先生提交了一份备忘录，见19590716，FD000065。

附录

与斯巴克先生会谈后的记录

1959 年 7 月 20 日星期一

绝密记录。

斯巴克先生于 7 月 17 日星期五下午同戴高乐将军进行了会谈。在此次会谈期间，斯巴克给出了一份几天前他亲自撰写的备忘录。（此后，他向我表示同样还向美国代表团提供了这份备忘录的副本——后者显得不是很满意；我不知道他是否也向英国代表团提供了一份副本，但这很有可能。）

斯巴克在 7 月 20 日的今天和我简要谈论了他与戴高乐将军此前的会谈。这次会谈非常真诚。

“当然，我对北约持赞同态度，法国绝不会离开北约这样一个为世界自由而服务的防御性组织，如果战争爆发，那么我们都会牵涉其中……因此法国绝不会离开北约。

“但有三点让我分心：非洲、一体化、核武器。

“1. 在非洲方面，我非常关心对这片大陆的防御情况的保障，这里有法国巨大的相关利益。我只是注意到，北约在保护非洲大陆免受战争影响方面没有帮我起到任何作用。所以我必须亲自照拂。我可以说是不得不这么做。

“2. 在一体化方面，我不喜欢这个词，我反感这个词……我认为我们可以通过合作和协调来达成我们所希望的大部分成果。

“3. 在核武器方面，我知道美国人表示他们打算给我一些他们给英国人的权利。但我想要更多，我认为在北约地区以外使用原子弹会牵涉到北约国家，尤其是英国和法国。我不要求获得对美国人使用原子弹的否决权，但我认为必须就原子弹的使用条件进行讨论。如果在这次讨论之后，即便英国和法国提出异议，美国也仍要使用原子弹的话，我认为这会破坏联盟。”

斯巴克接着说，他听到戴高乐将军做出了如下假设：

若在金门岛或马祖岛的一侧发生的一起事件致使美国人对中国领土使

用原子弹，中国人通过向美国人投掷原子弹来予以回击。那北约条约是否会起作用呢?

斯巴克回忆说，第五项条约没有说由大西洋条约所集结的武装袭击只是针对由俄国所发起的武装袭击：“各缔约国同意对于欧洲或北美之一个或数个缔约国之武装攻击，应视为对缔约国全体之攻击，等等。”

第六项条约明确道：“第五条所述对于一个或数个缔约国之武装攻击，包括对于欧洲或北美任何一缔约国之领土，等等。”

（李梦磊译，姚百慧校）

19590804，FD000067

德勒斯致德罗斯的信①

（1959年8月4日）

我亲爱的朋友：

继7月24日我寄出的信件之后，我向您寄出一份由斯巴克的一位合作伙伴撰写的新的绝密文件，该文件详述了北约秘书长同美国代表的谈话，主题为前者与戴高乐将军的会谈。

致以诚挚的问候！

附录

1959年7月29日与斯巴克先生在其备忘录之后的新谈话

绝密，2号　　1959年7月30日

斯巴克对我表示，伯吉斯（Burgess）② 大使告诉他，国务院高度关切的是，斯巴克向戴高乐将军提交了他的备忘录，却没有事先对他所提及的一些事情的准确性与美国当局进行核实。

在他的备忘录中，斯巴克说道（段落C. 帮助法国进行核试验）：“我想

---

① 文献来源：*DDF*, 1959, Tome Ⅱ, pp. 140-141。

② 沃伦·伯吉斯（Warren Randolph Burgess），美国银行家，1954年任美国财政部部长，1957—1961年任美国常驻北约代表。——译者注

我已经了解到，美国或将有悖于自己在某些情况下的说法，准备在法国实施一套与英国完全相同的制度。这就要求法国要在核研究领域取得美国立法所要求的‘实质性进展’。”

此外，斯巴克个人建议说“我们应该争取更进一步”（也就是说无视法国可能取得的实质性进展）。斯巴克补充说：“我所提到的美国立法曾经是合乎逻辑的，并且在美国拥有核垄断的时期，这一立法可能较为适用。自从我们知道俄国人已经在这一领域取得进展以来，这一法律显然更值得商榷。”

伯吉斯非常清楚地告诉斯巴克，他在文本中错误地解读了美国的实际情况。《麦克马洪法案》的著名修正案使美国当局能与英国人在核能方面进行非常紧密的合作，并且为他们提供方案、秘密图纸等。这一修正案是在只有英国能从中受益的条件下通过的。（我不认为文本专指英国，但一切就好像它是被特指的目标。）

伯吉斯向斯巴克提供了关于众议院和参议院对筹备工作的讨论报告，从中可以看出，美国政府的说法完全属实。

斯巴克对我说他会研读这些文本，但他对华盛顿所持有的僵化态度表示非常担忧。

他补充说，弗里茨·诺尔廷（Fritz Nolting）① 从联邦首都返回，并且他向伯吉斯报告说，美国高层并不倾向于认为戴高乐将军所提的要求，即便是部分要求是合理的（或是可以满足的）。

（李梦磊译，姚百慧校）

19590812，FD000068

政策司备忘录：撤回地中海舰队②

（1959 年 8 月 12 日）

Ⅰ. 在 1959 年 1 月 7 日的国防会议期间，法国政府决定重新对位于地中海的海军资源进行全面部署。在这一领域可以与我们的盟友建立合作关

① 美国驻西贡大使。——译者注

② 文献来源：*DDF*, 1959, Tome Ⅱ, pp. 169-170。

系，条件是这一合作不会使我们的海军部队自动隶属于国际指挥机构。如果最终要在峰会上为联盟的政治和战略组织进行谈判，那么对于北约的改组，法国将以在战争时期，在地中海西部以及在邻近葡萄牙和摩洛哥的大西洋地区承认法国的指挥权作为正式条件（附文）。[①]。

Ⅱ. 法国的决定通知已于1959年3月6日递交至北约理事会[②]，并于当天向我们在华盛顿、伦敦和法国驻北约代表处的外交使团发出了一份声明，以向我们的盟友解释法国立场的原因（附件）。

联盟秘书长于1959年3月11日向北约理事会提交了法国的决定，并邀请军事当局报告这些影响（附件，尤其是美国的反应）。

Ⅲ. 根据1959年1月7日的决定，法国海军参谋部和欧洲盟军最高指挥官的代表寻求在我们的海军和联盟海军之间可能合作的方法，并于1959年4月28日就以下大纲达成协议草案（附件）：

a. 地中海的法国海军在任何情况下都处于国家指挥之下，并且优先用于执行国家任务。

b. 法国军队为封锁直布罗陀海峡西部和西西里海峡东部做出了贡献。

c. 西地中海司令部仍在地中海盟军区的指挥之下。

与此同时，诺斯塔德（Norstad）[③] 将军向常设小组报告说，他对地中海合作、航运和反潜战争的效力持明确的保留意见，因为这可能是法国决定实施的结果[④]。然而，我们在北约的代表从可靠消息来源获悉，如果1959年4月28日的协议签订，这一立场可能会改变（附件）。

（李梦磊译，姚百慧校）

---

① 该附件以及本文提到的其他附件均未收录。——原编译者注

② *DDF*, 1959, Tome Ⅰ, n°125（note）。——原编译者注

③ 劳里斯·诺斯塔德（Lauris Norstad），美国空军上将，1956年11月20日至1962年11月1日任北约盟军总司令。——译者注

④ 最高指挥官的结论是，不可能“在他的职责范围内完全委托执行与国家部队结盟的重要任务，这些部队对其指挥的依赖仅限于第二个计划的合作”（Note du service des Pactes pour le Ministre：《Accord de coopération en Méditerranée entre les forces navales française et celles de l'Alliance》, du 1er juillet，未收录）。——原编译者注

19590910，FD000069

德勒斯致德姆维尔电（第243号）[①]

（1959年9月10日）

斯巴克在图尔[②]发表演讲时向我提出以下几点意见：

1. 他承认有必要制定一项全球战略，并赞同法国在这方面所提的要求。鉴于各大国的特殊责任，他同意大国有权进行三方协商。但他认为，三方协商应该是在北约内部以特别委员会的形式来进行多次协商，除了美国、法国和英国之外，那些受直接影响的国家也应该出席委员会。例如在非洲问题方面，有比利时和葡萄牙；亚洲问题方面，有荷兰。因此，他公开了他在7月16日给戴高乐将军的备忘录中所提的建议。

在这方面我要补充的是，北约秘书长对他在上述文件中提出的问题没有收到任何正式答复而感到苦涩。现在他的想法已经表现出来：他很可能会在某一天向理事会表明以上情况。

2. 关于阿尔及利亚，斯巴克完全支持我们的论点。联盟必须是完整的，并且他不认为协议的某些合作伙伴会不和法国在联合国投票。此外，他还为我们在阿尔及利亚的政策做了热烈的辩护；与此同时，他坚定的言论和信念震撼了外国听众们，甚至是那些已经知道要遵循什么的我的理事会同事们。但他希望法国在大西洋理事会上就阿尔及利亚的问题开展辩论：我们的论点是如此有力，他说，我们只会从中获益。

3. 斯巴克肯定受到了对我们非常有利的观念的启发。但他是北约的一名优秀的秘书长，他希望能增加活动并且扩大责任。

4. 他去了意大利和土耳其。我只能在21号见到他，届时理事会必须在德国参加为期三天的演习。我一定会在这个场合与他会面，并亲自与他就其上次发言时提出的问题进行交谈。在此之前，我希望能收到部里对其发言里的各项建议的反馈。

（李梦磊译，姚百慧校）

① 文献来源：*DDF*，1959，Tome Ⅱ，pp. 321-322。

② 法国中西部城市。——译者注

19590922，FD000070

总秘书处备忘录：盟国间就总体政治和军事利益问题的磋商①

（1959 年 9 月 22 日）

9 月 2 日和 3 日的法美会谈为两种不同的协商制度奠定了基础，这些制度一方面将探讨一般的战略问题，另一方面则会就摩洛哥和突尼斯的军事援助和财政援助问题进行商讨。

A. 关于全球战略问题的磋商

戴高乐将军和艾森豪威尔总统于 1959 年 9 月 2 日在巴黎同意就全球战略问题与英国进行三方协商。艾森豪威尔总统表示希望不要采用过于严格的程序。他提议设立“特设委员会”来对每类问题进行研究，并且各大国可以在委员会上提出他们所选择的问题。

我们接受了这一模式。我们建议设立特设委员会，研究与整个自由世界相关的主要问题，如非洲、战略命令、对欠发达国家的援助、财政政策和经济政策的协调。

我们也同意这些委员会提出一些特别的问题，但我们坚持认为对特殊情况的审查（如老挝和几内亚）不能掩盖制定一项一般性政策的必要性。

麦钱特与阿尔方一起研究了这些决策的机制。委员会将设立在华盛顿；这三个大国将由大使作为代表。议程包括了由三个政府其中之一所提出的问题，但问题必须是由国家元首和外交部长们所处理的主题。在保留协调权的同时，大使们会将技术问题交给军事、财政等“小组委员会”进行审议。

B. 关于摩洛哥和突尼斯的军事和财政援助的谈话

希望艾森豪威尔总统在 9 月 3 日于朗布依埃②所提出的这些讨论首先是双边性质的讨论。它们可以立刻在华盛顿进行。之后我们的大使馆会告知英国人。

① 文献来源：*DDF*，1959，Tome Ⅱ，pp. 373-374。该文件已递送部长。——原编译者注

② 巴黎西南部小城。——译者注

法国军事专家准备在本周前往华盛顿会见刚刚访问过突尼斯城和拉巴特的美国专家。摩洛哥和突尼斯事务部的一名官员德拉图尔也会参加这次行程。

在当地，法国专家将得到大使馆的一位成员、高级顾问以及热莱(Gelée)① 将军的一名或几名助理的协助。

在初步接触期间，他们将深入审查突尼斯和摩洛哥军队的实际武器需求，以及突尼斯和摩洛哥政府向若干国家提出的这一主题的需求。此外，他们还会研究为民族解放阵线的利益而可能输送武器的问题。

在华盛顿特派团逗留期间，不会立即做出任何决定。

此后，该委员会可以永久设立，并对突尼斯和摩洛哥所提出的财政援助要求进行进一步研究。

（李梦磊译，姚百慧校）

19600114，FD000042

政策司备忘录：法国与停止核爆炸②

（1960 年 1 月 14 日）

1 月 8 日和 12 日关于边缘化主题③的会议纪要以原子能事务处的名义提请注意以下问题：

事实上，核俱乐部成员某一天可能会同意在监督状态下停止生产军用武器和燃料。由于已经生产了大量的燃料，它们也许会搁置一些必要的东西以避免可能的军事行动，而库存调整并不能保证既有燃料都用于和平目的。在这种情况下，三个大国也许会同意对停止生产事宜稍做监督，因为它们并非真正乐于寻求逃避监督措施。如果这件事未来几年能够达成，那么作为对策，为了不独自承受协议的影响，法国必须指出，这些监督措施

① 马克斯·热莱（Max Gelée），法国空军上将，曾在 1958 年任法国空军参谋长。——译者注

② 文献来源：*DDF*，1960，Tome Ⅰ，pp. 35-37。

③ 1 月 8 日的备忘录收录于后面的附件里。1 月 12 日的备忘录来自国防部总参，本书未收录；本文献重新将其收录，更加细致，并对意见予以修正。——原编译者注

是不充分的，是令人不满意的。其就此类问题的国际立场将会变得越来越艰难。

因此从这一点上说，不再坚持将停止核试验、暂停生产和库存调整捆绑在一起就变得合情合理。

然而，在当前形势下，在我们的核试验即将完成的大好形势下，我们并不会因此而同意参加可能会在日内瓦达成的协议。

实际上，在这份协议里，美国可能（因此另外两国也可能）保留进行地下核试验的权利。类似核试验也许会部分满足我们的需求。但是如果法国必须要独立进行可以让我们某一天拥有热核武器的系列试验，我们则不必考虑以地下的方式进行热核试验。总之，从现在起，只考虑地下试验（A型原子弹）会妨碍我们计划的执行。

因此，现在的问题是，要认清动机。如果我们放弃截至目前我们一直表达的愿望，我们就要对拒绝参加可能在日内瓦达成的协议做出解释。

其实，问题在于下面这句话：我们在撒哈拉进行的耗费巨大的钚爆炸试验并非为了满足小小的虚荣心。这些试验只有一个目的，那就是我们能够拥有核武器。我们采取这种方式迫不得已，因为我们掌握武器生产技术的盟友们不想和我们分享它们的知识。和美国的一纸合作协议会导致我们加入中止核试验。

前面所讲的符合指引我们行为的政治需要。因此，应该承认，在裁军谈判中什么也不做会影响我们对这两种情况选择的自由：继续试验或者和美国达成协议。

前面所讲的话导致 1 月 12 日会议纪要末尾的草案应该这样修正：

1. 法国不再主张将停止核试验、停止生产和库存调整捆绑在一起，我们接受把停止核试验当作一个独立的问题，前提条件是，这并不意味着我们已经准备好加入这么一个协议。对我们来说，主要是要提防停止试验以及停止生产带来的危险。

2. 研究法国加入停止核试验协议的条件，而且这些条件可以使法国得到期待已久的、有别于其自己掌握的核试验的方法。

附件

政策司备忘录

（裁军办公室）

关于停止核试验的法国立场

（1960 年 1 月 8 日）

我们打算在国防领域［埃利（Ely）将军，热纳韦（Genevey）总司令，拉沃（Lavaud）将军］就停止核试验和日内瓦会议问题再测试一次我们的立场。

下列事情会受到重视：

1. 法国即将进行的核试验。

2. 峰会期间可能就停止核试验达成的协议，这会将我们置于困难的境地。

3. 几乎可以肯定，如果协议达成，地下核试验就会重启，或许会受到监督和限制。

4. 如果法国某一天必须改变自己的立场，那么它的利益一方面在于以创始成员的身份成为协议的一部分，另一方面则是关上俱乐部的大门。

在这些情况下，当前法国的思路如下：

1. 对停止核试验问题采取沉默和等待的态度，不再坚持将停止核试验、暂停生产和库存调整捆绑在一起的一贯论调；

2. 对日内瓦谈判逐步采取更加关注的态度；

3. 如果在日内瓦一定要签署协议，则需研究可能加入的条件：和其他三个国家同等的创始成员身份，和美国合作，延迟限制后续的爆炸计划。

根据这些文字，由国防总参谋部准备的纪要将在下周初发至办公厅。

（吕军燕译、校）

19600223，FD000043

政策司备忘录：日内瓦停止核试验会议①

（1960 年 2 月 23 日）

尽管办公厅还未掌握苏联的反对议案，但是截至目前搜集到的信息却给人一种强烈的感觉，日内瓦的谈判者会倾向于妥协。（参见原子能事务处 1960 年 2 月 17 日纪要②。）苏联专家建议全面停止核爆炸以建立在 1958 年专家就准备的监督体系。至于超过 20 千吨级的地下试验，宽限三年时间，以确定比前期更有效的检测手段。

艾森豪威尔总统则声称，谈判也许会漫长而艰难，但是最新的几份提案表明苏联的立场趋于温和，他会认真研究。国务卿赫脱则更显乐观，认为会议走出了死胡同。

因此，应该考虑面对三个大国可能的协议，法国会处于何种境地。

如果这样一个协议能够达成，那么它只会基于停止核试验，并且完全不会知道停止生产军事用途的导弹材料和停止用于核武器生产所带来的问题。

显然，整个协议将会把今天仅仅是三个大国之间的一份多边协议变为国际法，这份协议将建立一个监控体系，置法国于艰难境地。确实，所有持赞同停止核试验立场的国家和那些既无意愿也无手段装备核武器的国家应该都会签署这么一份协议。我们今后的试验计划不仅仅会使我们完全孤立，还可能会被苏联和或许已经加入、甚至长期加入共产主义集团的某些国家当作它们重获自由的借口。如果条约被签订，那么对于法国来说继续进行试验会变得困难，尤其是大气层试验。地下试验的可能性研究因此也要加快。

关于法美合作的前景问题，一个规定停止核试验的条约不会必然禁止另一个美国援助法国生产核武器协议的缔结。事实上，日内瓦方案的第一

---

① 文献来源：*DDF*，1960，Tome Ⅰ，pp. 205-207。该文件为部长所撰。——原编译者注

② 见附件。

条款仅仅禁止其签约者“在任何地点挑起、以某些借口鼓励、参与核武器爆炸试验”。而且，我们没有就该文本的解释提供任何保证。如果保证是受约束的，那么它应该禁止在停止核试验监督条约生效以后签订双边协议。

附件

政策司备忘录：核爆炸和日内瓦会议

（1960 年 2 月 17 日）

（外交部）新闻办指出，大量记者提问，在雷冈核爆炸之后，法国是否会要求参加日内瓦会议①。

或许部长应该抓住在国民议会外事委员会听证的机会对此话题进行说明。

这次，部长也许会被问到日内瓦会议上的美苏最新提案②。

美国的立场已经为人所知。它倾向于全面停止可控制的核试验，即所有规格的水下、大气层或外太空核试验，但却放任不可检测试验，即低于 20 千吨的试验（此类试验不可检测，因为与某些微弱地震无法区分，而这类地震的数量年均超过千次）。

苏联的反对提案未从官方得知。据媒体报道，它的要求是停止所有的核试验，其中包括地下强度较弱的试验，但建议三个大国的专家共同工作以调节检测进程。

因此，两种论点之间未达成协议，因为美国受邀接受停止地下核试验，这类试验不会受到有效监督，哪怕是理论上的。不过，两种论点的分歧在减少，据最新消息，妥协可能达成，而苏联仅仅建议对小型地下核试验宽限三年时间。

显然，整个协议将会把今天仅仅是三个大国之间的一份多边协议变为国际法，这份协议将建立一个监控体系，置法国于艰难境地。确实，所有

---

① 指停止核试验会议。——原编译者注

② 关于 2 月 11 日美国提交的议案，以及 2 月 16 日苏联议案，参见 *l'Année politique 1960*, pp. 408-409。——原编译者注

持赞同停止核试验立场的国家和那些既无意愿也无手段装备核武器的国家应该都会签署这么一份协议。我们今后的试验计划不仅仅会使我们完全孤立，还可能会被苏联和或许已经加入、甚至长期加入共产主义集团的某些国家当作它们重获自由的借口。

（吕军燕译、校）

19600324，FD000046

肖维尔致德姆维尔的急件（第412号/P. A. N.）[1]

（1960年1月14日）

通过2月24日第10号/P. A. N. 急件，阁下向我转报了诺斯塔德将军写给北约组织常设小组主席的信的复印件，并询问英国外交部对随函附上的文件的反应。[2]

---

① 文献来源：*DDF*，1960，Tome Ⅰ，pp. 321-325。

② 2月11日，北约组织部队总司令寄给常设小组主席一封信，他在信里援引了1959年12月举行的部长会议的内容，会议期间，他阐述了在盟军指挥区部署第二代弹道导弹的必要性，并坚决要求优先解决这个问题，而此前美国国防部长指出，他的国家将很快能够通过弹道导弹更加积极地参加改善北约组织的部署。诺斯塔德将军希望最迟1960年3月15日之前做出决定。从现在起到1963年，盟军指挥部应该开始部署第二代弹道导弹；从现在起到1965年应该部署300枚导弹就位并且完全可投入使用，否则，其打击力量的效果会大大降低。随着弹道导弹大队的投入使用，指挥部应该减少空中核打击大队的数量。和欧洲希望生产北约弹道导弹的国家的磋商应该立即开始：这些国家要同意首先满足盟军指挥部的需求，之后的生产才能用于国家需求；它们要建立一些大队以接受以北约组织计划名义生产的导弹，并向在北约组织的大队持续拨款，接受欧洲盟军最高统帅的作战指挥：包括用于北约组织导弹的核原件的库存协议。通过2月24日寄给伦敦的编号为n°10/P. A. N. 的急件（本书未收录），办公厅转报了诺斯塔德将军的信件，指出这封信涉及的两个问题：德国参与欧洲弹道导弹生产的问题，以及最高统帅所说的“某些国家参与这项计划的某些先决条件”的问题。关于第一点，办公厅指出，如果不违背西欧联盟条约，德国工业可以参加弹道导弹的生产。如果就这一点修改条约，那么今后对其他在德国领土上生产武器的限制措施就很难拒绝；西欧联盟成员国应该明白，它们是否接受仅仅维持现行涉及三大杀伤性武器的无条件的、不可废除的禁令；巴黎希望知道伦敦就此话题的看法。关于第二点，采取的程序会导致这样一个结果，即常设小组会陷入大量的本属于政府和理事会的政治问题，法国政府同样会因这个话题激起英国人的评论。——原编译者注

如同前面提到的急件里对我的督促，我借助和塞尔温·劳埃德先生交谈西欧联盟的监管问题时询问了他。

我对于英国积极试图提醒我们［如同安东尼·朗博尔德（Anthony Rumbold）[①] 爵士另一天在议会中做的那样］巴黎协议议定书第三号议定书第三条[②]带来的弊端的看法吸引了他的注意。很显然，法国还没有进入核武器储存阶段，而且在未来一定时间内也实现不了。因此，当前没有任何实际问题。相反，对一个在西欧联盟框架内、导致我们接受监督、而其他三个核大国由于缺少更广泛协议而未受损害的文本反复提及，则会对我们造成不符事实的歧视，至少是毫无意义的。

劳埃德先生没有否认，参加会面的安东尼·朗博尔德爵士也没有否认。相反，他们两个对于和他们利益相关的、海军上将费雷里（Ferreri）要求的专家的任命表现出很大的兴趣。[③] 这位官员的行为只存在于理论之中，除非他有其他安排。因此，这种行为不会影响任何人。它的实施有利于我们在可能回答议会的质询时处于更有利的境地。

然后我又谈起了巴黎条约的条款对德国武器的强制限制问题。我提醒外交大臣，去年 11 月，他曾经和我们谈起过，面对德国以更快的节奏提出越来越重要的豁免要求的习惯的担心。他那时还说，这种行为方式会导致西欧联盟监管的逐步分裂，以及这种监管的存在在就德国重新武装问题与莫斯科交换照会和信函时为我们提供我们经常提到的论据的好处。我提道，

---

① 英国负责欧洲和东西方关系的助理副国务大臣（1957—1960）。——译者注

② 根据这一条款，在未经放弃生产原子、生物或化学武器权利的缔约国在欧洲大陆的领土上，如此项武器的制造“已超过试验阶段而投入实际生产时”，有关缔约国在欧洲大陆上拥有的储存量应由西欧联盟理事会以多数票予以决定。(*Année politique 1954*, p. 668) 然而，通过 3 月 10 日来自伦敦的第 849—852 号电报（本书未收录），大使提到在西欧联盟常设理事会前一天的会议上，英国代表朗博尔德爵士询问法国代表团，法国政府既然拥有了原子弹，那么是否能够明确定义前面提到的 1954 年协议中的条款提及的“实际生产阶段”。——原编译者注

③ 涉及武器监督办事处核武器专家的招聘（前面纪要中分析的来自伦敦的第 849—852 号电报）。——原编译者注

近期，在联邦政府依据西欧联盟的规则准备回复莫斯科的通信时，① 向我们同时提出了两个新要求。在阿登纳总理上次访问伦敦时，② 我曾经以为这个话题没有被提及。自 11 月以来，英国的方向变了吗？

劳埃德先生有点尴尬地回答我说，其政府的感情没有改变。实际上，我们现在面对的是德国的两个新要求，其一是某些战舰许可吨位的提高，其二是感应水雷的生产。对于在这种情况下要采取的态度，我们的技术人员似乎有不同的看法。据部长所知，他们之间此前并无磋商。我们的利益在于促进磋商，以实现共同的立场。

与其让德国人不断地要求被特别对待，不如让问题保持笼统化。在这一点上，既有意义又很必要的是，我们的立场不要标新立异，我们采取的方法不仅要经过共同协商，而且看起来也要如此。伦敦在波恩所做的监视，在英德当前的气氛下，很有可能会在德国引起一股已经非常敏感的反英浪潮。巴黎和伦敦各自采取的不同措施可能会被德国人理解为两国政府彼此希望让对方承担监视的责任。这涉及阐述一种普遍的政治观点，或许应该承认其伤害了德国总理本人。这件事情应该这么做：或者交由两国大使，或者在总理参加峰会时由法英两国和总理的谈话者直接来完成。

这一点达成后，我提及了诺斯塔德的信件，并询问了塞尔温·劳埃德先生他们的看法。

他的答复并没有直接涉及德国事件。主要可以归结为三个要点，我让其重复了一下，以确保无误。

首先，英国政府及各部门在思考，诺斯塔德的建议在被接受的情况下是否会导致欧洲相关国家生产和美国相比较晚了五年的武器。

---

① 在西欧联盟内部关于加快联邦德国恢复武装的决定引起了苏联政府的抗议：因此，1959 年 12 月 15 日苏联驻巴黎大使在和外交部长的口头交流中对巴黎协议授予波恩某些违禁武器的生产权表示反对，并抗议德美协议打算为波恩提供一些导弹发射装备（外交部办公厅发给西欧联盟成员国代表处的电报，特别是发给波恩的第 5788—5789 号电报，本书未收录）。1959 年 12 月 17 日，西欧联盟召开理事会时，冯·布伦塔诺先生非常满意能够将对苏联致西欧联盟国家的照会的答复问题列入会议议程。——原编译者注

② 11 月 17 日至 19 日。

其次，大家非常想知道，这个建议会对英国政府产生何种财政影响。我知道这涉及对该建议产生的预算数据和继续当前计划产生的数据进行比较。

最后，第三个问题，是德国可能会参与其中。我要说的是，我们对这一问题的分析是什么。

对于前面提到的急件的最后一段谈论的程序问题，对方并没有面面俱到。他仅仅提醒说，这样的参与，如果全面介入（原文如此），或者是技术的，或者是财政的，或者二者皆有，或者准确地说铺开生产。从西欧联盟的角度来看，这件事情基于一定的假设，可能会表现为不同的方式。

很明显，英国政府并不完全赞同这一点。显然，它的首要事情是从纯英国的角度，权衡在北约组织框架内根据诺斯塔德确立的目标进行合作的利弊。就此进行研究或许会花费一些时间。我觉得我们可以从其进展和结论中获得教训，获得好的建议。当前，巴黎和伦敦在这些话题上形成的共同阵线所体现的好处肯定是很敏感的。

在会谈结束时，我提醒说，展现在我们面前的，有两个前景。一个是如诺斯塔德在信中所指出的，倾向于在北约组织框架内按照重要而有限的目标展开多边合作。另一个是在双边框架内，暂时没有可选择的目标，但是表现为多种可能性。沃特金森（Watkinson）① 先生、蒙巴顿（Mountbatten）② 勋爵以及邓肯·桑兹（Duncan Sandys）③ 先生在巴黎建议，未来几周内保持联系，以探索呈现的可能性。毕竟，在一条道路上行进，并不必然意味着在另一条道路上止步。

塞尔温·劳埃德先生表示认同。紧急协调三位未来访客的行动是很棘手的事情，根据我的理解，要朝着这个方向努力。

对于要讨论的全部话题而言，其实仅仅涉及第一次会谈。英国外交部

① 哈罗德·沃特金森（Harold Watkinson），英国国防大臣（1959—1962）。——译者注

② 路易斯·蒙巴顿（Louis Mountbatten），英国第一海军大臣（1954—1959）、国防参谋长（1959—1965）。——译者注

③ 英国国防大臣（1957.1—1959.10）、民航大臣（1959.10—1960.7）、英联邦事务大臣（1960.7—1964.10）。他是丘吉尔的女婿。——译者注

主管部门还会就这些不同观点再次讨论。我稍后会对这些补充讨论进行汇报。

（吕军燕译、校）

19600325，FD000047

政策司备忘录：梅斯梅尔[1]和诺斯塔德关于中程弹道导弹的会谈[2]

（1960年3月25日）

3月24日，梅斯梅尔（Messmer）先生宴请了诺斯塔德将军。他正式对将军表明，在常设小组最高统帅的信函里提到的关于在欧洲生产中程弹道导弹的条件对法国来说是不可接受的。

他指出，法国政府希望获得某些弹道导弹的所有权。

诺斯塔德将军答复说，考虑到美国舆论及国会的思维方式，他觉得此事困难很大。尽管这些困难可以表达，但是他的建议会遭到美国政府的反对。

最高统帅在结束会谈时指出，鉴于英国也不接受他的建议，如果官方正式批准了对他的答复，则表明这样一个欧洲弹道导弹生产计划的破产。

（吕军燕译、校）

19600404，FD000048

肖维尔致德姆维尔急件（第472号/P. A. N.）[3]

（1960年4月4日）

在总结第412号/P. A. N. 急件时，我曾经指出，英国外交部稍后还会就我和外交大臣会谈时的那些观点再次讨论。因此，我的助手之一[4]于3月30日和帕特里克·迪安（Patrick Dean）[5] 爵士进行了谈话。他问爵士，除

① 皮埃尔·梅斯梅尔（Pierre Messmer），法国国防部长（1960—1969）。——译者注

② 文献来源：*DDF*，1960，Tome Ⅰ，pp. 327-328。——编译者注

③ 文献来源：*DDF*，1960，Tome Ⅰ，pp. 407-409。

④ 指雅克·蒂内（Jaques Tiné）先生，大使馆一等参赞。——原编译者注

⑤ 英国代理副外交大臣，常驻联合国代表（1960—1964）。——译者注

了3月24日塞尔温·劳埃德先生就诺斯塔德将军的建议主题给我提供的信息外，是否可以给他一些新的指示。他又说，我们已经了解了盖茨（Gates）①先生次日在国防部长会议②上提出的建议，并第一时间注意到，这项建议使总司令的建议失去意义。

最初的指示以及后来帕特里克爵士在谈话中的指示总结如下：

两个建议都来自于艾森豪威尔总统对美国大西洋理事会的提议，目的是在北约组织国家部署中程弹道导弹。将军很久以来都在寻求开发欧洲。2月11日的建议并非他第一次向常设小组提出，他的真正目的是尽可能启动一个计划，用弹道导弹代替1965年到期的空中战术力量。他近期之所以再三提出，也许真实目的是向政府施压（参见3月23日电报REPAN）。欧文（Irwin）③ 的建议倾向于展示其手段的效果。

在伦敦，大家认为诺斯塔德将军建议在欧洲生产只是附带，他或许在其中看到了政治利益，考虑到这种方式更能受到欧洲政府的主动支持，通过将它们联合起来，从事一项共同事业，然后走向其力促的一体化方向。帕特里克·迪安爵士顺带着对该思路表示了质疑：作为一体化的拥趸，他认为借助一个欧洲人几乎一无所知的导弹的生产来实现一体化是很困难的；围绕更简单、有更广泛需求的导弹也许会更合适；比如他想到了英国陆军的短程导弹“蓝光”。

---

① 托马斯·盖茨（Thomas Sovereign Gates），美国国防部长（1959—1961）。——译者注

② 在4月1日会议期间，美国国防部长曾就中程弹道导弹问题阐述了美国的意见。华盛顿政府提出了两种可能。第一种可能是，让美国生产，然后卖给欧洲国家，后者可以利用美国的技术援助；弹头的所有权属于美国并由它保管；导弹的使用及安装计划由欧洲盟军最高司令部安排，这些国家要提前对该计划做出答复；要提前保证最高司令部指定的核弹头安放场地。第二种可能是，美国对欧洲导弹的生产提供帮助。盖茨明确指出，供选择的导弹是一种机动导弹，型号是北极星；他指出，美国政府更倾向于第一种方案，因为欧洲对系列安装的付款可以拖延。梅斯梅尔先生注意到了这些建议，他要求认真研究：必须明确政治、军事和财政影响；还需要考虑国家自身的责任感以及它们能否部署这些武器的事情；法国不拒绝和欧洲盟军最高司令部的合作，但是要有令人满意的条件。法国国防部长保留了其国家的最终立场（4月1日电报，n°211/REPAN，本书未收录）。——原编译者注

③ 欧文先生，美国国防部副部长，曾经把盖茨先生的建议考虑公开之前告诉德勒斯先生（3月29日电报，n°195/REPAN，本书未收录）。——原编译者注

自去年夏天，英国人就针对总指挥的思想明确表达了保留意见，主要体现于以下两个计划：

1. 德国参与计划，承诺提出哪怕最棘手的问题；确实，无论是解决德国受到排斥的窘境还是西欧联盟条约的条款的修改，没有任何恰当的、令人满意的解决方法。

2. 关于财政计划。无论过去还是现在，对于英国行政部门来说，在欧洲开办工厂以及筹备计划生产所必需的基础设施都是不经济的。这些基础设施在美国都有。为何还要在欧洲重建？代价如何？未来某一天我们或许达到这种程度，但是一个只是推迟生产并且代价高昂的方法现在似乎是不合适的。

我们的合作伙伴因此询问，这是否意味着英国更倾向于接受盖茨的建议。帕特里克爵士答复说，他似乎感觉其政府希望再多等些时间。没必要匆忙做出决定。诚然，裁军问题交流本身不是中止核试验的充分理由，但它是促使人们慎重决策的要素之一。这不得不引起人们的思考，这究竟是不是代理副外交大臣在峰会上的真实想法。

也就是说，英国政府同意诺斯塔德将军的观点，认为迟早应该为盟军配备适应苏联防务新力量的武器。如同在欧洲盟军最高司令部，在伦敦，大家认为武器应该分布在北约组织覆盖的整个欧洲领土上。至于300这个数字，英国战略家们认为夸大了。或许诺斯塔德将军要求300，而期望200。

然后我的伙伴问如何处理关于德国的问题，假设它不能参与生产导弹而由美国交付。是否所有英国的保留意见都消失于，这恰恰相反，或者叫倾向于认为拥有战术导弹是一回事，而别人交付的、有双重监督保证的报复性武器是另一回事？①

帕特里克爵士回答说，对于一个积极的行为准则导致严重的政治风险的几率，他个人是严重怀疑的。但是西欧联盟条约里没有包含任何反对德国的条款，另外，德国不是正好要托付部署900英里射程的马斯导弹吗？另

① 文献注释：大家都知道，诺斯塔德将军拒绝进行这种区分。这来自他另一天说的话。这与他是飞行员有关。——原编译者注

一方面，我们应该信赖双重监督的保证，根据英国的经验，监督是严肃的。[①] 最后，诺斯塔德将军还考虑到了其导弹地域分配方面的某些政治因素。他决定在德国只部署负责近距离任务的部队。

总之，如前文所述，英国政府决定，或许是做做样子，对诺斯塔德将军的建议不做答复。[②] 至于美国政府的建议，由于其不再强调生产，英国也不急于看到它的结果。另外，由于英国可以说已经提前在其领土上部署了一些双重监督的固定发射基地，我怀疑等到它初步形成规模的时候，会计划再建新基地。如果涉及机动导弹[③]，那问题就不同了。

（吕军燕译、校）

19600408，FD000044

政策司备忘录：停止核爆炸[④]

（1960 年 4 月 8 日）

美国一方面坚决要求法国保证近期不会进行新的核试验，另一方面，又通过美国一些重要人士就可能承认我们取得的重大进步说着鼓励的话[⑤]，

① 文献注释：在这个问题上，我注意到，之所以弹道导弹比飞机更危险，是因为一旦发射，就不可能再挽回，那么它能为这么一个危险提供高级保证（有时会谨慎提及）：一个德国飞行员携带原子弹，其目的如果不是指定战术目标而是莫斯科时，则可以被撤回。——原编译者注

② 空白处的手写注释：沃特金森先生 4 月 1（?）日不是完全这么说的。——原编译者注

③ 空白处的手写注释：实际上是指“北极星”导弹。——原编译者注

④ 文献来源：*DDF*，1960，Tome Ⅰ，pp. 441-443。

⑤ 通过 3 月 23 日的第 1666—1671 号电报（本书未收录），法国驻华盛顿大使同一天和原子能委员会主席麦科恩（McCone）先生做了详细交谈：由于对雷冈核试验印象深刻，他认为其政府应该和法国商定一个核合作协议（相当数量的铀 235 停止用于军事用途）。3 月 25 日，在给顾夫·德姆维尔先生的一封私信（本书未收录）中，阿尔方先生说前一天和参议员克林顿·安德森（Clinton Anderson）进行了交流，他对雷冈核爆的力量也是印象深刻。安德森先生对法国人继续进行核试验以展示他们的“核力量”感到不安；他希望法国和美国专家之间进行一个“观点的交流”；如果美国专家认为法国拥有了这项能力，他则认定“重大进步”已经完成，关于信息交流的合作以及可裂变物质的交付可以考虑了。4 月 10 日来自华盛顿的第 1984—1986 号电报（未出版）指出麦科恩先生的某些“倒退”，他在中止核试验的日内瓦谈判的失败和促进法美之间在核武器领域的合作的可能性之间建立了联系。据美国媒体判断，美国不准备扩大核领域合作协议。——原编译者注

自然引起了我们的某种怀疑。美国的意图也许是单纯的，它确实也有可能打算和我们签订一个原子能军事运用领域的合作协议，但是它也有可能想要我们放弃继续进行核试验。

或许美国认为应该为它提供一个合作协议作为交换。4 月 7 日的一份纪要①指出了某些保证，其协议应该围绕外交计划进行。原子能安全委员会和军方主管部门或许正在研究我们应该在此领域提出怎样的实际要求。这至少是 1960 年 3 月 28 日在马蒂尼翁宫②召开的国防特设委员会会议做出的决议的方向。

无论美国人的内心想法和真实意图是什么，只要华盛顿政府在停止核试验问题上属于需求方，如果法国能获得充分的外交和技术保证，那么我们和美国之间在这件事情上的利益就不会不一致。

因为一些政治原因（超级大国行列）和安全的原因，尽可能限制核大国的数量符合我们的利益。这似乎是赫鲁晓夫先生的观点（致艾森豪威尔总统的信）③，根据经验，我们知道这也是美国政府的观点。如果法国拒绝加入准备中的日内瓦条约，那么在阻止其他国家通过自己的方法获得核能力的体系中就会出现缺口。

同时还要考虑，我们是否确实要利用拒绝加入日内瓦条约在这个领域带给我们的自由。根据最乐观的假设，能够让我们进入热核武器生产阶段的首批试验还需要四到五年的时间。（涉及一些武器试验，因为在那之前，

① 这些材料包含了数份 4 月 7 日的纪要（本书未收录），但是这里提到的材料确实转自于其他两份纪要，是为了戴高乐将军 4 月 12 日接见麦科恩，根据爱丽舍宫的要求撰写的。我们感兴趣的这份材料讨论了在核合作协议签署过程中，法美关系的影响。在《麦克马洪法案》影响此类协议签订的条件下，还要求法国加上中止其自身的核试验。准备日内瓦条约的三个签署国应该会承诺不能帮助其他国家进行核试验，相反，美国可以帮助一个拥有核能力的国家生产它的武器。协议的条款应该会足够宽容，使法国能够进入热核武器阶段。三个在日内瓦谈判的国家作为创始国为它们自己保留了优势地位。法国，核能源国家，要经过漫长的谈判才能成为创始国。如果一个双边协议让法国的加入从属于这个准备中的核试验中止条约，那么这又重新回到由苏联人掌控的、无限期推迟法美双边协议的手段上去了。——原编译者注

② 法国总理官邸。

③ 这封信的日期为 3 月 3 日，是根据其他提到该信的一些档案材料判断的。——原编译者注

还要研究一些聚变反应试验。）面对如此遥远的试验期，很难预计那个时候的国际形势，但是我们可以想象，1960 年所遇到过的困难还会有增无减，我们甚至无法确定那时能否得到共同体国家的支持。另外，赫鲁晓夫先生在朗布依埃[①]召开新闻发布会时还提醒我们，根据他的观点，停止核试验条约的签署将会使法国的后续试验更加困难。

总之，加入未来的日内瓦条约不能仅仅认为是为了签署军事合作协议而满足美国要求的一种交换。出于维护自身利益的原因，法国不得不加入其中。如果我们在双边计划中获得足够的保证，我们将会遵守协议，作为交换，将会在可预见的范围内关闭所谓的“核俱乐部”的大门。

事实上，由于美国国会可能休会至 7 月中旬，为了开始生效，应该在 5 月初就签订双边合作协议。显然，如此短的延期，不会让法国在同意停止其试验前确保获得所有保证。

这是否意味着，要签订这么个协议，还要等着新政府上台，然后一直拖到 1961 年春天？真不敢确定前面提到的形势是否还能够保持到最有利于法国利益的局面。

事实上，假设能够利用某些美国重要人士近期向我们表达的有利条款来签署一个普通的协议，这个协议今年也不会被批准，而是躺在国会的档案柜里，直到 1961 年 1 月重新开会，这不符合我们的利益。法国主管部门要利用 1960 年底这段时间明确合作条款以满足他们早该明确的需求。

关于另一个计划，法国外交部门或许应该和三个在日内瓦谈判的国家研究一下在停止核试验条约中应该做出的修改，以使我们立于创始国之列。

如果在这两个计划上不能令我们满意的话，秋天举行一两次核试验有利于提醒我们的合作伙伴我们继续核试验计划的意图。

（吕军燕译、校）

① 4 月 2 日下午，苏联国家元首同意销毁核武器，停止生产，但也坚决认为中止核试验是必须的第一步。关于这次新闻发布会的内容，参见 4 月 5 日的《世界报》（*Le Monde*），第 4 页。——原编译者注

19600429，FD000049

政策司备忘录：盖茨建议的后续行动①

（1960 年 4 月 29 日）

在最近一次的北约组织理事会国防部长级会议期间，美国国防部长盖茨先生在关于中程弹道导弹问题上提出一项建议，大家可以在附件中找到此文本。国防部长指出，由于北约组织承认自 1963 年起对中程弹道导弹的需求，面对这些需求，美国人考虑了两种方式：美国卖给北约组织弹道导弹或者通过美国的技术援助在欧洲生产。在这两种情况下，弹道导弹都要服从欧洲盟军最高统帅的监督，相关国家要同意提前使用符合欧洲盟军最高统帅发展需求的弹道导弹以及安排核武器配件的库存。另外，在第二个方案中，要加上一项承诺，在欧洲安装的生产设备要完全用于满足欧洲盟军最高统帅当前和未来的需要。

德勒斯先生指出，在未来几周或者数月内，理事会将研究如何答复。

根据办公厅掌握的信息，出于以下考虑，军部（拉沃将军的部门）将开展此项研究：

至 1965 年，法国就能够生产中程弹道导弹了，其特性要高于目前美国人推荐的导弹。根据建设计划，这一时期要生产一种机动导弹，由液体燃料推进（不是英国人和美国人开发的液氧，而是一些稳定、经济、可储存、可移动的液体，因此可以独立于生产工厂之外）。这些导弹能够安装总重量达 1200 公斤的核弹头，其中 700 公斤专门属于核燃料。其射程至少达到 3000 公里。和国外的导弹相比，其唯一劣势是其弹道的夹叉更大（和目标零点相比，大约 8 公里）。总体计划生产大约 80 枚导弹，将花费 1500 亿。（这些信息由莱韦克上校提供）。

4 月 15 日，这些计划得到戴高乐将军的准许。拉沃将军的助手证实，戴高乐将军已经下令优先实施。这个消息受到了总理办的驳斥。

尽管如此，军部声称这项生产将全部花费用于此类装备的法国专项财

① 文献来源：*DDF*, 1960, Tome Ⅰ, pp. 539-542。

政，并独立于盖茨先生建议的政治条件之外，法国只能拒绝美国的提议了。

最后，即使有这一笔可使用资金，“北极星”也承受不了法国过于沉重的核负载。“北极星”的特性，尤其是射程（1200 海里），不能满足法国构筑核打击力量的需要。

4 月 26 日，在办公厅召开的一次会议上，条约部主任①提到，梅斯梅尔先生在北约组织理事会的发言中曾经指出，法国只有收到美国在政治、军事、技术、财政各方面提议的详细情况，才能够对美国的建议发表意见。梅斯梅尔还说，法国政府同意欧洲盟军最高统帅关于中程弹道导弹规定用途的原则，但从未听说过这项举动会耗费这方面全部的财政、技术等可支配资源，也未听说过在这个过程中这些武器将由欧洲盟军最高统帅统一部署。他最后总结说，法国不拒绝任何合作，相反，我们很期待这次合作，但是要考虑其他条件。

然后各部、处代表询问，针对这次声明是否还有后续指示。换句话说，他们想知道是否有一个问题清单，其答复要提供梅斯梅尔先生所说的必不可少的详细情况，另一方面，我们是否应该考虑一些促使我们达成满意合作的反向意见，而梅斯梅尔先生的协议是取决于满意程度的。

军部代表声明说，考虑到戴高乐将军做出的“决定”，这两种担忧已不存在。

然后，根据我们所了解的合作伙伴的意图，讨论的重点放在了对形势发展的展望上。

我们所了解的在同一领域内的英国政策可总结如下：

1. 国家威慑力量

由于代价高昂，英国人放弃了他们的中程弹道导弹国家建设计划（蓝光）。为了保持国家威慑力量，他们计划使用美国空地导弹“天空闪电”，将其固定在战略轰炸机“勇士”的侧翼之下（现在装备于指挥轰炸机），并为其配备英国生产的核弹头。

另外，英国人还要自己建造核潜艇，然后从美国人那里买几枚“北极

① 弗朗索瓦·德罗斯先生。——原编译者注

星”，前提是能够获得全部授权。

2. 欧洲联盟最高司令部分配的英陆部队

对于这些部队的配置，英国政府原则上接受盖茨先生的建议，前提是能够预知其安排（依据欧洲盟军最高统帅的计划部署和使用）。

因此，英国可能存在双重政策：在北约组织框架内接受；全权购买谈判，以替换指挥轰炸机，这两项政策并不是必然相互关联的。

至于其他的北约组织合作伙伴，如果排除几乎肯定持拒绝态度的斯堪的纳维亚国家，它们可能也是接受盖茨先生的建议的。如果确实如此，那么局势就可能如下：数量上已经超过我们的德国部队将配备强力导弹，组成欧洲盟军最高统帅主要的或者大部分的打击力量。它在盟军内所代表的分量，特别是在中欧的军事设备方面，将会极大地改变其平衡。这种形势的后果，尤其是对于苏联和卫星国家来说，首先构成了政治问题。

假设，如同我们自己，德国或者其他国家拒绝了盖茨先生提供的建议，我们可以猜想一下美国会有何种态度：撤出欧洲？外围防御？欧洲盟军最高司令部的法国军官提及诺斯塔德将军试图要求获得配置北极星的核潜艇的指挥职位。

在当前状况下，没有任何涉及我们的谈论是有关盖茨先生的建议的，尽管这些建议已经明确提出。下面需要决定的是，在将于 5 月 20 日召开的下一次理事会上，德罗斯先生要使用何种理由解释法国对盖茨先生的建议的拒绝。可以使用如下论据：

1. 我们从财务上已经不可能为北极星的事情抽出资源，而且我们还要实施国家打击力量计划。

2. 我们认为美方提出的条件是不可接受的（使用和部署）。

在他们看来，这些条件不过是互助协议里条件的重复，但实际上是加重了，细化了，尤其是武器要由欧洲盟军最高统帅支配。然而，背景已经发生基本变化，因为我们被要求购买这些导弹。

总之，要做出以下决定：

1. 军部主张的简单、直接的拒绝态度是否得到政府批准，我们是否考虑通过反向建议来答复，比如我们加入该计划（可能获得某些全权的导弹……）。

2. 是否通过外交渠道告知华盛顿我们的立场，或者等待北约组织理事会的讨论结果。

（吕军燕译、校）

19600518，FD000045

外交部备忘录：停止核试验谈判的进展情况[①]

（1960年5月18日）

停止核试验谈判目前正就几项计划继续进行。对太空、大气层、海底核试验以及20千吨以上的地下核爆炸的禁令和监督已经达成共识。[②] 今后面临的唯一问题是低于20千吨的地下核试验。

1. 延期的期限问题。—— 苏联建议延期的期限长度为四到五年。相反，英国人希望的期限明显少多了（英国人建议一年半或最多两年）。另外，他们希望利用这段时间，通过共同实施一项包含一定数量核试验的研究计划以改善检测方法。直到目前，苏联对整个核试验计划都充满了敌视，但是，在5月3日的日内瓦会议上，察拉普金（Tsarapkine）[③] 先生对英国人的论点做出了一些让步。

（1）他同意召开负责制定地下核爆检测标准的科学小组会议，并且建议这个机构从5月11日起开始开会。

（2）察拉普金先生接受了英国人的建议，共同执行一定数量的地下核试验，以检验20千吨以下试验的监督方法。

① 文献来源：*DDF*, 1960, Tome Ⅰ, pp. 686-687。为米歇尔·勒让德尔（Michel Legendre）先生撰写，其为政治事务局裁军处副主任。——原编译者注

② 为了5月份停止核试验会议的活动开展，尤其是关于所有空中、水下、地下的军事核爆炸问题，英国人提出建立世界监督体系的新议案。苏联代表认为很有意思，参见 *l'Année politique, 1960*, pp. 476-477。——原编译者注

③ 谢苗·察拉普金（Semyon Tsarapkine），苏联驻联合国副代表。——译者注

2. 监督委员会的投票程序问题。—— 在这个问题上仍然存在矛盾。苏联人要求只在程序问题上使用少数服从多数的原则。至于其他问题，由三个理事国一致通过即可（否决权）。相反，英国人则支持在所有问题上采用多数票原则。看起来还要对适用三个理事国一致原则的问题清单进行协商。

3. 现场检测任务派出条款。

（1）配额。美国代表团建议每年派出 21 次任务。苏联代表团则想大幅降低这个数字。

（2）组成。在这个问题上未达成任何协议。然而大家似乎倾向于三方组成方案：三分之一西方阵营代表，三分之一共产主义阵营代表，三分之一中立代表。

（3）监督团队派出决定。苏联继续支持由监督委员会根据个案的情况做出决定的原则（因此，还是服从于三个理事国一致原则）。相反，英美两国更愿意机动监督团队的检测行为是自由的。

峰会失败之后，预测谈判的发展趋势已经不可能了。能够期待的结果之一，就是大国之间能就这个问题达成协商。

（吕军燕译、校）

19600603，FD000050

斯巴克致美国当局的照会：盖茨建议①

（1960 年 6 月 3 日）

关于盖茨在国防部长会议（1960 年 3 月 31 日—4 月 1 日）上的建议。

我认真思考了盖茨先生关于中程弹道导弹的建议，我不想掩饰它给我

① 文献来源：*DDF*，1960，Tome Ⅰ，pp. 772-774。这份材料，保罗·亨利·斯巴克在其回忆录（*Combats inachevés*，Ⅱ，*De l'espoir aux deceptions*，Fayard，1969，p. 193）里曾简单提起，被法国常驻北约组织副代表约尔根森（J. -D. Jurgensen）以手抄信的方式转达："我们通过格雷格（Gregh）对这封公函的精神，而不是文本的细节施加了一定的影响。尽管里面的措辞对我们来说难以令人满意，但是斯巴克的意图无论对于联盟利益还是法国利益来说，都代表了一种努力，在我看来，具有一定的价值。"——原编译者注

带来的巨大担忧。

我相信，如此方式表达的建议，无论哪种选择，都永远不会被全部盟军成员国接受。

我认为，这种拒绝包含了军事和政治两方面的实际风险。

我感觉法国的反对是最明确的，不得不说，我非常理解。

盖茨先生的建议要求分配给盟军各国的“北极星”要全部接受欧洲盟军总司令的部署，至少我是理解的，但这意味着法国不能将它用于构筑国家打击力量。

如果法国接受了这样一个建议，那就意味着它彻底放弃组建国家核报复力量。确实，如果法国要花费巨资购买一批最终却属于北约组织的导弹，那才是不可想象的，更何况，它正努力研制一种可以小规模生产的、属于自己的导弹。

戴高乐将军多次、并且最近再次重申，法国的政策是致力于构筑国家核报复力量，需要巨大的财政努力。所以毫无道理再增加支出为北约组织购买北极星，同时去生产功能相同、军事覆盖目标一致的导弹。

因此，法国明确拒绝会影响北约组织内部核政策一体化的实现。或许美国能够和部分国家就双边协议进行谈判，但是北约组织的整体需求难以覆盖，核战略的统一将遭到破坏。

如果说，从军事的角度来看，当前的既成局面令人忧心，那么政治上的成果则无可挑剔。

法国政府现在已经认定，大西洋联盟尽管存在，但却不是总能帮它解决自己的问题。如果在核问题上，法国游离于体系之外，并且反对来自联盟的努力，那么法国这种倾向就会有强化的危险。

如果法国政府不重视常设理事会内部的政治合作，那么肯定会强化这种倾向。我认为这是非常不利的。

在这个问题上，北约组织应采取的最好政策是什么呢？

1. 所有联盟国家的政府都要批准军方提交的核武器计划，并且尽快实现。

2. 同时，如果计划的实施难以妥协，那么美国政府就要允许渴望导弹的政府购买一定数量的北极星（当然不配置美国的核弹头）。

3. 这些政府（主要涉及英国政府和法国政府）这样就能够使用在如此条件下获得的北极星，通过配置它们自己的核弹头来构筑国家报复力量了。

至于德国的问题，因为受制于布鲁塞尔条约的条款，要用不同的方式处理。

4. 法国政府应该很自然地接受，在集体计划框架内，在法国部署的、配置美国核弹头的北极星，在美法的双重监管下，在法国储存。我认为，其实就是学习英国的使用体系①。

如果这样的一个政策不被采纳，那么我相信，再也没有什么可以阻止法国继续拒绝联盟的一体化核政策，从而继续构筑自己的国家打击力量。

我相信这项政策会取得成功，但是从联盟一体化的角度来看，代价高昂，造成真正的浪费，其主要结果就是在未来几年内，法国会在北约组织的指挥下，失去其军力改善和现代化的方法。

那么，美国终究还是要面对其力图避免的局面，而这是最坏的情况，因为这必将损害北约组织的政治和军事团结。②

（吕军燕译、校）

---

① 空白处，问号。——原编译者注

② 在斯巴克先生准备美国之行、和美国当局探讨的前一天，6 月 11 日，这份公函通过北约组织秘书长转交给约尔根森先生（6 月 11 日电报，REPAN，n°323，本书未收录）。6 月 13 日，这份材料的文本通过电报 n°324 转交办公厅。返回后，秘书长告诉德罗斯先生，已经在口头上向狄龙先生和盖茨先生做了备忘录。美国人“认真地”听了他的发言并提了一些问题。美国人尤其担心联盟其他国家向法国学习，要求对构筑国家打击力量提供援助。他们问，如果导弹可以用作他们自己的国家打击力量，法国人是否接受盖茨的建议，共同构建北约组织威慑力量。由于已经在其备忘录里明确说明未和某些人预先咨询，并且也不能预测巴黎方面就其建议给出的后续对策，斯巴克先生认为，如果法国参加北约组织的北极星军备，美国也许会接受帮助法国部署国家导弹。他希望尽快会晤部长，就此问题和他进行交谈（6 月 20 日电报，REPAN，n°334，本书未收录）。——原编译者注

19600706，FD000052

塞杜致德姆维尔电（第2712—2713号）[1]

（1960年7月6日）

我参阅了您发往华盛顿的第9755号电报（以第3871号转发给波恩）[2]。

7月5日和布鲁克（Brucker）先生再次会谈之后，施特劳斯（Strauss）先生否认了其美国伙伴7月4日的言论，声称不考虑为德国联邦国防军配备中程导弹，也不会就此向北约组织提出任何建议。另外，应该由大西洋组织就盖茨先生试图在欧洲部署北极星导弹的建议表明立场。

国防部长提醒大家注意其自美国返回后发表的数次声明，并再次强调，依据其政府的精神，在联邦的领土上不会部署任何中远程导弹，因为这些导弹不能置于“最前沿”。然而他又补充说，如果北约组织司令部向成员国提出具体建议，联邦政府则会慎重研究。

（吕军燕译、校）

① 文献来源：*DDF*，1960，Tome Ⅱ，pp. 39-40。弗郎索瓦·塞杜（François Seydoux），法国驻西德大使。

② 7月5日发往华盛顿的第9755号电报（本书未收录）指出，据美联社波恩分社报道，美国陆军部长布鲁克对德国国防部长施特劳斯说：“没有看见任何为德国联邦国防军提供北极星导弹的反对意见”，并且根据德国当局的要求，对布鲁克先生的声明做了根本不令人信服的辟谣。因此，巴黎方面要求其驻华盛顿大使敦促美国政府就其关于此事的新意图做出明确解释。华盛顿通过其第3317—3320号电报（本书未收录）做出答复。接受我大使质询的赫脱先生尚未收到美国驻波恩大使馆的汇报；或许是因为其面对媒体的发声过于草率，或许被断章取义。归根结底，在北极星和盖茨的建议这两个问题上，美国的立场没有改变，盖茨的建议将在北约理事会上讨论。海军部署的利弊还要经过五角大楼的研究。——原编译者注

19600721，FD000053

德勃雷[1]致戴高乐电（个人信件）[2]

（1960年7月21日）

尊敬的戴高乐将军：

维诺格拉多夫（Vinogradov）[3]先生昨天向我提出今天会晤的请求。我今天下午3点接待了他。

他来向我宣读了一份口头报告，并且给我留下了翻译件（非官方翻译件）。您将在本文的附件中阅读到。同时，他还把苏联政府递交给美国驻莫斯科和德意志联邦共和国大使馆的照会的翻译件留给了我。

简言之，苏联政府利用美国陆军部长7月5日（两星期之前）不合时宜的宣言，来吸引我们注意重新武装德国的严重性，尤其是用北极星装备的德国联邦国防军。

我的回答总结为以下两点。

我向他重提了您和赫鲁晓夫先生关于军备竞赛造成的严峻形势的对话，同时我还强调，正如您始终坚持的，若要避免更糟糕的局面，必须刻不容缓地采取裁军行动。

从总体态度到具体问题，我同样重申了我们的立场：法国已经签署了巴黎协定，除巴黎协定规定的程序外，任何修改巴黎协定的条款都不能被接受。

尊敬的戴高乐将军，请接受我最忠诚的敬意。

附件

为了和平事业，我有责任提请法国政府注意，出于用最先进的热核武器和火箭来武装西德联邦国防军的目的，美国和西德采取的措施越来越

---

① 米歇尔·德勃雷（Michel Debré），法国总理（1959—1962）。——译者注

② 文献来源：*DDF*，1960，Tome Ⅱ，pp. 134-135。——编译者注

③ 弗拉基米尔·维诺格拉多夫（Vladimir Vinogradov），苏联商业部副部长。——译者注

危险。

我想强调的是，苏联政府十分关注 7 月 4 日至 5 日美国陆军部长布鲁克先生和西德国防部长施特劳斯先生之间在波恩举行的会谈。① 根据 7 月 5 日发表的公告和布鲁克本人的声明，该会谈就美国的北极星导弹武装西德联邦国防军达成了一个协议，北极星主要负责将热核武器运载到 2000 公里以外。他们之所以如此，主要是为了将大规模杀伤性战略武器交到西德复仇主义者的手里，而后者曾野蛮要求重划欧洲国家边境，他们还试图将联邦德国国防军转变为北约组织阵营的主要突击部队。

毫无疑问，美、德用各种最具杀伤力的先进武器来武装德国联邦国防军的军事阴谋对欧洲各国安全形成新的威胁，包括那些把西德当作盟国的国家。

既然法国政府出于自身利益多次向苏联政府保证，要维护和平并且保证所有欧洲国家安全，因此苏联政府认为，对于将热核武器和导弹交由西德复仇主义者掌控的计划，法国政府不应置之不理。

此外，苏联政府认为有必要强调，在第二次世界大战中，美国和大家一起成功战胜了德国侵略者，它们曾经许诺，要防止再次出现来自德国侵略的威胁，这明显与现有计划自相矛盾。

苏联把维护世界和平作为其对外政策的主要任务，正因如此，对于在欧洲中心玩弄引发战争威胁的手段，苏联不会无动于衷。

苏联和其他热爱和平的国家应该采取必要措施，以保障欧洲人民的安全。苏联政府已经警告过西德政府，它要对今天的挑衅行为所产生的可能后果负全部责任。

---

① 7 月 5 日美国陆军部长布鲁克先生和西德国防部长施特劳斯先生举行了会谈。会谈后，西德国防部发表声明，表示西德没有将美国的北极星列入自己的军备计划，并且西德也没有要求北约向其提供北极星。然而，如果北约向其成员国建议这么做，波恩方面将“慎重考虑该局面”。该声明旨在平复由布鲁克在西德巡视时的一些言辞在波恩和国外引起的情绪。实际上，布鲁克已经在记者会时表明不反对使用战略进攻性导弹武装西德，比如北极星，尤其明确这种可能性只能在北约框架下完成。(《世界报》7 月 7 日，第 4 页)。——原编译者注

苏联政府希望法国政府就美国和西德用北极星武装德国联邦国防军的意图表明立场。

（李东旭译，吕军燕校）

19600725，FD000054

7月21日戴高乐与斯巴克会谈备忘录[①]
（1960年7月25日）

7月21日，戴高乐将军会见了北约组织秘书长保罗·亨利·斯巴克先生。他讲述了这次刚刚结束的美国之行，在美期间，他向美国当局陈述了对国防部长盖茨先生关于在欧洲部署北极星导弹的建议的看法。

他指出，根据他的看法，如果法国不接受附加条件的导弹，那么大陆上的任何其他国家也不会同意类似部署。因此，他建议美国政府为北约组织提供一些北极星的同时，也直接卖给法国一些。

对他这些建议，美国政府未做任何答复。在这种情况下，斯巴克先生认为，盖茨先生的建议没有任何机会，不要打算在北约理事会那里实现他的建议。

戴高乐将军对斯巴克先生说，美国的态度并不令他感到意外，因为既然美国已经准备好从舰艇或者潜艇上发射北极星导弹，那么考虑到在政治计划上带来的困难，它再无任何兴趣在欧洲大陆上继续部署导弹。它或许顶多对在一块激进的领土上部署导弹有些感兴趣，比如土耳其。

斯巴克先生非常遗憾，美国越来越把大西洋联盟当作一个它可以在其中独揽责任、掌控一切的组织。

戴高乐将军对此表示赞同，他认为，按照当前的状况，大西洋联盟不可能幸存下去。

（吕军燕译、校）

---

① 文献来源：*DDF*，1960，Tome Ⅱ，pp. 140-141。

19600726，FD000055

政策司备忘录：德国和中程弹道导弹[①]

（1960 年 7 月 26 日）

如果说德国联邦国防军配备中程导弹的问题提出的时间相对较短（1960 年 3 月盖茨的建议），那么，德国一起参加火箭和导弹的生产的问题已经提出两年半了。第一个问题还没得到解决，第二个问题则又多灾多难；这些问题实质上是不同的法律和政治问题。

一

根据《巴黎协定》[②]，实际上，联邦德国保证“不在其领土上生产”：

——原子、生物和化学武器。这是明确承诺（议定书 n°Ⅲ，附录Ⅱ）；

——某些级别的武器，包括“远程导弹和制导导弹”（议定书 n°Ⅲ，附录Ⅲ）。

由此，从严格制定的巴黎协定中产生出如下条款：

——既不排斥德国在其领土之外在技术上和财务上参与中程弹道导弹的生产。这是 1957 年 11 月 26 日三方协议的目标之一，

——也不排斥为德国联邦国防军配备此类导弹。

二

在西欧联盟看来，吸收联邦德国参与生产中程弹道导弹体现在两个方面：

——中程弹道导弹具有报复性导弹的特点，不同于近炸引信或防空导弹，其建设是被许可的（1958 年 10 月 21 日）。

——对德国来说，中程弹道导弹的生产仅仅是其核弹头生产道路上的一个阶段。

需要注意的是，法国政府过去的态度给联邦德国一种感觉，那就是法

① 文献来源：*DDF*，1960，Tome Ⅱ，pp. 155-158。——编译者注

② 比利时、法国、卢森堡、荷兰和英国参加的修订和完善条约的议定书分别于 1948 年 3 月 17 日在布鲁塞尔、1954 年 10 月 23 日在巴黎签署，1960 年 1 月 17 日发表于 *Journal officiel de la République française*，p. 516 以及 *Recueil des traités et accords de la France*，1960，p. 300。——原编译者注

国已经准备好考虑让德国一起参加这么一种导弹的生产。

通过1957年11月28日的条约议定书①，法国、德国、意大利三国国防部长实际上已经约定“寻找最好的方法，以实现三国之间在武器方面紧密、一致的合作……以满足近期和未来构建一个同等重视的利益共同体的需要：

——航空装备及其电子技术；

——不同类型的制导导弹及其电子技术；

——核能的军事化应用”。

1958年4月16日，这三个国家在北约组织举行共同会谈，以期获得艾森豪威尔总统1957年12月提供的技术和财政援助，涉及一种“射程2800公里的地对地导弹的研发”。经过1958—1959年间在北约组织范围内举行的谈判最终建立了一个小组，由生产和后勤秘书（欧共体）主持，法国和联邦德国获得席位，英国加入其中；意大利退出。该小组仅仅明确了一种低级导弹的特性（1200海里），相当于第一代北极星导弹。诺斯塔德将军考虑到了北约组织自1963年起对该级别导弹的需求，于1960年2月11日向常设小组提出了一些建议，这些建议由盖茨先生于3月31日进行确认。由于在北约组织框架下和美国人谈判形成的趋势，另外由于1958年6月17日防务委员会决定“遵循不拒绝原则”，因此共同生产计划未能开始实施。

三

在西欧联盟看来，为德国联邦国防军配备中程弹道导弹不会引起法律问题②，因为不涉及生产。主要是政治问题。6月1日，美国、英国、法国外长在华盛顿就此进行了会谈。经各使馆通信证实，各国立场可总结如下：

——对于将大部分导弹部署于联邦德国领土上，英国担心苏联可能的反应，以及在联盟内部可能引起的不平衡，如果法国坚持拒绝的话，这种情况是不可避免要发生的。

① 1957年11月28日，由沙邦-戴尔马（Chaban-Delmas）、施特劳斯、塔维亚尼（Taviani）于巴黎签署。包含条约基本内容的文本发表于*DDF*（1957年11月25日），1957，Tome Ⅱ，n°380。——原编译者注

② 注释：根据MC70（Military Command 70）的条款，德国联邦国防军应该自该年度起接收红石地对地导弹（200海里）军舰和锤矛（马斯）地对地导弹（650海里）军舰。——原编译者注

——英国还认为，和联邦德国相比，从感情上说，为海军部署北极星导弹的倾向会使政治问题以及英国本身的问题（工党的反对）没那么尖锐。

——美国人对这种认识表示理解，他们似乎希望稳妥推进各项进程。特别是，他们并不反对对盖茨先生提出的选择（销售给北约组织或者共同生产）进行军事和技术条件的深入研究，但同时指出，为海军部署北极星导弹是众望所归，当然也会出现确定指挥责任的困难。

而且，美国政府似乎还没有确定其意见，布鲁克先生 7 月 4 日在波恩的草率声明“没有看见任何为德国联邦国防军提供北极星导弹的反对意见”使施特劳斯先生有机会解释说，联邦德国不是需求方，而仅仅是应对北约组织当局部署 300 颗北极星导弹的要求，欧洲盟军最高统帅认为有必要自 1963 年至 1965 年间在欧洲对其进行分配。德国外交部的立场以及德国总理就此问题的看法目前不得而知。

（吕军燕译、校）

19600801，FD000056

法国常驻北约组织代表团备忘录：中程弹道导弹[①]

（1960 年 8 月 1 日）

在 7 月份的最后几天，斯巴克先生和美国常驻代表就其关于北极星的建议做了交流[②]。

诺尔廷先生或许和他说过，如果他这方面能够保证法国赞同盖茨的计划，那么美国就同意他的建议。

如果美国人将导弹送给我们，我们就能节省下大量的研究和巨额开支，用于生产自己的打击力量运载工具。因此，这代表着时间和金钱方面的巨

① 文献来源：*DDF*, 1960, Tome Ⅱ, p. 182。该文件由大西洋理事会法国常设代表德勒斯先生根据部长要求撰写。——原编译者注

② 在戴高乐将军和美国人的争论之间，关于北约组织秘书长的调停者角色，参见 *DDF*, 1960, Tome Ⅰ, n°253（及注释）；保罗·亨利·斯巴克的 *Combats inachevés*, Ⅱ, *De l'espoir aux deceptions*, Fayard, 1969，第 193 页及之后内容。——原编译者注

大利益。但是，作为交换，我们必须接受在法国部署配置美国核弹头的、属于北约组织的北极星导弹，并且如同在英国装备的美国核弹头，采用双管体制。斯巴克先生认为，我们不会接受将核弹头的和导弹的问题区分开来。我们本来打算第一时间接收北约组织不配置核弹头的北极星导弹，但现在看来是不可能了。

或许这件事情，比如通过华盛顿常设小组，可以和美国人直接讨论。而美国人所声称的、已准备好接受斯巴克先生的建议，则证明他们没有放弃盖茨的计划，并可能会向我们提出一个关于该计划的行动办法，因为，很显然，如果我们拒绝该计划，那么它将永远不会被北约组织接受，并且注定要失败。

（吕军燕译、校）

19600907，FD000057

政策司备忘录：盖茨的建议①

（1960年9月7日）

一、1960年4月1日盖茨先生提出的建议截至目前没有在北约组织理事会成为任何辩论的对象。此后，理事会仅仅于6月10日在欧洲盟军最高司令部听取了一个关于中程弹道导弹的技术报告：之后的讨论（Télégramme Repan n°320）② 仅仅涉及了诺斯塔德将军的一些担忧，由于他担心可能会引起政治问题而没有提出按国分配的建议。

同样，在很多场合下，三个大国在北约组织的代表，我国驻英国、美

① 文献来源：*DDF*, 1960, Tome Ⅱ, pp. 294-297。本纪要由外事秘书皮埃尔-亨利·勒纳尔为秘书长撰写。——原编译者注

② 6月10日（本书未收录）。6月10日，北约组织理事会在欧洲盟军最高司令部听取了关于中程弹道导弹问题的技术报告。皮热（Puget）将军表示，北约组织的打击力量太弱，至1963年就会落伍，北约组织必须在此之前拥有300枚新导弹。诺斯塔德将军明确表明是北极星导弹；至于导弹的部署问题，他谨慎地答复说，鉴于由此引起的政治问题，具体的计划目前还未形成。德勒斯先生在此前的一次理事会议上就曾指出，按国家分配部署的计划不是必不可少的。诺斯塔德将军补充说，唯一的问题在于要明确如何实现300枚北极星导弹计划，导弹的部署是必需的，是生死攸关的。

国大使与其同行，以及三国在华盛顿的外长都承认有必要就此问题展开三方会谈。

最近，在斯巴克先生美国之行以及和博弗尔（Beaufre）[①] 将军会谈之后，诺斯塔德将军指出，大家在华盛顿似乎为我们没有提出具体建议感到遗憾（8月30日）。

我们可以落实在华盛顿举行三国会谈的想法。

二、如果出于明显的原因，我们坚决不同意在北约组织理事会讨论盖茨先生的建议，那么法国的立场意味着什么？

1. 由于我们的伙伴只了解其消极的一面，什么也不说，就将我们置于先决的或表面的问题之下，从而导致严重的后果：增加盟军的不满情绪以及合作伙伴的猜疑。国家元首发表声明[②]后不久，我们就更难回避这个问题了。

即使，从另一方面讲，我们希望美国改变立场（而某些国家自己似乎被主导国家强迫接受购买北极星的沉重负担），我们也不能给人以完全负面的印象。另外，这样的态度会被认为，即使不是否定斯巴克先生的使命，那至少觉得秘书长的努力不是令人振奋的。

2. 而且，最好的避免对盖茨先生的建议表达我们的观点的方式，就是我们要表达出一种坚定的希望，美国人会首先主动就该建议进行某些修正。但是，这种方法只有和我方令人鼓舞的指示相结合，才会显得真诚。

（1）最高统帅认为有必要自1963—1965年间在欧洲配备中程导弹防御

---

① 安德烈·博弗尔（André Beaufre），1960年任法国驻北约常驻小组首席代表。——译者注

② 在9月5日的一次新闻发布会上，共和国总统被问及1958年9月签署备忘录（收录于 *DDF*, Tome Ⅱ, n°165，附件）之后法国在北约组织内部的作用，他提醒说，自我们组建大西洋联盟已经过去十年了，其间，“发生了很多变化”，其中一件变化是：“欧洲大陆的国家之中，有一个国家，你们知道是谁，已经开始组建核武器；在这种情况下，法国认为，在这片狭窄的区域（欧洲大陆），在一体化基础上，过去十年所发生的事情应该为人所知。”将军指出要对北约组织条约进行两处修订。第一个修订是在欧洲之外拓展活动范围，“特别是中东和非洲”，并组织西方大国协商。第二个修订目标是确保“国家防务的民族性”，因为一个民族不可能长久“全身心加入一个自身责任不能保证自身防务的体系”。将军这样辩护自己将法国海军置于“自己直接支配”的决定。新闻发布会全文参见 *l'Année politique*, *1960*, pp. 653-659。——原编译者注

力量，那么我们首先可以承认其分析的合理性。

（2）或者我们可以指出法国拥有独立打击力量的必要性，因为我们还承担着北约组织以外地区的责任，或者简单地说，因为盟军暂时还没有认识到其防线、其利益有时超越了条约限定的地理范围，所以这种必要性不能被认为是对其盟友的不信任措施。相反，我们应该指出，盟军的无意识性，尤其是在核威慑使用上的无意识性让我们承受的代价。

而且，在这种精神指导下发表的声明有利于缓和因梅斯梅尔先生在西欧联盟防务委员会上的声明所激起的不安情绪①，我们的盟友对于其声明没有视而不见，他们在其中看到了我们对大西洋联盟根本的质疑。

三、我们了解的合作伙伴的立场。

美国：

对于理事会讨论在欧洲引进中程弹道导弹的问题，国务院似乎还不如欧洲盟军最高司令部显得急迫。导弹部署的技术研究止于五角大楼。研究结论倾向于地面和海上混合部署（9 月 1 日华盛顿电）②。华盛顿意识到了在德国进行地面导弹部署的政治困难（6 月 24 日华盛顿电）③。

国务院似乎暂时不考虑德美双边协议（7 月 8 日华盛顿电）④。

英国：

如果北约组织决定，美国意见的执行是加强北约组织力量的条件，英国政府将予以协助。但需满足以下条件：

---

① 《世界报》未对该声明进行报道。——原编译者注

② 发自华盛顿的第 4216—4217 号电（本书未收录）。看到北约组织理事会讨论在欧洲引进中程弹道导弹，国务院各部门似乎不如诺斯塔德将军显得急迫。正在进行的研究或许会建议地面和海上的混合部署。——原编译者注

③ 发自华盛顿的第 3132—3133 号电，本书未收录。关于盖茨先生的建议的研究，即在欧洲部署中程弹道导弹，法国大使阿尔方先生和赫脱先生进行了详谈。他们也考虑了其他的可能性，尤其是沿欧洲海岸线部署北极星导弹。新方案也许能克服在德国地面部署中程弹道导弹带来的战略和政治困难。——原编译者注

④ 发自华盛顿的第 3357 号电（本书未收录）。法国驻华盛顿大使就美国陆军部长布鲁克的声明质询美国副国务卿麦钱特先生，根据布鲁克的言论，美国将向德国联邦国防军提供北极星导弹（参见上文 *DDF*, 1960, Tome Ⅱ, n°9, note）。麦钱特先生保证，美国没准备就中程弹道导弹签署德美双边协议。——原编译者注

——美国继续双边援助（购买天空闪电和核潜艇）；

——声明反对在欧洲生产导弹；

——优先在英国进行海军部署；

——对在德国部署导弹持保留意见，如果有必要，优先部署海军。

（1960 年 5 月 12 日发自伦敦的急件）①。

英国认为盖茨的计划提供了足够保证（对不使用的监督）（7 月 19 日伦敦电）②。

英国政府认为，导弹部署的问题应该是三国会谈的目标。

联邦德国：

默认盖茨的建议。

刚刚提出装备海军（北极星）。

诺斯塔德将军：

未就最佳战略部署表态，以避免过早引发政治困难。

军事委员会同样表现谨慎，认为“灵活、最大分散以及最高效率最大程度上取决于在北约组织的欧洲范围内任何地方部署这些导弹的可能性”。

鉴于法国的拒绝和德国领土上的饱和，诺斯塔德将军倾向于部署海军（6 月 17 日北约组织常设代表电）③。

他指责斯巴克先生的新思路，认为其只能推迟问题的解决。事情很急迫；如果盖茨的建议不被接受，一些双边协议也是可以的，美国甚至可以

---

① 发自伦敦的急件，n°620/P. A. N.，由首席参赞雅克·蒂内撰写（本书未收录）。详述了和代理副外交大臣帕特里克·迪安爵士的会谈。本书发表的纪要涵盖了本次会谈所有主要内容。——原编译者注

② 涉及 7 月 19 日第 2234—2237 号电报（本书未收录）。据帕特里克·迪安爵士所说，诺斯塔德将军访问伦敦时，对于欧洲引进北极星导弹几乎未表现出任何的不耐烦。他认为北极星导弹最适合代替北约组织即将落伍的战术防空力量，重启其研究不会导致反对意见。诺斯塔德将军强调了监督带来的保证。帕特里克·迪安爵士提请注意，保证是充分的。——原编译者注

③ 指第 333 号北约组织常设代表电（本书未收录）。在与诺斯塔德将军交谈过程中，德勒斯先生获悉，欧洲盟军最高司令部倾向于在欧洲沿岸部署北约组织的大部分北极星导弹，因为法国已经拒绝在其领土上部署导弹，而德国领土已经饱和。联邦德国将接受盖茨的建议；德国海军的问题将再次提出：拒绝德国利用海上手段运输中程弹道导弹，组织其参与欧洲防务，或者对不利于我军的联邦海军进行限制，同时，它不能使用现代武器。——原编译者注

参与更多（6月16日德勒斯的纪要）[①]。

斯巴克先生认为，法国对盖茨建议的反对是有一定道理的，该建议是有歧视性的，是为《麦克马洪法案》补充了新的限制（5月25日北约组织常设代表电）[②]。

（吕军燕译、校）

19600916，FD000058

北大西洋理事会法国代表团备忘录：盖茨的建议[③]

（1960年9月16日）

大家还记得，六七月份讨论的重点，尤其是斯巴克先生，在于法国的立场和美国关于中程弹道导弹的建议的妥协问题。双方的妥协主要体现在如下方面：

美国人为法国提供技术援助，以快速、经济、高效地实现我们的国家打击力量；作为交换，法国同意在北约组织接受盖茨的建议，特别是接受在其地面部署一定数量的、属于北约组织的中程弹道导弹。美国人对斯巴克先生称，这是一条值得探索的道路。

然而，特别是考虑到最近戴高乐将军召开的新闻发布会[④]的情况，法国

① 第570号纪要（本书未收录）。德勒斯先生从四个方面详述了和诺斯塔德将军的会谈：1. 中程弹道导弹。将军对斯巴克先生的新思路给予指责，斯巴克先生在给美国的照会中提出修改盖茨的建议。该照会是无用的，可能会推迟问题的解决，对北约组织来说是致命的。2. 德国的问题。诺斯塔德将军对德国在盟国军队中发挥的重要性以及阿登纳离任的风险表示担忧。3. 防空问题。构筑警戒体系刻不容缓。诺斯塔德将军打算给总理写一封非正式信件。4. 地中海海军。法国政府一直没有提出总理承诺的新建议。如果大家不能达成妥协，不如放弃这件事情。——原编译者注

② 第293号电报（本书未收录）。斯巴克先生准备向美国提交照会，以改善盖茨先生向北约组织提供北极星导弹的建议。斯巴克先生认为法国的立场是可以实现的，他试图让美国人接受向提出需求的联盟国家交付全权的北极星导弹。他认为盖茨的建议是对法国的歧视。此外，他还认为有必要考虑在欧洲共同生产。他还询问德勒斯先生，法国是否接受从美国购买北极星导弹，并在其领土上部署双重领导的核弹头导弹。——原编译者注

③ 文献来源：*DDF*，1960，Tome Ⅱ，pp. 351-352。

④ 9月5日，于爱丽舍宫。

似乎不大可能准备接受这种交换，比如在其领土上部署属于北约组织的导弹和核弹头。

在这种情况下，整个妥协的想法难道应该被放弃？我们只剩下一种可能，对盖茨的建议说“绝对不”？而据诺斯塔德将军所说，该建议近期已经准备在理事会进行讨论。

如果美国人同意给予我们实质的援助，以构筑我们的国家打击力量，或者在北极星导弹的主权问题上对我们做出让步，那么我们或许可以考虑一下有别于此的交换，斯巴克先生的思路也许会很重要。比如我们可以研究一下如下假设。

以上文提到的美国援助为交换，法国：

1. 同意参与共同投资、在欧洲某些国家部署的中程弹道导弹计划，但不包括法国领土。

同样，由于斯堪的那维亚半岛的国家拒绝在其领土上实施核计划，那么它们似乎也不排斥在财政上参与盟军核努力的想法。

2. 会考虑为其驻德国军队装备中程弹道导弹。另外，在中间阶段，本方法不可或缺，以避免我前方军队的战斗力相比其他成员国部队不会过于削弱。

总之，在9月20日召开的防务委员会会议上明确提出法美妥协问题似乎没有坏处。不管怎样，在阐明法美双方彼此立场的直接会谈之前，在北约组织谈论盖茨的建议似乎不合时宜。

（吕军燕译、校）

19601005，FD000059

报告：1960年10月1日斯巴克会见德勃雷[①]

（1960年10月5日）

斯巴克先生出访华盛顿，其意图是让美国国务院认清其关于欧洲、特别是关于法国的政策，总体上不切实际。他声称对美国政府拒绝交付或者原子能或者导弹的秘密表示不解。

---

① 文献来源：*DDF*，1960，Tome Ⅱ，pp. 351-352。德勃雷（Debré），法国总理。

德勃雷先生向斯巴克先生表明，我们不是不择手段的索取者。确实，在去年的数次会谈中，美国人考虑问题似乎不同以往。但根据经验，我们没有得到过任何东西，在很长时间里，我们也不会得到任何东西。

斯巴克先生重申其希望看到美国人所采取的立场。如果美国政府向法国赠予或者销售导弹，或导弹的一部分，或生产技术，作为交换，法国则同意在其领土上部署部分其他导弹。当然，这些导弹应属于北约组织，而不是美国，而且前提条件是，它们的使用要征得法国政府的同意。斯巴克先生指出，他在媒体上读到相关信息，认为法国政府在此事上的立场和几个月前比起来更加有利于问题的解决。

德勃雷先生首先向斯巴克先生解释说，媒体上的信息来自于对国防委员会上一次简短讨论的错误解读：一位议员问总理，如果美国人接受斯巴克先生的思路，为我们提供全权的导弹，法国是否接受从美国手里购买导弹。答复是这样的："如果斯巴克先生的建议是这样的，那么肯定会大受欢迎。"但实际上这项建议更加复杂。

随着深入探讨，总理提醒斯巴克先生，当前来说，他很担心，其建议是不切实际的。确实，美国不会向任何人出让部署于欧洲的核导弹的独立使用权。在这种情况下，我们不清楚，对这些新导弹，它会如何对截至目前从未有任何让步的事情做出让步的。

斯巴克先生承认，确实，美国有其一贯的立场，但是，也许这种立场会改变。

在这种情况下，德勃雷先生总结说，最好等等，看看美国人现在怎么做。因此，在知道美国人是否准备改变其看待方式之前，法国政府没必要研究斯巴克先生提出的这类建议。

斯巴克先生表示赞同，他承诺会就其出访华盛顿的结果和我们保持沟通。

（吕军燕译、校）

19601012, FD000060

德勒斯致德姆维尔电（第 491—492 号）[①]

（1960 年 10 月 12 日）

在 1960 年 10 月 12 日召开的北约理事会会议上，冯·瓦尔特（Von Walther）先生做了关于法德波恩对话[②]的汇报。我会另外向您递交此次汇报的完整文本。该文本由法国代表团协作完成，但我们还没收到最终版本，我认为总体上是令人满意的。德国代表引用公告中的一句话开始汇报，这句话强调北大西洋联盟对于欧洲安全的重要性。关于欧洲问题，德国的这份汇报实际上援引了办公厅向我转阅的文件。至于北约部分，我们可以从文中了解德国的观点，为了照顾我们的情绪，冯·瓦尔特一直避免使用“一体化”一词，取而代之以“统一”，更多情况下使用“相互依存”。

请阅读德方代表报告的如下原文，文中的错误，我未做改动。

主席先生：

为了向您传达德勒雷先生和阿登纳总理的会谈精神，我想首先引用一部分在我看来有意义并且理事会成员肯定感兴趣的公告内容：“会谈再次证明，大西洋联盟是构成欧洲安全的基础，基于共同意愿的、联盟所有成员的集体努力是欧洲安全的必要保证。联盟内欧洲和北美伙伴的紧密合作是有效捍卫自由世界的必要条件。

首先我补充一下，关于北约和欧洲组织的对话基于如下观点：在重组欧洲和改组北约之间，两者不能单独讨论。如同戴高乐将军在记者会[③]中所主张的，任何重组欧洲的问题都会影响北约，这也是为什么在对话中应该首先讨论相互依存问题。

阿登纳总理强调，要开启对话，首先需要厘清以下几点：

1. 如果没有稳固的大西洋联盟和真正统一的联盟部队最高司令部，那

---

① 文献来源：*DDF*, 1960, Tome Ⅱ, pp. 491-493。

② 会晤于 10 月 7 日至 8 日举行。关于会议报告，*DDF*, 1960, Tome Ⅱ, n°162。——编译者注

③ 记者会举行于 9 月 5 日。

么就不存在欧洲安全。另外，美国人坚持认为，如果不能保证在欧洲的统一指挥原则，那么美国就不会让军队驻守欧洲。

2. 绝对不要削弱欧美之间的紧密联系，否则欧洲就得不到军事保护。欧洲国家为了共同安全做出一定牺牲的意愿，尤其建立在对美国的信任之上。欧洲各国政府应该避免给人一种印象：西方国家之间存在矛盾和分歧。

3. 阿登纳总理也认为北约需要改革。然而，改革应该以壮大北约、成员之间更加相互依存为目标，并且实现在联盟框架内欧美之间的持续平衡。

4. 对于这段发言，德勃雷和德姆维尔先生回答说，法国从来不想质疑联盟的重要性，法国期待联盟的运行能适应新形势。我们不能否认，北约成员国在非洲问题上没有一致的政策。最后，在具体实施过程中，在实现统一指挥权的效率及政府责任之间必须找到一种平衡。法国政府不想打破现有状况，但也认为只有做出各种预案，才能更好地准备调整和改革。

他们补充说，法国不仅支持北约，而且认为美国在欧洲驻军是必要的。关于北约重组的任何批评和计划都应该以改进和壮大联盟为目标，而不是必须为此修改条约。德勃雷和德姆维尔特别指出，戴高乐将军从未拒绝过在北约框架内，比如在后勤和空中防御方面一体化的构想。

众所周知，戴高乐将军在格勒诺布尔①的演讲②有助于阐明问题，这大大有利于两种观点的融合。继关于北约的对话之后，8 日上午的会议上涉及欧洲重组问题。会议期间，欧洲问题顺利地成为讨论的主题。阿登纳坚持认为没有必要为了改善共同体运行而修订条约。严格遵守条约就足以将委员会引向正确的权限理念。同样地，政治协商不需要新的条约；只需一起研究共同市场运行中产生的政治问题。就此主题，阿登纳还提到了其他国家联合会，尤其是非洲国家联合会。从这点出发，我们可以不断扩大协商，并且不会损害任何人的利益。

法国领导人强调，为了起到某些作用，协商应该涉及一定的范围。从政治上来说，协商应该扩展到除阿登纳提及之外的其他领域。

---

① 法国东南部城市，伊泽尔省首府。——译者注

② 讲话发表于 10 月 7 日，戴高乐将军在上萨瓦和多菲内旅行时，关于讲话内容，*DDF*，1960，Tome Ⅱ，p. 475，note 1。——原编译者注

军事方面，特别是欧洲合作，将严格控制在北约框架之内，并参考此前处理过的问题，即武器的共同生产，在高级军事学院之间交换学生，以及后勤和组建军队问题。

和欧洲经济共同体其他成员国会谈后，各国倾向于不修订现有协议。为了明确想法，达成更坚实的共识，六国政府首脑会议有望在不久后召开。

再一次强调了这个既务实又可行的方案后，阿登纳和冯·布伦塔诺（Von Brentano）最终接受了这个提议。

5. 至于6国和7国的问题，我对公告中的以下这句话没有任何补充：

“两国政府首脑一致认为，找到欧洲现存两大经济体所产生问题的解决方法是欧洲利益所在。”

（李东旭译，吕军燕校）

19601029，FD000061

报告：德勃雷和桑尼克罗夫特的谈话[①]

（1960年10月29日）

桑尼克罗夫特先生援引他刚刚与吉约马（Guillaumat）先生和梅斯梅尔先生关于英国计划的谈话，该计划是组织欧洲合作，共同发射重型卫星[②]。他指出，这样的一次同时独立于美国和苏联的行动具有政治意义，还可由此节约大量的时间和金钱。还要祝贺法国专家即将来英国，率先检查英方提供的细节问题，行程很快就能顺利宣布。实际上，英国大臣希望，如果法国和英国必须合作，那么它们就应该向其他欧洲国家尽早建议合作。另一方面，他认为在介绍本计划的时候，不要强调它所包含的军事层面的

① 文献来源：*DDF*, 1960, Tome Ⅱ, pp. 548-549。桑尼克罗夫特（Thorneycroft），英国航空大臣。

② 一项英国计划，9月初由媒体宣布，目的是通过欧洲合作，研发、和平使用“蓝光”火箭，该火箭起初为军事用途设计，后因造价高昂放弃。10月底，英国航空大臣桑尼克罗夫特在巴黎和部长级代表吉约马先生、陆军部长梅斯梅尔先生进行的一次会谈中，向法国建议在该领域的合作。法方对该计划进行了研究。法国政府同意伦敦的建议，为扩大合作，也试探了海牙、波恩和罗马的意向。——原编译者注

问题。

总理提到他此前就该计划和邓肯·桑兹先生进行的谈话，他肯定地对桑尼克罗夫特说，法国政府在设想的领域没有反对意见，甚至相反，在技术和科学合作的原则下，不强调军事层面问题。然而，在这方面应该考虑到，法国刚刚做了未来三年的整体预算，而我们和英国及其他欧洲国家要做的事情很可能意味着在财政上要增加巨大的额外支出。法国的答复取决于专家报告，并将尽快做出决定。

桑尼克罗夫特先生理解法国政府的意见，他认为，重要的是为法国带来财政利好，因为它至少可省去三年的努力，而把开支分为四份。他保证为法国专家最大限度地展示他们感兴趣的东西。他强烈希望法国快速做出决定，以和德国、意大利及其他国家建立联系，或者取得法国的合作，或者和法国观察员见面。

总理答复说，也会通过专家报告对最后一点进行研究。

（吕军燕译、校）

19601122，FD000062

报告：戴高乐和约翰逊的会谈①
（1960年11月22日）

（美国大使参加了会谈。）

副总统向戴高乐将军祝贺寿辰，并表达其尊敬及仰慕之情，此亦代表未能到访的众多同僚及肯尼迪（Kennedy）② 先生，其中有资深参议员拉塞尔（Russell），他向副总统表达了其对未来的担忧之情。这或许是他最后一次以议员身份来到巴黎，参加北约组织议员大会，③ 和来自14个国家的同

① 文献来源：*DDF*，1960，Tome Ⅱ，pp. 619-622。林登·约翰逊（Lyndon Johnson），美国参议员，新当选为副总统。

② 约翰·肯尼迪（John F. Kennedy），1953—1960年任美国参议院参议员，1960年11月8日当选美国第35任总统。——译者注

③ 11月21日开幕。——原编译者注

行就世界问题交换意见。美国刚刚结束一场艰苦的运动，他似乎在整个民族中间感受到一种愿望，那就是发展，并最大限度利用国家以及自由世界的力量。确实，面对当前的危险，美国人民决心表现出最大警惕，利用他们拥有的一切手段予以迎击，这些手段或许史无前例。自1月20日起，美国新政府将会做出一些最重大之决定，如同戴高乐总统任职以来之所为；约翰逊先生希望本届政府能够尽职尽责，如同戴高乐将军之不辱使命。对其而言，能听从将军的教诲，幸莫大焉。

戴高乐将军也认为，世界局势正面临真正的危机，特别是自由世界和非自由世界人民之间的关系。我们生活在历史上一个特别重要的时代，什么都可能从中发生。在这种形势下，是美国人掌握着最强大的手段，至少在自由世界如此。它还享有地理优势，因为，即便他们感受到一些来自卡斯特罗（Castro）、危地马拉或者委内瑞拉的小烦恼，但也不像欧洲这样不幸处于直接的威胁之下。因此，确切地说，由于其力量和现状，它在自由世界占据着一个特殊的位置，大家自然非常理解，法国更是很早就明白这一点。在这种状况下，实际上我们没有发现任何坏处，因为自古以来尤其是在重大危机中，我们两国总是并肩作战。它虽并非总是首当其冲，但也一直不离不弃。因此，在当前国际局势下，法国高度重视美国风向，并准备与其合作，以保卫自由世界。但是法国并不因此就认为其一夔已足，尽管它很强大。整个自由世界都应该起来保卫自己。也就是说，欧洲，尤其是法国，为了保卫自己，保卫自由世界，也要组织起来。由此可知，在美欧、美法关系上，应该重视某些彼此并不总是被看好的结果。戴高乐将军希望大家都认真考虑这些事情，在美法之间实现真正的和睦。

副总统表示，美国一直认为这种和睦是无比珍贵的。它没有忘记在美国诞生和捍卫家园的进程中法国发挥的重要作用。尽管既不代表前任政府，也不以新任政府的名义，但是他认为能够表达肯尼迪议员的思想，说美国到目前没有做它能够并且应该做的事情。法国越强大，它的朋友也就越强大，它们对和平事业的贡献就越大，特别是考虑到法国以及戴高乐将军个人所发挥的作用。副总统坚信，随着新政府的上台，为保卫世界的自由，有必要在互相尊重的前提下建立两国政府友好关系。

戴高乐将军对副总统说明了其基本思想，即法国应为捍卫世界自由做出贡献的最佳方式。一个像法国这样的国家，无论于民族，于世界舞台，都有悠久的历史，应该承担作为一个国家的责任。它必须如此，尤其是在面对危机的时候，能够有完全的资格参与保卫自由世界。确实也有一些其他政治或军事构想，把一个国家，比如法国，和其他国家融合在一起，而忽略了它们的民族特点。但是这不是良好的解决办法。这种方式在形势紧急的时候或许能够被接受，比如十年前北约组织的成立就属于这种情况。但自那以后，很多事情都发生了变化，法国也不例外。在一个高效的、在政治上和军事上以保卫自由世界为己任的组织里，法国应该扮演属于自己的角色。这丝毫不意味着法国要脱离其他国家，特别是美国：联盟是必要的。但它应该是一个国与国之间真正的联盟，而不应该像这样让国家走向合并和消失。戴高乐将军只是顺便提及一下自己的思路，因为他希望在未来的时间里能有机会和美国再谈这个话题。

副总统再次向戴高乐将军表达了其对于将军思想的赞赏。他还热烈祝贺法国在将军领导下取得的进步。然而，将军会就改变北约组织结构提出决定性措施吗？

戴高乐将军认为这些措施还是很有必要的。诚然，在当前困难的国际局势下，考虑这些措施有些操之过急。[①] 现在还不是推翻既有存在的时候，这也是法国参加北约组织活动的原因。但是我们对联盟组织在两个范畴的重新研究却不能减少：即世界范畴和欧洲范畴。当前的联盟不仅限于欧洲，来自共产主义的威胁，包括苏联和中国，覆盖了整个世界。因此需要一个世界范围的联盟，至少包括那些具有全球利益的国家，即美国、英国和法国。欧洲也需要一个联盟。但是这个所谓的一体化体系并不令人满意，因为所有成员国都消失于一个实际上美国化的“超级国家”之中。确实需要一个联盟，需要一个组织，需要一些战时统帅，但不需要一体化。即使人们可以在技术领域谈论其意义，但如果考虑到人民的存在，则其注定是无效的。这种一体化引导人民不再关心本国的防御。国家，尤其是大国，对

① 原文拼写错误。——编译者注

其防御、政府、议会、人民应该具备责任感。总之，关于全世界的，应该建立一个世界范围的国家政治、军事合作；关于欧洲的，应该建立一个基于国家现实的组织，在这个组织里，每个国家供给自己的防御，但不剥夺其对这个美国化的一体化体系的责任。尽管约翰逊先生不愿承认戴高乐将军是对美国的政治和军事意图表达质疑，但是从联盟回报的角度来看，一体化组织确实不好。

副总统认为，美国大选至少证明一件事情：美国决心利用一切资源努力奋斗。另外，新政府打算在全国开展一场广泛的内省运动，以去除“多余的脂肪并将其转化为肌肉”。该运动将努力在军事领域和经济计划方面展开。从根本上说，如果让美国人民在安于现状下增加利益和经过艰苦努力而让国家强大之间做出选择的话，他们一定会选择第二种。副总统再次向戴高乐将军表达了美国领导人对其所做工作的钦佩之情，并恳求上帝让他继续保持力量。新总统和他本人都非常幸运能和戴高乐将军一起共事并聆听他的教诲。

戴高乐将军强调，明天和昨天一样，重要和令人鼓舞的事情都会被历史铭记：美法之间的友谊也会继续。这在过去尤其是悲壮的时刻已多次得以验证。作为国家元首，他认识罗斯福和杜鲁门，尽管遇到一些挫折，但他为了法美友谊仍然和他们有过合作。这是两国最大的利益。他之后还和艾森豪威尔总统合作过，二人相识于战争年代，将军对他保持着一份深切而由衷的尊敬。两国人民的友谊也得以继续。他毫不怀疑，未来在他和新总统之间也会建立这种友好合作。他非常理解肯尼迪总统肩上的责任并请求约翰逊先生向其转达他诚挚的问候。

（吕军燕译、校）

19601124，FD000063

外交部备忘录①

（1960年11月24日）

11月24日，狄龙②先生向外交部说明了美国政府就为北约组织配置北极星导弹的看法。

首先，副国务卿就媒体泄露秘密请求原谅。早晨的《纽约时报》以令人恼火的方式披露了计划的主要内容。

美国意图得到的，是一份并非很过分的建设计划，涉及美国内部立法及针对北约组织某些国家的合适条件。

总之，美国政府希望北约组织通过配置中程弹道导弹拥有自己的力量，导弹由欧洲盟军最高司令部控制。即诺斯塔德将军有权力下达指令和目标，并要和美国最高指挥部的战略计划相一致。

北约组织的这支力量不是一朝一夕能够建立的。第一阶段预计需要如下条件：

1. 美国将组建一支由5艘核潜艇组成的特殊部队，每艘潜艇配备16枚北极星导弹。这些潜艇和导弹将于1963年年底安装完成。这支部队和第六舰队地位相同，也就是说，在战时编入北约组织，接受欧洲盟军最高司令部的指挥。根据美国政府的计划，这5艘潜艇及其导弹只是临时部署，它们将尽可能早地和计划建立的所谓北约组织部队欧洲国家分队编制在一起。另外，美国政府承诺，以后在任何情况下这些欧洲分队都不会从北约组织部队撤销，也不会根据国家需求重新编制。

2. 除去这80枚导弹外，美国政府还建议北约组织欧洲成员国购买100枚其他导弹，以便诺斯塔德将军自1963年年底起，如果可能的话，可以按最高司令部要求支配这180枚导弹。

---

① 文献来源：*DDF*，1960，Tome Ⅱ，pp. 628-631。

② 刚从波恩返回，他此前和领导们谈论了联邦德国可能会对美国在西德的驻军给予补贴：*l'Année politique*，*1960*，p. 579。——原编译者注

获得这些导弹并承诺自愿将其编入北约组织部队的国家，如果愿意的话，应提供运载工具，潜艇或其他军舰。确实，北极星导弹适合于水下发射，而不是依赖地面发射系统。北极星导弹上的核弹头产权归美国，由美国保管。

提供五艘潜艇和80枚导弹，美国政府将为此支付约7.5亿美元。据狄龙先生估计，欧洲国家的花费在3.5亿—4亿美元之间。美方并不期望所有欧洲国家都会进行这笔交易，并愿意加入北约组织部队，但是认为可能有六个国家会这么做，副国务卿并没有其他指向。

美国的计划不会走得更远，尽管其他一些构想有所进步，并会重新展开讨论。特别是导弹的使用这一关键问题是敞开的，还未有任何建议。我们在讨论中可以考虑一下，是否应该规定导弹使用的多边控制。无论如何，需要一个政治决定以许可欧洲盟军最高司令部使用这些武器。或许修改美国立法会起作用：它取决于最终被采纳的体系。

这支北约组织部队的创建，即使其目标受到限制，但是也可能成为一些新实验的先例。不将这些储备运往欧洲之外的承诺或许会被采纳，即使大陆上不会驻扎美国部队。

11月22日，美国总统批准了该计划，狄龙先生在同一天和阿登纳总理、24日和林登·约翰逊先生以及议员富布赖特（Fulbright）分别谈了此事，25日将在伦敦向沃特金森先生进行陈述。

至于还在华盛顿的斯巴克先生，将于今日得到消息。

顾夫·德姆维尔先生强调指出，本计划和盖茨先生的建议的主要区别在于，美国和欧洲国家以几乎平等的方式分担北极星导弹，而美国国防部长的建议则是全部推给欧洲国家。

美国国防部副部长欧文先生明确指出，本计划是对盖茨先生的建议的重要拓展。

狄龙先生告知，在波恩的时候，阿登纳总理问他，装备北极星的潜艇将要托付于诺斯塔德将军，他是作为美国部队驻欧最高长官的身份，还是作为北约组织最高统帅的身份。对这一点不应质疑：潜艇将交付于作为欧洲盟军最高统帅的诺斯塔德将军，他将接受大西洋理事会的命令。

对顾夫·德姆维尔先生提出的问题，欧文先生解释说，北极星的射程可以到达俄国的西部边界。人们希望这些导弹能迅速代替飞机。它们可以装备于任何军舰，刚刚出海要巡逻两年的“乔治·华盛顿”号核潜艇已经执行过一些潜射。

顾夫·德姆维尔先生询问，德国会以何种方式参加北极星的部署。

狄龙先生回答说，德国的参加在预料之中。这件事或许需要西欧联盟的决定，但是他也不能确定。需要注意的是，所有的发射基地肯定都要置于德国领土之外。另一方面，既然规定了多边责任，那么德国对导弹的使用也要接受多边监督。副国务卿明确指出，除了“奈基”和“诚实约翰”两种导弹外，德国很快就要部署“马斯”导弹，这是一种射程1000公里的无控火箭。

顾夫·德姆维尔先生注意到，关于欧洲盟军最高司令部被许可使用核弹头的方式，未有任何考虑。是否需要大西洋理事会的一致同意？

狄龙先生提醒说，这方面的问题还未决定。

狄龙先生回答了新问题，同时指出，美国政府打算在12月向大西洋理事会提交这份计划。对于提出的财政问题，肯定不会立即答复。接下来将是漫长的讨论。

欧文先生指出，如果六个欧洲国家同意参与导弹的购买，那么对于单个国家而言，花费不算太高。

狄龙先生然后谈到几天之后即将到达欧洲的美国核代表团。他们将意识到当前对于导弹多种可能的、合理的、共同的使用存在的巨大困难。希望国会议员霍利菲尔德（Holifield）先生带领的代表团能够理解潜艇和北极星建设中分期付款的必要性，并能意识到必须对《麦克马洪法案》进行修改。

（吕军燕译、校）

19601216，FD000064

德勒斯致外交部电（第645号）[①]

（1960年12月16日）

12月16日下午，北约部长会议[②]讨论了长期军事计划。赫脱先生陈述了两个主要问题：

1. 北约具备有效的核战斗力；

2. 加强常规防御力量。

1. 赫脱先生援引了诺斯塔德将军在北约议会大会[③]上的讲话，其观点并无二致。

a. 北约对于中程弹道导弹的需求要求建立多边核部队，这是1957年决议的必然要求。实际上，在大西洋联盟内部应该避免核武器扩散以及由此引起的政治分歧。因此，我们要建立一个共同防御基地，为此，首先要解决很多技术、法律或者财务方面的难题。美国国会以及其他国家的议会都有必要行动起来。接着赫脱先生简单地丰富了一下伯吉斯12月5日周一在理事会上发表的看法。到1963年，美国准备把5艘潜水艇交由大西洋联盟支配，其中每艘潜水艇配备16枚北极星，其使用“将符合现有程序之规定”。1964年，美国将出售给盟友100枚中程弹道导弹，用来组建海上基地的多边核部队。之后，可能在多边核部队中添加5艘潜水艇。核弹头将由美国来控制。赫脱补充到，正如伯吉斯所说：考虑到大西洋联盟的长期计划和技术进步，应该探讨1964年后可能出现的问题。我注意到伯吉斯先生表达的第一阶段计划（承诺在欧洲维持核储备量）并不明确。

---

① 文献来源：*DDF*，1960，Tome Ⅱ，pp. 750-752。

② 该会议在12月16日至18日召开。

③ 11月21至26日在巴黎举行的北约议会大会，诺斯塔德将军已经提及了欧洲原子防御问题。大西洋军事战略防御是必需的，尽管他个人没有表达出来。在该领域，诺斯塔德建议最紧要的是能够控制海上、陆地上使用的中程弹道导弹，这些武器能够在使用轰炸机前完成一些任务，也就是在使用这些武器上面存在控制权问题。——原编译者注

b. 即将建立的整个北约战略力量，当对敌使用时，均应接受欧洲盟军最高司令部的领导。在对敌使用时，战略力量与其他报复力量相协调，大西洋联盟内一些国家可以行使报复力量。应该注意到战术核武器和战略核武器之间的区别越来越模糊了。

c. 鉴于欧洲各国一直希望更多参与核武器控制。因此，在核储备问题上，应适时考虑增加联盟全体成员的权力。

2. 同时，急需加强常规防御武器，并和大西洋联盟的核武器保持一定的平衡。应该考虑提高在现存常规军事力量下引入核武器并使用核武器干涉的门槛。北约中程弹道导弹自身供给不足。加强常规军事力量将用于避免对苏联的错误估计。

在报告的第二部分，赫脱先生简要提及当前美国国际收支的不平衡性，涉及黄金出口和1960年的38亿美元赤字。而另一方面，欧洲国家却有充足的盈余。这个情况不能持续下去。美国必须采取强有力的行动以维护美元地位。美国将继续承担其负担，但是欧洲盟国方面也必须做出更大的努力。美国必须在国外重新部署兵力。赫脱先生发言后有个简短的讨论，然而每位部长只能发言几句。

霍姆（Home）① 勋爵对美国的提议最先表示热烈欢迎，至少表面如此。他称赞这是“为强大北约而带来的恩惠和裨益”。霍姆勋爵说：“英国认为，美国提议由欧洲盟军最高司令部支配5艘配备北极星的潜艇是积极有用的。”至于向多边核部队出售100枚中程弹道导弹的提议，英国代表仅仅表态已经开始仔细研究了。

关于财政问题，霍姆勋爵强调，对于自由世界来说，维护英镑没有捍卫美元来得那么重要。

顾夫·德姆维尔先生声称，他对美国代表团刚刚做出的声明表达了极大的关注和兴趣，他指出该声明存在很多政治、军事和财政问题。

---

① 亚历山大·弗雷德里克·道格拉斯-霍姆（Alexander Frederick Douglas-Home），英国英联邦事务大臣（1955.4—1960.7）、外交大臣（1960.7—1963.10）。——译者注

这尤其适用于刚刚说过的战术核武器，这些武器对于由欧洲盟军最高司令部支配的军事力量是必不可少的。在这一点上，主要问题在于原子武器的经费、使用计划的建立和使用的决定权，而这种决定权并不是每个人都承认的。

我们将会基于之后收到的具体建议仔细研究这些问题，以明确赫脱先生刚刚表达的想法。

同样，法国代表团也注意到了刚刚提到的多方防务成本、恢复平衡的必要性以及美国账户资产平衡表等问题。法国代表团会予以重视。

其他代表团的初步反应可以分为两大类：

1. 斯堪的纳维亚国家和加拿大的反应相对冷淡。加拿大北约理事会常驻代表格林（Green）先生坚持认为，不应该给人重大决定即将做出的印象，相反，应该在裁军问题会议最终公告中予以坚持。

2. 比利时、荷兰、卢森堡、希腊、土耳其、德国和意大利的反应相对热烈。塞尼（Segni）① 先生指出意大利已做出的努力，允许在其领土上使用朱庇特远程弹道导弹。冯·布伦塔诺先生表示赫脱的建议可以使大西洋联盟适应现代战略形势②。

（李东旭译，吕军燕校）

① 安东尼奥·塞尼（Antonio Segni），意大利总理（1955—1957、1959—1960），第四任意大利共和国总统（1962—1964）。——译者注

② 关于12月20日北约理事会部长会议的纪要梗概提及了赫脱的声明，本书未收录。美国的提议非常模糊，会议的最后一天，美国国务卿为了减少提议的影响，拒绝在公告里明确提议内容。提议预示着美国将减少在欧洲的军事部署。美国的提议显示了理事会对以下内容存在极大的不确定性：任何涉及核防务计划的内容，对于美国提供武器的分配以及其使用计划，目前使用权隶属于诺斯塔德将军。英国对组建“威慑力量”持保留态度。相反，施特劳斯先生对此表示欢迎。美国的提议已重新提交给理事会以供研究。——原编译者注

19601220，FD000051

德姆维尔致法国驻外机构通电①

（1960 年 12 月 20 日）

仅限大使阅悉。

肯尼亚内罗毕：仅限总领事阅悉。

雷冈很快会进行一场核爆炸试验②。如果气象条件不利的话，也可能会推迟几天。在此事件发生之前，任何消息都不能向任何人透露。

在未来几天里，我很感谢您不要离开您所在国家首都的官邸。

我按如下编号给您发送一些信息，这些信息将有助于您回答爆炸后就此类话题提出的问题。

1. 此次强度较弱的空中试验是在我们军事核计划范围之内，其中 1960 年 2 月 13 日和 4 月 1 日的爆炸就是该计划的第一阶段。目的是对原子裂变、由此带来的辐射以及核辐射防护有更好的了解。

据此获得的信息价值不排除军事用途；也涉及核爆利用的和平目的，目前用于研究，法国政府赋予其特别的重要意义。

2. 和以前的试验一样，我们将采取严密的安全和防护措施，以使附近或远处的居民不会遭受任何危险。气象方面，尤其对风的态势进行了深入研究。

3. 本次试验的作用范围将和 4 月 1 日的试验相比较，通过比较，我们将验证如下指标：

—— 污染区不超过 40 公里长和 20 公里宽；

---

① 文献来源：*DDF*, 1960, Tome Ⅱ, pp. 768-769。分别致法国驻摩洛哥、突尼斯、黎巴嫩、加纳、几内亚、尼日利亚、利比里亚、埃塞俄比亚、苏丹、刚果、南非、肯尼亚外交代表，电报号分别为第 4990—4993 号、第 4489—4492 号、第 536—539 号、第 959—962 号、第 1002—1005 号、第 445—448 号、第 290—293 号、第 744—747 号、第 594—597 号、第 1298—1301 号、第 388—391 号、第 137—140 号。

② 12 月 27 日，应该进行了第三次原子弹爆炸。一份官方公报指出，“和前两次爆炸预计的一样，我们采取了所有预防措施，以避免居民遭受放射性尘埃的危害”。——原编译者注

——在此区域之外的附近地区，比如北部的哈姆迪耶或雷冈，或者位于南部150公里的瓦兰，都没有超过容许量十分之一的放射性尘埃。穿越撒哈拉沙漠的雷冈至比东5号站RT2号公路的交通实际上也没有中断；

——受到放射性尘埃影响的非洲大陆的领土上，放射性尘埃的数量在容许量的2/100和2/100,000之间（为加纳政府工作的测量专家在加纳认可的程度）；

——最后，根据美国原子能委员会近期的一份报告，和苏联、美国、英国核试验在全世界产生的放射性尘埃相比，法国两次核试验产生的放射性尘埃只占总量的千分之一或千分之二。

（吕军燕译、校）

冷战史研究东南亚国家档案导论

梁志 等*

20世纪80年代中期到90年代末，可以被视为中国冷战史研究的起步阶段。那时，从事冷战史研究的学者群体偏小，史料来源较为单一（主要利用美国、俄罗斯和中国等国家的档案），关注范围相对狭窄。相比较而言，近二十年中国的冷战史研究明显呈现出整体繁荣的状态。这一点至少体现在如下多个方面：研究队伍不断壮大，而且由于师承关系和科研项目形成了若干或大或小、比较稳定的研究团队；史料挖掘的范围逐渐由美国、俄罗斯和中国扩展到英国、法国、德国、东欧国家、日本、韩国、印度乃至类似于缅甸这样以往几乎无人涉足的国家；研究课题不再一盘散沙，逐渐形成了一些受到普遍关注的领域（如经济冷战，心理战、隐蔽战与核战略，冷战中的科学与文化，以及中国对周边国家政策等）；研究者不断尝试探讨新问题，并就共同关注的议题展开争论；既延续了对高层精英的瞩目，又试图关怀下层群体的命运；不仅仅注重史实还原，亦在某些问题上提出

* 本文是集体合作的产物。参与撰写工作的人员包括：梁志（统稿），华东师范大学历史学系教授；王世圆（Surinah）（合撰“印度尼西亚档案”部分），厦门大学海外教育学院在读博士生；高艳杰（合撰“印度尼西亚档案”部分），厦门大学南洋研究院副教授；贺艳青（撰写“马来西亚档案”部分），中央财经大学马克思主义学院副教授；游览（撰写“越南档案”“柬埔寨档案文献”两部分），华东师范大学历史学系/周边国家研究院讲师；陈玉珊（Kornphanat Tungkeunkunt）（撰写“泰国档案”部分），泰国法政大学历史系助理教授；陈洪运（撰写“缅甸档案”部分），厦门大学南洋研究院/国际关系学院博士后。

了具有普遍解释力的理论框架。然而，美中不足的是，最近中国学者虽然开始集中讨论冷战时期的东南亚问题，但对当地原始档案的利用仍远不尽人意。不仅仅中国冷战史学界是如此，国际同行们对东南亚国家一手文献的开掘同样处于起步阶段。鉴于此，本文着重介绍印度尼西亚、马来西亚、越南、柬埔寨、泰国和缅甸六个东南亚国家冷战时期档案文献的收藏、解密和公开情况。

一、印度尼西亚档案

对于绝大部分冷战史研究者而言，印尼档案是陌生而遥远的。即使是在冷战研究中的第三世界问题日趋成为显学的今天，在已经出版的论著中，仍旧难以发现印尼解密档案的身影。除少量整理成册的档案集散存于印尼国家图书馆和澳大利亚国家档案馆外，冷战时期的印尼档案主要存放于印尼国家档案馆。由于印尼档案的整体匮乏和解密体系的不完善，本节主要介绍印尼国家档案馆的查阅流程、档案收藏情况以及其他相关信息，以期为感兴趣的读者提供有用的参考。

（一）印尼国家档案馆查阅流程

印尼国家档案馆（印尼文为 Arsip Nasional Republik Indonesia，ANRI）坐落于雅加达南部，始建于 1912 年。自荷兰殖民政府组织建立以来，其名称几经更迭。依据 1967 年 12 月 2 日的印尼总统第 228/1967 号令，档案馆被划归总统直属的非政府部门，并在 1974 年正式更名为现在的“印尼国家档案馆”。

印尼国家档案馆馆藏有大量殖民地时期的档案，但是对于二战以后的档案开放程度非常低。1965 年“九三〇事件”后的敏感性，再加上政府的严格审查程序，大大降低了相关档案的丰富程度。印尼国家档案馆将本土公民和外国人士区别对待的做法，也使得外国学者获取档案的难度进一步提升。

非印尼本土公民要在印尼国家档案馆从事研究，必须获得印尼国家科学院（Lembaga Ilmu Pengetahuan Indonesia，LIPI）签发的研究签证（Research Visa），才能够享有与印尼本国公民同样的查阅档案的权利；否则，只能翻阅目录，而无权调阅。这并非仅仅针对需要在该档案馆进行研究的外籍人士，原则上所有在印尼从事研究的外籍人士都需要此类签证和许可。

研究签证的申请大致需要三步流程。第一，向印尼国家科学院提交研究计划。但研究计划只是提交材料的一部分，研究者还需要有印尼本土的接待机构、正式邀请信、使馆推荐信等。必须注意的是，如果研究者的研究计划涉及国家安全、敏感问题等，审查不通过的概率将会增加。辅助印尼国家科学院的协调小组（TKPIPA）每个月会对所有申请进行审查，整个审查过程耗时两个月。如果审查人员质疑申请者的研究内容，那申请人将不得不接受网络面试，并且可能会被拒签。第二，如果审查通过，印尼国家科学院将通知移民机构发出签证授权编号，对象是申请者将要申请签证的使馆，然后申请者可以在本国的印尼使馆获得签证盖章。第三，获得研究签证和许可，并不意味着最终申请工作的完成，申请者无论计划在印尼何地开展研究，都必须从雅加达入境，并在移民局、警察局等一系列相关部门完成注册手续，才能最终前往印尼国家档案馆。

需要注意的是，由于流程的复杂性，建议研究者至少在预定进入印尼的前四个月就开始申请工作，并且尽量规避种族冲突、文化差异等敏感内容的研究。此外，作为中国公民，由于2012年中国国家图书馆与印尼国家图书馆签署了合作备忘录，中国公民若获得中国国家图书馆的“推荐信”，亦可在印尼国家档案馆调阅档案。但这条途径仅是一条理论上的途径，据笔者所知，目前尚未有人获得中国国家档案馆的“推荐信”。

（二）印尼国家档案馆调阅流程

在印尼国家档案馆查档，主要是在主楼的阅览室（Reading Room）完成。进入阅览室后，工作人员将对来访者的身份进行确认。没有研究签证，将不允许调阅档案，这一点执行得非常严格。但按照规定，没有研究签证，是可以查阅目录的，只是无权调阅和复印。

档案馆的目录有纸本目录和电子目录之分。根据工作人员的介绍，电子目录大约收录了全部目录的三分之一。这意味着，仅仅查阅电子目录，就可能会导致大量的信息遗漏。首次去印尼档案馆，可以考虑先从电子目录入手，从而在最短的时间内大致判断所需资料的丰富程度。需要特别说明的是，检索关键词既可以是英文，也可以是印尼文，但结果却完全不同。以“中国/中华”为例，如果输入“China”，显示结果为 113 条，而输入印尼文“Tiongkok”，则显示另外的 35 条结果。

从电子目录检索结果中，可以看到对应条目的档案是一册还是一份。一册或者一份的具体页数难以判断，有的只有寥寥数页，有的则多达几百页。因此除非亲自调阅，否则很难判断这个条目下档案的规模。此外，电子目录的结果，还会显示条目对应的子目录，这一点非常重要。获得子目录信息后，下一步就是从子目录中系统查阅相关条目，确保没有遗漏。当然，从系统搜集的角度，最好还是从总目录索引开始，然后根据个人研究主题锁定对应的子目录，并依据子目录确定最终要调阅的档案。子目录里面会提供档案题目和档案编号，查阅者将子目录名称和档案编码填写在申请表上，即可调阅对应的档案。

需要指出的是，按照档案馆的规定，研究者不能拍摄和扫描档案，且每人每天只能调阅 5 份档案。此外，每份档案只能复印不超过 20%的内容。这一比例远远小于绝大部分国家的档案馆，这导致印尼档案的系统搜集变得非常困难。

（三）印尼档案馆馆藏信息介绍

依据 1971 年第 7 号印尼法令，印尼国家档案馆有权管理流动档案并收藏与保管静态档案。印尼各政府部门的档案，在达到 40 年解密期限后，经过筛选程序进入档案馆。也就是说，各政府部门可以依据相关规定保留部分档案。为避免档案的不当使用，依据印尼 2009 年律法第 43 号第 40 条第 4 项，印尼国家档案馆颁布了安全分类系统和档案查阅准则。根据相关法令，涉及以下内容的档案不在解密程序之列：

1. 妨碍执法程序
2. 破坏知识产权保护的权益及导致不公平的商业竞争

3. 危害国家安全和防务

4. 透露国家保密的自然财富

5. 不利于国家经济

6. 不利于国家对外政策与外交关系

7. 在未获得当事人同意下公开个人数据

8. 泄露个人隐私

9. 泄露须保密的备忘录

在实际操作中，档案挑选的原则主要与公共安全为主，创建部门首先要根据律法分析组织里的工作单位及其工作范围，进行风险分析后将档案分为四种："绝密"（Sangat Rahasia）、"秘密"（Rahasia）、"限制"（Terbatas）和"普通/公开"（Biasa/Terbuka），最后根据用户不同类别的需要将四种级别的档案归为两类，即安全档案与普通流动档案。

根据印尼国家档案馆纸版索引总目录，该馆的档案分为殖民时期和1945年之后的档案。殖民时期档案有的按照地方分类，有的按照政府时期分类。档案的语言有旧拼音印尼语、英语、汉语和荷兰语；1945年之后的档案来自90多个不同的部门，外加21种不同的个人档案。从具体内容看，部分子目录的主题与冷战研究直接相关，包括：印尼共和国总统文件（Daftar Arsip-Pidato Presiden RI，1958－1967）、印尼华人社会文件（Masyarakat China Di Indonesia，1945－1965）、印尼全国总工会档案（SOBSI，1950－1965）、印尼外交文件（Diplomasi Indonesia Tahun，1945－2009）、印尼共和国总统内阁文件（Inventaris Arsip，Kabinet Presiden RI，1950－1959）、印尼联邦共和国总统内阁文件（Kabinet Presiden Republik Indonesia Serikat，1949－1950）、总理内阁文件（Inventaris Arsip Sekretariat Negara Kabinet Perdana Menteri Tahun）、内务部文件（Inventaris Arsip Kementerian Dalam Negeri，1945－1949）等。

通常而言，某一主题的文件会同时被归档在几个不同系列的文件里。例如，涉及二战后华人问题的文件，多被归档于"内务部文件""警察文件"（Inventaris Arsip Kepolisian Negara）、"国防部文件"（Inventaris Arsip Kementrian Pertahanan）等系列。而印尼外交方面的文件则多归档于"外交文件”“总统内阁文件”“总理内阁文件”。另外，在一些特殊的重大事件的周年纪念日，印尼档案馆也会出版一些档案集。如万隆会议五十周年时，档案馆就推出了专门的档案集，其中包括中国领导人参加有关活动的文件和照片。但在实际操作中，无论是否有专门的档案，系统地利用印尼档案都是非常困难的。印尼档案馆的档案非常零散，很难像在美国、英国等国家的档案馆一样能找到大量围绕某一主题的资料。至于出版的主题性纪念档案集，收录的内容也通常是以友好、正面形象为主的公开性资料。

二、马来西亚档案①

马来西亚与印度尼西亚分治马六甲海峡，同中国在南中国海上相邻，是中国古代海上丝绸之路的重要站点，也是目前中国“一带一路”倡议的重要战略节点。马来西亚（1963 年之前为马来亚联合邦）的国家历史同国际冷战史具有独特的联系：马来亚半岛的独立伴随着冷战在亚洲的展开；马来半岛的“紧急状态”是东亚冷战中的热战战场之一；马来亚联合邦扩大成为马来西亚的过程，又与冷战中社会主义阵营的分裂斗争、冷战格局的调整几乎同步发生；马来西亚从“一边倒”外交政策调整为“地区中立”的东盟优先外交政策时，正逢中国调整外交战略、联美抗苏，也在一定程度上改变了亚洲冷战局势；而冷战在马来西亚的结束则体现为《合艾和平协议》的签订，马国内实现最终和平。因此，冷战在马来西亚的发展过程应该是亚洲冷战史中的一个典型。在国际冷战史研究中，马来西亚绝不应该被忽视。作为中国一个重要的海上邻国，马来西亚同中国的关系发展也是冷战中中国与周边国家关系的一个典型案例。

马来西亚（马来亚联合邦）冷战史研究的基础史料大体可以分为四类：第一类是政府档案；第二类是冷战时期的报刊出版物；第三类是个人资料，如日记、回忆录之类；第四类是作为政府对立面的马来亚共产党（马共）

① 本小节为国家社科基金特别委托项目（15@ZH009）“中国周边国家对华关系档案文献收集与历史研究”第二期子课题《马来亚联合邦对华关系档案收集、整理与研究（1948—1963）》的阶段性成果。

和北加里曼丹共产党（北共）的历史资料。马来西亚如今的领土由13个邦、3个联邦直辖区组成，分布在东南亚的马来半岛和婆罗洲北部（分别称为西马和东马）。如今在马来西亚境内，冷战史料主要分布在国家档案馆系统、各图书馆、研究机构和学者个人收藏以及重返马来社会的前马共、北共成员的联谊机构。

（一）国家档案馆系统

马来西亚有一个比较完整的档案馆体系，全国共有10个档案馆。位于马来西亚首都吉隆坡的国家档案馆（Arkib Negara Malaysia）中央馆[①]不仅负责中央政府档案的存储、管理和发放，还管理着其他9个地区档案馆分支，分别是：吉打/玻璃市分馆、槟城分馆、霹雳分馆、吉兰丹分馆、登嘉楼分馆、柔佛/森美兰/马六甲分馆、沙巴分馆、砂拉越分馆、彭亨分馆。目前，马来西亚国家档案馆已经开放网上搜索系统（Online Finding Aid，OFA）[②]，可以通过关键词搜索档案，一些档案可以直接在网上付费下载。但是，这个网上档案系统里只收录了国家档案馆的部分档案以及地区档案馆的一些历史图片，因此，大部分的国家档案馆档案以及绝大多数地区档案馆档案均需分别到各个档案馆现场查找。

马来西亚国家档案馆的档案资料按其来源可以分为8类：私人记录与档案（指私人或者社会团体自愿存放在国家档案馆的各类资料笔记，目前共有80多位历史人物的档案收藏在国家档案馆中央馆中）；公共记录与档案（包括联邦、州、国家机构和政府公司的政府官方记录）；皇室的记录与档案（包括国家元首以及各州王室的档案记录）；海峡殖民地档案与记录（包括槟城、马六甲、新加坡在独立前的档案记录）；其他来源的国内档案资料；有关外国的档案记录；来自国外的有关马来西亚的档案记录；由其他档案馆、图书馆转来的档案记录。国家档案馆内部有电子检索系统，与外网的OFA检索系统不同，其档案要丰富得多。档案馆可以借阅的档案要从

① 马来西亚国家档案馆的网站是：http：//www2. arkib. gov. my。

② Online Finding Aid，http：//ofa. arkib. gov. my.

电子检索系统中检索到档案号后，才能填申请单申请借阅。但是档案馆的档案没有全部实现目录电子化，有一部分档案需要查找纸版档案目录（一般按照档案来源以及转入档案馆的时间装订成册）。可以查到档案号的档案并不是所有都可以提供给查档者：密级最高的档案无法借阅；密级稍低一点的档案可以借阅，但不能复印；普通的已经解密的档案才允许复印（档案馆不允许带手机、相机等进入，不允许拍照。如果需要得到档案，只能复印或者抄录）。

关于政府公共档案这一部分，据笔者目前在马来西亚国家档案馆中央馆的查档情况，其中有关冷战的档案公开情况并不乐观：第一，内务部、国防部、皇家警察部队的大部分档案都没有解密。目前，从国家档案馆的电子检索系统可以查到的内务部档案仅710卷，而其中多涉及警察工资、内部事务等内容。不过从1952年起，连续若干年每年都有一份“紧急状态中的预算与开支”年报；第二，外交档案解密不多，而且检索起来十分不易。目前，马来西亚外交部文件大致可以查阅到1975年前后。不过，这些档案大多数是马来西亚驻外使领馆的日常电报、馆务活动等。据马来西亚外交部称，其全部档案已经在两年前移交给国家档案馆。笔者在国家图书馆的纸质档案目录中查到几本从外交部接收的档案目录，比如1985年接收了一批1957年至1975年的外交部档案，但是这批档案在档案馆的电子检索系统中无法查到，也无法调阅。后来，笔者在无意中发现，许多外交部档案放到了卫生部档案目录下。第三，与“紧急状态”直接相关的档案文件中，几乎只有公开宣传品或者几乎没有密级的文件才得以解密，比如紧急状态中的传单、领导人讲话、大赦文件、政府搜集到的共产党文件资料等。另外，有一份有关紧急状态的大事记已经解密。

由此可见，政府公共档案中有关冷战的史料在马来西亚国家档案馆并不丰富。不过，各个地方档案馆分支中存有当地有关“紧急状态”期间的政府行动情况、当地的武装冲突情况、新村的档案、学生运动和工会活动情况等，这些对于研究马来西亚冷战史中的具体案例来说是比较有用的资料。

马来西亚国家档案馆除了管理各地的档案馆分支外，还管理着10个纪念馆和私人图书馆。其中包括：东姑·阿卜杜·拉赫曼纪念馆、敦拉萨纪念馆、敦胡先翁纪念馆、马哈蒂尔故居、独立纪念堂等。各个马来总理纪念馆都有自己的小型图书馆，存有该总理的个人档案目录（只是目录，档案已经移交国家档案馆中央馆）、剪报资料、一些公开出版的纪念文集、回忆录、传记等。在敦拉萨纪念馆，还有一套马来西亚国会记录。

在国家档案馆系统之外，马来西亚还有一个不从属这个体系的州立档案馆——东马的沙巴档案馆①。该档案馆成立于1946年7月11日，是东南亚地区建立的第五个档案馆。② 该档案馆保存了二战之前的北婆罗洲、砂拉越和文莱的许多公共档案和公共记录，时间最早可以追溯到1883年。东马地区（主要是沙巴州）主要政府公共档案、政党档案、非政府档案都存在这个档案馆里。③ 冷战时期有关东马的共产党和左翼政党的活动资料、马印（尼）对抗时期资料都在这个档案馆中有所收藏。

总的来说，马来西亚国家档案管理相对比较落后。其档案保存、整理工作不到位，很多档案次序混乱；档案的开放状况也不太理想，有关冷战史方面的档案史料不足以使研究者勾勒出马来西亚冷战史的全貌。

（二）图书馆系统

马来西亚国内收藏有关冷战书籍和史料比较丰富的图书馆包括马来西亚国家图书馆和几个大学图书馆。

马来西亚国家图书馆除了拥有大量藏书外，还收集了比较多的当地报纸和杂志。在冷战史料中，除了政府档案文件之外，当时的报刊也是非常重要的。在国家图书馆内，共有97种东马、西马报刊供人借阅。其中，《海峡时报》《新海峡时报》《南洋商报》《星洲日报》《星报》等报刊在此几乎都完整保存。

而有关大学图书馆，据笔者了解，马来亚大学图书馆、砂拉越大学图书馆、新纪元大学学院图书馆分别有自己有特色的冷战史资料收藏。

---

① The Sabah State Archives (ANS).

② 在此之前分别有印度尼西亚、柬埔寨、老挝和越南建立了档案馆。

③ 参见该档案馆的官方网站介绍：http://www.sabah.gov.my/ark/indexBI.html。

马来亚大学图书馆的东亚图书馆收藏了马来亚联合邦时期和马来西亚成立后的经济年报、政府公报等，尤其是收藏了几乎一整套的马来西亚外交公报——这是冷战时期马来西亚外交部最重要的官方出版物，收录了领导人重要讲话、外交公报、外交条约等，时间是从 1966 年至 2003 年。[①] 而马来亚大学图书馆的主馆收录了很多东南亚国家在冷战时期的出版物，包括泰国外交公报等。更让人惊喜的是，1990 年马来西亚皇家警察部队心理战专家杜志超（C. C. Too）[②] 将他的一批个人资料存放在这里，其中许多资料是杜志超写作的文章，更多的是他搜集、整理和翻译的马共文件以及他有关马共历史的评论、笔记等。[③]

砂拉越大学图书馆是东马地区非常重要的冷战史料收藏地。除了收集有冷战时期东马当地的报刊等资料外，该馆还收藏有一批英国殖民时期的档案，主要内容涉及马来西亚成立之前的殖民地状况。

新纪元大学学院图书馆于 2014 年设立南洋大学史料中心，搜罗、征集、购买各种南大史料与研究文献，按类型整理成文献书目，作为东南亚华人教育和 20 世纪 60—70 年代新马地区左翼运动的桥头堡的南洋大学的史料迅速开始汇集于此。

总的来说，马来西亚各图书馆中的冷战史料分布比较零散。目前笔者对于全国其他地区图书馆还没有一个整体了解，需要再深入挖掘。

（三）研究机构和学者个人收藏

相对来说，马来西亚的各个研究机构或者学者个人收藏的冷战史料就更为分散了，这里仅列举几个目前比较有影响力的研究机构收藏：

---

① *Foreign Affairs Malaysia*, published by Ministry of Foreign Affairs, Malaysia, Kuala Lumpur: Wisma Putra, from 1966 to 2003.

② 有关杜志超的研究，参见 Lim Cheng Leng, *The Story of Psy-Warrior*, Batu Caves, 2000; Kumar Ramakrisgna, "The Making of Malayan Propagandist: the Communist, the British and C. C. Too," *Journal of the Malaysian Branch of the Royal Asiatic Society*, Vol. 73, Part 1 (June 2000), pp. 67-90。

③ C. C. Too, *Notes on History of the Communist Party of Malaya*, Mimeographed edition, Kuala Lumpur: University of Malaya Library, 1990.

马来西亚战略与国际研究所①。该所成立于1983年，目前已经是马来西亚首屈一指的智库，同政府组织与国际组织多有合作，其图书馆藏书包括国际关系、战略安全、国防和外交政策研究等领域的专著、期刊和报纸，尤其是东盟和亚太地区资料比较丰富。

马来西亚华社研究中心②。华研目前是马来西亚境内对本国乃至东南亚地区华人历史和当前政治、经济、文化等各方面资料进行搜集、整理和研究的最有名的民间研究机构。华研的集贤图书馆主要收藏有关东南亚华人研究尤其是马来西亚华人研究有关的书刊、资料。而有关马来亚、马来西亚的冷战方面的资料，该图书馆有几项馆藏值得注意：首先是马共资料，特别是马共在中国湖南的“革命之声”广播电台的全部广播稿（已经由马共当时的播音员整理成集，共21本）已经捐献给了该馆。其次，“马天英③特藏”。共11个文件夹（包括照片、档案、私人文件、信件、手稿、剪报、刊物等），14,000多页。其中，国民党政府外交部发给领事馆的外交部令、马天英的工作报告比较齐全，比如国民党驻槟城领事馆撤销的处理方法等。第三，杨贵谊④及夫人陈妙华的全部藏书。其特点是：与新、马、印尼华人相关的文化、文学类书籍比较多；同中国相关的20世纪60、70年代的出版物比较多；有《新南洋年鉴》《星马工商年鉴》《星马通鉴》等年鉴类书籍，但是每个系列都不完整。第四，旧报纸。集贤图书馆收集了20世纪60—90年代的《星洲日报》、60—90年代的《南洋商报》以及1951—1988年全时段的《星槟日报》（这是目前马来西亚国内唯一的一套，正在制作电子版）。第五，剪报。主要是由1985年之后的报纸制作的剪报，分专题，以中文报纸为主，也有一定的英文报纸和马来文报纸。其中，关于中马关

① 英文名称为：Institute of Strategic and International Studies Malaysia，简称ISIS。网址是：http：//www. isis. org. my。

② 成立于1985年，简称“华研”。网址是：http：//www. malaysian-chinese. net。

③ 民国时期著名的回族外交家和社会活动家。1937年任中国驻马来西亚总领事。抗战时期赴东南亚宣传中国人民英勇抗战的浴血事迹，奔走各地为国内抗战募集款物。1949年侨居马来西亚。晚年在马来西亚主编中英文宗教刊物《伊斯兰之光》，影响深远。

④ 本籍福建福清，1931年出生于马来西亚柔佛州，著名马来文化工作者兼词典编纂家。

系有 8 本剪报，关于马共问题有 13 本剪报。

诗巫华族文化协会。该协会搜集、整理及保存与砂拉越历史文化相关的资料。其资料室有藏书近 1 万册，包括许多新马旧书刊以及各类剪报、特刊、图片和砂拉越档案文献。

文运书店[①]。该书店是马来西亚的特色书店，也是雪隆地区最知名的一家左翼书店，专门出版、发行与售卖本地和印尼书籍，主要包括社会研究、社会科学及文史哲类书籍。前马共成员的一些回忆录和文学作品等在这里出版和出售。

另外，马来西亚的执政党中，巫统（UMNO）和马华（MCA）都有自己的资料中心，存有一些其党内的历史资料。

（四）共产党方面的史料

在西马，1989 年《合艾和平协议》签订后回归社会的一部分前马共党员成立了“21 世纪联谊会集团”，不断出版有关马共的书籍，包括马共文件集、个人自传、马共党员的回忆录等。其中，最有研究价值的马共文件集目前已经出版了 14 册（战前地下斗争时期 3 册、抗日战争时期 3 册、战后和平时期 3 册、抗英战争时期 5 册。其中包括“紧急状态”、华玲和谈、马来亚独立等内容）。

在东马，同政府和解后走出丛林的北共成员以及被政府特赦释放的左翼政党成员根据其冷战时期斗争地区和从属部队的不同，分别组成了 4 个友谊协会：砂拉越福利协会、晋汉省友谊俱乐部、砂拉越中区友谊协会、美里友谊协会。他们并没有像西马的前马共成员一样统一出版文件集等党史资料，而是以友谊协会为单位撰写和出版一些有关北共历史的书籍，其中更多的是前北共领导人以个人名义撰写的一些自传和回忆录等，其对冷战时期北共党内的一些历史问题进行争论。这些资料大多不是正规出版物。

综上所述，马来西亚的冷战史料除了政府档案馆、图书馆等官方收藏之外，还有民间研究机构、学者个人的收藏以及作为冷战时期另一方的共

① 马来西亚语名：GERAKBUDAYA。位于八打灵再也第十一区，靠近马来亚大学医院。

产党方面公布的资料。其中，有关政府档案的公开和利用情况并不理想，但是民间史料丰富，当时的报刊等公开出版物的保存也比较完整。这样的冷战史料状况对于研究者的工作也提出了更高的挑战。值得注意的是，官方档案的整理和开放不足的情况可以通过其他相关国家的档案来进行一些弥补，比如英国、澳大利亚、新加坡都有很多有关马来亚联合邦及马来西亚的档案；美国的外交档案与情报档案中也有许多有关马来西亚的内容；俄罗斯档案尤其是共产国际档案中也有许多关于马共与马来西亚的内容。此外，有些在冷战中非常重要的马来西亚历史人物的个人资料目前存在新加坡，比如伊斯梅尔医生、李孝式、陈祯禄等人将个人资料存放在新加坡国立大学东亚研究所①。

三、越南档案

19 世纪末，越南沦为法国殖民地。1940 年，日本法西斯入侵越南，越南人民经历了抗法、抗日的长期艰苦斗争。1945 年 8 月 15 日，日本帝国主义投降，胡志明领导的越盟领导了全国总起义。同年 8 月 19 日，越盟在河内夺取政权，取得“八月革命”的胜利。8 月 25 日，越南阮朝保大皇帝下诏退位。9 月 2 日，胡志明在河内巴亭广场发表《独立宣言》，宣布建立“越南民主共和国”（即北越）。此后，法国殖民主义者重返越南，第一次印度支那战争爆发，越南人民进行了历时 9 年的抗法战争。11 月 10 日，胡志明宣布保大为越南民主共和国的“最高顾问”。

1949 年 6 月 14 日，保大在法国的支持下在西贡宣布建立“越南国临时政府”（即南越），由其出任“国家元首”。“越南国”政权得到美国、英国的承认，而胡志明在越南北部领导的越南民主共和国则获得苏联和新成立的中华人民共和国的承认。1954 年 7 月 21 日，关于解决印度支那停战问题的《日内瓦协议》得以签署。《日内瓦协议》规定，越南以北纬 17 度线为界，南北分治，北方由胡志明领导，南方由保大领导。1954 年 7 月，吴庭

① Institute of Southeast Asia Studies，缩写为 ISEAS。网址是：https：//www. iseas. edu. sg。

艳担任“越南国”总理。1955 年 10 月 23 日，吴庭艳在美国支持下通过操纵南越公民投票废黜了保大，确立南越为共和政体。10 月 26 日，吴庭艳改国号为“越南共和国”，并由其担任“越南共和国”首任总统。此后，第二次印度支那战争爆发。1976 年 7 月，越南南北宣布统一，国号为“越南社会主义共和国”。

自二战结束从法国的殖民体系中挣脱出来以后，越南在国际政治版图上的角色愈发引人注目。特别是在冷战形势的推动之下，一方面，越南北和南方出现了类似于德国和朝鲜半岛那样的意识形态分立的政权，由此产生的摩擦与冲突的背后分别显现出东西方两大阵营的身影；另一方面，大国的深度介入使得在越南发生的对抗成为冷战时期持续时间最久、程度最为激烈的地区性热战。正是由于越南在冷战进程中扮演了相当重要的角色，因而与其相关的事务在以往冷战史的研究中占据了相当大的比重。然而，存在的一个现象是，在美国、俄罗斯、中国、法国等国家的档案材料陆续开放并为越来越多的研究者所了解和利用的同时，已有的相关研究中越南档案文献的利用程度却并不高。对于这一问题必须承认的是，到目前为止，研究者对越南档案文献的利用的确还受到一些客观条件的限制，但是，这并不意味着保存在越南国内各档案馆中的文献材料完全是遥不可及的。事实上，随着越南“革新开放”事业的不断发展以及国家法规制度的不断完善，其国内档案开放的力度和步伐是有目共睹的，国际学者对于越南档案进行探寻和利用的局面也在逐步打开。因此，本节将主要针对越南国内有关 1945 年以后越南南北政权的档案文献的基本馆藏情况进行介绍，以供相关研究者参考。

1945 年 9 月 8 日，即宣告独立后不久，越南民主共和国临时政府就发布敕令，成立隶属于国家教育部的全国档案公文及文书署。1946 年 1 月 3 日越南民主共和国临时政府主席胡志明签署第 1C/VP 号通知，强调档案材料对于国家建设方面的特别价值，并严禁职权机关未经允许销毁卷宗材料。为加强国家对档案工作的统一管理，1962 年 9 月 4 日越南民主共和国政府颁行第 102/CP 号决议，成立隶属于总理府的档案局。1984 年 3 月 1 日，越南部长会议颁行第 34/HĐBT 号决议，规定了国家档案局的职能、任务、权限和组织。1984年至1991年，越南国家档案局隶属于部长会议。从1992年开始，根据精简国家部门和直属机关的要求，部长会议将国家文书及档案局交付政府组织干部委员会（即现在的内务部）管理。至此，目前所能看到的越南国家档案管理机构基本形成。

从组织结构上来看，越南国家文书及档案局下辖四个档案中心。其中第一档案中心位于越南北部的河内市，其前身为1919年由法国殖民当局建立的河内中央档案图书馆，其保管的档案、书籍及其他材料的时间跨度为1488—1954年，主要包括：1. 越南封建王朝的汉喃材料；2. 法属时期北圻地区的材料；3. 1946—1954年在越南北方的亲法政权的材料。

第二档案中心位于越南南部的胡志明市，1976年成立，其保管的档案、书籍及其他材料的时间跨度为1883年至今，主要包括：1. 南部地区的汉喃材料；2. 法属时期南圻地区的材料；3. 1946—1954年在越南南方的亲法政权的材料；4. 美—伪时期的材料；5. 越南南方共和临时革命政府的中央机关、组织材料及1975年以前属于革命政权的其他中央各组织的材料；6. 越南社会主义共和国同奈省以南各省机关、组织的材料。

第三档案中心位于河内市，1995年成立，其保管的档案、书籍及其他材料的时间跨度为1945年至今，主要包括：1. 越南民主共和国中央的机关、组织的材料以及各联区、区、特区的机关、组织的材料；2. 越南社会主义共和国广平省以北各省机关、组织的材料；3. 各级行政区划的卷宗。

第四档案中心位于越南中部林同省的大叻市，2006年成立，其保管的档案、书籍及其他材料的时间跨度为1810年至今，主要包括：1. 阮朝木板材料；2. 法属时期中圻地区的材料；3. 1946—1954年在越南中部地区、中部高原地区的亲法政权的材料；4. 1954—1975年越南共和国中部地区各省（从广治省到平顺省）及中部高原地区各省的机关、组织的材料；5. 越南社会主义共和国广治省至平顺省及西原各省的机关、组织的材料。

接下来，根据冷战史研究的侧重点，笔者拟针对越南第二、第三国家档案中心已开放的档案材料的馆藏情况进行重点介绍。

（一）越南第二国家档案中心

越南第二国家档案中心根据总理府办公室第252/BT号决议于1976年

11 月 29 日建立，当时命名为中央第二档案库，其前身为越南南方共和临时革命政府主席府档案公文处。1988 年 8 月 8 日，根据部长会议主席颁行的第 223/CT 号决议，正式更名为第二国家档案中心。在其馆藏中，1945 年至 1975 年间的文献材料值得重点关注的包括以下几个部分：

1. “越南家临时政府” 时期材料

（1）越南国总理府办公室档案（PHÔNG PHỦ THỦ TƯỚNG QUỐC GIA VIỆT NAM），材料总量：43 米排架，时间跨度：1948—1955 年

1948 年 5 月 3 日，在法国的压力之下，保大皇帝授权开始筹建保留法兰西联邦成员身份的越南国临时中央政府。1949 年 6 月 4 日“越南国”正式成立。1955 年 10 月 23 日，越南国临时政府总理吴庭艳发动征求民意运动，确立南越改行共和政体，并于 10 月 26 日由其担任“越南共和国”首任总统，越南国总理府暂时停止活动。在此期间形成的档案材料涵盖了越南国临时政府的各个部门，其中在军事、外交、政治、经济等方面值得注意的文件主要包括以下内容：法越平定委员会的会议卷宗；法、美等国领导人访问越南卷宗；越南与外国代表团往来活动的卷宗；外事委任卷宗；国际会议卷宗；联合国关于贸易、关税、财政的会议卷宗；波城会议卷宗；西贡—堤岸大区领导人外事活动卷宗；国际经济会议材料；美国向越南提供经济援助材料；美国经济代表团访问越南及河东地区卷宗；美国与越南经济合作协约讨论材料等。

（2）中越首宪府办公室档案（PHÔNG PHỦ THỦ HIẾN TRUNG VIỆT），材料总量：84.5 米排架，时间跨度：1949 年—1954 年 8 月 4 日

在越南国临时政府成立后，保大皇帝于 1949 年 7 月 1 日颁行第一、第二号谕令，将越南分为北越、中越、南越三个行政大区，各大区领导人称为首宪。中越首宪府办公室即为中越地区权力机构的代表，到 1954 年 8 月 4 日被临时政府驻中越代表所取代。属于此部分的档案中值得注意的包括越盟的活动材料、国际停战监督委员会在富安省的调查材料等。

（3）南越首宪府办公室档案（PHÔNG PHỦ THỦ HIẾN NAM VIỆT），材料总量：178 米排架，时间跨度：1945 年 9 月—1954 年 8 月 4 日

1946 年 6 月，南圻共和国（即“交趾支那”）在法国人的扶植下在越

南南方成立，后在1948年被建立中的越南国临时政府所吸收，1949年7月以后成为南越行政大区，南越首宪府办公室即为南越地区权力机构的代表，到1954年8月4日停止活动。属于此部分的档案中值得注意的包括越共活动材料、越法协约材料等。

2. **“越南共和国”时期材料**

（1）“越南共和国”第一届总统府办公室档案（PHÔNG PHỦ TỔNG THỐNG ĐỆ NHẤT CỘNG HÒA），材料总量：460.15米排架，时间跨度：1954年—1963年11月1日

从1954年6月保大将权力移交给吴庭艳并委任其成立“越南共和国”起至1963年11月吴庭艳被处决止，这一时期的文献汇集成“越南共和国”第一届总统府办公室文件。其中涉及外事部分主要包括以下内容：外交部的年度活动复呈；外交部各代表团及各领事馆会议材料；越南参加各国际会议材料；越南驻各国大使活动材料；越南驻美国及联合国大使密电材料；各国际组织、各国访问越南的材料；越南共和国与美、英、加、柬、老、泰、日等国外交关系材料；各国驻越南大使、特使委任书材料；各国驻越使馆活动材料；驻国际委员会交涉代表团关于越南人民军反对美国以武器、人员介入越南，更换非军事区通行证的材料；驻国际委员会交涉代表团关于执行日内瓦协定信件副本；驻国际委员会交涉代表团两年来活动报告；驻国际委员会交涉代表团抗议武元甲的材料；驻国际委员会交涉代表团关于非军事区、越共活动的报告；国际委员会关于越南战场军事形势的综合材料副本等。其中1955—1956年主要为日内瓦会议的文件，特别是关于国际委员会的材料很多。1956年以后大量出现的是越南共和国政府同美国、台湾当局、日本及东南亚国家的外交活动和经贸往来的文件，每年年底都有越南共和国同各国关系的外交报告。

（2）革命军人委员会办公室档案（PHÔNG HỘI ĐỒNG QUÂN NHÂN CÁCH MẠNG），材料总量：2米排架，时间跨度：1963年11月1日—1965年6月14日

在1963年11月1日吴庭艳遭处决之后，以杨文明为主席的革命军人委员会接管越南共和国政权。此后至1965年6月期间形成的文献被归入革命

军人委员会档案。这一时期由于政局不稳，形成文件多为越南共和国对内政策，外交方面仅限于少量同美国和台湾当局的经济、军事交往。

（3）国家领导委员会办公室档案（PHÔNG ỦY BAN LÃNH ĐẠO QUỐC GIA），材料总量：15 米排架，时间跨度：1965 年 6 月 14 日—1967 年 10 月 31 日

1965 年 6 月 14 日，由阮文绍担任主席的越南共和国国家领导委员会开始履行政府职能。此后至 1967 年 10 月间形成的文献被归入国家领导委员会档案。同革命军人委员会执政时期的状况类似，这一时期的外事交往档案同样较少，仅限于与外国条约以及同韩国和台湾等国家或地区的外事交往。

（4）越南共和国第二届总统府办公室档案（PHÔNG PTHỐNG ĐỆ THỐNG ĐỆ NHỊ CỘNG HÒA），材料总量：158 米排架，时间跨度：1967 年—1975 年 4 月 30 日

从 1967 年 10 月 31 日至 1975 年 4 月 30 日，越南共和国政府分别经历了阮文绍、陈文香、杨文明三任总统。其中阮文绍对政权的控制占据了绝大部分时期。在此期间形成的各类文件统归第二届总统府办公室档案。这一时期档案的一个突出特点是同越南战争局势的变化紧密相关，特别是国防部关于各国给越南共和国援助材料；美国军队在越南活动、作战材料；美国军事顾问材料；各次战役计划材料；泰国军队进入越南共和国作战材料；外交部关于美越外交往来材料；东南亚条约组织及马尼拉协定材料；巴黎谈判材料；越共的进攻、越南民主共和国在联合国的活动及外交工作的材料；南方临时革命政府外交工作的材料；越南民主共和国、南方解放阵线同瑞士、澳大利亚等国建立外交关系的材料；越侨在老挝、越南共和国军事代表团在柬埔寨活动材料等，数量十分可观。具体来说，1970 年以后越南共和国政府的外交文件中对形势政策的分析内容大大增加，如 1969—1970 年外交部情报局关于美国对东南亚的政策报告、1971 年外交部关于越南民主共和国大使馆在老挝活动的报告、1971 年中共与泰国的关系、1971 年中共与美国的关系、1969—1972 年台湾当局对各国“外交”关系、1970—1972 年总统府关于越南民主共和国进攻柬埔寨的报告、1967—1974 年越南共和国同日本外交关系、1967—1975 年总统府关于中共与他国关系

总结等。

（5）越南共和国总理府办公室档案（PHÔNG PHỦ THỦ TƯỚNG VIỆT NAM CỘNG HÒA），材料总量：1044.7 米排架，时间跨度：1963—1975 年

1955 年至 1963 年，吴庭艳独揽越南共和国国家元首及政府首脑大权，因而期间总理府停止运作。在吴庭艳政府垮台之后，1963 年 11 月 4 日阮玉寿出任临时政府总理一职，总理府档案的相关材料也得以再次出现。此后直至 1975 年越南共和国政府瓦解，期间形成的档案文献被归入第二阶段的总理府办公室档案。大致来说，主要可分为两类，一是越南共和国政府同友邦的交往、援助、合作（如法国、美国对南方的军事和经济援助、与日本的关系、与台湾当局的关系等）；另一类是越南共和国政府对北方共产党政权以及国际共产主义的分析判断（如越共与南方政权及联合国的关系、苏共和中共访问越南民主共和国的情况、中共与其他国家的外交关系等）。具体来说包括以下若干卷宗：越南共和国各代表团、政客出访各国、各宗教组织的材料；越南共和国同各国谈判、签署协议的材料；越南共和国驻各国大使活动材料；越南共和国对外政策材料；越南共和国参加国际会议材料；越共的外交活动材料；越南共和国外交部每周情况汇报；越南民主共和国军队活动材料；各国越侨活动形势材料；高棉边界问题材料等。

除了以上各个阶段的国家权力机关外，越南临时政府及共和国时期各行政部门单位也分别保留有各自的档案文献卷宗，详情可见下表。

部门名称	材料数量	时间跨度
军政总署办公室（PHÔNG NHA TÔNG QUẢN TRỊ）	14 米排架	1972 年—1975 年 4 月
经济社会委员会办公室（PHÔNG HỘI ĐÔNG KINH TÉ XÃ HỘI）	9 米排架	1970 年—1975 年 4 月
文化教育委员会办公室（PHÔNG HỘI ĐÔNG VĂN HÓA GIÁO DỤC）	11 米排架	1969 年—1975 年 4 月 16 日
各种族委员会办公室（PHÔNG HỘI ĐÔNG CÁC SẮC TỘC）	13 米排架	1970 年—1975 年 4 月

续表

部门名称	材料数量	时间跨度
治安与发展委员会办公室（PHÔNG HỘI ĐỒNG AN NINH VÀ PHÁT TRIỂN）	85 米排架	1965—1975 年
公务委总署办公室（PHÔNG PHỦ TỔNG ỦY CÔNG VỤ）	326. 3 米排架	1933—1975 年
国家行政学院办公室（PHÔNG HỌC VIỆN HÀNH CHÁNH QUỐC GIA）	5. 3 米排架	1953—1974 年
国家进修院办公室（PHÔNG VIỆN TU NGHIỆP QUỐC GIA）	9. 4 米排架	1971—1975 年
财政部办公室（PHÔNG BỘ TÀI CHÍNH）	547. 5 米排架	1940 年—1975 年 4 月
财政预算及院外总署办公室（PHÔNG TỔNG NHA NGÂN SÁCH VÀ NGOẠI VIỆN）	30 米排架	1949 年—1975 年 4 月
关税总署办公室（PHÔNG TỔNG NHA QUAN THUẾ）	547. 5 米排架	1940 年—1975 年 4 月
资源公产署办公室（PHÔNG NHA TÀI NGUYÊN CÔNG SẢN）	31 米排架	1955 年—1975 年 4 月
中央会计局办公室（PHÔNG NHA TÀI NGUYÊN CÔNG SẢN）	2 米排架	1969 年—1975 年 2 月
国内贸易署办公室（PHÔNG NHA NỘI THƯƠNG）	88. 4 米排架	1955—1975 年
外贸署办公室（PHÔNG NHA NGOẠI THƯƠNG）	287 米排架	1949—1975 年
工艺技艺署办公室（PHÔNG NHA CÔNG KỸ NGHỆ）	73. 5 米排架	1951—1975 年
国家食品总局办公室（PHÔNG TỔNG CUỘC THỰC PHẨM QUỐC GIA）	34. 2 米排架	1966—1975 年
市政交通部办公室（PHÔNG BỘ CÔNG CHÁNH VÀ GIAO THÔNG）	177. 3 米排架	1948—1966 年

续表

部门名称	材料数量	时间跨度
交通运输部办公室（PHÔNG BỘ GIAO THÔNG VẬN TẢI）	25 米排架	1966 年 3 月 17 日—1968 年 6 月 16 日
市政部办公室（PHÔNG BỘ CÔNG CHÁNH）	26 米排架	1966 年 4 月 22 日—1968 年 6 月 16 日
市政与交通运输部办公室（PHÔNG BỘ CÔNG CHÁNH VÀ GIAO THÔNG VẬN TẢI）	27 米排架	1968 年 6 月 17 日—1969 年 5 月 24 日
交通邮电部办公室（PHÔNG BỘ GIAO THÔNG-BƯU ĐIỆN）	57 米排架	1969 年 5 月 25 日—1973 年 10 月 22 日
市政部办公室（PHÔNG BỘ CÔNG CHÁNH）	68 米排架	1969 年 9 月 16 日—1973 年 10 月 22 日
市政与交通部办公室（PHÔNG BỘ CÔNG CHÁNH VÀ GIAO THÔNG）	29 米排架	1973 年 10 月 23 日—1975 年 4 月
越南电信办公室（PHÔNG VIỄN THÔNG VIỆT NAM）	14 米排架	1952 年—1975 年 4 月
农耕部办公室（PHÔNG BỘ CANH NÔNG）	3. 7 米排架	1952—1974 年
农村改良部办公室（PHÔNG BỘ CẢI TIẾN NÔNG THÔN）	1. 6 米排架	1961—1965 年
农耕农艺部办公室（PHÔNG BỘ CANH NÔNG VÀ KỸ NGHỆ）	0. 2 米排架	1974 年 11 月 28 日—1975 年
营田委总署办公室（PHÔNG PHỦ TỔNG ỦY DINH ĐIỀN）	457. 5 米排架	1957 年 4 月 23 日—1975 年 4 月 28 日
农耕署办公室（PHÔNG NHA CANH NÔNG）	60 米排架	1932—1975 年
渔业署办公室（PHÔNG NHA NGƯ NGHIỆP）	11. 2 米排架	1963 年—1975 年 4 月
水利林业署办公室（PHÔNG NHA THỦY LÂM）	93 米排架	1923 年—1975 年 4 月

续表

部门名称	材料数量	时间跨度
农田水利及农村工作署办公室（PHÔNG NHA THỦY NÔNG VÀ CÔNG TÁC NÔNG THÔN）	8.7 米排架	1963 年—1975 年 4 月
研究院办公室（PHÔNG VIỆN KHẢO CỨU）	6.5 米排架	1961 年—1975 年 4 月
住房发展总局办公室（PHÔNG TỔNG CUỘC PHÁT TRIỂN GIA CƯ）	238.2 米排架	1951 年—1975 年 4 月 29 日
越南国家银行办公室（PHÔNG NGÂN HÀNG QUỐC GIA VIỆT NAM）	118 米排架	1948 年—1975 年 4 月 30 日
农业发展银行办公室（PHÔNG NGÂN HÀNG PHÁT TRIỂN NÔNG NGHIỆP）	18.2 米排架	1957 年—1975 年 4 月
曼谷银行西贡支行办公室（PHÔNG CHI NHÁNH NGÂN HÀNG BANGKOK TẠI SÀI GÒN）	5.5 米排架	1961—1973 年
美国国际开发署机关办公室（PHÔNG CƠ QUAN PHÁT TRIỂN QUỐC TẾ HOA KỲ）	114 米排架	1955—1975 年
印度支那丹尼斯兄弟无名公司办公室（PHÔNG CÔNG TY VÔ DANH ANH EM DENIS ĐÔNG DƯƠNG）	2 米排架	1959 年—1975 年 4 月 22 日
文化专职国务卿办公室（PHÔNG VĂN PHÒNG QUỐC VỤ KHANH ĐẶC TRÁCH VĂN HÓA）	31.5 米排架	1958 年—1975 年 4 月 24 日
文化社会总部办公室（PHÔNG TỔNG BỘ VĂN HÓA XÃ HỘI）	15.5 米排架	1966—1967 年
文化部办公室（PHÔNG BỘ VĂN HÓA）	0.8 米排架	1967—1973 年
文化教育及青年部办公室（PHÔNG BỘ VĂN HÓA GIÁO DỤC VÀ THANH NIÊN）	—	1948 年 9 月—1975 年 4 月 28 日
学政署办公室（PHÔNG NHA HỌC CHÁNH）	206.3 米排架	1952 年—1975 年 4 月 28 日

续表

部门名称	材料数量	时间跨度
国际生活署办公室（PHÔNG NHA SINH HOẠT QUỐC TẾ）	344 米排架	1953—1975 年
学堂生活署办公室（PHÔNG NHA SINH HOẠT HỌC ĐƯỜNG）	2 米排架	1972 年—1975 年 4 月 25 日
卫生及社会学堂署办公室（PHÔNG NHA Y TẾ VÀ XÃ HỘI HỌC ĐƯỜNG）	4. 3 米排架	1959 年—1975 年 4 月 25 日
收集研究署办公室（PHÔNG NHA SƯU TẦM VÀ NGHIÊN CỨU）	3 米排架	1973 年—1975 年 4 月 26 日
国家文库署办公室（PHÔNG NHA VĂN KHỐ QUỐC GIA）	77. 5 米排架	1957 年—1975 年 4 月 28 日
文化生活署办公室（PHÔNG NHA SINH HOẠT VĂN HÓA）	4. 7 米排架	1959 年—1975 年 4 月 18 日
考试署办公室（PHÔNG NHA KHẢO THÍ）	13. 3 米排架	1949 年—1974 年 12 月 18 日
青年总署办公室（PHÔNG TỔNG NHA THANH NIÊN）	24 米排架	1955 年—1975 年 4 月 22 日
守德教育大学办公室（PHÔNG TRƯỜNG ĐẠI HỌC GIÁO DỤC THỦ ĐỨC）	0. 7 米排架	1966—1975 年
西贡美术高等国家大学办公室（PHÔNG TRƯỜNG QUỐC GIA CAO ĐẲNG MỸ THUẬT SÀI GÒN）	4. 5 米排架	1956—1975 年
美术装潢国家学校办公室（PHÔNG TRƯỜNG QUỐC GIA TRANG TRÍ MỸ THUẬT）	5 米排架	1940—1975 年
卫生部办公室（PHÔNG BỘ Y TẾ）	302. 5 米排架	1948 年—1975 年 4 月 30 日
劳动部办公室（PHÔNG BỘ LAO ĐỘNG）	196 米排架	1949—1975 年

续表

部门名称	材料数量	时间跨度
西贡劳动法庭办公室（PHÔNG TÒA ÁN LAO ĐỘNG SÀI GÒN）	9 米排架	1958 年—1975 年 4 月 24 日
越南劳工联合会办公室（PHÔNG LIÊN ĐOÀN LAO CÔNG VIỆT NAM）	2. 7 米排架	1956—1973 年
社会部办公室（PHÔNG BỘ XÃ HỘI）	4 米排架	1952 年—1975 年 4 月
种族发展部办公室（PHÔNG BỘ PHÁT TRIỂN SẮC TỘC）	59. 5 米排架	1967 年—1975 年 4 月 15 日
高棉裔越南人发展专责总署（PHÔNG TỔNG NHA ĐẶC TRÁCH PHÁT TRIỂN NGƯỜI VIỆT GỐC MIÊN）	17. 5 米排架	1969 年 9 月 18 日—1975 年 4 月

（二）越南第三国家档案中心

越南第三国家档案中心是根据内务部第 118/TCCB 号决议于 1995 年 6 月 10 日建立的。主要职责是收集、保管和组织利用越南民主共和国时期（1945 年至 1976 年）及越南社会主义共和国时期（1976 年至今）中央机构形成的档案材料。在其馆藏的文献材料中，值得重点关注的包括以下几个部分：

（1）国会档案（QUỐC HỘI），材料总量：6842 个卷宗，74. 5 米排架，时间跨度：1946—1992 年

作为第三国家档案中心保管的最为重要的档案系列之一，国会档案收集了自 1946 年 6 月首届国会以来反映该民意立法机构的建立、状况、运作、活动等方面的文献材料。具体包括国会选举材料；各届国会会期材料；国会常务委员会材料；国会办公室档案；国会对重大事件和议题的讨论、举措和决议材料等。

（2）国家主席档案（CHỦ TỊCH NƯỚC），材料总量：2276 个卷宗，35 米排架，时间跨度：1959—1964 年

作为越南民主共和国最高国家领导机关的象征，国家主席府主要是代

表越南民主共和国政府履行在对内对外事务中的职责。在越南民主共和国成立之后的1945年至1954年期间，国家主席府在总理府的辅助下开展工作。自1959年以后，总理府正式接替主席府的实际职能。此后到1980年，主席府被新建立的国家委员会取代。由国家主席府产生的档案主要包括组织及行政部门的记录，如法律的公布；组织及个人决议；往来通信卷宗；财政、预算制定文件等，以及法律部门的记录，如刑罚减免、大赦；人民法庭的任命和委派；国际条约、协定的批准；对越南公民及外国人的授奖等。

（3）总理府档案（PHỦ THỦ TƯỚNG），材料总量：24,358个卷宗，184.3米排架，时间跨度：1945—1985年

在相当长的时间里，总理府是一个负责协助处理工作的部门，其协助的对象包括国家主席（1945—1954）、最高国防委员会主席（1948—1954）、政府总理（1946年至今）。到1982年总理府改名为部长会议办公室，从1992年起至今改名为政府办公厅。总理府档案也是第三国家档案中心保管的档案中最有价值的一个系列，为了解越南民主共和国及越南社会主义共和国时期国家保卫、建设和发展状况提供了从中央到地方的大量材料。主要类型包括：中央及地方各政府机构的工作计划；抗战会议记录；抗法战争的报告；各政府机构的行政工作记录；中央及地方政府机构的建立和发展记录；政治、经济、文化、教育领域的活动档案以及大量有关抗美战争的文献。具体来说分为以下几个大类：

——全国及地方抗战材料

——第一个五年计划材料

——农林渔业、水利气象水文材料（1945—1985）

——工业材料

——交通运输邮电材料

——财政商业材料

——国家物资供应储备材料

——基本建设材料（1955—1985）

——外交国际合作材料（1946—1985）

——科学技术工作材料（1955—1985）

——内政工作材料（1945—1985）

在外事方面，从1945年至1954年间，比较多的是老挝抗法材料、柬埔寨抗法材料、对华侨政策材料。其中，关于华侨问题的材料众多，1951年后几乎越南民主共和国每个省都有相关的报告。从1950年起越南民主共和国同中国及各民主国家建交文件开始出现，包括相互建立通信联络机构、向苏联和中国派遣留学生等。值得注意的是驻中国南宁、云南、广东等地领事馆每个月都会提交分析报告。此外每年都有越南民主共和国对东南亚的分析报告，包括对老挝、柬埔寨、缅甸的情况分析，并且从1954年开始出现援助老挝的材料。此外1954年关于日内瓦会议的材料一共有34条。1954年至1978年间，几乎每年都有中越进行谈判合作的议定书，以及大量中国在工业、农业、教育等方面援越的材料。此外每年都会有越南民主共和国关于援助使用情况的总结报告。另外比较多的是越南民主共和国同各社会主义国家及日本、英国、法国等经贸合作材料。值得注意的是从1961年大量出现越南民主共和国援助老挝以及同老挝进行经济合作的材料。1978年至1985年间，绝大部分都是越南民主共和国同各社会主义国家间经济、文化、教育等合作的文件以及越南民主共和国同老挝、柬埔寨的援助合作文件。1979年与中国相关的材料只有两份（关于1979年外交部防御中越边境冲突的公文以及总理府外贸部要求中国撤出驻海防代表机构的文件）。此后，中国从档案材料中消失，而关于柬埔寨的材料大量出现。此后直至1985年才出现和中国相关的三份文件（书记委员会关于调整与中国关系的草案、书记委员会外交部关于展开与中国外交活动的申请书和公文、1985年气象局代表团访问中国的报告）。

（4）国家计划委员会档案（ỦY BAN KẾ HOẠCH NHÀ NƯỚC），材料总量：4270个卷宗，428.3米排架，时间跨度：1955—1990年

国家计划委员会前身为1945年12月31日越南民主共和国临时政府建立的建设计划研究委员会，1955年10月8日起改名为国家计划委员会。国家计划委员会是负责组织制订国家基本经济文化建设计划、组织指导全国统计工作的政府机关。1995年10月，越南社会主义共和国第九届国会决定

成立计划与投资部，国家计划委员会停止运作。国家计划委员会形成了相当丰富的档案材料，具体来说分为以下几个大类：

——综合计划材料（1955—1978）

——财政成本计划材料（1946—1973）

——农林渔业及水利计划材料（1954—1975）

——工业计划材料

——交通邮电计划材料（1954—1960）

——基本建设计划材料（1955—1973）

——商业计划材料（1955—1960）

在这其中，尤其值得注意的是涉及外事方面的材料，在1955年至1975年期间，一共有1000个卷宗，主要包括两个部分：一是苏联、中国、东欧各国向越南民主共和国提供的援助；二是越南民主共和国政府各部使用援助的总结情况报告。其中值得注意的是大量越南民主共和国参加经互会的活动材料，1975年至1995年间，一共有1086个卷宗。在1979年关于中国的材料消失后，取而代之的是苏联、东欧各国对越南民主共和国的经贸援助，其中涉及苏联的最多。而中国再次出现是在1991年。

除了以上各个阶段的国家权力机关，越南民主共和国及社会主义共和国时期各行政部门单位以及地方各联区外、自治区也分别保留有各自的档案文献卷宗，详情可见下表。

部门名称	材料数量	时间跨度
最高人民法院（TÒA ÁN NHÂN DÂN TỐI CAO）	4927个卷宗，152米排架	1957—1992年
最高人民检察院（VIỆN KIỂM SÁT NHÂN DÂN TỐI CAO）	1084个卷宗，26米排架	1960—1990年
中央统计署（NHA THỐNG KÊ TRUNG ƯƠNG）	146个卷宗，1米排架	1946—1956年
中央统计局（CỤC THỐNG KÊ TRUNG ƯƠNG）	178个卷宗，5.8米排架	1955—1961年

续表

部门名称	材料数量	时间跨度
统计总局（TỔNG CỤC THỐNG KÊ）	4252 个卷宗，45.7 米排架	1955—1976 年
内务部（BỘ NỘI VỤ）	4777 个卷宗，92 米排架	1945—1970 年
政府中央监察委员会（UỶ BAN THANH TRA TRUNG ƯƠNG CỦA CHÍNH PHỦ）	1563 个卷宗，98 米排架	1959—1992 年
政府统一委员会（UỶ BAN THỐNG NHẤT CỦA CHÍNH PHỦ）	3232 个卷宗，375 米排架	1955—1976 年
文化部（BỘ VĂN HÓA）	1753 个卷宗，41.4 米排架	1955—1975 年
国家档案局（CỤC LƯU TRỮ NHÀ NƯỚC）	544 个卷宗，3.7 米排架	1946—1982 年
专家局（CỤC CHUYÊN GIA）	544 个卷宗，241.6 米排架	1955—1992 年
农林部（BỘ NÔNG LÂM）	7769 个卷宗，51 米排架	1945—1960 年
农业部（BỘ NÔNG NGHIỆP）	582 个卷宗，14 米排架	1960—1985 年
中央农业委员会（UỶ BAN NÔNG NGHIỆP TRUNG ƯƠNG）	218 个卷宗，3.3 米排架	1971—1976 年
农场部（BỘ NÔNG TRƯỜNG）	504 个卷宗，9.2 米排架	1955—1971 年
军队农场局（CỤC NÔNG TRƯỜNG QUÂN ĐỘI）	188 个卷宗，2 米排架	1956—1961 年
中央土地改革委员会（ỦY BAN CẢI CÁCH RUỘNG ĐẤT TRUNG ƯƠNG）	182 个卷宗，0.5 米排架	1953—1957 年

续表

部门名称	材料数量	时间跨度
粮食总局（TÔNG CỤC LƯƠNG THỰC）	286 个卷宗，9. 3 米排架	1952—1969 年
粮食食品部（BỘ LƯƠNG THỰC VÀ THỰC PHẨM）	2661 个卷宗，32. 7 米排架	1968—1981 年
粮食部（BỘ LƯƠNG THỰC）	214 个卷宗，9 米排架	1981—1987 年
食品局（CỤC THỰC PHẨM）	80 个卷宗，1 米排架	1959—1964 年
水产部（BỘ THUỶ SẢN）	2870 个卷宗，38 米排架	1956—1993 年
水利建设部（BỘ THỦY LỢI VÀ KIẾN TRÚC）	163 个卷宗，2. 2 米排架	1955—1957 年
水电部（BỘ THUỶ LỢI VÀ ĐIỆN LỰC）	210 个卷宗，13 米排架	1945—1963 年
水利部（BỘ THUỶ LỢI）	215 个卷宗，2. 6 米排架	1958—1960 年，1962—1965 年
水文局（CỤC THUỶ VĂN）	570 个卷宗，4. 2 米排架	1957—1977 年
气象署（NHA KHÍ TƯỢNG）	2392 个卷宗，19. 2 米排架	1955—1977 年
工业部（BỘ CÔNG NGHIỆP）	2111 个卷宗，26. 8 米排架	1953—1960 年
地方工业局（CỤC CÔNG NGHIỆP ĐỊA PHƯƠNG）	344 个卷宗，4. 7 米排架	1959—1965 年
装机局（CỤC LẮP MÁP）	62 个卷宗，1. 7 米排架	1956—1959 年

续表

部门名称	材料数量	时间跨度
基本建设局（CỤC KIẾN THIẾT CƠ BẢN）	671 个卷宗，3.5 米排架	1961—1980 年
综合设计院（VIỆN THIẾT KẾ TỔNG HỢP）	87 个卷宗，1.2 米排架	1956—1969 年
重工业部（BỘ CÔNG NGHIỆP NẶNG）	2648 个卷宗，45.8 米排架	1960—1969 年
采矿冶金局（CỤC KHAI KHOÁNG-LUYỆN KIM）	1053 个卷宗，10 米排架	1955—1969 年
机械冶金部（BỘ CƠ KHÍ-LUYỆN KIM）	2024 个卷宗，22.2 米排架	1969—1989 年
煤电部（BỘ ĐIỆN VÀ THAN）	1108 个卷宗，21.4 米排架	1969—1981 年
矿产煤炭部（BỘ MỎ VÀ THAN）	527 个卷宗，7.4 米排架	1981—1987 年
电力部（BỘ ĐIỆN LỰC）	400 个卷宗，5.2 米排架	1976—1978 年，1981—1987 年
能源部（BỘ NĂNG LƯƠNG）	661 个卷宗，17.4 米排架	1987—1995 年
地质总局（TỔNG CỤC ĐỊA CHẤT）	2738 个卷宗，31.1 米排架	1959—1990 年
化工总局（TỔNG CỤC HOÁ CHẤT）	1355 个卷宗，18.5 米排架	1969—1990 年
轻工业部（BỘ CÔNG NGHIỆP NHẸ）	8151 个卷宗，141.5 米排架	1954—1994 年
食品工业部（BỘ CÔNG NGHIỆP THỰC PHẨM）	281 个卷宗，6 米排架	1981—1987 年

续表

部门名称	材料数量	时间跨度
交通工程部（BỘ GIAO THÔNG CÔNG CHÍNH）	370 个卷宗，4.6 米排架	1945—1955 年
交通运输部（BỘ GIAO THÔNG VẬN TẢI）	2481 个卷宗，33.3 米排架	1961—1998 年
水陆交通总局（TỔNG CỤC GIAO THÔNG THUỶ BỘ）	111 个卷宗，1.3 米排架	1956—1960 年
航运局（CỤC VẬN TẢI ĐƯỜNG THUỶ）	65 个卷宗，0.5 米排架	1956—1959 年
水陆交通局（CỤC GIAO THÔNG THUỶ BỘ）	77 个卷宗，1.7 米排架	1959—1960 年
交通邮电部（BỘ GIAO THÔNG-BƯU ĐIỆN）	411 个卷宗，12 米排架	1956—1960 年
中央邮电库（KHO BƯU ĐIỆN TRUNG ƯƠNG）	30 个卷宗，1.2 米排架	1955—1960 年
邮电总局（TỔNG CỤC BƯU ĐIỆN）	7928 个卷宗，70.6 米排架	1955—1991 年
经济部（BỘ KINH TẾ）	180 个卷宗，1.8 米排架	1946—1951 年
财政部（BỘ TÀI CHÍNH）	6945 个卷宗，218 米排架	1945—1988 年
援助接收委员会（BAN TIẾP NHẬN VIỆN TRỢ）	135 个卷宗，11.5 米排架	1977—1989 年
税务总局（TỔNG CỤC THUẾ）	67 个卷宗，4.2 米排架	1989—1992 年
农业税局（CỤC THUẾ NÔNG NGHIỆP）	200 个卷宗，3.8 米排架	1976—1990 年

续表

部门名称	材料数量	时间跨度
中央税务所（SỞ THUẾ TRUNG ƯƠNG）	169 个卷宗，1.2 米排架	1946—1959 年
粮库所（SỞ KHO THÓC）	19 个卷宗，0.2 米排架	1953—1956 年
盐业局（CỤC MUỐI）	45 个卷宗，1.4 米排架	1956—1963 年
越南建设银行（NGÂN HÀNG KIẾN THIẾT VIỆT NAM）	19 个卷宗，0.5 米排架	1956—1960 年
工商部（BỘ CÔNG THƯƠNG）	307 卷宗，4.8 米排架	1948—1955 年
商业部（BỘ THƯƠNG NGHIỆP）	1292 个卷宗，16.5 米排架	1951—1959 年
国内贸易部（BỘ NỘI THƯƠNG）	3847 个卷宗，58.5 米排架	1954—1972 年
中央贸易所（SỞ MẬU DỊCH TRUNG ƯƠNG）	280 个卷宗，3.3 米排架	1951—1956 年
物资部（BỘ VẬT TƯ）	16620 个卷宗，109 米排架	1961—1990 年
国家储备局（CỤC DỰ TRỮ QUỐC GIA）	2544 个卷宗，20.5 米排架	1956—1990 年
设备部件总局（TỔNG CỤC THIẾT BỊ VÀ PHỤ TÙNG）	404 个卷宗，5 米排架	1961—1987 年
工业部基本建设局（CỤC KIẾN THIẾT CƠ BẢN BỘ CÔNG NGHIỆP）	272 个卷宗，12 米排架	1956—1959 年
越南油气总公司（TỔNG CÔNG TY DẦU KHÍ VIỆT NAM）	1535 个卷宗，47.4 米排架	1966—1991 年

续表

部门名称	材料数量	时间跨度
化学及电力物资总公司（TỔNG CÔNG TY HOÁ CHẤT VÀ VẬT LIỆU ĐIỆN）	569 个卷宗，4.8 米排架	1972—1983 年
金属总公司（TỔNG CÔNG TY KIM KHÍ）	500 个卷宗，10.2 米排架	1961—1980 年
第一、三、四、五区物资供应联合体（LIÊN HIỆP CUNG ỨNG VẬT TƯ-KHU VỰC I，III，IV，V）	1670 个卷宗，16.1 米排架	1980—1985 年
国家科学委员会（UỶ BAN KHOA HỌC NHÀ NƯỚC）	3585 个卷宗，200.5 米排架	1958—1993 年
越南科学技术推广协会（HỘI PHỔ BIẾN KHOA HỌC KỸ THUẬT VIỆT NAM）	94 个卷宗，3 米排架	1960—1971 年
设备度量检验中心（TRUNG TÂM THIẾT BỊ ĐO LƯỜNG KIỂM NGHIỆM）	125 个卷宗，5.8 米排架	1983—1994 年
对外文化交流局（VỤ TRAO ĐỔI VĂN HÓA VỚI NƯỚC NGOÀI）	305 个卷宗，4.6 米排架	1957—1960 年
中央保护母亲与儿童委员会（ỦY BAN BẢO VỆ BÀ MẸ VÀ TRẺ EM TRUNG ƯƠNG）	525 个卷宗，3 米排架	1971—1987 年
教育部（BỘ GIÁO DỤC）	5092 个卷宗，78.3 米排架	1945—1981 年
卫生部（BỘ Y TẾ）	7933 个卷宗，107.6 米排架	1946—1955 年
体育运动总局（TỔNG CỤC THỂ DỤC THỂ THAO）	2395 个卷宗，23.8 米排架	1956—1993 年
劳动部（BỘ LAO ĐỘNG）	2668 个卷宗，32 米排架	1946—1970 年
伤兵荣军部（BỘ THƯƠNG BINH CỰU BINH）	709 个卷宗，8.4 米排架	1947—1950 年

续表

部门名称	材料数量	时间跨度
社会救济部（BỘ CỨU TẾ XÃ HỘI）	457 个卷宗，4 米排架	1954—1959 年
越南南方声讨美帝及叛徒战争罪行委员会（UỶ BAN TỐ CÁO TỘI ÁC CHIẾN TRANH CỦA ĐẾ QUỐC MỸ VÀ TAY SAI Ở）	169 个卷宗，2. 2 米排架	1956—1975 年
越南青年委员会（UỶ BAN THANH NIÊN VIỆT NAM）	67 个卷宗，4. 9 米排架	1993—1995 年
越南民主党（ĐẢNG DÂN CHỦ VIỆT NAM）	309 个卷宗，2. 5 米排架	1944—1988 年
越南社会党（ĐẢNG XÃ HỘI VIỆT NAM）	115 个卷宗，0. 8 米排架	1947—1988 年
第三联区行政委员会（UỶ BAN HÀNH CHÍNH LIÊN KHU III）	5104 个卷宗，33. 4 米排架	1946—1958 年
第三联区计划委员会（UỶ BAN KẾ HOẠCH LIÊN KHU III）	52 个卷宗，0. 3 米排架	1955—1958 年
第三联区农林区（KHU NÔNG LÂM LIÊN KHU III）	74 个卷宗，0. 6 米排架	1952—1958 年
第三联区交通区（KHU GIAO THÔNG LIÊN KHU III）	611 个卷宗，4. 3 米排架	1954—1958 年
第三联区邮电区（KHU BƯU ĐIỆN LIÊN KHU III）	60 个卷宗，0. 5 米排架	1948—1957 年
第三联区劳动区（KHU LAO ĐỘNG LIÊN KHU III）	144 个卷宗，1. 6 米排架	1951—1958 年
第三联区水利建设区（KHU THỦY LỢI KIẾN TRÚC LIÊN KHU III）	118 个卷宗，1. 2 米排架	1955—1958 年
第三联区卫生区（KHU Y TẾ LIÊN KHU III）	193 个卷宗，1. 6 米排架	1952—1958 年

续表

部门名称	材料数量	时间跨度
第三联区工商区（KHU CÔNG THƯƠNG LIÊN KHU III）	323 个卷宗，3 米排架	1950—1958 年
第三联区税收分所（PHÂN SỞ THUẾ LIÊN KHU III）	141 个卷宗，1.6 米排架	1951—1958 年
第四联区抗战行政委员会（UỶ BAN KHÁNG CHIẾN HÀNH CHÍNH LIÊN KHU IV）	131 个卷宗，2.2 米排架	1946—1958 年
第四联区交通区（KHU GIAO THÔNG LIÊN KHU IV）	191 个卷宗，3.6 米排架	1954—1958 年
第四联区劳动区（KHU LAO ĐỘNG LIÊN KHU IV）	22 个卷宗，0.2 米排架	1951—1958 年
左岸区抗战行政委员会（UỶ BAN KHÁNG CHIẾN HÀNH CHÍNH KHU TẢ NGẠN）	3658 个卷宗，5.4 米排架	1953—1958 年
左岸财政区（KHU TÀI CHÍNH TẢ NGẠN）	177 个卷宗，2 米排架	1953—1958 年
左岸税收分所（PHÂN SỞ THUẾ TẢ NGẠN）	14 个卷宗，0.3 米排架	1954—1958 年
左岸卫生区（KHU Y TẾ TẢ NGẠN）	54 个卷宗，0.5 米排架	1953—1958 年
左岸劳动、邮电、交通各区（CÁC KHU LAO ĐỘNG，BƯU ĐIỆN，GIAO THÔNG TẢ NGẠN）	171 个卷宗，1.6 米排架	1954—1958 年
山（萝）莱（州）行政委员会（ỦY BAN HÀNH CHÍNH SƠN LAI）	167 个卷宗，1.7 米排架	1950—1954 年
泰苗自治区计划委员会（UỶ BAN KẾ HOẠCH KHU TỰ TRỊ THÁI-MÈO）	136 个卷宗，1 米排架	1952—1962 年
泰苗自治区农林所（SỞ NÔNG LÂM KHU TỰ TRỊ THÁI-MÈO）	120 个卷宗，0.7 米排架	1954—1970 年

续表

部门名称	材料数量	时间跨度
泰苗自治区粮食所（SỞ LƯƠNG THỰC KHU TỰ TRỊ THÁI-MÈO）	59 个卷宗，0. 6 米排架	1954—1965 年
泰苗自治区工业所（SỞ CÔNG NGHIỆP KHU TỰ TRỊ THÁI-MÈO）	52 个卷宗，0. 5 米排架	1959—1962 年
西北自治区抗战行政委员会（UỶ BAN KHÁNG CHIẾN HÀNH CHÍNH KHU TỰ TRỊ TÂY BẮC）	9942 个卷宗，70. 8 米排架	1952—1977 年
西北自治区工业所（SỞ CÔNG NGHIỆP KHU TỰ TRỊ TÂY BẮC）	68 个卷宗，0. 5 米排架	1959—1965 年
西北自治区邮电所（SỞ BƯU ĐIỆN KHU TỰ TRỊ TÂY BẮC）	155 个卷宗，2. 5 米排架	1953—1962 年
西北自治区建设所（SỞ KIẾN TRÚC KHU TỰ TRỊ TÂY BẮC）	115 个卷宗，0. 8 米排架	1954—1963 年
西北自治区财政所（SỞ TÀI CHÍNH KHU TỰ TRỊ TÂY BẮC）	859 个卷宗，11. 8 米排架	1951—1975 年
西北自治区国家银行支行（CHI NHÁNH NGÂN HÀNG KHU TỰ TRỊ TÂY BẮC）	253 个卷宗，3 米排架	1954—1971 年
西北自治区商业所（SỞ THƯƠNG NGHIỆP KHU TỰ TRỊ TÂY BẮC）	404 个卷宗，3. 2 米排架	1954—1962 年
西北自治区文化所（SỞ VĂN HOÁ KHU TỰ TRỊ TÂY BẮC）	202 个卷宗，1. 5 米排架	1956—1975 年
西北自治区教育所（SỞ GIÁO DỤC KHU TỰ TRỊ TÂY BẮC）	80 个卷宗，1 米排架	1959—1975 年
西北自治区卫生所（SỞ Y TẾ KHU TỰ TRỊ TÂY BẮC）	141 个卷宗，1. 3 米排架	1953—1963 年
越北自治区区委（KHU ỦY KHU TỰ TRỊ VIỆT BẮC）	973 个卷宗，6 米排架	1949—1975 年

续表

部门名称	材料数量	时间跨度
越北自治区行政委员会（UỶ BAN HÀNH CHÍNH KHU TỰ TRỊ VIỆT BẮC）	14938 个卷宗，99. 6 米排架	1950—1976 年
越北自治区农林区（KHU NÔNG LÂM KHU TỰ TRỊ VIỆT BẮC）	138 个卷宗，1. 2 米排架	1947—1960 年
越北自治区水利所（SỞ THUỶ LỢI KHU TỰ TRỊ VIỆT BẮC）	373 个卷宗，9. 6 米排架	1955—1964 年
越北自治区土地改革委员会（ỦY BAN CẢI CÁCH RUỘNG ĐẤT KHU TỰ TRỊ VIỆT BẮC）	1550 个卷宗，9. 7 米排架	1951—1965 年
越北自治区工业所（SỞ CÔNG NGHIỆP KHU TỰ TRỊ VIỆT BẮC）	68 个卷宗，0. 5 米排架	1959—1965 年
越北自治区建设所（SỞ KIẾN TRÚC KHU TỰ TRỊ VIỆT BẮC）	85 个卷宗，0. 8 米排架	1959—1962 年
越北自治区邮电所（SỞ BƯU ĐIỆN KHU TỰ TRỊ VIỆT BẮC）	814 个卷宗，6. 8 米排架	1949—1962 年
越北自治区工商区（KHU CÔNG THƯƠNG KHU TỰ TRỊ VIỆT BẮC）	37 个卷宗，0. 5 米排架	1949—1958 年
越北自治区财政所（SỞ TÀI CHÍNH KHU TỰ TRỊ VIỆT BẮC）	642 个卷宗，6 米排架	1951—1967 年
越北自治区外贸所（SỞ NGOẠI THƯƠNG KHU TỰ TRỊ VIỆT BẮC）	88 个卷宗，0. 8 米排架	1958—1963 年
越北自治区文化所（SỞ TÀI VĂN HÓA TỰ TRỊ VIỆT BẮC）	464 个卷宗，2. 6 米排架	1955—1975 年
越北自治区文艺联合会分会（CHI HỘI VĂN NGHỆ KHU TỰ TRỊ VIỆT BẮC）	124 个卷宗，0. 8 米排架	1961—1976 年
越北自治区卫生所（SỞ Y TẾ KHU TỰ TRỊ VIỆT BẮC）	34 个卷宗，2. 7 米排架	1954—1969 年

续表

部门名称	材料数量	时间跨度
越北自治区体育运动所（SỞ THỂ DỤC-THỂ THAO KHU TỰ TRỊ VIỆT BẮC）	10 个卷宗，0. 5 米排架	1962—1976 年
越北自治区劳动区（KHU LAO ĐỘNG KHU TỰ TRỊ VIỆT BẮC）	254 个卷宗，1. 4 米排架	1951—1959 年
南部各省抗战行政委员会（ỦY BAN KHÁNG CHIẾN HÀNH CHÍNH CÁC TỈNH NAM BỘ）	2879 个卷宗，33. 2 米排架	1945—1955 年
南部各省抗战行政委员会（ỦY BAN KHÁNG CHIẾN HÀNH CHÍNH NAM BỘ）	1163 个卷宗，11. 5 米排架	1951—1955 年

需要指出的是，以上介绍的目前越南国内已开放的可供冷战史研究者收集利用的档案主要为行政部门的文献材料，并不包括越南外交、国防相关部门的材料。这些部门的档案，连同越南劳动党（共产党）中央的档案文献都还处于未开放状态。可以期待的是，目前越南民主共和国时期的外交文件正在通过解密陆续移交第三国家档案中心，可能逐步提供给研究者利用，同时越南官方公开出版的一系列涉及党的文件材料也可以弥补相关方面的缺失。

四、柬埔寨档案文献

作为二战后中南半岛上一个地区影响力十分有限的国家，柬埔寨在印度支那甚至是整个东南亚地区冷战国际史和国际关系史的研究和叙述中实际扮演着一个颇为重要的角色：其特殊的军事地理位置及较长时间里复杂多变的政局曾吸引着冷战阵营各方的注意，而外部因素的干涉和介入对该地区局势及国际关系的影响也是一直以来研究者们最为感兴趣的问题。随着最近若干年来相关国家档案文献的陆续解密开放，相关的研究者们也期望能够发掘、利用柬埔寨国内的档案文献，进而对一些原先模糊不清的历史片段进行描述和还原。当然，这其中存在着不小的困难，究其原因，主要是由于柬埔寨国家长期处于战乱的状态导致各个阶段所形成的档案文献无一例外地遭到了严重破坏。尽管这种损失是无法逆转的，但这并不意味着柬埔寨的所有历史文献都已被一扫而空，以至于无法再从研究的角度收集到所需的一手材料。特别是在20世纪90年代中期以后，随着柬埔寨国内局势趋于稳定，包括档案收集保管在内的各项国家事业逐步得以恢复，柬埔寨国内的文献资料的价值也开始不断为学者所认识。下面具体就目前柬埔寨境内的两个最主要的档案文献保管机构及其文献收藏情况，其档案文献的开放及可利用状况进行一些介绍，以供感兴趣的研究者参考。

（一）柬埔寨国家档案馆（National Archives of Cambodia）

柬埔寨国家档案馆是柬埔寨政府层面收集、保管、提供档案文献利用的国家部门。该档案馆由法国殖民政府于1863年设立，目前的馆舍在1924年完工，1953年柬埔寨独立后移交柬政府管理。此后，从1953年至1975年，柬埔寨政府陆续向档案馆移交部分档案进行保管，直至红色高棉执掌政权。在民主柬埔寨时期，由于柬共奉行清除知识分子的政策，档案馆馆员几无幸存，馆舍被挪作仓库，大量档案及目录被清空甚至用来生火。随着民柬政权在1979年垮台，国家档案馆也于1980年重新开馆，其中剩余的档案曾临时由越南方面保管，直到1995年以后才逐步恢复整理。

也正是由于在红色高棉时期遭受过严重破坏，柬埔寨国家档案馆的馆藏有相当大的缺失。特别是1954—1970年间柬政府大批未来得及移交的部门文件几乎都毁于民主柬埔寨执政时期。因而研究者们今天所能看到的文献材料除了幸存下来的之外，还有相当部分来自后期各方组织或个人的捐赠。其具体类别情况如下：

1. 殖民时期的行政文件

涵盖1863—1954年法属殖民地时期法国殖民当局各级机关的文件。这是柬埔寨国家档案馆目前收藏的数量最大、相对最为完整的一批材料，总量为38313个卷宗，其中大部分已经解密开放，至少有4万份材料可以通过数据库直接查询。

2. 独立后柬埔寨政府文献

实际上并不存在较为集中的涉及这部分的文献材料。原因是：一方面，

1954年柬埔寨独立之后至1975年红色高棉掌权之前包括西哈努克的“人民社会同盟”（Sangkum Reastr Niyum）时期和朗诺政权时期的绝大多部分柬政府文件都已湮灭殆尽；另一方面，1979—1989年间柬埔寨人民共和国时期以及在此之后的政府文件也未能移交至档案馆。因此，对以上历史时期感兴趣的研究者只能尝试从其他的专题系列档案如政府公报、领导人演说、党的活动计划、会议议程等中查询一些零散的相关信息。

3. 波尔布特政权文献

关于红色高棉时期留下的档案材料，柬埔寨国家档案馆所保存的数量最大的一个系列是来自民主柬埔寨贸易部的文件，总量超过1万页。涉及民主柬埔寨对外贸易（主要是与中国、朝鲜、南斯拉夫等）的协定、谈判记录和货运清单等。目前这批档案的复印件在柬埔寨文献中心（The Documentation Center of Cambodia）同样也可以见到。此外，在国家档案馆里还保存着若干盒中文档案，主要是中国援助民柬厂矿企业的设计图纸，不知出于何种缘故得以留存至此。

4. 1979年种族灭绝法庭文献

波尔布特的民主柬埔寨垮台之后，1979年在越南及其扶植的柬埔寨人民共和国政府的组织下，针对柬共领导人罪行的审判活动迅速展开，在此过程中形成的一系列文件材料即为1979年种族灭绝法庭文献。这其中主要包括民主柬埔寨时期大量幸存者的控诉材料以及一些红色高棉中低级官员的认罪供词。由于这批文献多数已被翻译成英文，在利用上是非常便利的。这一部分材料在柬埔寨文献中心也保存有副本。

5. 联合国托管时期文献

主要指1992—1995年期间联合国柬埔寨临时权力机构（United Nations Transitional Authority in Cambodia）产生的文件。这些文件数量不大，涉及柬埔寨国内各地的一些具体事务，如土地纠纷以及不动产的分割等问题。

6. 法国殖民政府的刊物及行政公报

这一类材料主要为法语文献。源于法国殖民当局逐年编辑印行的涉及法律、人事、经济等所有官方活动的资料。这其中既包括法属印度支那联邦政府的材料，也可以看到法国本土政府的相关信息，具体时限从1896年至1974年。除了法语文献外，还有一部分为高棉语材料，时限从1911年至1972年。这一系列的文献也是可以按照年份在数据库系统中进行检索的。

7. 柬埔寨出版物及期刊文献

这部分材料相对来说数量较多、种类较为庞杂。其从法国殖民末期开始，到红色高棉时期，期间包括西哈努克的“人民社会同盟”和朗诺政府的若干材料。具体涉及领导人公开讲话、党的活动计划、会议议程、组织法令等，其中有不少是西哈努克本人的演说、政治声明、访谈记录及其编辑的刊物等。总量约为4618件，同样可以通过数据库进行检索。

8. 查尔斯·梅耶尔（Charles Meyer）档案

作为20世纪50、60年代西哈努克身边负责媒体和公共事务的助手和顾问，从1945年起即生活在越南和柬埔寨的法国人梅耶尔曾在西哈努克的政府中担任过一些官方出版物的作者及编辑。在1970年朗诺政变之后，他带着一批私人收藏的档案、报刊、书籍和照片离开柬埔寨。2006年，梅耶尔的家人将这些文献材料捐给了柬埔寨国家档案馆。这批材料中包括数百份当时的高棉杂志、出版物以及大量照片，涵盖20世纪50、60年代柬埔寨的历史学、社会学、人类学以及城乡发展、政府内部日常政治等方面。

9. 报纸、照片、地图、电影材料

柬埔寨国家档案馆还保管了192类超过26,000份的报纸。从20世纪20年代至1957年的报纸只有法语和高棉语，1957年以后出现了汉语和越南语。地图方面总数为586幅，主要为1863—1954年间殖民当局绘制出版，涉及柬埔寨各省地理形态、土地归属、政府及皇室建筑的设计图纸等内容。需要说明的是，受经费条件限制，报纸、地图等纸质材料在国家档案馆保管的情况不容乐观，很多都亟待进行修补。相比较而言，照片材料的保管情况较好。目前柬埔寨国家档案馆收集了超过1万张照片资料，时间跨度从19世纪中期到20世纪80年代。大部分已经通过扫描进入数据库，可供检索。其中值得注意的是在20世纪50、60年代的照片中，包括西哈努克等同中国、苏联、越南等国领导人会见、参加活动的场景，有一些相当珍贵，在一定程度上弥补了文字资料遗失的缺憾。

需要说明的是，目前柬埔寨国家档案馆同美国、法国、日本等多个国家的政府和大学有着合作关系，在外界的帮助下档案馆已经初步建立了一套法语数据库检索系统，以上各类文件材料中有相当部分利用者可以通过馆内相关设备进行检索。不过由于经费和人员不足，目前国家档案馆并没有能够将所有文字及图片资料的目录都输入计算机系统，且无法提供完整的纸质目录。这要求利用者在具备法语阅读能力且掌握一定高棉语的情况下才能够较长时间留馆查阅。

（二）柬埔寨文献中心

作为柬埔寨一个非官方的文献收藏机构，柬埔寨文献中心的规模虽然比不上国家档案馆，但其影响力却不可小觑，而其中的一个重要原因显然是其国际化的背景。在 1994 年 4 月美国国会通过“柬埔寨种族灭绝法案”（Cambodian Genocide Justice Act）后，美国国务院设立了柬埔寨种族灭绝调查办公室，负责调查红色高棉时期发生的种种暴行。该办公室授权耶鲁大学组织柬埔寨种族灭绝项目（Cambodian Genocide Program，CGP），着力进行相关档案文献的收集整理和历史研究。而柬埔寨文献中心则是 CGP 项目于 1995 年 1 月在金边设立的地区办公室，其负责人 Youk Chhang 本人即是红色高棉种族屠杀的幸存者。

柬埔寨文献中心承担两个主要任务：一是负责对公众进行关于红色高棉政权的历史教育；二是为仍在进行当中的红色高棉罪行审判工作收集资料，提供证据。这决定了其性质并非严格意义上的学术研究机构。因此我们可以看到，凡是涉及红色高棉政权的文字、图片、影像资料都会汇聚于此，内容十分庞杂。当然，这种功能定位也是其在国际上争取支持的一个有利条件。

不过也正是凭借其国际背景和影响力，该中心才得以能够从各方征集到大量材料，即使是柬埔寨政府及国家档案馆，也都会积极配合其提出的档案文件的索要请求。目前，文献中心已经对超过 155, 000 余页文字档案及超过 6000 张图片进行了编目整理，但还有超过 40 万页材料及大量其他类型资料尚未得到处理。面对如此数量巨大但价值参差不齐的资料库，需要研究者有充分的准备和耐心去细细筛选。下面，针对柬埔寨文献中心最具代表性也是最有研究价值的若干系列收藏稍做说明。

广义上来说，柬埔寨文献中心收集的核心材料大致可以分为两类。一类是 1975—1979 年波尔布特政权时期形成的材料，主要来自民柬政权时期的干部及官员，同时还包括柬共犯人的供认材料及民柬同外国交往的材料。另一类是 1979 年民柬政府垮台后形成的文献材料，主要包括民柬时期幸存者的申述记录以及各种保留下来的具体物证。

关于前一类文献，主要是在越军和柬埔寨救国民族团结阵线于 1979 年 1 月攻占金边后由柬埔寨人民共和国相关部门发现并接管。具体来说包括：

1. 柬共党内通信记录

包括民柬低级官员向上级的汇报，上级给下级的指示，对相关协助或信息的请求等。这部分档案基本上为打印稿，其中一些打印在官方信笺上，大部分都是在白纸上直接打印。这些柬共党内通信，有时被称为“红色高棉电报”，它们由越南专家于 1979 年发现并被迅速送往柬埔寨人民共和国内务部（现更名为柬埔寨内政部）文献室严密保管，后被移交给柬埔寨文献中心。

2. 供认材料记录

这是馆藏次之重要的民柬档案。这些供认报告通常包括犯人的供词以及柬共审讯者的报告，其中一些出自刑事法庭。一些特别的供认报告空白处留有柬共高级官员的批示，上面最多的是红色高棉安全部门头目康克由的记录。这类档案中大部分招供者来自位于金边的 S-21 监狱。这批材料于 1979 年被发现和确认，柬共干部在撤离时将这些文件留在了 S-21 监狱办公室。康克由后来在法庭上供认，他并没有被告知越军进攻如此迅速以至于没有时间去销毁这些档案。而 1983 年农谢见到他时也曾抱怨，柬共党内各部门档案均遭焚毁，唯独这部分档案被保留了下来。目前这批档案是保存下来的档案证据中数量最大也是最重要的一部分。柬埔寨人民共和国官员后来整理并将这批档案保存在 1980 年成立的种族灭绝档案中心和博物馆。此外还有部分供认材料来自民柬安全部门“圣特波”（Santebal），它们是由越南专家于 1979 年在金边 240 号大街的一栋私人别墅中发现的。如同“红色高棉电报”一样，它们被送往柬埔寨人民共和国内务部保管，后被移交柬埔寨文献中心。

3. **委员会记录和报告**

来自民柬政治、军事委员会的报告构成了波尔布特时期的第三类档案文献。这些记录来自柬共中央委员会、常务委员会、地区委员会以及一些军事部门的会议。此外柬共领导层发表的为数不多的公开声明也包括在内，其中最值得注意的是1976年年初柬共代表大会发布的一个宣言，其中的记录得以保存。这些档案对于研究柬共集团内部特定人物的职权掌控情况以及如何确立党的领导人的精神权威颇具价值。部分委员会记录来自“圣特波”，并涉及柬共军事部门的行动。其他一些记录则涉及柬共最高决策机构常务委员会的会议。常务委员会的部分记录保存在柬埔寨国家档案馆，它们是柬埔寨人民共和国人民革命法庭在审讯工作结束后移交的。其余常务委员会的记录保存在柬埔寨文献中心。

4. **柬共人物简历**

1975—1979年间形成的第四类档案包括柬共犯人以及柬共党内成员的简历。柬共官员记录了来自S-21监狱以及其他拘禁机构的犯人的简历信息，同时还记录了那些加入柬共的个人的情况。柬埔寨文献中心保存了上千份附带照片的犯人简历，以及超过19,763份柬共干部和士兵的简历，其中不少也附带照片。这些材料主要来自监狱和“圣特波”档案系统。

5. **外事档案**

外事档案提供了民柬时期一些深入的隐藏证据。柬埔寨文献中心目前藏有超过1000页由柬共官员同中国或越南官员共同签署的报告。这些档案记录了民柬政府同中国、越南以及其他国家的贸易往来以及外国向民柬提供民用和军用物资的信息。这些保存在文献中心的档案是柬埔寨内政部通过柬埔寨国家档案馆移交来的复制件。

6. **宣传材料**

民柬时期发行的主要三种刊物《革命青年》《革命旗帜》《旗帜阵线》的原件在柬埔寨文献中心都有保存。这几种刊物是柬共在1975—1979年间以月刊形式针对官员在全国范围内发行的。其中包括党的领导人的建议和训诫，有关柬共在各个领域取得成就的新闻，有时还有诗作。除了柬共时期的期刊外，文献中心还存有大约 95 部电影以及科教片。这些影像资料是波尔布特政权在中国顾问指导下制作的。和党刊一样，这些电影的内容主要是对柬共成员的指示以及广泛宣传政权取得的胜利。这些影像材料被发现于民柬电影制片部门，后由柬埔寨人民共和国（后为柬埔寨文化美术电影部）保存至 1998 年，遂被送往法国进行修复。此外，还有由东德 DEFA-Studio 公司协助柬埔寨制作的六部电影。这几部电影显示了民柬政权一些残酷的历史信息，包括一些民柬广泛存在的犯罪行为的视听证据。

7. **日记与笔记**

民柬时期还存在有大量其他档案材料，比如 520 名柬共干部、士兵及其他官员的个人笔记和日记。包括康克由、“圣特波”头目、S-21 监狱主审官员等在内。这些笔记和日记的叙述往往长达数百页，记录了柬共政权下的每日经历，在一些情况下对大量的犯罪行为进行了记录。柬埔寨文献中心从机构或私人手中收集了大部分此类手写笔记和日记。它们大多由民柬时期幸存者在返回其原先住所或工作场所时发现的。

后一类材料大多形成于 1979 年 1 月以后，它们多由波尔布特时期幸存下来的受害者及亲历者提供。

8. **幸存者诉讼**

在民柬政权瓦解之后，柬埔寨人民共和国曾在各地组织收集受害者、目击者的检举控诉材料以及一些犯罪者的自首坦白材料。这些材料曾帮助发现了大量红色高棉的秘密监狱、审讯中心和处决场所。柬埔寨人民共和国相关部门曾长期对其进行封存保管，直到 1997 年由柬人民革命党领导人谢辛移交文献中心。目前柬埔寨文献中心保存着总量 116 万余页相关材料中的大部分。此外，幸存者诉讼的部分材料还来自一些其他国际机构或人权组织，其中包括由越南政府提供的部分越裔居民的申述文件。

9. **1979 年审判文件**

即在国家档案馆保存的种族灭绝法庭文献。1979 年金边革命法庭所进行的针对红色高棉的审判活动的确留下了数量可观的材料。这其中包括各种证词、调查者的报告、审判过程的记录和罪行裁决等。这批档案于 1996 年被移交给文献中心保管。不过由于这场审判的政治色彩浓郁，当年的法庭在未能掌握充分证据的情况下即宣告波尔布特—英萨利集团的罪行，因此不少研究者对这批档案的可靠性抱有怀疑。

10. 采访记录

由一些学者、记者和文献中心的工作人员所整理的访谈记录构成了另一种类型的材料。这些调查采访活动大多数开始于1979年以后，受访者除了幸存下来的人之外，还包括不少前红色高棉的高级干部和官员。这些采访活动目前还在进行当中，其所形成的文字材料既为审判工作提供了众多有用的证据信息，也保留下来一批可贵的口述史材料。不过，对这部分资料的利用，也需要研究者进行仔细考证比较，从而确定其准确性和真实性。

11. 绘图报告

由于红色高棉时期形成的秘密处决地点太多，因此为确定它们的具体位置和信息，除了收集相关证词和记录进行实地考察外，还需要通过全球定位系统、法医鉴定等科技辅助手段。目前，该项工作已经测绘和鉴定了柬埔寨境内超过19440处集体墓穴和167所监狱以及大量受害者遗骨。由此形成的报告文献除了用于审判工作外，也被不少学者用作研究红色高棉时期的反人类罪行。

以上即为柬埔寨文献中心馆藏文献的核心内容，其中绝大部分为高棉文材料。而中心通过各种途径收集来其他的英语、法语、越南语的文献档案同样不少并且其数量也在不断增长。但正如前面所提到的那样，文献中心对档案材料的编目处理速度完全赶不上其材料收集的速度，尽管目前中心已经建立了一个包含8万余条目录的数据库，但也仅是一个比较初级的关键词检索系统，利用者往往很难查阅到所需档案的详细信息。而且，根据笔者使用的经验，其中还有不少的错误和疏漏可能会直接影响到调卷。在这种情况下，前往柬埔寨文献中心的研究者最好事先有所准备，可以先利用其数据库进行初步筛选，以便有的放矢地申请查阅自己最需要的内容。

（三）需要重点关注的材料

对于冷战国际史及国际关系史的研究者来说，柬埔寨档案文献存在的最大问题就是其严重缺失或损毁的事实。这对于研究冷战时期柬埔寨的内政及外交活动而言无疑是非常不利的条件。但这并不意味着相关的研究工作无法再开展下去。在上面介绍的各类档案文献中，有若干相对集中的系列有着较高的利用价值，完全值得进行充分发掘。

首先，作为民主柬埔寨政权唯一较为完整保存下来的部门档案，其贸易部档案表现得尤为珍贵。特别是其中涉及大量同中国、朝鲜等社会主义国家进行贸易谈判的记录，以及中国向民柬输送物资、军事装备的信息，这对于了解这一时期中国对民柬的援助政策及两党关系非常关键。

其次，柬共各委员会的报告记录及其党刊。长期以来，学术界对于柬埔寨共产党内部政治结构变化以及其推行的各项经济、思想、教育等方面政策始终缺乏实证性研究。而这批材料无疑提供了一个非常直观的观察视角。

再次，就是对相关人员的口述采访史料的收集。一方面这是对文字材料不足的补充，另一方面目前柬埔寨的确有这个条件可以接触到一些前红色高棉的高级干部和官员，并且他们通常也愿意接受研究者的采访。研究者可以通过柬埔寨文献中心同相关人员会面，因此只要安排妥当，完全可以寻找到一些原先参与过外交或党内对外联络工作的柬共成员进行采访，进而可能会有意想不到的收获。

最后，根据来自柬埔寨国家档案馆的消息，他们正在力促柬埔寨人民共和国时期（1979—1989）档案文献的解密与整理，未来若干年间会逐步对外开放。这对于我们补充了解红色高棉，研究越柬关系以及中国同印支国家关系无疑是个令人振奋的消息。

五、泰国档案

国际政治的结构在第二次世界大战之后发生了很大的变化，形成了新的国际形势。西方国家特别是美国担心亚洲和欧洲地区受到共产主义的威胁和影响，导致国际关系变得更加紧张，持有不同意识形态的两大阵营随之形成。以美国为首的资本主义阵营与苏联为首的共产主义阵营之间的政治对抗，一般被称为“冷战”。共产党在中国上台执政，引起了美国对亚洲的焦虑。美国认为，在中苏两国的支持下，共产主义运动将很快扩大到越南、老挝和马来亚等国家。为了抵抗共产主义渗透而孤立中国，美国政府通过经济和军事援助建立联盟。此时泰国成为美国的合作伙伴，故其当时未能与中华人民共和国建立外交关系。

二战后，泰国民主革命发起人比里·帕侬荣（Pridi Banomyong）出任泰国总理。1947 年 11 月 8 日泰国发生军事政变，比里逃到新加坡，随后避难中国。1948 年 4 月 6 日，銮披汶·颂堪（Plaek Phibunsongkhram）出任泰国总理。冷战在亚洲爆发后，泰国倒向美国为首的西方阵营，其不仅为美国提供了军事基地，还派兵参加了朝鲜战争和越南战争，同时也获得了美国方面大量的军事和经济援助。此后，泰国国防部长兼陆军总司令沙立·他那叻（Sarit Thanarat）于 1957 年和 1958 年发动两次政变，总揽国家军政大权。1958 年沙立出任泰国总理后，奉行亲美国的外交政策，泰国成为美国在东南亚抵抗共产主义影响的重要力量。自泰国 1961 年起实施经济和社会发展计划以来，美国在此计划中发挥非常重要的作用。除了军事和国家安全以外，美国还以金援的方式给予泰国的经济发展大力的协助。

直到 1972 年美国总统尼克松访华，中美关系发生重大改变。当 1973 年“10·14 民主运动”事件之后，泰国社会逐渐开放，情形与之前相比已大不相同。另外，中美关系开始正常化，致使泰国的对华外交政策有所转变，并于 1975 年 7 月 1 日与中华人民共和国建交。但是在意识形态冲突的政治局面下，1976 年泰国法政大学（Thammasat University）发生“10·6”大学屠杀事件（即学生运动遭遇血腥镇压），泰国政府暴力压制共产主义，泰国军方随后以社会混乱为由夺取了政权。学生只好逃入丛林之中加入泰国共产党的武装抗争运动。1980 年泰国总理府颁布第 66/2523 号令，说服泰共成员离开游击战，导致泰共垮台，结束了泰国长期的冷战局面。

在这样的冷战背景下，泰国收藏了大量冷战资料。相关的馆藏机构如下：

（一）国家档案馆（National Archive）

地点：曼谷都喜（Dusit）区萨蒙（Samsen）路，10300。

收藏、保存各种文献资料并提供对外服务，比如官方档案、私人档案、稀有书籍、照片等，既有原件，也有微缩胶卷。

官方档案按照普通分类法可以分为两大部分：第一部分，佛历 2475 年（公元 1932 年）之前的档案，按照朝代划分，再按政府部委各板块建立主题标引；第二部分，佛历 2475 年（公元 1932 年）之后的档案，直接按政府部委各板块建立主题标引。无论如何，以佛历 2475 年前后作为分档的标准也并非绝对的泾渭分明，所以，我们经常可以在部分政府单位的档案统计表中发现时间断裂的问题。

尽管官方档案在佛历 2475 年之后是按照各部委为主题归档，但在同一机构条目下，其也对档案进行了细分，设立不同的子目录，比如总理府档案就分别编为 sor ror、（1） sor ror、（2） sor ror、（3） sor ror。这是按照档案所属机构向国家档案馆移交档案的先后顺序分别编号存档，即编号 sor ror 开头的档案，就是总理府向国家档案馆移交的第一批档案，之后是（1） sor ror、（2） sor ror、（3） sor ror 依次排列。由于同一个单位可能是分多批次向国家档案馆移交档案，所以就出现同一个问题的档案，可能会以不同的标题或者副标题出现在不同的文献目录中的现象。

目前，国家档案馆现有文字档案 10, 285 英尺、微缩胶卷 9731 卷、光盘 734 张，合订本、官方出版物、稀有书籍等 44, 024 本，会议文件、备忘录、大事记 1867 宗，新闻 677, 443 条。由于国家档案馆尚未开通网上检索服务，因此到国家档案馆检索资料，要根据档案时间点全面核查政府各部委的文献目录，将分散在各个单位板块下的相关档案汇集在一起。涉及冷战的档案，分散在下列子目录中：

sor ror.	总理府	The Prime Minister's Office
mortor.	内政部	Ministry of Interior
kor tor.	外交部	Ministry of Foreign Affairs
phor nor.	商务部	Ministry of Commerce
sor tor.	教育部	Ministry of Education
bor gor sor sor.	泰国联合部队指挥部	Supreme Command Headquarters
sor bor.	私人档案	Personal Accounts

1. 总理府档案

总理府成立于佛历 2475 年（公元 1932 年）泰国民主革命之后，可谓泰国中央政府非常重要的核心部门。总理府的负责人为内阁秘书处（The Secretariat of the Cabinet），主要任务是协助首相和副首相工作，协调内阁各部的政策和事务。涉及冷战的总理府档案大多为组（2）sor ror 和（3）sor ror，如外交事务、有关共产主义的动态、华侨、前往中国的泰国公民等方面的文件。

总理府编号为组（2）sor ror. 0201. 86 的档案收集了有关中国的文件。例如：

（2）sor ror. 0201. 86/75　　泰国驻华大使（1942—1947）

（2）sor ror. 0201. 86/77　　1946 年泰国代表团访问中国

（2）sor ror. 0201. 86/78　　驻南京外交官的报告（1947—1949）

这一部分档案表明，泰国政府从中国内战开始就已知晓并观察国共纷争，这对其是否承认中华人民共和国产生很大的影响。

总理府编号为组（3）sor ror 的档案收集了冷战时期国际形势的文件，例如：

（3）sor ror. 0201. 1/2　　1955 年泰国与共产党中国的宪法比较

（3）sor ror. 0201. 6/23　　中国南方盗贼镇压报告：关于中国强盗（1955—1956）

（3）sor ror. 0201. 7/24　　红色中国干预印度支那战争（1950—1954）

（3）sor ror. 0201. 7/63　　红色中国干预缅甸（1953—1955）

（3）sor ror. 0201. 7/83　　有关红色中国的新闻（1954—1955）

（3）sor ror. 0201. 7/115　　美国飞行员被中国共产党拘留（1954—1955）

（3）sor ror. 0201. 7/219　　美国与中国共产党的关系

这一组档案说明泰国政府对人民革命、共产主义、边界问题等国际现象的态度及考量。

2. **内政部档案**

内政部是泰国管理国内重要政务的机关，负责地方行政、公共行政、内部安全、公民身份、灾害管理、道路安全、土地管理和公共工程等事务。

以内政部次长办公室编号为组（1）mortor. 3. 1 的档案为例：

组（1）mortor. 3. 1 条目下的文献来自内政部次长办公室、情报与外事司。次长办公室负责收集内政部与各部委、内政部与其派驻地区或府（省）一级分支机构之间流转的资料、报告、信息及指令等。情报与外事司负责情报信息收集工作，同时负责对外协调工作，跟踪、了解边境地区或境外任何有可能对泰国造成危害的行为或活动，承办内政部日常的外事工作，并管理移民。

本条目下的文献共有 5 本，覆盖佛历 2480—2519 年（公元 1937—1976 年）这一段历史时期。按照内容可分为 5 类：（1）同泰国边境地区事务相关的文献；（2）一般外事文献；（3）信息分析文献；（4）移民事务文献；（5）情报与外事司留存的内政部历史文献。

在这一部分档案中，有关冷战时期泰国与各国关系的文献主要是目标动向报告及指令性文件，包括泰北边境地区华人的活动动向、边境地区国民党残军、中国共产党军队及地方民族武装力量的活动动向。

在此条目下设有“共产党活动”子目录，收藏了泰国政府密切关注与中方有往来的泰国共产党的种种活动与动向，以及被视为共产党支持者的泰国东北部华人群体的动向报告。与此同时，也收藏了关于清剿及防范共产党威胁的会谈报告、设在老挝的泰国流亡者协会的活动报告等历史文献。

在“东南亚条约组织”子目录下，收藏了关于防御共产主义研究中心的成立报告、东南亚条约成员国关于冷战期间共同防御共产党的意见交换报告，以及泰国驻台湾、香港等地的人员发回的关于共产党动向的报告或新闻报道。此外，关于共产党的文献中还包括了泰国政府对共产党宣传攻势的分析，以及政府对阻止来自共产党地区的电影、印刷品等商品入境的考虑，等等。

3. 泰国联合部队指挥部档案

泰国联合部队指挥部原来是临时单位，只有两次得以发挥作用：一次是在 1940 年的法泰战争中，另一次是在第二次世界大战（太平洋战区）中。在这两次战争期间，泰国联合部队指挥部由泰国总理銮披汶指挥。1957 年沙立元帅担任最高指挥官。当 1959 年沙立元帅成为泰国总理时，指挥部随后在 1963 年放弃了最高司令部总部的指挥权。但 20 世纪 60 年代，联合部队指挥部在国防方面扮演非常重要的角色。这一部分档案中，收集了大量关于朝鲜战争的文献。因涉及敏感的内容，这一档案只能在馆阅读，不许复印。

（二）泰国信息中心（Thailand Information Center，TIC）

地点：曼谷巴吞旺（Phatumwan）区帕雅泰（Phayathai）路朱拉隆功大学（Chulalongkorn University）学术资料办公室六楼，10330。

泰国信息中心的成立，源自泰国最高统帅部军事研究与发展中心（MDRC）、泰国研究与发展所（RDC－T）与美国国防部高级研究计划署（ARPA）的合作。当时的泰国信息中心是由巴特尔纪念研究所哥伦布实验室（The Battelle Memorial Institute-Columbus Laboratories）根据佛历2511年（公元1968年）与美国国防部高级研究计划署签订的协议而负责管理与运营。可以说，这是一个了解和研究泰国的资料宝库，其主要侧重于行为科学、社会科学及其他相关学科，使用者包括MDRC、RDC-T的研究人员，泰国及美国的政府人员，独立研究的学者或各个机构中涉及国家安全与发展领域的工作人员。

佛历2514年（公元1971年），美国计划取消国防部高级研究计划署，而其下属机构泰国信息中心自然也面临关门的危机。为了保留住泰国信息中心已有的20,000多份（套）珍贵文献，泰国朱拉隆功大学提出了由其接手该中心的申请，并很快就获得美方的同意。佛历2514年（公元1971年）12月30日，泰国信息中心正式由美方移交给朱拉隆功大学，并于佛历2515年（公元1975年）3月26日正式对外开放，地点最初位于政治学院3号楼的一层。之后，佛历2525年（公元1982年）4月1日，泰国信息中心搬迁至帕雅泰路朱拉隆功大学校长办公楼后面的玛哈提勒拉查努宋大楼，同年6月14日恢复对外服务。

泰国信息中心除了可提供文书档案查阅之外，还提供数码档案服务，感兴趣者可以登录网址http：//eresource. car. chula. ac. th/chulaebooks/search. nsp，然后点击页面左边的“泰国信心中心（TIC）”栏目。进入之后，读者就可以点击阅读自己想看的文献了（部分文献必须到泰国信心中心才能看到全文）。该网站上公开的文献是美国从20世纪60年代以来制作的，大约有 250 项。例如，一份题为“共产党中国的权力推动”的文件讨论了中国大陆对亚洲国家，特别是对印度尼西亚、印度、泰国、缅甸、尼泊尔、老挝和华侨的影响和压力。此外，还包括了关于共产党支持非洲冲突的报道，以及对毛泽东的战略分析。再如，另外一份题为“共产党战略中的非常规战争”的文件讨论了从共产主义理论和夺权实践中得出的初步知识。以及全面的共产主义世界战略在处理内战和非常规战争中的基本作用，提出共产党多年来在各种条件下进行此类行动的策略。

（三）法政大学比里·帕侬荣图书馆（Pridi Banomyong Library, Thammasat University）

地点：曼谷市蒂萨迈（Phra Nakhon）区 Phrachan 路法政大学（Thammasat University, Tha Phrachan Center），10200。

前泰国总理比里·帕侬荣是泰国民主革命的发起人之一，也是泰国法政大学的创始人。该图书馆原为泰国法政大学的主图书馆，如今是该大学图书馆的一个分馆。比里·帕侬荣图书馆于佛历 2477 年（公元 1934 年）伴随着法政大学的成立而建立，最早叫作教材与图书室，隶属于管理部。佛历 2501 年（公元 1958 年）改由教育服务部管辖。佛历 2504 年（公元 1961 年）划归校长办公室直接管理，并于佛历 2541 年（公元 1998 年）改名为比里·帕侬荣图书馆，以此纪念该校的创始人比里·帕侬荣先生，同时办公地点从综合楼 2 号楼搬迁至图书馆大楼的地下馆藏厅，迄今未变。

比里·帕侬荣图书馆收藏了佛历 2500 年至 2553 年（公元 1957 年至 2010 年）期间在泰国出版的泰文和英文版报纸。显然，其中相当大一部分与冷战有关。该馆收藏的英文版报纸有《曼谷邮报》（*Bangkok Post*，公元 1960—1973 年）、《国家报》（*The Nation*，公元 1974—1977 年）、《海峡时报》（*The Strait Times*，公元 1972 年）。此外，该馆还保留了泰国冷战时代的很多禁书，比如左派著作、共产党国家作品的泰文译本。

（四）法政大学档案馆（Thammasat University Archive）

地点：曼谷蒂萨迈区 Phrachan 路法政大学（Thammasat University, Tha

Phrachan Center)，10200。

法政大学档案馆成立于佛历2531年（公元1988年），源自于该校文学院前教师通猜·维尼扎谷博士向学校提议设立法政大学博物馆，该提案获得了时任校长的同意。之后，该方案几经修改，演变成校史与档案馆计划，并于佛历2534年（公元1991年）获得法政大学理事会的通过。

法政大学档案馆收藏了与大学发展历史相关的各种文献、实物。其中，同冷战问题相关的文献主要是关于比里·帕侬荣个人的历史资料以及与泰国大学生运动特别是“10·14民主运动”、“10·6大屠杀事件”相关的资料。另外，该馆还收藏了关于泰国共产党的资料，比如刊物和宣传报。

六、缅甸档案

近年来，处于冷战边缘地带的第三世界日益受到国内外冷战史学界的关注和重视。其中，作为奉行中立主义的东南亚国家、科伦坡计划主要受援国之一的缅甸获得越来越多研究者的青睐。毋庸置疑，对冷战时期缅甸外交的研究离不开一手档案史料的支撑，而缅甸国家档案馆（The National Archives Department of Myanmar，NAD）和缅甸外交部档案馆馆藏的相关档案最为丰富。[①] 鉴于缅甸外交部档案馆查档程序复杂且开放程度较低，本文仅介绍缅甸国家档案馆相关档案的馆藏情况。

（一）缅甸国家档案馆的基本情况

缅甸国家档案馆是缅甸最重要的档案收藏和保管机构，位于仰光达贡镇区，毗邻印度尼西亚共和国驻缅甸联邦大使馆。[②] 1972年3月16日，缅

① 此外，缅华慈善会、缅甸华商商会、仰光云南会馆、缅甸福建同乡总会、缅甸广东工商总会、缅华图书馆等仰光侨团中保存有大量关于冷战时期缅甸华人华侨的档案史料。但据笔者的调研经历，只有缅华图书馆一处可以查阅。不过，令人欣慰的是，该馆馆藏的缅甸华人华侨史料相当丰富。

② 该档案馆的具体地址：114 Pyidaungsu Yeiktha Road，Dagon Township，Yangon。

甸国家档案馆成立，当时人员主要从其他部门借入，仅 34 人。[①] 次年，该馆升级为三级政府部门，人员数量增至 114 人。1982 年，为改进和提高缅甸国家档案馆的服务水平，联合国教科文组织同缅甸政府签署了一项名为“加强国家档案馆”（Strengthening the National Archives）的文件。[②] 此后，该档案馆的电子化、国际化水平以及规模等都有很大提高。1990 年，该馆升级为二级政府部门，由国家计划与经济开发部（The Ministry of National Planning and Economic Development）领导，其官员和馆员数量猛增至 229 人。[③]

缅甸国家档案馆保存着自 1824 年以来的缅甸档案。这些档案分为绝密级档案、机密级档案、秘密级档案、限制级档案四种。[④] 根据 1990 年 9 月 13 日缅甸国家法律和秩序整肃委员会（The State Law and Order Restoration Council）颁布的《国家档案法》（The National Records and Archives Law）第四部分第九款规定，缅甸档案的安全等级和保密期限如下：1. 绝密级档案无限期保密；2. 机密级档案保密期 50 年；3. 秘密级档案保密期 30 年；

---

① 其中，有 1 名官员和 17 名员工来自中缅贸易合作协议执行处（Chinese-Myanmar Trade Cooperation Agreement Board），1 名官员和 7 名员工来自计划部（Planning Department），3 名员工来自人民行政部（People's Administration Department），1 名员工来自内务部（Ministry of Home Affairs Department）。参见 Khin Moe Moe Hlaing, *History of National Archives Department (1972-2006)*, Ph. D. Dissertation, University of Yangon, 2011, p. 10。

② K. O. Masdalen, *Records and Archives Management in Myanmar*, United Nations Educational Scientific and Cultural Organization, 1991, p. 1; National Archives Department of Myanmar: Report of Electronic Records Management, p. 1, http: //www. sarbica. org. my/download/philipine_ note/Country_ Report_of_SARBICA_Members/Myanmar. pdf, 访问时间：2016 年 5 月 10 日；缅甸国家档案馆内网网站主页，http: //www. nais. com. mm/Category View. aspx? Menu Type ID=4&Language ID=2&Menu ID=24, 访问时间：2015 年 12 月 20 日。特别说明：该网页为档案馆内网，不支持互联网登录。

③ National Archives Department of Myanmar: Report of Electronic Records Management, p. 1, http: //www. sarbica. org. my/download/philipine_ note/Country_ Report_ of_ SARBICA_ Members/Myanmar. pdf, 访问时间：2016 年 5 月 10 日；Khin Moe Moe Hlaing, *History of National Archives Department (1972-2006)*, pp. 78-79.

④ The State Law and Order Restoration Council, "National Records and Archives Law," 13th September, 1990, p. 7.

4. 限制级档案保密期25年。[1] 2007年2月21日，缅甸国家和平与发展委员会（The State Peace and Development Council）又颁布了该法的修正案。目前，缅甸国家档案馆中档案的开放年限已到1974年。因而，从原则上讲，查档者可以查阅1835年到1974年间的相关档案。但是，据笔者的查档经验，该档案馆里的档案开放具有很大的随意性，开放年限内有些密级比较高的档案目前还不提供查阅。

初次前往缅甸国家档案馆查阅档案需要办理读者证。而读者证的办理需要出具由本人所在单位和缅甸专家所开的介绍信，并当场书写一份申请查档的信函、填写两份申请查档的英文表格（包括申请者的姓名、职业、住址、学历、打算研究的主题等内容），同时交纳30美金（也可以缅元折算）和一张1英寸照片。读者证的有效期为1年。在该证件有效期内，查档者每次只需在门卫处进行简单登记，便可进入阅览室（Reference Room）查阅档案。需要注意的是，该阅览室有着装要求：上身衣物不露肩、下身服装不露膝，赤脚入室。不符合上述要求者，不得进入。另外，阅览室的开放时间为周一至周五上午10时至下午4时，周末与法定节假日不开放。

缅甸国家档案馆的阅览室里已实现了档案目录的电子化查询。阅览室里的工作人员会为查档者打开该馆的档案查询系统，该查询系统可以按关键词进行检索，有英文和缅文两种检索系统。一般情况下，以英文关键词在英文检索系统中检索出来的是英文档案，以缅文关键词在缅文检索系统中检索出来的是缅文档案。但根据笔者的查档经验，即便是在缅文检索系统中输入英文关键词进行检索，也会有所收获，反之亦然。此外，笔者建议在档案检索的过程中坚持以下三个“原则”：

1. “错误化”。这里的“错误化”指的是将错就错。由于该馆工作人员在输入文件名时有一些错误，比如会将“Kuomintang”输成“Kuo Mintany”，将“Belgrade”输成“Beograd”等。那么当你发现这些错误时，你就需要再以“Kuo Mintany”“Beograd”为关键词进行重新检索，有时会

---

① The State Law and Order Restoration Council, “National Records and Archives Law,” 13th September, 1990, p. 7.

有多条以“Kuomintang”“Belgrade”为关键词检索不到的有用记录；

2. 最简化。即用关键词进行检索时，当几个检索词的写法类似，如“Japan”与“Japanese”、“Tibet”与“Tibetans”等，只需输入“Japan”“Tibet”进行检索即可。因为“Japan”与“Japanese”、“Tibet”与“Tibetans”的检索结果存在着包含与被包含的关系；

3. 单页化和重复化。这是由于缅甸国家档案馆电子检索系统的设计不科学所致。检索时，每页只能显示 10 条检索记录。若检索结果大于 10 条，翻页时就会出现两页中有重复的现象，也就意味着有些检索结果显示不出来。为此，要努力争取检索结果小于 10 条，实现单页显示。这在一定程度上可以通过逐年检索实现。当然有时一年的检索结果就有数十条，为了能够获得每一条档案记录，就需要多次刷新页面，重复检索。

需要说明的是，无论是通过英文还是缅文检索系统检索出的结果都会呈现出档案的获取号（Accession Number）、文件号（File Number）、文件名、馆藏地（File Location）、起止时间等相关信息。查档者应将需要查阅档案的获取号、文件号和馆藏地记录下来，然后向阅览室里的工作人员提交调档申请，原则上每次可以提交 10 条。① 但据笔者的查档经验，实际提交条目并不需局限于此。但考虑到工作人员的服务意愿以及能够最大化地搜集到自己所需的档案，每次以提交 20 条为宜。工作人员先把调档申请提交馆长审核，随后将馆长审核通过的档案调来供查档者利用。查档者可以手工抄录档案，但不允许电脑打字或者拍照。当然，该档案馆也提供档案复印和制成光盘服务，并且没有页数限制。就价格而言，目前的收费标准是复印每页档案 60 缅元（1 人民币约合 200 缅元），制成光盘每页档案 125 缅元。就获取速度而言，复印较快，在量不是太多的情况下，第二天即可拿到档案。而制成光盘的周期相对较长，要一周甚至更长时间。复印或制作光盘的费用以现金（缅元）形式结算，并可开具收据。

① 2006 年 5 月份以来，缅甸国家档案馆已完成 100 多万页档案的电子化。这些档案可以在工作人员的帮助下，直接在阅览室电脑上查阅。

目前，缅甸国家档案馆中保存有约16000英尺的档案。[①] 据阅览室的工作人员梭梭（Soe Soe）介绍，该馆馆藏有约90万件各类档案。这些档案主要以纸质档案、缩微胶卷、缩微平片、纪录片、录像带、照片和光盘的形式保存。[②] 它们被分成29个组群，分别如下：

1. 独立之前（1835—1948）；

2. 二战期间（1942—1945）；

3. 独立之后（1948—1988）；

4. 革命委员会（1962—1974）；

5. 革命政府（1962—1974）；

6. 缅甸社会主义纲领党（Burma Socialist Lanzin Party）（1962—1988）；

7. 人民议会（Pyithu Hluttaw）档案（1974—1988）；

8. 国务委员会（State Council）档案（1974—1988）；

9. 协议、条约、协定（1966—2011）；

10. 内务部（1903—1974）；

11. 计划与财政部（1948—1992）；

12. 总理办公室（1943—2010）；

13. 交通运输部（1963—2004）；

14. 国家法律和秩序整肃委员会（1988—1997）；

15. 外交部（1939—1993）；

16. 边界与国家开发事务委员会（Border Areas & National Development Affairs Committee）（1989—2011）；

17. 文化部（1824—2004）；

---

① 缅甸国家档案馆内网网站主页：http：//www. nais. com. mm/Category View. aspx? Menu Type ID＝4&Language ID＝2&Menu ID＝24，访问时间：2015年12月20日。

② 其中，电子档案中的缩微胶卷、缩微胶片、CD、磁带和DVD等的卷数如下：（a）缩微胶卷3740卷；（b）缩微胶片7940片；（c）CD和DVD 1301张；（d）录像带65盒；（e）磁带740盒；（f）幻灯片150张；（g）照片4800张；（h）电影胶片11卷。Annual Report of National Archives Department, Typescript, 2008, pp. 8－10. 转引自 Khin Moe Moe Hlaing, *History of National Archives Department (1972－2006)*, p. 85.

18. 教育部（1885—2005）；

19. 公共事务部（Ministry of Public Works）（1989—1993）；

20. 国家计划与经济开发部（1993—2011）；

21. 全国代表大会（National Convention）（1993—2006）；

22. 国家和平与发展委员会（The State Peace and Development Council）（1997—2010）；

23. 信息部（1945—2002）；

24. 能源部（2001—2007）；

25. 移民与人口部（Ministry of Immigration and Population）（1973）；

26. 商务部（1963—2000）；

27. 酒店与旅游部（Ministry of Hotel and Tourism）（1965—2004）；

28. 司法部长办公室（Attorney General Office）（1989—2005）；

29. 缅甸联邦共和国档案（2011）。

此外，该档案馆中还保存有 5 万多本缅甸政府部门的官方出版物，例如缅甸公报系列（1862—2009）、政府通告系列（1880—2009）以及政府报告系列（1856—1935）等。①

冷战时期的外交档案是缅甸国家档案馆的重要馆藏之一，已经部分解密，但基本上尚未被利用。当然，这一方面是由于缅甸史学界整体学术水平落后，加之这些档案的利用对他们而言还有一些禁忌；另一方面，其他国家的学者对缅甸档案基本上还未涉足。这些档案中既有数量众多的英文档案，当然为数更多的是缅文档案。然而，遗憾的是，即便是该馆的工作人员也不清楚这些档案的大体数量。考虑到国内研究者的语言局限，这里只简要介绍一下相关英文档案的馆藏情况。

（二）冷战时期英文外交档案简介

据笔者粗略统计，缅甸国家档案馆馆藏的冷战时期英文外交档案不下 1

① National Archives Department of Myanmar: Report of Electronic Records Management, p. 2, http://www.sarbica.org.my/download/philipine_note/Country_Report_of_SARBICA_Members/Myanmar.pdf，访问时间：2016 年 5 月 10 日。

万件。这些档案涉及冷战时期缅甸同美苏两大阵营以及广大第三世界国家的关系。具体来看，主要包括缅甸同美苏两个超级大国、缅甸同包括中国在内的亚洲国家以及缅甸同欧洲、美洲和澳洲国家关系的档案。其中，有关中国、日本、泰国、印度、美国等十国的档案相对较多。这里仅对该馆馆藏的有关中国、印度的档案略做介绍。

1. 关于中国的档案

主要涉及缅甸承认新中国和中缅高层互访、国民党残部、中缅边界和边民、中缅经济关系等几个问题。

一是关于缅甸承认新中国和中缅高层互访问题的档案。承认新中国是1948年缅甸独立后所面对的重大现实问题之一，中缅两国在1950年6月8日建交。缅甸国家档案馆中的相关馆藏主要涉及缅甸对承认新中国问题的态度、缅甸承认新中国的行为对缅甸自身产生的影响。此外，该馆中还保存有周恩来总理、陈毅副总理等中国领导人历次访缅以及缅甸总理吴努、奈温访华的档案，其中尤以1954年周恩来访缅和吴努访华的相关档案为多。

二是关于国民党残部在缅甸、泰国的活动以及该武装部队撤离缅甸问题的档案。缅北国民党残部问题是整个20世纪50年代缅甸所面对的最重要问题之一。该档案馆中与之相关的档案，内容涵盖国民党逃兵在缅甸国土上的活动、国民党残部与克伦民族自卫组织（KNDO）结盟、“缅控案”、曼谷“联合军事委员会”谈判、1954年国民党残部从缅甸撤回台湾、国民党残部在泰国的活动等。

三是关于中缅边界与边民问题。相关档案有：1955年中缅边界争端、中缅边界谈判、1960年中缅边界条约、中缅联合边界委员会的会谈记录和活动等。此外，还有一些有关中缅边境局势的评论、中缅边界谈判的背景性文件以及调查中缅未勘界地区的中英联合委员会的文件等资料。有关边民问题的档案，主要涉及1956年芒市中缅边民大联欢、边民的非法越境问题等。其中，在中国边民的非法越境问题上，既涉及国共内战期间云南难民进入缅北景栋等地避难，也涉及新中国成立后中国云南傣族和西藏拉萨的民众非法移民缅甸等。

四是有关中缅两国经济关系的档案，主要有中缅经济技术合作、中国对缅甸的经济技术援助以及中缅两国间的经贸往来，比较典型的是在易货贸易基础上中缅两国间的大米贸易问题。另外，还有一些有关两国贸易和经济关系的总结性文件和中国援缅专家在缅甸活动的资料等。[①]

2. 关于印度的档案

这部分档案是缅甸国家档案馆馆藏的冷战时期单一国家中英文档案中数量最多的，主要涉及以下几个方面：

（1）关于缅印两国高层互访和总理通信的档案。历史上的联系以及现实中冷战初期两国形成的特殊关系，使得两国领导人的互访和通信十分频繁。就两国领导人的互访而言，以 1951 年和 1952 年吴努出访印度、1964 年奈温主席和夫人访印的相关档案数量为多。此外，由于缅印两国总理经常在一些重大的国际事务上直接或间接交换意见，因而两国总理间的通信，尤其是吴努总理与尼赫鲁总理之间的通信特别多，比如两国总理 1955 年的通信达 174 页，1957 年的通信也达 72 页。

（2）关于缅甸西北部同印度东北部边界问题的档案。这部分档案主要涉及两国飞机的非法越境和边界纠纷、两国举行的边界会议和边界谈判、两国边界的划定和边境地区的治理与合作、缅印联合边界委员会的工作等方面。此外，涉及两国边界地区边民问题尤其是边民的非法越境问题的资料也较多。

（3）关于缅印两国间经济关系的档案，涉及缅甸向印度的大米出口、缅印间的易货贸易和关税、印度对缅甸的贷款援助、缅印间签署的贸易协议和商业协议、两国间的走私贸易等问题。其中，有关印度向缅甸提供贷款援助的资料是相关档案中数量最多的，仅 1956 年缅甸向印度贷款的材料即达近 1000 页。而两国间的走私贸易集中表现为走私者从缅甸向印度非法贩运黄金和缅币等。

（4）关于缅甸从印度进行军事采购和缅军在印度进行军事训练的档案。印度是缅甸独立初期重要的武器供应国之一，因而缅甸国家档案馆中保存

① 还有少量关于华人华侨问题的档案，涉及华人双重国籍问题、1967 年仰光排华事件等内容。

有大量关于缅甸从印度进行军事采购的档案，其中1949年缅甸从印度采购各种武器和弹药的相关档案最多。此外，还保留有缅甸军队在印度进行军事训练的相关资料，以1952年缅甸空军在印度马德拉斯军训的档案最为典型。

五是关于印度同巴基斯坦、中国、美国等国的关系，尤其是印巴关系的档案。相关档案如1950年的印巴边界争端、1951年印度军队在克什米尔边境的调动、1965年印巴边境驻军冲突等。

除此之外，缅甸国家档案馆中还馆藏有相当数量的关于科伦坡计划、不结盟运动、联合国等国际组织以及中印边界冲突、越南战争、泰柬断交等重大国际事件的档案。下面以关于科伦坡计划和中印边界冲突的档案为例简要论述。

（1）关于科伦坡计划的档案，主要分为两类：一类是科伦坡计划技术合作计划框架下澳大利亚、英国、加拿大、日本等国对缅甸进行的各类培训和经济技术援助。比如1956年加拿大向缅甸提供专家审查缅甸电气化的计划。当然，在这方面，以澳大利亚提供的此类培训和援助数量最多。澳大利亚提供的有关培训课程包括伐木、新闻、体育、火车驾驶、监狱管理、铀矿探测、农村广播、传统警察工作等众多方面。同时，还有澳大利亚向缅甸提供书籍、牲畜和相关工业设备的资料。另一类是科伦坡计划咨询委员会（Colombo Plan Consultative Committee）和政策会议的会议记录与年度报告、缅甸向科伦坡计划咨询委员会所做的报告等珍贵的档案。如科伦坡计划咨询委员会第十一次会议的会议记录、1968年缅甸代表团向在韩国汉城召开的第九次科伦坡计划咨询委员会会议所做的报告等。

（2）关于中印边界冲突的档案，包含的内容十分丰富。该档案馆不仅藏有关于1959年中印边界冲突的2卷、总量达800多页的资料，而且还有10多卷关于1962年中印边界争端的档案。这些档案涉及1962年中印两国边界争端的爆发、缅甸政治部向政府提交的有关中印边界争端的报告、缅甸对中印边界争端的调解、相关媒体对该争端的反应以及外国记者在媒体上对缅甸所持立场的评论、缅甸的印侨和华人社区对该冲突的反响、不结盟国家科伦坡六国会议上就该冲突进行的讨论与倡议以及这些倡议的贯彻落实情况等内容。

多国多边档案的互证研究是冷战国际史新研究的基本特征之一。无疑，缅甸国家档案馆中馆藏的外交档案，为我们进行冷战时期缅甸外交和冷战国际史研究提供了不可或缺的档案史料。利用好该馆的相关档案，有助于我们深化和拓展冷战时期的中缅关系史研究，书写基于缅甸档案的冷战时期缅甸外交史和缅甸同相关国家的双边关系史，推动冷战时期重大国际事件和国际组织史的研究。

冷战史研究韩国档案导论

董 洁*

冷战结束后，各国冷战时期的相关档案纷纷解密，韩国也不例外。为满足国民对公共机关保管信息的公开需求，明确公共机关的公开义务，保障国民的知情权、参政权以及国情的公开透明，韩国效法欧美等国的信息公开制度，于1996年制定《公共机关信息公开法》，并于1998年1月1日起开始正式执行。20多年来，以韩国外交史料馆为代表的一些档案保存机构陆续开放了一批档案文献，其中不乏韩国外交政策、韩国与社会主义国家关系、韩朝关系、韩美关系、韩日关系、韩国与越南战争等具有较高历史和学术价值的文档。受限于国别研究和语言障碍，目前历史学界对韩国档案的了解和利用程度远不及德、日等非通用语种国家，更无法与美、苏档案相比。有鉴于此，本文拟对韩国外交档案、韩国总统档案、韩国国史编纂委员会资料、韩国统一部朝鲜资料加以重点介绍，以期对研究者提供一些参考。

一、韩国外交史料馆①

（一）韩国外交史料概况

韩国外交史料馆隶属于韩国外交部，以科学、系统保存和管理主要外

---

* 董洁，中共中央党校（国家行政学院）党史部副教授。

① 档案馆官网：http：//diplomaticarchives. mofa. go. kr/dev/main_ index. do。

交档案为己任，以防止重要外交文件被损毁、保障公民的基本知情权、促进开放的外交事务为目标。韩国外交史料馆依据韩国《公共机关信息公开法》相关条例，对外交文件采取满 30 年经审查后向民众公开制度。当然，依据《信息公开法》第 9 条，对涉及国家安全、国防、统一、外交关系等可能引起国家利益重大损失的相关信息，以及不利于保护国民人身安全和财产安全的信息，暂不予以公开。对暂不公开档案，每隔五年审议一次，以决定是否再公开。

韩国外交史料馆本馆位于韩国首尔特别市瑞草区南北循环路 2572 号，可搭乘地铁 3 号线，在良才站下车，12 号出口出，步行 10 分钟，或乘坐 406 路、17 路、21 路公交巴士前往，交通十分便利。外交史料馆本馆为一个地下一层、地上三层的建筑，于 2006 年 3 月竣工，4 月正式对外开放。外交史料馆地下一层为报告厅、文书接收室、消毒保温室，地上一层为外交文书阅览室、外交史展览厅，地上二、三层为外交文书保管库。

韩国外交史料馆公开文档目前均已实现电子化，目录可通过外交史料馆主页①查看并下载，档案原文则需前往外交史料馆一层的外交文书阅览室查阅。查阅者无须预约即可前往，阅览和拷贝均为免费②，复印需另行缴费，收费标准为 A3 以上纸张 300 韩元（约 1.8 元人民币）1 页，超过 1 页的部分每页 100 韩元；B4 以下纸张 250 韩元 1 页，超过 1 页的部分每页 50 韩元，拷贝及复印均不设上限。外交文书阅览室开放时间为每周一至周五的 9：30—17：00，12：00—13：00 为午餐时间。除外交史料馆本馆之外，查阅者还可在韩国的国史编纂委员会、国会图书馆、首尔大学图书馆以及美国哈佛大学 Yenching 图书馆、南加州大学韩国学图书馆进行档案原文查阅。

为进一步方便查阅者了解和使用档案，韩国外交史料馆还编辑出版了外交文件摘要集，从目前已公开的档案中挑选出 12，888 件，对原文内容加以摘编，摘要集的纸质版可在外交文书阅览室查阅，电子版可在外交史料

---

① 网址见：http：//diplomaticarchives. mofa. go. kr/dev/open_document list. go。

② 目前，外交史料馆对超过 1 个小时以上的查档按小时收取一定费用，但因收费标准极低，几乎可以忽略不计。

馆网页上查阅下载。

韩国外交史料馆自1994年公开首批1948年至1959年韩国外交档案以来，迄今为止共进行了25批次的外交档案公开，总计公开档案约25,000件、340万页，解密年限至1987年。

现已公开的外交档案按照主题可分为如下类别：外事活动及制度，214件；名誉领事任免及人事，277件；韩国国内主要问题，267件；礼宾，1475件，包括大使派遣和赴任、领事派遣和接受、武官接受及礼宾、外交特权和豁免、驻韩国外交团体等内容；外交，8569件，包括外交政策、一般政务、建交事务、开设大使馆及撤馆、地区合作、外交关系协商、访问外交、访韩外交、朝鲜外交、统一外交、共产党国家外交、非同盟外交、安保军事外交等内容；国际机构，3531件，包括国际机构、联合国、联合国直属和特别机构、联合国专门机构、联合国主要问题、政府间国际机构、非政府间国际机构等内容；条约国际法，2466件，包括双边条约、多边条约、国际法等内容；国际宣传文化交流，753件，包括文化外交政策、政府间文化交流、一般文化交流、教育体育观光交流、亲善团体交流等内容；经济贸易，4276件，包括经济合作、技术合作、资源合作、经济合作体和经济机构、贸易通商、气候变化及环境合作等内容；国际局势，1876件，包括局势报告、海外使馆报告等内容；海外侨务，723件，包括海外侨民保护、海外移民、领事、护照等内容；海外使馆财产管理，195件。此外，还有两个专题：越南战争，43件；韩日会谈，159件。

就国内学者关注较多的韩国外事对象国来看，又分为如下类别：关于美国，由于韩美同盟关系，美国在韩国对外事务中占据有相当大的比重，相关文件有2005件，主要内容有韩美高层互访、韩美日常政务交往、韩美经贸会谈、韩美经贸往来、韩美军事合作、驻韩美军问题、美中关系缓和对朝鲜半岛的影响、美朝关系、美国国内政局、美国对外政策等；关于日本，相关文件有1632件，主要内容包括韩日关系正常化、韩日高层互访、韩日定期外长级会谈、韩日贸易会谈、韩日通商、韩日经济合作、韩日安全合作、韩日渔业纠纷、在日韩侨问题、日本国内局势、日本经济动向、日本安保情况、日美关系对韩国的影响、日朝关系、日中关系、日苏关系等；关于朝鲜，由于朝鲜半岛南北对峙格局，韩国对朝鲜外交动向密切关注，相关外交文件有1394件，主要内容有朝鲜日常、韩国驻外使馆收集的朝鲜动向的情报、朝鲜对外政策和对外关系、朝鲜与各国关系情况、朝鲜领导人出访情况、朝鲜接受经济和军事援助的情况、朝鲜对西方的外债情况等；关于苏联，相关文件有321件，主要内容有苏朝高层互访、苏朝经济技术合作、苏朝贸易情况、苏联对朝鲜的经济援助和军事援助、韩国与苏联的关系改善、韩国与苏联经贸往来、韩国与苏联文化学术交流等。

（二）韩国外交史料馆馆藏对华关系类档案的特色内容

20世纪40年代末至90年代初，在全球冷战的背景下，韩国与新中国没有建立外交关系，而与台湾当局保持着“外交”关系。现已公开的韩国外交档案仍保留了这种冷战遗风，以“中共”指代中国。以“中共”为关键词进行搜索，相关的对华关系类档案有400余件，其特色内容包括：韩国与中国关系改善、韩国与中国经贸往来、中朝关系及中国对朝鲜半岛政策、中国国内事务以及中国与其他国家关系，档案类型包括电报、报告、会谈纪录、备忘录、媒体摘要等。

1. 韩国与中国的关系改善

韩国尝试改善与中国的关系最早可以追溯到朴正熙政府时期。20世纪70年代初，朴正熙政府宣布要与以中苏为代表的社会主义国家改善关系。1971年1月，韩国外交部制定韩国对中国政策，认为韩国最好不主动对中国采取敌对立场，韩国可在与台湾当局继续维持睦邻友好关系的同时，尽可能避免不必要的对新中国政府的刺激。① 韩国外交部也由此开始进行改善双方关系的若干尝试，自1971年起，韩国外交部陆续编写年度韩中关系改善文件，收录有韩国通过第三国或者第三方与中国接触、向中国传话以及了解中国态度和立场的内容。如1971年至1972年韩中关系改善文件包括韩国驻乌干达大使发回的关于中美缓和对朝鲜半岛影响的报告、韩国驻瑞典

① 《韩国对中国政策》（1971年1月8日），韩国外交史料馆藏，721.1，C-0044-02，第1—17页。

大使馆发回的关于中国武官在外事活动中与韩国武官同桌的报告、韩国驻澳大利亚大使在宴会中与巴基斯坦大使就国际形势交换意见的报告、韩国驻意大利大使关于与中国武官在外事活动中直接对话的报告；1973 年韩中关系改善文件包括韩国驻美使馆从美国中国问题官员处收集的关于尼克松总统访华的情报、韩美同盟对美国驻军/南北对话/南北兵力对比的影响、韩国驻美大使与美国国务院中国事务官员就中国对韩国立场交换意见、韩国驻英国大使关于韩中关系改善的报告、美国外交官访中报告、韩国驻荷兰外交官与荷兰外交部东北亚太平洋区域科科长就改善中韩关系的谈话、加拿大总理访中报告及中国对韩国态度；1974 年韩中关系改善文件包括新华社对韩苏接近的谴责报道及对此报道的分析、韩国驻香港总领事对新华社批判苏韩接近报道的见解、韩国驻日本使馆关于访日中国代表团对韩国态度的报告、韩国外交部东北亚二科科长与澳大利亚驻韩使馆一等书记官就帮助改善韩中关系的会谈记录；1976 年韩中关系改善文件包括韩国驻香港总领事馆对摸索与中国接洽进展状况的报告、韩国驻日本大使对日本议员访中时与邓小平会谈中涉及韩国问题的报告、韩国驻美大使与中国驻美联络处主任黄镇的谈话内容、韩国外交部报总统阁下韩国驻美大使与中国驻美联络处主任黄镇的谈话内容、韩国驻日本大使与短期回国的日本驻华大使单独会谈的记录、1976 年中韩关系汇总报告以及 1976 年中国驻牙买加大使对韩国和以色列的差别化发言等。

进入 80 年代，随着韩中双方交流范围的扩大和交往频率的增加，两国间的接触已不再限于通过第三国或第三方的间接接触。这一时期涉及韩中关系改善的文件包括韩国外交官在驻在国参加外事活动时与中国外交官的接触情况、韩国通过新华社香港分社改善韩中关系、韩国外交部关于中国对韩国立场的评估、韩中离散家族见面问题、中国国号/国旗/国歌的使用问题、韩中文化交流、韩中学术资料交换、韩中体育交流、中国文化艺术界人士访韩、韩国参加中国举办的国际组织会议、韩国参加中国举办的博览会等。

2. 韩国与中国的经贸往来

韩中两国的接触最早从经贸领域开始，由于双方进行经济交流既能满足中国改革开放后吸引外资和技术的需要，又能适应韩国寻求出口市场多样化的需求，两国双边贸易额增长迅速，尤其是在进入80年代后，韩中贸易往来更加频繁。韩国外交档案存有大量这一时期韩中经贸往来的记录，相关内容主要见于年度韩中贸易促进报告中，包括如下内容：1980年韩国外交部对中国对韩贸易态度的分析报告、1980年至1983年韩国通过中国远洋运输公司开展韩中海运合作、1983年6月韩国企业与香港华润公司签署协议成立韩国香港合资企业、1984年2月韩国召开增加对华经济交流对策会议的情况、1984年11月韩国安全企划部召开韩中贸易对策实务会议的情况、1984年韩国海外合作委员会召开对华贸易相关部门会议资料、1984年韩国驻香港领事馆等驻外使领馆关于中韩贸易的报告、1984年韩中企业家接触结果报告和申请访问中国的文件、1984年大韩贸易投资振兴公社提交的韩国企业家在中国访问的建议、1985年延边朝鲜族自治州与韩国设立合资企业的问题、1985年韩国企业进出中国经济特区、1985年8月中国福建投资公司福州分公司经理访韩（协商韩中经济合作方案）、1985年10月中国人民银行副总经理访韩（参加IMF会议）、1985年8月韩国外交部亚洲局关于中国投资环境与韩国进出口方向的分析报告、1986年中韩经济通商合作、1987年韩国驻美大使就中国权威人士访韩可能性的报告、1987年中国四川省高层官员通过美籍华裔实业家向韩方转达和韩国开展合作和贸易的愿望等。韩中经贸往来的文件还包括两国间专门商品的进出口情况，如1974年至1975年韩国对中国的红参出口情况、1974年至1978年韩国进口中国产辣椒情况、1979年至1980年韩国进口中国产煤炭情况、1981年至1984年韩国进口中国产煤炭情况、1978年至1981年韩国进口中国产原油情况、1985年韩国从中国进口中国产玉米情况等。

3. 中朝关系及中国对朝鲜半岛政策

这是韩国外交档案中极具特色的内容之一，可分为两大类：一是中朝高层互访情况，如1970年4月周恩来总理访问平壤（访朝结果、访朝评价、美国媒体的反应）、1974年4月金日成访问中国（资料集、访问结果、总统报告、各国反应）、1982年9月金日成访问中国（资料集、各国反应）、1984年5月胡耀邦访问朝鲜（韩国各驻外使馆报告、综合报告、总统报告）

等；二是中朝交往细节，主要见于年度中朝关系文件，如1986年中朝关系文件就是以韩国外交部和驻外使馆的判断情况和新闻报道为主，包括美国驻华大使馆对中朝关系的评价（1986年7月）、韩国驻日本大使馆就金日成访华（1986年4月）以及近期中朝关系（1986年5月）在日本外务省探访获得的内容、中朝关系学术会议参加报告（1986年9月）、韩国驻香港领事馆以中苏与朝鲜同盟条约签订25周年纪念为契机比较两国对朝态度报告（1986年7月）等，其他相关内容还包括中国对朝鲜援助明细、中朝关系大事记、中朝友好条约签订与中朝关系、毛泽东去世后的中朝关系、朝鲜经天津港与中日展开贸易情况以及中苏朝三角关系背景下中苏意识形态之争和朝鲜的立场、中苏对朝鲜半岛政策及相应对策、朝鲜与中苏关系等。

4. 中国国内事务

韩国对中国国内事务亦极为关注，相关内容主要见于年度中国局势文件，韩国外交部会就当年某些重大事件、重大问题撰写报告，如就1959年西藏事件韩国外交部副部长与台湾当局驻韩国“大使”面谈记录呈总统报告、韩国外交部副部长对西藏事件的观察和建议呈总统报告、1968年韩国驻美国大使馆就应对中国核战略发展发回的报告、1969年中国对外贸易资料、1971年6月韩国外交部关于军事停战委员会中国代表再派遣的分析报告、20世纪70年代初中国对外援助政策和情况、1976年毛泽东和周恩来逝世及中国的国内外政局分析、韩国驻香港总领事馆发回的中国政局报告、中国大陆和台湾地区的称号问题、中国的对外关系、中国经济开放和对外经济政策、各国关于中国经济开放政策的展望、中国加入联合国（中国代表权问题）、中国加入联合国及各国的承认、中国加入联合国后关于韩国问题的立场及未来展望、中国加入国际组织的动向。此外，韩国对中国国内事务的关注点还包括中国的核能开发情况、中国的核试验实施情况、中国的火箭发射计划、中国的石油开发情况、中国的外汇管理情况等。

5. 中国与其他国家关系

除中国国内事务外，韩国外交部也非常关心中国与其他国家的外交互动，尤以中美关系、中日关系、中苏关系为甚。中美关系相关文件包括：

中美高层互访情况（1972年2月美国总统尼克松访华资料汇总和分析、1973年11月美国国务卿基辛格访华资料汇总和分析、1975年10月美国国务卿基辛格访华、1977年8月美国国务卿万斯访华、1979年年初邓小平访美、1984年美国总统里根访华等）、韩国外交部对中美建交的分析、韩国驻美大使馆对约翰逊政府时期对华政策和舆论走向的分析、韩国驻美大使就中美会谈中有关韩国的内容向韩国外交部发回的报告、韩国驻美大使关于中美高层互访期间就朝鲜半岛问题交换意见的报告等。

中日关系相关文件包括：中日高层互访情况（1972年9月日本首相田中角荣访华，1978年8月日本外相园田直访华，1978年10月邓小平访日，1982年9月至10月日本首相铃木善幸访华，1984年3月日本首相中曾根康弘访华）；韩国驻日本大使馆关于日本与中国关系动向的报告；韩国外交部就日中贸易会谈共同声明相关措施内容致总统的报告；韩国外交部关于日本对中国政策的报告；韩国外交部关于中国邦交正常化形势分析和相关对策资料；中日两国关于钓鱼岛归属权的纷争；中日间大陆架共同开发问题；日本要求保护大陆架共同开发区域内中日间海底电缆问题；韩国外交部关于20世纪80年代中后期中日关系降温的评估等。

中苏关系相关文件包括年度中苏关系报告、中苏与韩朝关系现状、朝鲜与中苏关系、中苏关系对朝鲜半岛影响、中苏对朝鲜半岛政策及相应对策等。

二、韩国总统记录馆[1]

2006年，韩国国家记录院下设负责总统记录的专门部门。2007年4月，《总统记录管理法》制定，并于当年7月正式施行。2015年5月，总统记录馆新馆在世宗特别市竣工。韩国总统记录馆负责收集和保存韩国历任总统的文书、照片、影像、用品等资料，目前馆藏情况如下：

① 记录馆官网：http：//www. pa. go. kr/portal/com/viewMainPage. do。

总统	文书（非电子资源）	文书（电子资源）	视听资料	用品和礼物	行政数据库	网络记录	刊行物	总计
李承晚	24828		64942	16			3887	93673
许政（代理总统）	173						115	288
尹普善	3002		294				312	3608
朴正熙	59878		15349	561			397	76185
崔圭夏	8369		19552	2282			3452	33655
朴忠勳（代理总统）	48			1				49
全斗焕	42770		55681	643			557	99651
卢泰愚	38695		8715	388			211	48009
金泳三	97093		34619	3159			1524	136395
金大中	311822		146767	2141	56877	411876	1303	930786
卢武铉	548652	758567	736580	2271	883921	4971158	11086	7912235
高建（代理总统）	257		1546				42	1845
李明博	436830	592123	1407352	3496	3298129	5134137	7797	10879864
朴槿惠	175352	545688	1587211	1349	4985022	3931042	3424	11229088

（统计数据截至 2017 年 12 月 31 日）

根据《公共记录物管理法》及《总统记录管理法》相关条例，总统记录生成机构在向总统记录馆移交记录时必须进行公开与否的分类，对暂不能公开的记录，自移交之日起满 5 年进行再审议后决定是否公开，非公开的总统记录物遵循满 30 年即公开的原则。自 2009 年起，总统记录馆先后进行过 20 批次的总统记录再审议、再公开工作，数量达到近 15 万件，时间跨度为李承晚至李明博时期，全部目录可在网上查阅。[①]

① http：//www. pa. go. kr/portal/info/reclass/reclassList. do.

总统记录馆下设总统记录研究室，为研究者提供专门的资料和多种信息。总统记录研究室提供的资料按照类型分为总统演说、政策、总统信函、公开档案四大类。其中，演说文件共6681件，涵盖李承晚至李明博时期；政策文件共250件，涵盖李承晚至金大中时期，内容涉及建设、科技、国土开发、金融、企业、劳动、农林渔业、对外经济合作、物价政策、社会间接资本、产业结构、能源、财政、政策基础、赋税、重化工业、货币等；总统信函文件共483件，全部为李承晚的英文信件，内容涉及政治、经济、外交、国防、教育、庆祝、问候等；公开文档共968件，以李承晚、朴正熙时期的档案为主。上述档案的目录和原文均可在网站上查阅。

为进一步方便国内外学者和读者使用和查阅档案，总统记录馆从公开文档中挑选出773件具有较高史料价值的文件，按其时间和主题加以分类，并邀请相关专家对档案的内容、特点和意义加以说明，共编辑出8个主题的文件解读集。这些文件的电子版以及学者的解读说明，都可在总统记录馆的网站上查阅。[①] 文件具体情况如下：

李承晚时期国防外交文书，共计80件，时间跨度为1949年2月至1960年4月，文书来源为总统秘书室、法务部、国会、法制处。内容包括：条例草案原文（如韩美关于修宪的立法和颁布相互防卫条约的议程）；与经济政策相关材料（如农地改革法实施情况、关于韩美经济会谈），李承晚政府时期宪法货币改革、对日关系等。

尹普善时期韩日关系文书，共计35件，时间跨度为1960年2月至1961年7月，档案来源为法务部、国会、法制处。内容主要与韩国修订宪法相关，如宪法修正案公布、宪法修正案移交。

朴正熙时期国防相关文件，共计80件，时间跨度为1968年5月至1973年7月，档案来源为朴正熙总统秘书室。20世纪60年代末，韩国国防的中心议题是后备军和越南战场的韩国军队；70年代以来，随着美国亚洲政策和对韩政策的变化，军援问题成为焦点；1971年后，军事工业与重化工业同步发展的问题被不断提及。这组文件的主要内容包括：1. 60年代中后期

① http://www.pa.go.kr/research/contents/open/index.jsp.

的朝鲜半岛安全危机以及后备军队的创建和军事重组问题；2. 美国军事援助问题；3. 韩国军队现代化问题；4. 韩美关系问题；5. 尼克松以来的安全形势变化；6. 新村运动和韩国军队撤退问题等。

朴正熙时期韩日关系文书，共计 35 件，时间跨度 1963 年 3 月至 1975 年 6 月，档案来源为朴正熙总统秘书室。1965 年签订的《韩日协定》不仅在经济上也在军事上对韩国社会产生了重大影响，尼克松—佐藤会谈的结果不仅是韩日关系、也是韩美关系变化的重要节点。这组文件的主要内容包括：1. 韩日协定和在日侨胞问题；2. 尼克松—佐藤会谈与韩日关系；3. 韩日协定后的经济问题；4. 其他。

朴正熙时期对美关系文书，共计 164 件，时间跨度 1964 年 2 月至 1979 年 7 月，档案来源为朴正熙总统秘书室。20 世纪 60—70 年代之间，朴正熙政府为了经济增长、国家安全和国内政治秩序的稳定，特别关注对美关系中的军事安全关系和经济问题。但是，美国要同时应付包括越南战争、东亚局势变化、中苏关系等在内的全球政治和经济问题，很难满足朴正熙政府的要求和期望，韩美之间在反共和安全问题上时而对立时而合作。这组文件的主要内容包括：1. 韩美经济关系；2. 越南派兵；3. 军事援助；4. 美军撤军;5. 联合国关系；6. 四方会谈；7. 美国与中国关系；8. 科学技术领域。这些记录包括：韩国外交部官员会见重要人物的会谈报告、当时韩美关系的分析报告、记录美国动向和前景的文件以及相关机构对策会议文件等。

朴正熙时期越南战争文书，共计 109 件，时间跨度为 1964 年 7 月至 1975 年 12 月，档案来源为朴正熙总统秘书室。1964 年 5 月美国向韩国提出派兵援助请求后，韩国于 1964 年 9 月首次向越南派遣野战外科医院和跆拳道教导团，1965 年 2 月派遣约 2000 名警卫队和空军部队。1973 年 1 月 27 日美国签署从越南撤军的《巴黎和平协定》时，韩国向越南战场共派兵 5 万。这组文件是韩国向越南派兵起至越南战争结束期间，韩国侨民和使馆人员在越南滞留期间的文书。主要内容包括：1. 韩国向越南派兵与美国；2. 韩国对越南后方的援助和韩越经济合作；3. 参战国家外长会议；4. 越南局势和巴黎和平协商；5. 韩国军队撤离越南；6. 西贡沦陷和韩国侨民撤离；7. 其他文件。

朴正熙时期对共产党阵营政策文书，共计151件，时间跨度为1964年1月至1979年6月，档案来源为朴正熙总统秘书室。文件大部分为外交部和青瓦台的负责官员、驻外大使和外交官、特使等撰写的分析报告，文件的密级大多在二、三级，尽管最高密级的一级文件未被公开，但对于了解和掌握当时韩国对共产党阵营政策的特点和性质仍有帮助。主要内容包括：1. 韩国与中苏改善关系；2. 中苏朝关系分析；3. 中国内政外交动向；4. 韩国与苏联的外交接触；5. 中韩海洋渔业纠纷；6. 韩国在联合国对共产党国家政策；7. 其他文件。

朴正熙时期韩国对朝鲜政策文书，共计199件，时间跨度为1965年4月至1977年12月，档案来源为朴正熙总统秘书室。文件内容分为以下几大类：1. 韩国对联合国政策，包括联合国大会决议案、南北草案、外国驻军撤军案、UNCURK（联合国韩国统一复兴委员会）解散案、韩朝同时加入联合国问题等；2. 韩朝对西方政策，包括东柏林事件与西德政府的交涉、韩国为阻止西方国家和朝鲜的接触所采取的措施等；3. 韩国对中立国家政策，包括韩国为切断朝鲜与中立国家之间的经济、外交往来而进行的外交工作；4. 韩朝对不结盟国家政策，包括韩国为争取不结盟国家支持和阻止朝鲜开展不结盟外交而采取的政策；5. 韩朝对共产党国家政策，包括20世纪70年代韩国与共产党国家接触的努力以及中苏分裂导致朝鲜与中苏关系发生变化情况；6. 南北关系，包括韩国应对朝鲜的挑衅行为、1971年为离散家庭团聚召开的南北红十字会会议、1972年“7·4”南北联合声明、1973年“6·23”和平统一外交宣言以及当时南北之间发生的若干重大事件。

韩国总统记录馆馆藏资料文献数量庞大、类型多样，除一部分文书资料经电子化后可通过网页查询，余下大部仍需前往总统记录馆查询。所公开文档中涉及外交部分与外交史料馆的档案有重叠。从目前公开的情况看，在历任总统中，以朴正熙总统档案的内容最为翔实。

三、韩国国史编纂委员会①

韩国国史编纂委员会是一个致力于收集、整理、保存、编纂韩国史研究所需的各种海内外史料的国家机构。

国史编纂委员会在史料信息化方面发挥引领作用，将《朝鲜王朝实录》等韩国历朝历代基本史料以及委员会自行编纂的史料全面电子化，构建起一个包含韩国国内各机构馆藏电子化史料的数据检索系统——“韩国历史信息综合系统”②。“韩国历史信息综合系统”的史料分为：古书典籍、古文献、朝鲜朝编年史书、图书、文献、公开刊物、研究资料、人物、地图、近现代报纸资料、字典、年表、多媒体资料等，均可直接查阅原文。系统资源极为丰富，不过从史料时间来看，多侧重于1945年朝鲜光复前，韩国现代史相关的内容相对较少，具有一定价值的内容主要有：

朝鲜解放前后：美国三部（国务院—陆军部—海军部）部际协调委员会资料、美军政报告文件、美军政时期驻朝美军资料、联合国韩国（朝鲜）临时委员会资料、美国国务院关于在联合国内处理朝鲜问题的文件。

朝鲜战争：休战谈判回忆录。

大韩民国时期：《美国对外关系文件集》资料、韩国民主化运动资料、反民族特别行为调查资料、韩日会谈文件、现代报纸资料（20世纪50—60年代报纸，如《东亚日报》）。

此外，国史编纂委员下设有自己的史料馆，史料按其收集来源分为国内史料和海外史料，以及两个特别主题的资料集——口述史料和民主化运动史料。这些史料的目录可在网上查询，原文则需前往委员会史料馆阅览室查阅和复印，如不存在著作权问题，还可复制文件的电子版。

国内史料包括地域史资料、主要机构和个人收集的古书古文献、日殖时期中枢院资料、日殖时期朝鲜史编修会资料；海外史料则是国史编纂委

① http：//www. history. go. kr/.

② http：//www. koreanhistory. or. kr/.

员会自 2000 年起从海外收集的韩国史资料汇总，来源地包括美国、中国、日本、俄罗斯等，中国资料以大陆地方档案馆和台湾中研院、“国防部”“外交部”资料构成。

相对国内资料和海外资料而言，韩国国史编纂委员会整理的口述史专题史料更具价值。国史编纂委员会自 2004 年至 2016 年每年公布一批口述史资料，其中不少与韩国外交政策相关，如 20 世纪 50—60 年代韩国原子能产业和科学技术政策，韩国战争时期韩国空军的战争表现及战后空军力量的增强，南北分裂时期的政治活动和韩国战争期间大邱监狱的牢狱生活，前驻日大使吴在熙（音译）生平及韩日关系史，第一、第二次朝鲜核危机相关口述资料等。这些口述史资料是文件档案之外的重要补充。

四、韩国统一部朝鲜资料中心[①]

1988 年 7 月 7 日，时任韩国总统卢泰愚发表了旨在改善南北关系、阐明对朝政策基调的《民族自尊与统一繁荣特别宣言》（即《7・7 宣言》）。宣言强调，朝鲜不再是敌对性竞争对象，而是合作对象，并提出包括推进南北交流在内的六项实践方案。为支持“7・7 宣言”的提出，韩国统一部于 1989 年 5 月 22 日开设朝鲜资料中心，向外界公开过去严格限制的朝鲜资料。朝鲜资料中心最初位于首尔光华门邮局 6 层，2009 年搬迁至首尔盘浦洞韩国国立中央图书馆本馆 5 层。

朝鲜资料中心收藏资料的现状为：单行本图书 76030 本（一般资料 58841 本、特殊资料 17189 本），统一部发行的图书 6698 本，定期出版物 12966 本（一般资料 9063 本、特殊资料 3903 本），视听影像资料 8986 件（一般资料 2113 件、特殊资料 6873 件）；朝鲜出版的单行本图书 21896 本，朝鲜的定期出版物 4745 本。

所藏资料中，引人关注的是统一研究院编写的一些内部报告。20 世纪 60—80 年代，国土统一院（统一研究院前身）编写了不少对社会主义国家

① https：//unibook. unikorea. go. kr/.

情况的分析报告，如苏朝关系分析、中朝关系分析、中苏对朝鲜的经济援助、朝鲜与中苏条约体制分析、苏联对韩政策展望及对策、苏联的政治外交、社会主义阵营动向等。90 年代后编写的报告，分为南北关系（337 件）、统一（188 件）、朝鲜（510 件）、国际关系（386 件）、朝鲜人权（129 件）五大主题，朝鲜资料中心主页提供原文。[①]

五、韩国档案的价值

总体而言，韩国档案具有以下几个特点：一是普遍电子化水平较高，档案目录网上全公开，可进行高级检索，部分文件原文可在网上直接阅览或下载，查阅和使用相对较为便利；二是档案管理较为规范，韩国的档案保存管理工作尽管起步晚于有此传统的欧美国家，但通过建立健全相关法律制度，现已形成规范化的管理制度。如韩国外交史料馆严格遵循 30 年到期解密的制度，每年定期解密相关到期年份的档案，迄今为止从未因任何原因中断过。

就学术价值而言，尽管韩国档案的和欧美等国档案相比还存在一定差距，这既有档案审查制度导致的缺憾——无论是在外交档案还是总统档案中，最具史料价值的谈话记录鲜少公开，也有韩国外交自身的局限性而制约其分析水平的原因——对涉及中苏朝的重大事件评估，韩国档案往往需要借助美日等国的分析。不过瑕不掩瑜，尤其是在档案公开环境整体不太理想的当下，笔者认为韩国档案的学术价值仍然非常显著，并表现在以下几个方面。

第一，深化了中韩关系史研究。中韩两国于 1992 年建交，对两国建交前的互动历史，既有的相关研究成果要么极少涉及，要么语焉不详，有所叙述的著作多是利用公开材料，偏重于对历史脉络的梳理，而极少探寻历史表象背后的原因。如对中韩关系正常化为何迟滞不前、中韩建交为何拖到 1992 年才实现、推动中韩建交的主要动力是什么等都缺少深度分析。究

① https：//unibook. unikorea. go. kr/board/list？ boardId＝11.

其原因，主要在于一手档案的缺乏。韩国档案的公开为深化这一领域的研究提供了宝贵的史料来源，对这些档案的优化利用，将为中韩经贸关系、韩国对中国的认知、韩国对中朝关系的评估、中朝关系对中韩关系正常化的影响、中国对韩美日军事同盟的看法等历史问题研究增加新的历史细节和观察视角。

第二，拓展了当代中国外交史研究。当代中国外交史研究近年来越来越得到学界的重视和关注，随着研究的推进，史料短缺的困境越发凸显。中国的相关外交档案解密程度有限，尽管美国和俄罗斯等国档案的解密在一定程度缓解了上述困境，但就研究的可持续性而言，档案困境一直存在。而韩国档案中保存有不少中国与其他国家关系情况的报告，这些报告以第三国的视角观察中国的外交活动情况，不失为进一步丰富中国外交史个案研究的重要史料来源。

第三，促进了朝鲜半岛问题研究。近一段时期，朝鲜半岛问题持续不衰的现实关注度，更加凸显了对该问题追根溯源的历史性研究的必要性和迫切性。朝鲜半岛问题的历史研究之所以难有突破，很大程度上在于档案的缺失。碍于朝鲜的特殊国情，其一手档案无从取得，在此客观情况下，韩国档案无疑是一个很好的补充。作为最密切关注朝鲜动向的国家，韩国档案中包含大量关于朝鲜内政、外交、经济、军事情况的内容，这为拨开朝鲜半岛问题的层层迷雾，了解其来龙去脉，以及解读冷战后东北亚格局的形成等提供了新的历史线索。

综上所述，现已公开的韩国档案数量繁多，内容丰富，是深化中韩关系史研究、拓展当代中国外交史研究以及促进朝鲜半岛问题研究的重要史料来源。韩国档案管理较为规范，其开放前景可期。随着公开档案时间的后移，尤其是 1988 年以后韩中互动更加频繁，韩国档案中势必会出现更多涉及对华关系的内容，这对研究改革开放新时期的中国外交史将大有裨益，因此有必要对韩国档案保持持续的关注度。

蒙古国档案馆馆藏有关中蒙关系档案资料评介*

白　林**

20 世纪 90 年代初，蒙古国政治社会转型以后，蒙古国中央档案馆、蒙古人民革命党档案馆和蒙古国外交部中央档案馆大量解密了蒙古人民共和国时期形成的档案文件并对外开放。蒙古国学者、蒙古国档案馆以及蒙俄档案馆合作编辑、整理并出版了蒙古国档案馆馆藏相关课题的大量档案文件。然而，蒙古国档案馆解密和对外开放的档案资料，并没有引起国内学界的重视。近年来，由于中蒙关系历史研究逐渐兴起，越来越多的学者开始重视蒙古国档案馆馆藏档案，但对于蒙古国档案馆的基本情况了解甚少。鉴于此，笔者拟简要评述蒙古国档案总局（包括蒙古国中央档案馆、蒙古人民革命党档案馆）、蒙古国国防部档案馆、蒙古国公安部中央档案馆、蒙古国边防总局中央档案馆、蒙古国情报总局档案馆、蒙古国外交部中央档案馆的基本情况，以及蒙古国外交部中央档案馆馆藏有关中蒙关系档案资料的情况，以期为国内外相关研究者前往蒙古国档案馆查阅档案提供借鉴。

---

* 本文是 2015 年国家社会科学基金特别委托项目（15@ ZH009）“中国周边国家对华关系档案收集及历史研究”的阶段性研究成果。

** 白林，内蒙古师范大学历史文化学院讲师。

一、蒙古国档案总局基本情况

蒙古国档案总局（新蒙文简称 МУАЕГ①）位于乌兰巴托市罕乌拉区，属于乌兰巴托市郊区，距市中心较远。乌兰巴托市没有直达这里的公交车，需换乘公交车才能到达档案总局。前往蒙古国档案总局可从蒙古国立大学和国家图书馆公交站乘坐第 53 号、58 号等公交车，在 120 千公交站换乘博音特斡哈 2（Буянт-Ухаа 2）公交车到达蒙古国档案总局。每次乘坐公交车费是 500 图格里克（人民币与图格里克的汇率约为 1∶380），大概需要 50 分钟左右。也可以乘坐出租车，一般往返乘坐出租车价是 3 万—4 万图格里克，大约 20 分钟左右即可到达蒙古国档案总局。

蒙古国档案总局是在蒙古中央档案馆的基础上建立起来的。档案总局馆藏档案起止时间为 1674 年至 2015 年，非常遗憾的是蒙古的早期档案并未流传下来。1921 年，蒙古经文和手稿研究所成立，成为蒙古第一个科学研究机构（1961 年改为蒙古科学院），也成为中央档案馆的前身。起初，该所主要从事收集材料、手稿和历史碑铭、地方材料和文献，翻译及出版通俗科学书籍等工作。1927 年，蒙古当局在该所下设立了中央档案馆。其主要工作在于组织国内的科学研究活动。1948 年，蒙古当局将中央档案馆更名为档案总局。从 1957 年起，各省市政府陆续成立了地方档案馆。1960 年，中央档案总局改隶蒙古人民共和国内政部，馆内开始以政府机关和各单位部门为分类收集和整理档案。1996 年 8 月，新一届国家大呼拉尔通过决议，档案总局再次被更名为中央档案馆，以求通过改组，改善档案服务，并将非政府组织的资料纳入该馆的收藏范围。2013 年，蒙古国政府设立了档案总局，并在乌兰巴托市罕乌拉区新建了档案总局办公楼，将蒙古国中央档案馆和蒙古人民革命党档案馆一同搬迁至蒙古国档案总局办公楼内，直属

① МУАЕГ 全称是 Монгол Улсын Архивын Ерөнхий Газар。详细地址：乌兰巴托市罕乌拉区第 10 号街区博音特斡哈 2 建筑小区往南 700 米。联系电话：（976－11）18001205［Архивын Ерөнхий Газар：Хан-Уул дүүрэг 10-р хороо，“Буянт-Ухаа 2” цогцолбор барилгаас урагшаа 700 метр，Харилцах утас：（976－11）1800－1205］。

于蒙古国档案总局领导和管理，同时该档案总局也领导和管理国内除外交部档案馆以外的所有档案馆机构。但是，两个档案馆照旧是各自独立的部门，如行政、财务、办公区、档案馆藏库房等均各自管理，仅共同使用一个阅览室。除此之外，档案总局还新设立了建筑图表档案库，主要收藏2010年之后的建筑图纸、表格以及各公司单位的材料，也提供给查档者查阅和利用。

在档案总局查阅档案，必须要办理通行证，而办理通行证需要介绍信或证明。由蒙古国国内任何一所大学或科研机构以科研查档为目的而出具都可以。另外，还需要护照复印件（或临时居住证）、3张1英寸照片和查档申请表（新旧蒙文均可），而蒙古国学者查档只出示工作单位的介绍信即可。在这里需要说明的是，两个档案馆是独立的单位部门，所以填写申请表时必须明确说明查阅的档案馆是蒙古国中央档案馆还是蒙古人民革命党档案馆，如需要查阅两个档案馆的档案，就必须填写两份申请表和提交两份所需的其他材料。办理通行证的地方位于档案馆的三楼，通行证的有效期通常为三个月（需要缴纳1.5万图格里克的查档费）。档案总局的工作模式通常是馆内工作人员周一至周五工作，工作日每天8点30分和17点分别上下班按手印签到。查档者的查阅时间是周一至周五的每天9点至12点、13点30分至17点，即每天的有效查档时间为6.5个小时。

蒙古国中央档案馆和蒙古人民革命党档案馆虽共同使用一间阅览室，但两个档案馆的馆员在阅览室内分开工作。查档者可同时调取蒙古国中央档案馆和蒙古人民革命党档案馆的卷宗目录和调阅档案。这对于查档者而言十分方便并可以节省时间。但是，中央档案馆馆藏的档案文件数量非常多，馆员调取卷宗档案需要花费较多时间。人民革命党档案馆与之相反，不仅可很快调取卷宗，而且一次可调取20个卷宗档案。另外，档案总局并没有明文规定复印档案的内容和数量，只要是解密并对外开放的档案文件均可翻阅和复印，但对复印每个卷宗的程度是有限制的（每个卷宗最多复印三分之二）。档案总局根据复印档案的年代和类型不同，规定的复印价格也不一样（如下表）。此外，复印费须查档者到一楼收银台支付（只收蒙古国货币且现金支付）。

复印和电子档案收费标准

序号	档案时间段	纸张大小	收费价格（图格里克）	
			纸质档案	电子档案
1	1674—1910 年	A4	5000	6000
2	1911—1920 年	A4	4000	5000
3	1921—1991 年	A4	3000	4000
4	1992 年至今	A4	2000	3000

档案馆馆藏档案主要分为纸质档案和电子档案。在二楼阅览室内共有 5 台电脑供查档者阅览电子档案。蒙古国中央档案馆主要电子化了中国清政府时期的档案和与外蒙古独立相关的档案。蒙古人民革命党档案馆刚开始电子化馆藏档案，而且还没有向查档者提供电子档案阅览的服务。蒙古人民革命党档案馆除了馆藏档案以外，还有其他报刊等资料，包括《真理报》《劳动报》《工人报》等。这些报刊资料对于相关研究者而言，是不可或缺的重要参考文献。

（一）蒙古国中央档案馆馆藏基本情况

蒙古国中央档案馆（新蒙文简称 MYYTA①）是蒙古国的国家档案馆。2014 年以前，中央档案馆位于蒙古国首都乌兰巴托，在蒙古国立大学对面，当时查阅档案非常方便。今搬迁至乌兰巴托市南郊后，前往档案总局查阅档案的学者和学生变得非常少。该馆收藏了自 1674 年以来的有关蒙古历史的档案文献约 200 万件，大概分为 3 个历史时期：清朝统治时期（1674—1911 年）、博克多汗国时期（1911—1921 年）、人民政府时期（1921—1991 年）。

1. 清朝统治时期（1674—1911 年）

主要是由清王朝设立的衙门、喀尔喀蒙古四部以及所属旗县、喇嘛寺庙、驿站、哨所等部门形成的，共 224 个全宗、288 个卷、134, 247 件档案，

① MYYTA 全称是 Монгол Улсын Үндэсний Төв Архив。

档案起止时间为1674年至1911年。馆藏档案使用的文字有蒙古文、满文、汉文、俄文、藏文等。档案种类以官方文书为主，间有册浩敕文、家谱世系表、户口册簿等。馆藏档案主要是17—19世纪初期，在蒙古地区发生的有关历史事件的资料。例如，反抗清政府统治的人民起义、人民生活、风俗习惯、文化、宗教、经济发展情况以及在库伦建立政权、驱逐清朝统治者任命的官员等方面的档案、文献，清政府时期的法律、规章制度等档案资料。另外，还有清朝皇帝的圣旨、当时使用的官方印章等有关蒙古方面的珍贵档案史料。这些档案史料大部分是在草纸上书写，一小部分在绢、帛上撰文。馆藏的满、蒙、藏文档案反映了蒙古地区政治、经济、军事、文化、宗教等方面的情况，是研究蒙古历史及清代以来中央政权对蒙古政策的珍贵原始档案。

2. 博克多汗国时期（1911—1921年）

主要是蒙古国大小会议、官府衙门和官员档案和喀尔喀蒙古四部以及所属旗县、喇嘛寺庙、驿站、哨所等部门分类馆藏的档案，共237个全宗、242个卷、29, 044件档案，档案起止时间为1911年至1921年。馆藏档案使用的文字有蒙古文、汉文、俄文等。档案种类以官府衙门、各部会盟、地方衙门等官方文书为主，间有家谱世系表、户口册簿及出版的文献史料等。馆藏档案主要内容是与外蒙古独立相关的历史事件。例如，1911年外蒙古独立；1915年中俄蒙三国《恰克图条约》文件；蒙古赛音诺颜汗部那木囊苏伦，内阁总理大臣、亲王罕达道尔吉等与俄国接触交往的相关档案材料；博克多汗国向俄国求助的信件；博克多汗国时期的法律、规章制度等档案资料。

3. 人民政府时期（1921—1991年）

主要是人民政府时期的政府领导机关部门、执行机构、外交、检察院、医疗卫生部门、工业、非政府组织、1945年独立公民投票、科研机构、文化教育、交通运输、贸易、农业、牧业等主题的档案，共586个全宗、32万余件档案，档案起止时间为1921年至1991年。馆藏档案的文字形式在1947年之前是旧蒙文，1947年之后主要是新蒙文。除此之外，也有少部分汉文、俄文、英文、日文、朝鲜文等其他文字撰写的档案。这些档案大部分是在 A4 白纸上撰写。档案文件保存最为完整。

另外，该馆收藏有大量的纪录片、录音、照片等非常珍贵的影视资料和古代汉文书契。总共有约 800 万米长的纪录片、约 68 万米长的录音资料、20 万余张照片。该馆还收藏有部分政治、教育、科学、经济、文学、社会等领域具有影响力和贡献的个人的档案文件，共有 20 个卷宗，300 余人的个人档案。其中有苏赫巴特尔（1912—1925 年期间）、桑布（1935—1944 年期间）、乔巴山（1912—1959 年期间）、伊什扎木茨（1928—2010 年期间）等人的个人档案。

（二）蒙古人民革命党档案馆馆藏基本情况

蒙古人民革命党档案馆（新蒙文简称 MAXHTA[①]）馆藏蒙古人民革命党政府时期的档案主要是蒙古人民革命党大呼拉尔会议、蒙古人民革命党小呼拉尔会议、蒙古人民革命党中央、纪律检查委员会等党的主要部门，蒙古人民革命党党校、党史研究院、报刊社论、真理报、党中央直属东方省矿产主管部党委，德勒格尔山省、博格多汗山省、罕肯特山省、罕部西尔山、车车尔勒格满都拉山省、前大门山省、阿勒泰山省等省党委，乌兰巴托市党委，乌兰巴托铁路局党委，第六区党委等的全宗档案（见下表）。另外，该馆还收藏有苏赫巴特尔、乔巴山、莫洛姆扎木茨、拉格查等党政领导人的个人档案、照片以及其他党员的个人资料等，共 191 个全宗、260 余卷、5 万余份档案文件，17 万多张党员统计表，9000 多张照片资料，10 万多张卡片资料目录等。档案起止时间为 1921 年至 1990 年。该馆馆藏档案中，1947 年之前的档案文件使用旧蒙文撰写，1947 年之后的档案文件使用新蒙文撰文。除此之外，间有部分俄文的档案资料。这些档案大部分是在 A4 白纸上撰写。档案文件保存得都非常完整。

① MAXHTA 全称是 Монгол Ардын Хувьсгалт Намын Төв Архив。

蒙古人民革命党档案馆馆藏全宗目录信息表（部分）

编号	全宗目录	目录号	起止时间	馆藏时间
1	蒙古人民革命党中央	4	1921—1989 年	1940 年
2	蒙古人民革命党党校	14	1925—1990 年	1958 年
3	党史研究院	20	1956—1991 年	1966 年
4	真理报	21	1929—1990 年	1978 年
5	乌兰巴托市党委	24	1925—1990 年	1958 年
6	蒙古人民革命党党员	166	1921—1990 年	—
7	乌兰巴托铁路局党委	165	1960—1990 年	—

二、蒙古国国防部档案馆馆藏基本情况

蒙古国国防部档案馆（新蒙文简称 МУБХТА①）保存着 1921 年蒙古人民革命党领导的人民革命至今，蒙古国武装力量发展的过程中形成的历史档案。该馆对历史档案进行整理，划分了全宗，并将全宗内的档案按问题进行了分类排序，编写案卷号，装订上架，使国防部档案馆的历史档案获得了有序保管。与此同时，为更好地开展档案的利用和开放工作，该馆先后编制了案卷目录、卷内文件目录、文件著录卡、全宗介绍等多种形式的检索工具。

1921 年 3 月至 20 世纪 30 年代末，军事部总局收藏了军事部、人民军司令部以及政治局发布的指示、命令等相关档案文件。1939 年 5 月 8 日，军事部部长与人民军副司令发布《关于整理军事部和政治局档案文件成立档案馆的事宜》第 40 号命令，成立了军事和政治局档案馆。在历史进程中，随着蒙古人民军的发展及种类的增加，军事和政治局档案馆收藏了大量的档案文件。1947 年 10 月，该档案馆根据档案“保存密级”重新对档案文件进行了整理，并改称军事部档案馆和秘密文件管理室。1956 年，蒙古

① МУБХТА 全称是 Монгол Улсын Батлан Хамгаалахын Төв Архив。

国国防部和内务部合并为军事和公安部，同时这两个部门的所有档案归军事和公安部档案馆管理。1957 年，军事部档案馆和秘密文件管理室改称军事档案馆。1959 年 6 月成立蒙古人民军事务部时，对档案划分了全宗，并将全宗内的档案，按问题进行了分类排序，编写案卷号。1962 年，军事档案馆改称为武装国家特别档案馆。1968 年 3 月，蒙古人民军事务部改称国防部。1984 年，武装国家特别档案馆改称蒙古人民军中央档案馆。1993 年，蒙古人民军中央档案馆改称武装部中央档案馆。2000 年 10 月，国防部改称武装总参谋部和总司令部。2006 年，武装总参谋部和总司令部重新改称国防部。是年 12 月，武装部中央档案馆改称为国防部中央档案馆，名称一直沿用至今。

国防部中央档案馆位于乌兰巴托市巴音朱日和区，这里属于乌兰巴托市的中心地带①。进入国防部必须要办理通行证，而这首先需要有介绍信。介绍信可以以科研或写作论文需要查档为目的而开具，蒙古国国内任何一所大学或科研机构的介绍信均有效。通行证的有效期通常为三个月。查档者在查档前一周需将介绍信、身份证（国外学者需要护照或临时居住证）一并提交至该档案馆办事处，且需要等待一周或更长时间的审核期，审核通过即可开始调取档案翻阅。该馆馆藏档案的主题内容为：1921 年人民革命活动；1921—1922 年人民军反抗国外军队采取的措施；1930—1932 年人民军起义；1939 年哈喇河战役；1945 年解放战争；1940—1948 年西部边界发生的战斗；1921—1990 年蒙古武装力量的发展等。档案馆馆藏档案使用的文字以旧蒙文、新蒙文、俄文为主。这些档案是研究蒙古人民军和蒙古武装力量发展史不可或缺的档案资料。

① 具体地址为乌兰巴托市巴音朱日和区丹达尔街国防部档案馆，联系电话：（976-11）451249（Хаяг：Улаанбаатар хот，Баянзүрх дүүрэг，Л. Дандарын гудамж，Батлан хамгаалахын төв архив，Утас：451249）。

三、蒙古国公安部中央档案馆馆藏基本情况

蒙古国公安部档案馆（新蒙文简称 МУЦЕГТА①）在 1993 年 11 月 5 日根据公安部长第 273 号命令正式成立。2014 年 4 月 14 日，根据公安部长第 261 号命令，公安部档案馆升级为公安部中央档案馆。

蒙古国公安部中央档案馆位于乌兰巴托市巴音朱日和区②。进入档案馆必须要办理通行证，这首先需要介绍信。介绍信以科研或写作论文需要查档为目的而开具，蒙古国任何一所大学或科研机构的介绍信均有效。另外，本国查档者需要提供身份证（国外学者需要临时居民证或护照）、工作证（或学生证）以及向公安部档案馆的政府银行账号（900012034）汇缴 2500 图格里克的收据。

蒙古国公安部中央档案馆的工作模式通常是馆内工作人员周一至周五工作，时间为每天的 9 点至 12 点 30 分、13 点 30 分至 17 点，即每天有效查阅档案的时间为 6 个小时。每周两天对查档者开放，即周一和周二。此外，该馆对每名查档者复印档案的数量严格限制，根据具体情况而定。

四、蒙古国边防总局中央档案馆馆藏基本情况

20 世纪 30 年代，面对越来越紧张的内外局势，蒙古当局于 1933 年撤销了边防哨所，派遣正规部队驻防边界的同时，开始建立了边防大队和边防指挥所。1933 年 1 月，蒙古部长会议主席团决议在内务部建立边防大队和边防指挥所，由其主要负责保护西部和南部边界地区，这是其现代边防机关的缘起。20 世纪 50 年代初，蒙古国与邻国友好相处时期，撤回了蒙古边防驻军。60 年代，随着国际局势变得更加紧张，1959 年蒙古国成立了公

① МУЦЕГТА 全称是 Монгол Улсын Цагдаагийн Ерөнхий Газрын Төв Архив。

② 具体地址为乌兰巴托市巴音朱日和区伊克陶尔如街，联系电话：（976-11）70159965（Хаяг：Улаанбаатар хот Баянзүрх дүүрэг，Их тойруугийн гудамж，Архивч нар：70159965）。

安部，在公安部内设立了边防处。1967 年蒙古国成立了公安部边防和内务军事务局，1979 年始称边防和国家内务军总局。1990 年蒙古国政府撤销公安部，成立了国家保安总局，直接负责边防军的日常工作。1993 年蒙古国制定了“边界法”，成立了边防总局。

第二年，也就是 1994 年，在蒙古国政府指示下，蒙古国边防总局建立了边防总局中央档案馆（新蒙文简称：МУХХЕГТА [①]）。从这一时期开始，边防总局中央档案馆开始整理和编目有关蒙古边界的档案文件，向外界提供服务。1998 年 9 月 11 日蒙古国政府办公厅发布第 83 号命令，决定将边防总局中央档案馆改称为边防军中央档案馆。2003 年，边防军中央档案馆改称边防总局中央档案馆，该称沿用至今。

蒙古国边防总局中央档案馆位于乌兰巴托市巴音朱日和区[②]。进入档案馆首先要办理通行证，这需要有介绍信。介绍信可以以科研或写作论文需要查档为目的而开具，蒙古国国内任何一所大学或科研机构的介绍信均有效。通行证的有效期通常为一年。

蒙古国边防总局中央档案馆的工作模式通常是馆内工作人员周一至周五工作，档案馆每周三不对外开放；工作时间为每天 8 点 30 分至 12 点 30 分、13 点 30 分至 17 点，即每天有效查阅档案的时间为 7.5 小时。此外，该馆对每名研究者复印档案的数量严格限制，根据具体情况而定。

该馆保存着边防总局和各边防部队在工作中产生的历史档案、影视和照片等，共 3 万余件档案。档案馆所藏档案资料主要分为纸质档案和电子档案。详情见下表。

---

① МУХХЕГТА 全称是 Монгол Улсын Хил Хамгаалах Ерөнхий Газрын Төв Архив。

② 具体地址为乌兰巴托市巴音朱日和区道尔吉街边界 0253 号路第 111 号栋楼，联系电话：(976-11) 93052238（Хаяг：Улаанбаатар хот，Баянзүрх дүүрэг，Б. Доржийн гудамж，Хилийн 0253 дугаар ангийн байр 111 тоот，Харилцах утасны дугаар：93052238，267256）。

蒙古国边防总局中央档案馆馆藏全宗目录信息表

档案分类		全宗号	主题内容
纸质档案	边防总局	5	边防机关管理的档案文件及该机构工作人员的个人档案
	边防大队	39	边防大队在工作中产生的相关资料
	财务档案	45	社会保险和工资收据的相关资料
专属档案	影像档案	2	边防机关在日常工作中产生的文艺节目和纪录片相关资料
	照片档案	2	照片集、卡片
	电子档案	2	电子化的档案

五、蒙古国情报总局档案馆馆藏基本情况

蒙古国情报总局档案馆（新蒙文简称 МУТЕГТА①）在 1932 年 2 月 10 日根据蒙古国内卫局局长第 41 号令正式成立。

蒙古国情报总局档案馆位于乌兰巴托市清格尔泰区，这里属于乌兰巴托市的中心地带。② 进入档案馆查阅档案首先需要有介绍信（或证明）、临时居民证或护照复印件、两张 1 英寸照片。介绍信可以由蒙古国任何一所大学或科研机构、单位、公司开具。如查档一到两天，仅需居民证。随后还需要填写查档申请书（申请书内容包括查档者的姓名、单位、住址和联系方式，查阅档案的内容、时间范围、用途、查阅期限等，需要以新蒙文撰写），并办理通行证。另外，还需缴纳查阅档案费。政府机关查阅档案在一周内不收取查档费，国内博士和硕士研究生查阅档案 3 个月需缴纳 1.5 万图格里克，国外学者查阅档案 1 个月需缴纳 6 万图格里克，查阅档案两周需缴

① МУТЕГТА 全称是 Монгол Улсын Тагнуулын Ерөнхий Газар-ын Тусгай Архив。

② 具体地址为乌兰巴托市清格尔泰区卓勒沁街第 3 号（Хаяг：Улаанбаатар хот，Чингэлтэй дүүрэг，Жуулчны гудамж-3，утас：1-800-1280，И-мэйл хаяг：pro@ gia. gov. mn）。

纳 4 万图格里克。

蒙古国情报总局档案馆的工作模式通常是馆内工作人员周一至周五工作，工作时间为 9 点至 12 点 30 分、14 点至 17 点 30 分，即每天有效查阅档案的时间为 7 个小时，对国外学者开放时间是周二和周五。但是，对于本国查档者来该馆查档从周一至周五全天开放，没有时间限制。不过到目前为止，蒙古国情报总局档案馆不向国外学者或查档者提供查档服务，也就是说，理论上规定对国外学者开放，但实际不向他们提供服务，仅对国内政府机关单位的工作人员开放。

该馆主要保存着 1922 年内卫局成立以后，其收藏的蒙古国情报机构、警察局、边界和内卫军、劳改营等单位部门的相关档案文件，共约 2.6 万件。该档案馆的馆藏档案主要是在执行任务中产生的文件及搜集的情报资料，除此之外，还有标注“密”“机密”“绝密”字样的蒙古历史相关资料、研究报告和非常有价值的科研资料等。该馆组织人力整理馆藏档案资料的同时，将 1925 年至 1990 年之间使用频率较高的档案文件进行了电子化。

复印纸质档案收费标准

<table>
<tr><th>编号</th><th>档案时间段</th><th>纸张大小（每页）</th><th>收费价格（图格里克）</th></tr>
<tr><td>1</td><td>1922—1991 年</td><td>A4</td><td>3000</td></tr>
<tr><td>2</td><td>1992 年至今</td><td>A4</td><td>2000</td></tr>
<tr><td>3</td><td rowspan="2">1922 年至今（照片）</td><td>一张（电子版）</td><td>3000</td></tr>
<tr><td>4</td><td>一张（复印件）</td><td>2000</td></tr>
</table>

六、蒙古国外交部中央档案馆馆藏基本情况

蒙古国外交部中央档案馆（新蒙文简称 МУГХТА[1]）始建于 1946 年，与蒙古人民共和国外交部办公大楼同时建成。不同年代外交部档案馆的名

① МУГХТА 全称是 Монгол Улсын Гадаад Харилцааны Төв Архив。

称略有变化：1946 年建馆伊始，其被称为外交部档案馆；1984 年改称外交部中央档案馆；2004 年改称对外事务中央档案馆；2008 年之后再次改称外交部中央档案馆。蒙古国外交部中央档案馆是馆藏中蒙关系历史的档案文献最多的档案馆之一。该馆位于乌兰巴托市中心地带①，即位于蒙古外交部办公大楼西侧的三层浅棕色小楼。进入蒙古国外交部中央档案馆楼门后，右手边第一间是档案阅览室，左手边是前台和门卫，侧边是一个馆藏档案库房。在蒙古国外交部中央档案馆查阅档案需要如下步骤。

1. 进入档案馆查阅档案须填写查档申请书，并办理通行证。办理手续需要有介绍信（或证明）、护照复印件、一张 1 英寸照片。介绍信可以由蒙古国任何一所大学或科研机构、单位、公司开具。2. 档案馆馆长需要初步审核申请书和介绍信内容，之后由查档者本人将申请书、介绍信和护照复印件等材料送到外交部办公大楼办公室审批（办公室位于外交部办公大楼一楼西侧门），审批申请书需要两到三天，视实际情况而定。3. 申请审批通过后，查档者须向外交部档案馆政府银行账号（900016001）汇缴查阅档案费（每月 5000 图格里克，通常交三个月的查阅档案费用）。4. 在阅览室内，档案馆工作人员向查档者提供相关卷宗目录，翻阅卷宗目录之后，需要填写调取档案单调取档案。按规定一次最多能调取 20 个卷宗，但实际上一次只能调出 5—10 个卷宗。

蒙古国外交部中央档案馆的工作模式通常是馆内工作人员周一至周五工作，时间为 8 点 30 分至 12 点、13 点 30 分至 17 点 30 分。查档者查阅档案的时间是周一至周四的 9 点至 12 点、13 点 30 分至 17 点，即每天有效查阅档案时间为 5. 5 小时。

2013 年 11 月 15 日，根据蒙古国档案总局局长 A/150 号令的规定，向查阅者提供纸质版和电子版的档案资料时，查档者可以根据自身需求复印和拷贝档案，没有明确规定查档者可复印的档案数量。但事实上，档案馆

---

① 具体地址为乌兰巴托市苏赫巴特尔区恩和太平乌尔根楚勒街 7a 号外交部中央档案馆和外交服务中心综合楼一楼。联系电话：（976-11）322127，邮政编码：14210，邮箱地址：archive@ mfa. gov. mn（Улаанбаатар хот，Сүхбаатар дүүрэг Энхтайваны өргөн чөлөө，7а ГХТА，ДБҮЭГ-ын нэгдсэн байр，1 давхарт）。

给每位查档者提供复印的档案数量是非常有限的，最多只能复印 100 至 200 页档案。复印档案之前，需要填写和标注要复印的档案的内容和页码，待审核通过后方可复印。按照查档者提交的信息，档案馆工作人员会在短时间内给查档者复印档案，缴纳指定的复印档案费用后，当天或第二天就可领取档案复印件（按具体复印档案的数量而定）。目前，复印档案的费用由于档案形成的年代和馆内外人员的不同，收费标准也有所差异。具体收费标准如下表：

复印纸质档案收费标准

编号	档案时间段	纸张大小	收费价格（图格里克）	
			本馆工作人员	非本馆人员
1	1674—1910 年	A4	5000	7000
2	1911—1920 年	A4	4000	6000
3	1921—1991 年	A4	3000	5000
4	1992 年至今	A4	2000	4000

复制照片和图纸档案收费标准

编号	档案时间段	照片和图纸（张）	收费价格（图格里克）	
			本馆工作人员	非本馆人员
1	1900—1921 年	1	25, 000	40, 000
2	1922—1940 年	1	15, 000	35, 000
3	1941—1960 年	1	10, 000	30, 000
4	1961—1989 年	1	6000	20, 000
5	1990 年至今	1	4000	15, 000

蒙古国外交部中央档案馆馆藏有有关蒙古国双边或多边外交关系档案，外交部日常工作中的纸质档案和图片、影像等档案卷宗。纸质档案包括 100 多个全宗、5 万多个卷宗、上百万件档案，图片档案有 100 多个图片册，1. 25 万余张图片；影像档案为 7 盒，还有磁带、DVD、CD 等共 70 余盒。这些档案的形成时间为 1674—2016 年。馆藏档案的文字形式有旧蒙文、新蒙文、中文、俄文、朝鲜文、英文、日文等。目前，档案馆已将馆藏档案

文件按国别分类整理和编号，如蒙苏关系档案全宗号为5，卷宗号为1；中蒙关系档案全宗号为5，卷宗号为2等。档案馆馆藏档案文献资料主要分为纸质档案和电子档案。电子档案即指已经电子化的档案。在一楼阅览室，共有13台电脑专供查档者阅览电子档案。查档者阅览电子档案时首先须翻阅纸质的卷宗目录以调取档案，由工作人员根据查档者提交的卷宗目录，将电子档案传送到阅览室内的电脑上，之后查档者才能阅览电子档案。该馆现已基本将自1674年至1945年间馆藏档案电子化，1945年之后的全部馆藏档案正在逐步电子化的过程中。纸质档案与电子档案调取步骤和方法大同小异，即也需要翻阅卷宗目录调档。

近年来，随着蒙古国外交部中央档案馆对档案管理的加强，档案开放也有所收缩，甚至还受到严格的限制。例如，从纸质卷宗档案目录册当中删除了有关敏感问题的档案目录，查档者因而不能调取相关档案。此外，蒙古国外交部中央档案馆整理、编辑、出版的档案集，也可购买和翻阅。虽然已出版的中蒙关系档案集很少，但仍然是不可或缺的珍贵史料。

档案文件的形式包括：中蒙两国党政领导人之间的往来电报、信函、照会；中蒙两国领导人、外交人员及互访人员之间的会谈记录和谈话纪要等；蒙古国驻华大使馆、外交部、国防部、国家计划委员会等相关部门和访华代表团呈送上级或党政领导机关的报告、请示、情报、通报等。

蒙古国外交部中央档案馆关于中蒙关系的档案卷宗，包括中蒙两国政治、经济、文化、边界、教育、体育等各方面的内容。下文以中蒙政治关系为例进行概要介绍，以便为相关查档者查阅时提供参考。外交部中央档案馆馆藏中蒙政治关系的档案集中于第5号全宗第2号卷宗（中蒙关系相关的档案），该卷宗目录下共收录1949年至2004年关于中蒙政治关系的118卷档案。它们所涉及的内容包括中蒙两国党政领导人之间的往来电报、信函、照会；中蒙两国领导人、外交人员及互访人员之间的会谈记录和谈话纪要等。在第2号卷宗中以内容主题为卷宗目录，具体收录涉及中国和蒙古两国关系的所有档案卷宗。以概要介绍的中蒙政治关系的卷宗目录为例，研究者可以下表的中蒙关系保存卷宗目录信息为线索，前往蒙古国外交部中央档案馆查阅档案材料。

蒙古国外交部中央档案馆馆藏中蒙关系档案全宗目录信息表（部分）

全宗号	目录号	主题	开始年代	终止年代	页数
5	156	蒙古驻北京大使馆庆祝蒙古人民革命胜利33周年的庆典活动	1954.07.03	1954.07.16	46
5	198	中华人民共和国成立7周年及中蒙两国关系资料相关的材料	1956.08.29	1956.09.26	111
5	207	关于中国新华社相关的材料	1956.11.26		15
5	208	蒙古留学实习生相关的材料	1956.01.26	1956.12.15	19
5	218	蒙古政府派代表参加内蒙古自治区成立10周年庆典相关的材料	1957.02.18	1957.05.07	230
5	222	中国人民解放军歌舞团赴蒙相关的材料	1957.02.25	1957.10.06	221
5	223	蒙古文艺代表团参加内蒙古自治区成立10周年庆典相关的材料	1957.04.24	1957.11.15	141
5	257	中蒙两国文化交流相关的材料	1960.01.06	1960.12.15	137
5	271	关于中国与印度、缅甸间的边界相关的材料	1960.01.05	1961.03.06	145
5	284	泽登巴尔赴华友好访问相关的材料	1962.09.26	1962.12.27	184
5	319	中蒙两国经济关系相关的材料	1964.01.25	1964.11.09	61
5	320	中蒙两国政治关系相关的材料	1963.04.28	1964.10.26	208
5	343	蒙古留学生在中国的统计相关的材料	1965		50
5	344	中蒙两国文化交流相关的材料	1965		203
5	385	仁钦索诺木关于1957—1961年中蒙两国边界政策的参考书	1968		72
5	386	中国报刊中关于蒙古问题的相关内容	1967	1968	232
5	400	中蒙两国政治关系相关的材料	1971		214
5	416	中国报刊批评蒙古的报道相关的材料	1963	1972	152

续表

全宗号	目录号	主题	开始年代	终止年代	页数
5	436	互相与牲畜传染病方面交流的相关材料	1963	1975	64
5	449	各社会主义国家之间关于中国问题方面的交涉相关的材料	1972	1975	173
5	470	中蒙两国气象专家之间的会谈相关的材料	1977		125
5	481	中国、非洲、拉丁美洲与近东国家之间关系相关的材料	1965. 06. 16	1979. 12. 29	122
5	557	中国出版物当中的关于蒙古方面的报道相关的材料	1984. 01. 04	1985. 12. 20	59
5	591	蒙古人民大呼拉尔主席团主席巴特蒙赫赴华友好访问相关的材料	1989. 06. 09	1990. 05. 05	197

简而言之，蒙古国档案馆中保存着大量与中国相关的档案资料，对研究相关课题的研究者而言是非常有价值的。希望本文能为国内学者在前往蒙古国档案馆查阅档案、收集资料等方面提供若干参考。

稿　约

《近现代国际关系史研究》是由首都师范大学历史学院国际关系史研究中心出版的学术辑刊，每年2—3辑。本辑刊旨在为从事国际关系史研究的学者提供一个相互交流的平台，设有专题研究、二战史研究、中外关系研究、美国外交研究、宣传与公共外交史、法国与冷战、研究生论坛、档案文献、学术动态、书评等栏目，欢迎学界同行赐稿。相关信息如下：

1. 研究性论文要以一手档案为基础，具有原创性且未曾发表，欢迎选题新颖、运用多边档案的长篇研究。其中，研究生论坛中刊发博硕士及本科生的优秀论文。本辑刊尤其愿意刊发能反映学界动态的研究综述、书评书讯、专题书目等内容的稿件，也欢迎以某个专题内容为核心整理的档案资料汇编。

2. 注释体例，请以《历史研究》格式为准。来稿并请附上论文英文标题、中文摘要和关键词。

3. 编辑部将组织同行专家对来稿进行评审，并将评审结果尽快通知作者。

4. 来稿一经录用，请勿再投他处。

5. 录用并出版的作品，将略致薄酬，并赠样书2册。刊发后稿件版权归《近现代国际关系史研究》辑刊所有。

6. 来稿请投《近现代国际关系史研究》编辑部，邮箱：guojiguanxijk@163.com。

首都师范大学历史学院
国际关系史研究中心
2019年1月27日